全国高等教育自学考试指定教材

工商企业管理专业（独立本科段）

企业经营战略概论

（含：企业经营战略概论自学考试大纲）

（2018 年版）

全国高等教育自学考试指导委员会　组编

主　编　白瑷峥

副主编　王琦凡

中国人民大学出版社

·北京·

图书在版编目（CIP）数据

企业经营战略概论/白瑷峥主编. —北京：中国人民大学出版社，2018.10
全国高等教育自学考试指定教材
ISBN 978-7-300-26301-4

Ⅰ.①企… Ⅱ.①白… Ⅲ.①企业战略-高等教育-自学考试-教材 Ⅳ.①F272.1

中国版本图书馆 CIP 数据核字（2018）第 221980 号

全国高等教育自学考试指定教材
工商企业管理专业（独立本科段）
企业经营战略概论
（含：企业经营战略概论自学考试大纲）
（2018 年版）
全国高等教育自学考试指导委员会 组编
主 编 白瑷峥
副主编 王琦凡
Qiye Jingying Zhanlüe Gailun

出版发行 中国人民大学出版社
社 址 北京中关村大街 31 号 **邮政编码** 100080
电 话 010－62511242（总编室）
网 址 http://www.crup.com.cn
印 刷 北京市鑫霸印务有限公司
规 格 185 mm×260 mm 16 开本 **版 次** 2018 年 10 月第 1 版
印 张 20.5 **印 次** 2022 年 11 月第 7 次印刷
字 数 477 000 **定 价** 43.00 元

官方淘宝店 网址：http://shop136348527.taobao.com

本书如有质量问题，请与教材供应部门联系。

组编前言

21世纪是一个变幻莫测的世纪，是一个催人奋进的时代。科学技术飞速发展，知识更替日新月异。希望、困惑、机遇、挑战，随时随地都有可能出现在每一个社会成员的生活之中。抓住机遇，寻求发展，迎接挑战，适应变化的制胜法宝就是学习——依靠自己学习、终身学习。

作为中国高等教育组成部分的自学考试，其职责就是在高等教育这个水平上倡导自学，鼓励自学，帮助自学，推动自学，为每一个自学者铺就成才之路。组织编写供读者学习的教材是履行这个职责的重要环节。毫无疑问，这种教材应当适合自学，应当有利于学习者掌握和了解新知识、新信息，有利于学习者增强创新意识、培养实践能力、形成自学能力，也有利于学习者学以致用，解决实际工作中所遇到的问题。具有如此特点的书，我们虽然沿用了“教材”这个概念，但它与那种仅供教师讲、学生听，教师不讲、学生不懂，以“教”为中心的教科书相比，已经在内容安排、编写体例、行文风格等方面都大不相同了。希望读者对此有所了解，以便从一开始就树立起依靠自己学习的坚定信念，不断探索适合自己的学习方法，充分利用自己已有的知识基础和实际工作经验，最大限度地发挥自己的潜能，达到学习的目标。

欢迎读者提出意见和建议。

祝每一位读者自学成功。

全国高等教育自学考试指导委员会

2017年6月

目　录

企业经营战略概论自学考试大纲

企业经营战略概论

企业经营战略概论

自学考试大纲

大纲前言

为了适应社会主义现代化建设事业的需要，鼓励自学成才，我国在20世纪80年代初建立了高等教育自学考试制度。高等教育自学考试是个人自学、社会助学和国家考试相结合的一种高等教育形式。应考者通过规定的专业考试课程并经思想品德鉴定达到毕业要求的，可获得毕业证书；国家承认学历并按照规定享有与普通高等学校毕业生同等的有关待遇。经过30多年的发展，高等教育自学考试为国家培养并造就了大批专门人才。

课程自学考试大纲是国家规范自学者学习范围、要求和考试标准的文件。它是按照专业考试计划的要求，具体指导个人自学、社会助学、国家考试、编写教材、编写自学辅导书的依据。

随着经济社会的快速发展，新的法律法规不断出台，科技成果不断涌现，原大纲中有些内容已过时、知识已陈旧。为更新教育观念，深化教学内容方式、考试制度、质量评价制度改革，使自学考试更好地提高人才培养的质量，各专业委员会按照专业考试计划的要求，对原课程自学考试大纲组织了修订或重编。

修订后的大纲，在层次上，本科参照一般普通高校本科水平，专科参照一般普通高校专科或高职院校的水平；在内容上，力图反映学科的发展变化，增补了自然科学和社会科学近年来的研究成果，对明显陈旧的内容进行了删减。

全国高等教育自学考试指导委员会经济管理类专业委员会组织制定了《企业经营战略概论自学考试大纲》，经教育部批准，现颁发施行。各地教育部门、考试机构应认真贯彻执行。

全国高等教育自学考试指导委员会
经济管理类专业委员会
2018年6月

Ⅰ 课程性质与课程目标

一、课程性质

“企业经营战略概论”课程是全国高等教育自学考试经济管理类工商企业管理专业本科的专业课，是为培养和检验自学应考者关于企业经营战略的基本理论、基本知识、基本技能而设置的，在课程体系中处于职业能力提升课的地位。

二、课程目标

通过本课程的学习，学生可了解现代企业经营战略的基本理论、基本知识和基本方法，掌握分析企业经营战略问题的基本方法和基本技能，具备一定的分析、解决各种经营战略问题的能力，为进一步学习专业课和以后的实际工作奠定基础。具体目标是：

首先，使学生对企业经营战略的基本理论与实务有一个概括性的了解与认识，对企业经营战略的基本概念、经营战略环境分析、总体经营战略、职能战略等基本内容有较深刻的理解，熟悉企业经营战略活动的基本规律与核心要素，具备企业经营战略制定与选择的基本理论知识。

其次，使学生了解国内外企业经营战略实践发展的现状，能够运用企业经营战略的成熟理论模型和经典分析方法对企业经营战略的实践案例进行综合分析和剖析，形成自己的独到认知和见解。

最后，使学生能够做到企业经营战略知识与其他各门专业课知识的融会贯通与应用，全方位地提升自己的分析能力、创新能力和应变能力，提高在经济管理等社会科学方面的素养，为进一步学习其他专业课程打下必要的基础。

三、与相关课程的联系与区别

“企业经营战略概论”课程是工商管理专业的专业课程，需要学生事先具备“管理学”“微观经济学”“市场营销”“人力资源”等先导课程的知识。

作为专业课，“企业经营战略概论”课程的综合性强，与其他专业基础课和专业课程在课程价值、课程目标、课程实施方式等方面具有相通性，在内容构成上有着较强的交叉性，但“企业经营战略概论”又有自己的特色，即作为战略课程，它的研究角度更侧重于宏观战略性的谋划、安排与统筹，职能性战略不是研究具体的做法与战术，而是从不同职能部门在企业整体战略实施中的地位和作用出发，对职能部门做出的整体规划。由此可见，“企业经营战略概论”是对专业基础性与相关课程的延伸、补充与拓展。

四、课程的重点与难点

本课程的学习重点包括：经营战略及其理论发展，经营战略环境分析，企业使命与战略目标，企业发展战略，企业竞争战略，国际化经营战略，各职能战略的基本内容（包括市场营销战略、产品战略、技术创新战略、人力资源战略、财务战略和企业文化战略的内容），企业经营战略的实施与控制。

本课程的学习难点在于：从课程特点看，本课程涉及企业经营管理的各个方面，与专业内其他课程之间有着较强的交叉性，同时，本课程具有较强的实践性，这就使得课程有一定的难度。从课程内容体系看，知识面广、知识点多，也在一定程度上增加了学习的难度，特别是企业经营战略环境分析、企业总体战略、企业竞争战略、目标市场战略、产品战略、技术创新战略、人力资源战略、企业经营战略的实施与控制是本课程教与学的难点。

Ⅱ　考核目标

本大纲在考核目标中按照识记、领会、简单应用和综合应用四个层次规定其应达到的能力层次要求。四个能力层次是递进关系，各能力层次的含义是：

识记：要求考生能够识别和记忆本课程中有关企业经营战略的概念、原理、方法的主要内容，并能够根据考核的不同要求，做正确的表述、选择和判断。

领会：要求考生在识记基础上，能够领悟和理解本课程中有关企业经营战略的概念、原理及方法的内涵及外延，理解相关企业经营战略知识的区别和联系，并能够根据考核的不同要求对企业经营战略问题进行逻辑推理和论证，做出正确的判断、解释和说明。

简单应用：要求考生在领会基础上，能够根据已知的企业经营战略事例，对企业各个层次或各种经营战略问题做出分析和论证，得出正确的结论或做出正确的判断。

综合应用：要求考生在简单应用基础上，能够根据已知的企业经营战略事例，对经营战略问题进行全面的综合分析和论证，并提出解决问题的综合方案。

Ⅲ　课程内容与考核要求

第一章　企业经营战略概述

一、学习目的与要求

通过对本章的学习，掌握企业经营战略的基本概念、特征及作用，了解企业经营战略管理理论的形成、发展及主要观点，熟知经营战略管理体系的基本内容。

二、课程内容

第一节　企业经营战略简介

（一）企业经营战略产生的背景

（二）企业经营战略的概念

（三）企业经营战略的特征

（四）企业经营战略的作用

第二节　企业经营战略理论的形成与发展

（一）企业经营战略理论的形成与发展概述

（二）企业经营战略理论的主要观点

第三节　企业经营战略管理体系

（一）企业经营战略管理的含义

（二）企业经营战略管理体系的构成

（三）企业经营战略管理过程系统

（四）企业经营战略的层次体系

（五）企业经营战略方案的内容体系

三、考核知识点与考核要求

（一）企业经营战略简介

1. 识记：（1）企业经营战略的概念；（2）企业经营战略的特征。

2. 领会：（1）企业经营战略产生的背景；（2）企业经营战略的作用。

（二）企业经营战略理论的形成与发展

1. 识记：（1）迈克尔·波特提出的竞争五种力量；（2）企业核心能力及其特点。

2. 领会：（1）安索夫企业战略理论的主要观点；（2）迈克尔·波特竞争战略理论的

主要观点；（3）普拉哈拉德和加里·哈默尔核心能力战略理论的主要观点。

（三）企业经营战略管理体系

1. 识记：（1）企业经营战略管理的含义；（2）企业经营战略管理体系的构成。

2. 领会：企业经营战略的层次体系。

3. 简单应用：（1）企业经营战略管理过程系统；（2）企业经营战略方案的内容体系。

四、本章重点和难点

本章重点：企业经营战略的概念；企业经营战略的特征；安索夫企业战略理论的主要观点；迈克尔·波特竞争战略理论的主要观点；普拉哈拉德和加里·哈默尔核心能力战略理论的主要观点；企业经营战略管理的含义；企业经营战略管理体系的构成；企业经营战略的层次体系；企业经营战略管理过程系统；企业经营战略方案的内容体系。

本章难点：迈克尔·波特竞争战略理论的主要观点；普拉哈拉德和加里·哈默尔核心能力战略理论的主要观点；企业经营战略管理过程系统；企业经营战略方案的内容体系。

第二章　企业经营战略环境分析

一、学习目的与要求

通过对本章的学习，掌握企业经营战略环境的基本概念、特点及与企业的关系，区分不同类型的环境因素，熟悉经营战略环境分析的各种方法。

二、课程内容

第一节　企业经营战略环境概述

（一）企业经营战略环境的概念与重要性

（二）企业经营战略环境的分类

（三）企业经营战略环境的特点

（四）企业与经营战略环境的关系

第二节　企业经营战略环境分析的内容

（一）外部环境分析

（二）内部环境分析

第三节　企业经营战略环境分析的方法

（一）SWOT 分析法

（二）波士顿矩阵分析法

（三）麦肯锡矩阵分析法

（四）内部价值链分析法

三、考核知识点与考核要求

（一）企业经营战略环境概述

1. 识记：(1) 企业经营战略环境的概念；(2) 外部环境；(3) 宏观环境；(4) 行业环境；(5) 微观环境。

2. 领会：(1) 企业经营战略环境的重要性；(2) 企业经营战略环境的特点；(3) 企业与经营战略环境的关系。

3. 简单应用：(1) 结合实例能对企业经营战略环境的重要性进行分析；(2) 结合实例对企业与经营战略环境之间的相互关系进行分析。

(二) 企业经营战略环境分析的内容

1. 识记：(1) PEEST 分析法的定义；(2) 政治因素；(3) 宏观经济因素与微观经济因素；(4) 生态资源因素；(5) 社会文化因素；(6) 技术因素；(7) 行业环境分析；(8) 微观环境分析；(9) 企业内部环境。

2. 领会：(1) 宏观环境分析的内容；(2) 行业竞争结构分析；(3) 内部环境分析的内容。

3. 简单应用：(1) 对企业所处的宏观环境进行分析；(2) 对企业的行业环境进行分析；(3) 对企业内部环境进行分析。

4. 综合应用：应用所学知识对企业经营战略环境进行综合分析。

(三) 企业经营战略环境分析的方法

1. 识记：(1) SWOT 分析法的含义；(2) 波士顿矩阵分析法的概念；(3) 麦肯锡矩阵分析法的概念。

2. 领会：(1) SO、WT、WO、ST 组合；(2) 波士顿矩阵分析法；(3) 麦肯锡矩阵分析法；(4) 内部价值链分析法。

3. 简单应用：依据企业产品或业务的市场增长率和市场占有率的不同组合选择不同的经营战略类型；

4. 综合应用：结合案例材料，借助 SWOT 分析法进行企业业务的经营战略选择。

四、本章重点和难点

本章重点：企业经营战略环境的概念；企业与经营战略环境的关系；宏观环境分析；行业环境分析；微观环境分析；内部环境分析；SWOT 分析法；波士顿矩阵分析法的概念；麦肯锡矩阵分析法；内部价值链分析法。

本章难点：企业经营战略环境分析的应用；几种主要的企业经营战略环境分析方法的应用。

第三章　企业战略经营领域分析

一、学习目的与要求

通过对本章的学习，掌握企业战略经营领域的基本概念与结构，了解战略经营领域选择的一般原则与具体原则，并能应用不同的方法对战略经营领域进行分析。

二、课程内容

第一节　企业战略经营领域概述

(一) 战略经营领域的概念

（二）战略经营领域结构

第二节 确定战略经营领域结构的原则

（一）一般原则

（二）具体原则

第三节 企业战略经营领域的分析方法

（一）环境引力与企业实力的对比分析法

（二）SBA 的运行规则和战略主体、战略关系、战略关键分析

（三）拓宽视野与系统分析相结合

（四）密切注意风险环境的变化

三、考核知识点与考核要求

（一）企业战略经营领域概述

识记：（1）经营领域；（2）战略经营领域；（3）战略经营领域结构。

（二）确定战略经营领域结构的原则

1. 识记：确定战略经营领域结构的一般原则。

2. 领会：（1）企业的生存与发展平衡的原则；（2）企业的投入与收入平衡的原则。

（三）企业战略经营领域的分析方法

1. 识记：（1）战略主体；（2）战略关系。

2. 领会：（1）环境引力与企业实力的对比分析法；（2）SBA 的运行规则和战略主体、战略关系、战略关键分析；（3）环境风险度与管理模式。

3. 简单应用：（1）应用环境引力与企业实力的对比分析法对经营战略领域进行分析；（2）结合实例对战略经营领域的运行规则和战略主体、战略关系、战略关键进行分析。

四、本章重点和难点

本章重点：战略经营领域的概念；战略经营领域结构；确定战略经营领域结构的原则；环境引力与企业实力的对比分析法；SBA 的运行规则和战略主体、战略关系、战略关键分析。

本章难点：对战略经营领域概念的理解；确定战略经营领域结构时对各种原则的把握；战略经营领域分析方法的应用。

第四章 企业使命和战略目标

一、学习目的与要求

通过对本章的学习，掌握企业使命与战略目标的基本含义、作用与内容，并能结合企业特点对企业使命与战略目标做出正确决策。

二、课程内容

第一节　企业使命决策
(一) 企业使命及其重要性
(二) 企业使命决策的内容和方案
(三) 企业使命决策应考虑的因素和重要问题
第二节　企业战略目标决策
(一) 企业战略目标的含义与作用
(二) 企业战略目标的构成及企业战略目标决策内容
(三) 战略目标制定和选择的基本要求

三、考核知识点与考核要求

(一) 企业使命决策
1. 识记：企业使命的含义。
2. 领会：(1) 确定企业使命的重要性；(2) 企业使命决策的内容；(3) 确定企业使命应重视研究的几个问题。
3. 简单应用：(1) 联系实际分析企业使命的决策；(2) 对现实企业的使命能做出分析。
(二) 企业战略目标决策
1. 识记：(1) 战略目标的含义；(2) 战略目标的构成。
2. 领会：(1) 战略目标的作用；(2) 战略目标决策的内容；(3) 战略目标制定与选择的基本要求。
3. 简单应用：对企业战略目标的决策与选择做出分析。

四、本章重点和难点

本章重点：企业使命的含义与重要性；企业使命决策的内容；确定企业使命应研究的重要问题；战略目标的构成；战略目标决策的内容；战略目标制定与选择的基本要求。

本章难点：对企业使命重要性的认识；企业使命决策的内容；确定企业使命应研究的重要问题；企业经营战略目标的纵向体系与横向体系的理解；战略目标决策的内容与制定、选择的要求。

第五章　企业总体战略

一、学习目的与要求

通过对本章的学习，掌握企业总体战略的基本类型及其内容与特征，了解各种战略类型的应用条件及优缺点，并能结合企业经营实践对各种战略类型的应用做出分析。

二、课程内容

第一节 企业发展型战略

（一）企业发展型战略的含义

（二）企业发展型战略的特点与优势、风险

（三）企业发展型战略的类型

（四）企业发展型战略的适用条件

第二节 企业稳定型战略

（一）企业稳定型战略的含义

（二）企业稳定型战略的特点与优势、风险

（三）企业稳定型战略的类型

（四）企业稳定型战略的适用条件

第三节 企业收缩型战略

（一）企业稳定型战略的含义

（二）企业收缩型战略的特点与优势、风险

（三）企业收缩型战略的类型

（四）企业收缩型战略的适用条件

三、考核知识点与考核要求

（一）企业发展型战略

1. 识记：(1) 企业发展型战略的含义；(2) 企业发展型战略的特点；(3) 密集型战略；(4) 市场渗透战略；(5) 市场开发战略；(6) 产品开发战略；(7) 一体化战略；(8) 多元化战略；(9) 横向一体化战略；(10) 纵向一体化战略；(11) 相关多元化战略；(12) 非相关多元化战略。

2. 领会：企业发展型战略各种类型的优点、缺点、适用条件。

3. 简单应用：能联系实际对企业各种类型的发展战略进行分析。

4. 综合应用：能结合案例资料对企业发展战略的不同选择进行综合分析，并提出自己的建议。

（二）企业稳定型战略

1. 识记：(1) 企业稳定型战略的含义；(2) 无变化战略；(3) 维持利润战略；(4) 暂停战略；(5) 谨慎实施战略。

2. 领会：(1) 企业稳定型战略的特点；(2) 企业稳定型战略的适用条件。

3. 简单应用：能联系实际对企业稳定型战略进行分析。

4. 综合应用：结合案例资料分析企业不同类型的稳定战略的应用与决策。

（三）企业收缩型战略

1. 识记：(1) 企业收缩型战略的含义；(2) 适应型收缩战略；(3) 失败型收缩战略；(4) 调整型收缩战略；(5) 抽资转向战略；(6) 放弃战略；(7) 清算战略。

2. 领会：(1) 企业收缩型战略的特点；(2) 企业收缩型战略的适用条件。

3. 简单应用：能联系实际对企业收缩型战略进行分析。
4. 综合应用：结合案例资料分析企业不同类型的收缩战略的应用与决策。

四、本章重点和难点

本章重点：企业发展型战略的含义与特点；企业发展型战略的类型；企业发展型战略的适用条件；企业稳定型战略的含义与特点；企业稳定型战略的类型；企业稳定型战略的适用条件；企业稳定型战略的含义与特点；企业收缩型战略的类型；企业收缩型战略的适用条件。

本章难点：企业发展型战略不同类型的选择与适用条件分析；企业稳定型战略不同类型的选择与适用条件分析；企业收缩型战略不同类型的选择与适用条件分析。

第六章　企业竞争战略

一、学习目的与要求

通过对本章的学习，掌握企业竞争战略的基本概念、特征及作用，了解企业竞争战略的三个战略内容，了解融合战略，并能够通过所学知识分析企业经营战略模式及路径选择。

二、课程内容

第一节　企业竞争战略概述
（一）企业竞争战略的概念
（二）企业竞争战略的基本类型
（三）企业竞争战略的构成要素
第二节　总成本领先战略
（一）总成本领先战略的基本含义
（二）总成本领先战略的优点、缺点与适用条件
（三）总成本领先战略的实现途径
（四）总成本领先战略的风险
第三节　差异化战略
（一）差异化战略的基本含义
（二）差异化战略的优势与风险
（三）差异化战略的实现途径
（四）差异化战略的适用条件
（五）差异化战略的实施
第四节　集中化战略
（一）集中化战略的基本含义
（二）集中化战略的优势与风险

（三）集中化战略的适用条件
（四）集中化战略的实施方法
第五节　融合战略
（一）融合战略的概念与特点
（二）融合战略的分类
（三）融合战略的构成要件
（四）实施融合战略的影响因素与条件

三、考核知识点与考核要求

（一）企业竞争战略概述

1. 识记：（1）企业竞争战略的概念；（2）企业竞争战略要解决的核心问题。

2. 领会：（1）竞争战略与发展战略的关系；（2）企业竞争战略的构成要素。

（二）总成本领先战略

1. 识记：（1）总成本领先战略的概念；（2）总成本领先战略的实质。

2. 领会：（1）总成本领先战略的优点与缺点；（2）总成本领先战略的适用条件；（3）总成本领先战略的风险。

3. 简单应用：能联系实际对总成本领先战略及其实现途径进行分析。

4. 综合应用：结合案例资料对企业总成本领先战略进行综合分析。

（三）差异化战略

1. 识记：差异化战略的含义。

2. 领会：（1）差异化战略的优势与风险；（2）差异化型战略的实现途径；（3）差异化战略的适用条件；（4）差异化战略的实施。

3. 简单应用：能联系实际对差异化战略进行分析。

4. 综合应用：结合案例资料对企业差异化战略进行综合分析。

（四）集中化战略

1. 识记：（1）集中化战略的含义；（2）集中化战略的核心。

2. 领会：（1）集中化战略的优势与风险；（2）集中化战略的适用条件；（3）集中化战略的实施方法。

3. 简单应用：能联系实际对集中化战略进行分析。

4. 综合应用：结合案例资料对企业集中化战略进行综合分析。

（五）融合战略

1. 识记：（1）融合战略的概念；（2）成本导向型融合战略；（3）差异化导向型融合战略；（4）成本-差异化导向型融合战略。

2. 领会：（1）融合战略的特点；（2）不同类型融合战略的基本内容；（3）融合战略的构成要件。

3. 简单应用：（1）结合实际对融合战略实施的影响因素与条件进行分析；（2）能联系实际对融合战略进行分析。

4. 综合应用：结合案例资料对企业融合战略进行综合分析。

四、本章重点和难点

本章重点：企业竞争战略的基本类型；企业竞争战略的构成要素；总成本领先战略的优点、缺点与适用条件；总成本领先战略的实现途径；总成本领先战略的风险；差异化战略的优势与风险；差异化战略的实现途径；差异化战略的适用条件；差异化战略的实施；集中化战略的优势与风险；集中化战略的适用条件；集中化战略的实施方法；融合战略的三种类型；实施融合战略的影响因素与条件。

本章难点：总成本领先战略的实现途径；产品差异化、形象差异化、渠道差异化的实现途径；如何实施集中化战略；企业融合战略三种类型的选择。

第七章　企业国际化经营战略

一、学习目的与要求

通过对本章的学习，了解企业国际化经营的基本知识，掌握企业国际化经营战略的基本概念、目标及思想，区分不同类型的国际化经营战略，把握国际化经营战略实施过程中的关键问题，并能提出具体解决措施。

二、课程内容

第一节　企业国际化经营战略概述

（一）企业国际化经营简介

（二）企业国际化经营战略的概念

（三）企业国际化经营战略的目标

（四）企业国际化经营战略的思想

第二节　企业国际化经营战略的类型及其决策

（一）企业国际化经营战略的类型

（二）企业国际化经营战略的类型决策

第三节　企业国际化经营战略的实施措施

（一）企业国际化经营战略实施的关键问题

（二）企业国际化经营战略的具体措施

三、考核知识点与考核要求

（一）企业国际化经营战略概述

1. 识记：（1）企业国际化经营的概念；（2）企业国际化经营战略的概念；（3）生产全球化观念；（4）产品整体化观念。

2. 领会：（1）企业国际化经营战略的目标；（2）企业国际化经营战略的思想。

（二）企业国际化经营战略的类型及其决策

1. 识记：（1）反回头战略；（2）技术带动出口战略；（3）商品出口战略；（4）合资

经营出口战略；(5) 加工出口战略；(6) 境外投资战略；(7) 跨国公司战略；(8) 本国中心战略；(9) 多国中心战略；(10) 全球中心战略。

2. 领会：(1) 按照产品技术的来源划分的国际化经营战略类型；(2) 按企业国际化发展的不同阶段划分的国际化经营战略类型；(3) 按企业生产经营行为标准不同划分的国际化经营战略类型。

3. 简单应用：对企业国际化经营战略的类型选择能做出分析。

4. 综合应用：对现实企业在实施国际化经营战略时的类型选择、关键问题做出分析。

(三) 企业国际化经营战略的实施措施

1. 领会：(1) 企业国际化经营战略实施的关键问题；(2) 企业国际化经营战略的具体措施。

2. 简单应用：对现实企业在实施国际化经营战略时的具体措施能做出分析。

四、本章重点和难点

本章重点：企业国际化经营战略的概念；企业国际化经营战略的目标；按照产品技术的来源划分的国际化经营战略类型；按企业国际化发展的不同阶段划分的国际化经营战略类型；按企业生产经营行为标准不同划分的国际化经营战略类型；企业国际化经营战略实施的关键问题；企业实施国际化经营战略的具体措施。

本章难点：合资经营出口战略、加工出口战略、境外投资战略、跨国公司战略、本国中心战略、多国中心战略、全球中心战略等的选择与决策。

第八章 企业市场营销战略

一、学习目标与要求

通过本章的学习，了解市场营销战略的概念，明确市场营销战略的地位，掌握目标市场营销战略的基本内容，熟悉品牌战略的概念、内容、类型及管理方法，了解市场营销的新谋略。

二、课程内容

第一节 市场营销战略概述

(一) 市场营销战略的概念、地位和实质

(二) 市场营销战略决策的内容

第二节 目标市场战略

(一) 目标市场战略的含义

(二) 企业市场细分

(三) 企业目标市场与营销战略选择

(四) 市场定位战略

第三节 营销组合战略

(一) 营销组合战略的概念

（二）营销组合战略的类型

（三）营销组合战略的选择

第四节　企业品牌战略

（一）企业品牌战略概述

（二）企业品牌战略的内容

（三）企业品牌战略的典型类型

（四）企业品牌战略的管理方法

第五节　市场营销新谋略

（一）直复营销

（二）顾客满意营销

（三）关系营销

（四）文化营销

（五）绿色营销

（六）整合营销

（七）网络营销

三、考核知识点与考核要求

（一）市场营销战略概述

1. 识记：（1）市场营销战略的概念；（2）市场营销战略决策的内容。

2. 领会：（1）市场营销战略的实质；（2）市场营销战略的地位。

（二）目标市场战略

1. 识记：（1）目标市场战略的含义；（2）市场细分的概念；（3）市场定位的概念。

2. 领会：（1）市场细分的作用与理论基础；（2）市场细分的依据；（3）市场细分的方法与有效性；（4）评价细分市场；（5）选择目标市场。

3. 简单应用：（1）目标市场营销战略的选择；（2）市场定位战略的实际应用。

（三）营销组合战略

1. 识记：营销组合战略的概念。

2. 领会：（1）营销组合战略的类型；（2）营销组合战略的选择。

3. 简单应用：营销组合战略实际应用的分析。

（四）企业品牌战略

1. 识记：（1）品牌的概念与品牌价值；（2）品牌战略的概念。

2. 领会：（1）企业品牌战略的内容；（2）企业品牌战略的典型类型；（3）企业品牌战略的管理方法。

（五）市场营销新谋略

领会：（1）直复营销；（2）顾客满意营销；（3）关系营销；（4）文化营销；（5）绿色营销；（6）整合营销；（7）网络营销。

四、本章重点和难点

本章重点：市场营销战略的概念；市场营销战略的实质；市场营销战略决策的内容；

目标市场战略的含义；市场细分的概念；市场细分的方法与有效性；市场定位的概念；选择目标市场；营销组合战略的概念；营销组合战略的类型；营销组合战略的选择；品牌的概念与品牌价值；品牌战略的概念及内容。

本章难点：目标市场营销战略的选择；市场定位战略的类型选择；营销组合战略的实际应用；企业品牌战略的管理方法。

第九章　企业产品战略

一、学习目的与要求

通过对本章的学习，熟悉有关产品与产品战略的基本概念及作用，掌握不同寿命周期阶段的产品战略、产品优化战略、产品开发战略、产品质量战略的基本内容，了解产品战略决策的影响因素。

二、课程内容

第一节　产品战略概述

（一）产品的概念与产品的整体概念

（二）产品战略的概念与作用

（三）产品战略的选择方法

第二节　产品寿命周期与产品战略

（一）产品寿命周期的含义和实质

（二）产品寿命周期阶段的划分

（三）不同寿命周期阶段的产品战略

第三节　产品优化战略

（一）产品组合优化战略的含义

（二）产品组合优化的方法与战略

（三）产品结构优化战略

第四节　产品开发战略

（一）产品开发战略的概念

（二）产品开发战略的层次

（三）产品开发战略的类型选择

（四）产品开发战略的影响因素

第五节　产品质量战略

（一）产品质量与产品质量战略概述

（二）产品质量战略类型选择

（三）产品质量战略的影响因素

第六节　产品战略决策的考虑因素

（一）产品未来的发展前途

（二）产品收益性
（三）产品竞争性
（四）资源条件
（五）技术条件
（六）商品化程度
（七）销售可能性
（八）国家法律法规与政策要求

三、考核知识点与考核要求

（一）产品战略概述

1. 识记：（1）产品的概念与产品的整体概念；（2）产品战略的概念；（3）产品战略的选择方法。

2. 领会：产品战略的作用。

（二）产品寿命周期战略

1. 识记：产品寿命周期的含义。

2. 领会：（1）产品寿命周期的实质；（2）产品寿命周期阶段的划分。

3. 简单应用：针对不同寿命周期阶段的产品确定其应采用的经营战略。

（三）产品优化战略

1. 识记：（1）产品组合优化战略的含义；（2）产品结构的概念。

2. 领会：（1）产品组合优化的方法与战略；（2）产品结构优化战略。

3. 简单应用：产品优化的方法与战略的实际应用。

4. 综合应用：结合企业实例对产品结构优化战略进行分析。

（四）产品开发战略

1. 识记：（1）产品开发战略的概念；（2）产品开发战略的层次。

2. 领会：（1）产品开发战略的类型选择；（2）产品开发战略的影响因素。

3. 简单应用：对产品结构优化战略的不同类型进行分析。

4. 综合应用：结合实例对企业产品开发战略的影响因素及类型选择进行综合分析。

（五）产品质量战略

1. 识记：（1）产品质量的概念；（2）产品质量特性；（3）产品质量战略的概念。

2. 领会：（1）产品质量战略的作用；（2）产品质量战略的影响因素。

3. 简单应用：不同产品质量战略类型在企业实践活动中的应用选择。

4. 综合应用：结合实例对企业产品质量战略及其影响因素进行综合分析。

（六）产品战略决策的考虑因素

领会：产品战略决策应考虑的因素。

四、本章重点和难点

本章重点：产品的整体概念；产品战略的概念；产品寿命周期的含义及实质；产品寿命周期阶段的划分；产品组合优化战略的含义；产品结构的概念；产品组合优化的方法与

战略；产品开发战略的概念；产品开发战略的类型选择；产品质量的概念；产品质量特性；产品质量战略的概念；产品质量战略的作用；产品质量战略的影响因素。

本章难点：产品战略的作用；针对不同寿命周期阶段的产品确定其应采用的经营战略；产品质量战略类型的选择。

第十章　企业技术创新战略

一、学习目的与要求

通过对本章的学习，了解企业技术创新与技术创新战略的基本概念、特点，理解技术创新战略的地位、作用、目标与任务，掌握不同种类技术创新战略特点或应用条件，并对技术创新战略的思想进行灵活分析与运用。

二、课程内容

第一节　企业技术创新战略概述
（一）企业技术创新简介
（二）企业技术创新战略的概念及特点
（三）企业技术创新战略的地位及作用
（四）企业技术创新战略的目标与任务
（五）企业技术创新战略的构成要素
第二节　企业技术创新战略的类型
（一）企业技术创新战略的类型划分
（二）技术来源类的技术创新战略
（三）技术竞争态势类的技术创新战略
（四）企业技术创新战略的基本模式
第三节　企业技术创新战略决策
（一）技术创新战略决策应考虑的因素
（二）企业技术创新战略的实施

三、考核知识点与考核要求

（一）企业技术创新战略概述

1. 识记：（1）企业技术创新的含义；（2）企业技术创新的分类；（3）企业技术创新战略的概念；（4）企业技术创新战略的特点。

2. 领会：（1）企业技术创新战略的目标与任务；（2）企业技术创新战略的构成要素。

（二）企业技术创新战略的类型

1. 识记：（1）自主创新战略；（2）合作创新战略；（3）引进消化吸收再创新战略；（4）领先型技术创新战略；（5）追随型技术创新战略；（6）模仿型技术创新战略；（7）市

场导向战略模式；(8) 资源导向战略模式。

2. 领会：(1) 企业技术创新战略的类型划分及内容；(2) 技术来源类的技术创新战略及其内容；(3) 技术竞争态势类的技术创新战略及其内容；(4) 企业技术创新战略的基本模式及内容。

3. 简单应用：结合实际对各种类型的技术创新战略进行分析。

4. 综合应用：对企业实践中技术创新类型的选择、适用条件进行综合分析。

(三) 企业技术创新战略决策

1. 领会：技术创新战略决策应考虑的因素。

2. 简单应用：对企业技术创新战略的实施进行分析。

四、本章重点和难点

本章重点：企业技术创新战略的概念及特点；企业技术创新战略的目标与任务；企业技术创新战略的构成要素；技术创新战略各种类型的划分及内容；企业技术创新战略的基本模式及内容；企业技术创新战略决策。

本章难点：技术创新战略各种类型的选择与实施。

第十一章　企业人力资源战略

一、学习目的与要求

通过对本章的学习，了解企业人力资源的内涵、特点及作用，熟知人力资源战略的基本类型，掌握人力资源战略实施的基本内容，掌握一定的人才激励艺术。

二、课程内容

第一节　人力资源概述

(一) 人力资源的内涵、特点及构成

(二) 人力资源在企业中的地位和作用

(三) 企业人才及其所需类型

第二节　企业人力资源战略及其类型

(一) 人力资源战略的概念和目标

(二) 人力资源战略的特点

(三) 企业人力资源战略的类型

第三节　企业人力资源战略的实施

(一) 人才的发现

(二) 人才的使用

(三) 人才的激励

三、考核知识点与考核要求

(一) 人力资源概述

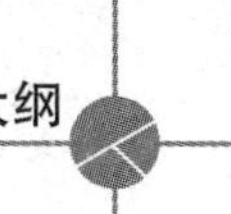

1. 识记：(1) 人力资源的内涵；(2) 人力资源的特点；(3) 人力资源的构成；(4) 企业人才及其所需类型。

2. 领会：人力资源在企业中的地位和作用。

(二) 企业人力资源战略及其类型

1. 识记：(1) 人力资源战略的概念；(2) 人力资源战略的目标；(3) 人力资源战略的特点。

2. 领会：(1) 人力资源开发战略；(2) 引进人才战略；(3) 借用人才战略；(4) 企业人才结构优化战略；(5) 岗位轮换使用战略；(6) 台阶提升使用战略；(7) 职务、资格双轨使用战略；(8) 权力委让使用战略。

3. 简单应用：结合实际对各种类型的人力资源战略进行分析。

4. 综合应用：结合案例资料对企业人力资源战略进行综合分析。

(三) 企业人力资源战略的实施

1. 领会：用人的原则。

2. 简单应用：(1) 人才的发现；(2) 掌握用人的技巧与艺术；(3) 人才的激励。

四、本章重点和难点

本章重点：人力资源的内涵与特点；人力资源的构成；企业人才及其所需类型；人力资源在企业中的地位和作用；人力资源战略的概念与特点；不同的人力资源战略；人才的发现、使用与激励。

本章难点：人力资源开发战略；企业人才结构优化战略；岗位轮换使用战略；职务、资格双轨使用战略；权力委让使用战略；人才的使用与激励。

第十二章　企业财务战略

一、学习目的与要求

通过对本章的学习，掌握企业财务战略的基本概念、特点、作用与任务，区分不同类型的财务战略，熟悉各种财务战略的基本内容。

二、课程内容

第一节　企业财务战略概述

(一) 企业财务战略的含义、实质及特点

(二) 企业财务战略的内容与任务

(三) 企业财务战略的作用

第二节　企业融资战略

(一) 企业融资战略的概念

(二) 企业融资战略的类型

(三) 融资战略决策遵循的原则

第三节 企业投资战略

（一）企业投资战略的概念与特点

（二）企业投资战略的目标与原则

（三）企业投资方式的选择

（四）企业投资战略类型的选择

（五）企业投资战略决策应考虑的因素

第四节 资本运营战略

（一）资本运营战略概述

（二）资本运营战略的类型

（三）资本运营战略决策应考虑的因素

（四）资本运营风险的管理

三、考核知识点与考核要求

（一）企业财务战略概述

1. 识记：（1）企业财务战略的含义；（2）企业财务战略的内容与任务。

2. 领会：（1）企业财务战略的实质；（2）企业财务战略的特点；（3）企业财务战略的作用。

（二）企业融资战略

1. 识记：（1）企业融资战略的概念；（2）融资目标；（3）融资原则。

2. 领会：（1）按融资方式不同划分的融资战略及其内容；（2）按融资渠道不同划分的融资战略及其内容；（3）按照融资各方当事人所拥有的权益划分的融资战略及其内容；（4）融资战略决策遵循的原则。

3. 简单应用：企业融资战略各种类型的实际应用。

4. 综合应用：针对案例资料对企业融资战略进行综合分析。

（三）企业投资战略

1. 识记：（1）企业投资战略的概念与特点；（2）企业投资战略的目标。

2. 领会：（1）企业投资战略的原则；（2）企业投资方式的选择；（3）企业投资战略决策应考虑的因素。

3. 简单应用：（1）按投资方向划分的投资战略类型的应用与分析；（2）按投资项目划分的投资战略类型的应用与分析。

4. 综合应用：企业投资战略各种类型的综合应用与分析。

（四）资本运营战略

1. 识记：（1）资本运营的内涵；（2）资本运营战略的概念。

2. 领会：（1）资本运营战略决策应考虑的因素；（2）资本运营风险的管理。

3. 简单应用：（1）企业资本形态战略各类型的应用与分析；（2）资本重组战略各类型的应用与分析。

4. 综合应用：结合企业实践对不同资本运营战略类型的综合应用进行分析。

四、本章重点和难点

本章重点：企业财务战略的含义与特点；企业财务战略的内容、任务与作用；企业财务战略的实质；企业融资战略的概念与融资战略决策遵循的原则；各种类型融资战略及其内容；企业投资战略的概念与特点；不同投资战略类型的基本内容；企业投资战略决策应考虑的因素；资本运营战略的各类型及其决策因素。

本章难点：不同企业融资战略的应用；企业投资战略类型的选择；外延型投资战略；内涵型投资战略；兼顾型投资战略；不同资本运营战略的类型及其决策。

第十三章　企业文化战略

一、学习目的与要求

通过对本章的学习，能概述企业文化的概念、结构、特征及基本内容；掌握企业文化战略的概念、实质、类型，了解企业文化战略的制定与实施要点。

二、课程内容

第一节　企业文化概述

（一）企业文化的产生与发展

（二）企业文化的概念、结构、特征

（三）企业文化的基本内容

（四）企业文化与企业经营战略

第二节　企业文化战略及其类型

（一）企业文化战略的概念、实质与地位

（二）企业文化战略的类型

（三）企业文化战略类型的选择

第三节　企业文化战略的制定与实施

（一）企业文化战略的制定

（二）企业文化战略的实施

三、考核知识点与考核要求

（一）企业文化概述

1. 识记：（1）企业文化的概念；（2）企业文化结构；（3）企业文化的特征。

2. 领会：（1）企业文化的基本内容；（2）企业文化与企业经营战略的联系。

（二）企业文化战略及其类型

1. 识记：（1）企业文化战略的概念及实质；（2）企业产品形象战略；（3）企业职工形象战略；（4）企业家形象战略；（5）企业行为与制度文化战略；（6）职工榜样战略；（7）文明生产战略；（8）企业员工共同信念战略；（9）企业凝聚力战略；（10）企业总体

形象战略。

2. 领会：(1) 企业文化战略的地位；(2) 企业物质文化战略的选择；(3) 企业行为与制度文化战略的选择；(4) 企业精神文化战略的选择；(5) 企业总体形象战略的选择。

3. 简单应用：企业文化战略各种类型的实际应用。

4. 综合应用：结合企业实例对企业文化战略进行综合分析。

(三) 企业文化战略的制定与实施

1. 领会：(1) 企业文化战略的制定；(2) 企业文化战略的实施。

2. 简单应用：结合案例资料对企业文化战略的制定与实施做出分析。

四、本章重点和难点

本章重点：企业文化的概念与特征；企业文化的结构与基本内容；企业文化战略的概念与实质；企业文化战略的地位；企业文化战略的类型；企业文化战略的制定。

本章难点：企业文化与企业经营战略的联系；企业物质文化战略类型的选择；企业行为与制度文化战略的选择；企业精神文化战略的选择；企业总体形象战略的选择；企业文化战略的实施。

第十四章　企业经营战略的实施与控制

一、学习目的与要求

通过对本章的学习，了解企业经营战略实施与控制的基本含义、原则及方式，掌握经营战略实施与控制过程的基本内容，并能运用这些知识对现实问题进行分析。

二、课程内容

第一节　企业经营战略的实施

(一) 企业经营战略实施的基本含义

(二) 企业经营战略实施的原则与方式选择

(三) 企业经营战略实施的重点工作

第二节　企业经营战略的控制

(一) 企业经营战略控制的含义与必要性

(二) 企业经营战略控制的对象与层次

(三) 企业经营战略控制的基本要素与原则

(四) 企业经营战略控制的基本方式

三、考核知识点与考核要求

(一) 企业经营战略的实施

1. 识记：(1) 企业经营战略实施的含义；(2) 企业经营战略实施的原则；(3) 指令型方式；(4) 变革型方式；(5) 合作型方式；(6) 文化型方式；(7) 增长型方式；(8) 时

间分解；（9）空间分解。

2. 领会：（1）经营战略与组织结构的关系；（2）企业发展阶段与经营战略；（3）企业战略态势与组织结构；（4）经营领域与组织结构；（5）企业经营战略实施的方式；（6）滚动计划法；（7）战略领导群体的结构构成；（8）战略领导群体组建的原则。

3. 简单应用：（1）依据不同经营战略对不同组织结构类型进行选择；（2）结合案例资料对企业组建战略领导群体的原则进行分析；（3）结合企业实践对其战略领导群体结构进行分析。

4. 综合应用：能对企业经营战略实施过程的原则、方式及重点工作进行综合分析。

（二）企业经营战略的控制

1. 识记：（1）企业经营战略控制的含义；（2）企业经营战略控制的对象；（3）企业经营战略控制的层次；（4）前馈控制；（5）现场控制；（6）反馈控制；（7）直接控制；（8）间接控制。

2. 领会：（1）企业经营战略控制的必要性；（2）企业经营战略控制的基本要素；（3）重点控制原则；（4）经济合理原则；（5）企业经营战略控制基本方式的选择。

3. 简单应用：（1）结合企业实践对经营战略控制对象与基本要素进行分析；（2）对企业经营战略控制原则的实践应用进行分析；（3）结合案例资料对企业经营战略控制方式的选择进行分析。

4. 综合应用：对企业经营战略控制对象、基本要素、原则与方式选择的综合分析。

四、本章重点和难点

本章重点：企业经营战略实施的含义；企业经营战略实施的原则与方式选择；经营战略与组织结构关系；企业经营战略实施的方式；滚动计划法；战略领导群体组建的原则；企业经营战略控制的概念与必要性；企业经营战略控制的对象与层次；企业经营战略控制的基本要素；直接控制；间接控制。

本章难点：企业发展阶段与经营战略；战略领导群体的结构构成；重点控制原则；经济合理原则；企业经营战略控制基本方式的选择。

Ⅳ　关于大纲的说明与考核实施要求

一、自学考试大纲的目的和作用

本大纲根据专业自学考试计划的要求，结合自学考试的特点规定了课程学习的内容、深广度、考试范围和标准，其目的是对个人自学、社会助学和课程考试命题进行指导和规定，因此，它是编写自学考试教材和辅导书的依据，是社会助学组织进行自学辅导的依据，是自学者学习教材、掌握课程内容知识范围和程度的依据，也是进行自学考试命题的依据。

二、课程自学考试大纲与教材的关系

课程自学考试大纲是进行学习和考核的依据，教材内容是大纲所规定的课程知识和内容的扩展与发挥。课程内容在教材中体现了一定的广度、深度和难度，但在大纲中，结合自学考试的特点对考核知识的要求有一定的弹性，即体现了课程知识学习的基础性、必要性与适当性。

本课程大纲与教材所体现的课程内容基本一致。大纲里面的课程内容和考核知识点在教材中全部覆盖。有一些扩展性的教材内容在大纲中没有涉及，也就不在考核范围内。

三、关于自学教材

《企业经营战略概论》，全国高等教育自学考试指导委员会组编，白瑷峥主编，中国人民大学出版社，2018 年版。

四、关于自学要求和自学方法的指导

（一）自学要求

本大纲是依据专业考试计划和专业培养目标而确定的。大纲中的课程内容明确了本课程的基本内容，考核知识点与考核要求构成了课程内容的主体部分。为有效地指导个人自学和社会助学，大纲还指明了课程的重点和难点。自学应考者须依据本考试大纲规定的考试内容和考核目标，认真学习，在全面了解课程体系的基础上，掌握本大纲规定的基本概念与基本知识。学习中要紧密联系实际，在理解的基础上记忆，切忌死记硬背。要学会分析案例，解决实际问题，把学科理论的学习融入对经济活动实践的研究和认识之中，切实提高分析问题、解决问题的能力，真正掌握课程的核心内容。

（二）自学方法指导

自学考试主要是通过个人自学、教师辅导、社会助学和国家考试来考核应考者掌握专

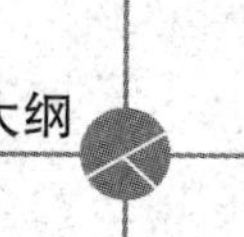

业知识和能力的方法。应考者在学习本课程时，在结合自己学习特点的同时，需注意把握以下学习方法：

一是依据本大纲，学习好本课程。

二是要参加辅导课的学习，并在课后全面系统地复习，将考核要求中识记规定的基本概念、基础知识记忆好、理解透，将考核要求中领会规定的重点内容有机联系起来，切忌孤立地去猜重点、背重点。

三是将所学习的知识或理论与实际工作中的问题联系起来，去发现、分析、解决问题，加深对所学理论的理解。

五、对社会助学的要求

（1）社会助学者应根据本大纲规定的考试内容和考核目标，认真钻研指定教材，对自学应考者进行切实有效的辅导，引导他们避免自学中的各种偏向，体现社会助学的正确导向。

（2）要正确处理基础知识和应用能力的关系，努力引导自学应考者将基础知识转化为实际应用能力。在全面辅导的基础上，重点培养和提高自学应考者独立分析和应用的能力。

（3）要正确处理重点和一般的关系。《企业经营战略概论考试大纲》虽然指出了课程的重点与难点，但并不意味着重点知识就是考试的重点，难点也并不是考试就不涉及。要明确的是考试内容是全面的，重点知识和一般知识是相互联系的，不是截然分开的。社会助学者应指导自学应考者全面、系统地学习教材，掌握全部考试内容和考核知识点，在此基础上再突出重点。总之，要把重点学习同兼顾一般结合起来，切不可孤立地抓重点，把自学应考者引向猜题押题。

六、对考核内容的说明

（1）“企业经营战略概论”课程的知识点与内容作为考核的内容要求考生学习和掌握。课程中各章的内容均由若干知识点组成，在自学考试中成为考核的知识点。因此，课程自学考试大纲所规定的考试内容是以分解考核知识点的方式给出的。由于各知识点在课程中的地位、作用以及知识自身的特点不同，自学考试将对知识点分别按照识记、领会、简单应用和综合应用四个认知（或能力）层次确定其考核要求。

（2）考试之日前6个月内的由全国人民代表大会和国务院颁布或修订的法律、法规都将列入相应课程的考试范围。凡大纲、教材内容与现行法律、法规不符的，应以现行法律法规为准。命题时也会对我国经济建设和科技文化发展的重大方针政策的变化予以体现。

七、关于命题考试的若干要求

（1）本课程采取闭卷笔试考试方式，试卷满分为100分，60分为及格，考试时间为150分钟。

（2）本大纲各章所规定的基本要求、知识点及知识点下的知识细目，都属于考核的内容。考试命题既要覆盖到章，又要避免面面俱到。要注意突出课程的重点、章节重点，加大重点内容的覆盖度。

（3）命题不应有超出大纲中考核知识点范围的题，考核目标不得高于大纲中所规定的相应的最高能力层次要求。命题应着重考核自学者对基本概念、基本知识和基本理论是否了解或掌握，对基本方法是否会用或熟练。不应出与基本要求不符的偏题或怪题。

（4）本课程在试卷中对不同能力层次要求的分数比例大致为：识记占 20%，领会占 30%，简单应用占 30%，综合应用占 20%。

（5）要合理安排试题的难易程度，试题的难度可分为易、较易、较难和难四个等级。每份试卷中不同难度试题的分数比例一般为：2∶3∶3∶2。必须注意试题的难易程度与能力层次有一定的联系，但二者不是等同的概念。在各个能力层次中试题对于不同的考生都存在着不同的难度。

（6）本课程考试命题的主要题型一般有单项选择题、多项选择题、辨析题、简答题、论述题和案例分析题等。在命题工作中必须按照本课程大纲中所规定的题型命制，考试试卷使用的题型可以略少，但不能超出本课程对题型的规定，不同类型的题型在试卷中要合理安排比重。

V 题型举例

一、单项选择题（在每小题列出的备选项中只有一项是最符合题目要求的，请将其选出。）

1. 企业与其上、下游关联者之间，通过共同开展市场调查、产品设计、规划价值链、参与产品营销等方式，争取双赢乃至多赢。从战略角度讲，这体现了企业经营战略的（　　）。

A. 全局性　　B. 长远性　　C. 竞合性　　D. 纲领性

2. 一家公司的总经理在制定经营战略中评估了形势，预计市场的需求会被看好，原材料的价格会下跌。他把前者看作一种机遇，而后者却是一种挑战。你认为总经理在干什么？（　　）

A. 制定公司的战略目标　　B. 摸清公司的规划范围
C. 衡量公司的外部环境　　D. 探究公司的内部条件

3. 企业将经营领域扩展到与原先完全无联系的产品生产和销售领域，这属于（　　）

A. 相关多元化战略　　B. 非相关多元化战略
C. 横向一体化战略　　D. 纵向一体化战略

二、多项选择题（在每小题列出的备选项中至少有两项是符合题目要求的，请将其选出。错选、多选或少选均无分。）

1. 迈克尔·波特提出的基本竞争战略成为目前企业经营实践中重点选择的竞争战略类型，这主要包括（　　）。

A. 总成本领先战略　　B. 差异化战略
C. 集中差异化战略　　D. 密集型战略
E. 一体化发展战略

2. 按企业生产经营行为标准的不同，可将企业国际化经营战略划分为（　　）。

A. 加工出口战略　　B. 合资经营出口战略
C. 本国中心战略　　D. 多国中心战略
E. 全球中心战略

3. 企业财务战略的特点包括（　　）。

A. 从属性　　B. 系统性　　C. 指导性　　D. 复杂性
E. 全局性

三、辨析题（判断正误，并说明理由。）

1. 企业使命是确定战略目标的前提。只有明确地规定了企业的使命，才能正确制定企业的战略目标。（　　）

2. 企业经营战略环境是客观存在的，企业只能适应而不能改变。 ( )

3. 在企业竞争中，人才是企业的核心资源，因此，人力资源战略比企业发展战略重要。 ( )

四、简答题

1. 大型企业总体战略可供选择的类型有哪些?

2. 简述市场渗透战略的基本内容与优点。

3. 简述企业文化战略及其实质。

五、论述题

举例阐述市场定位战略的基本内容。

六、案例分析题

北京的火锅店众多，竞争相当激烈。来自四川资阳的海底捞火锅独树一帜，以高质量的服务在京城火锅市场中占据了一席之地。海底捞火锅的高质量服务体现在就餐前、就餐中和就餐后的各个环节当中。

1. 就餐前的全面考虑

海底捞店前有专门的泊车服务生，他们主动代客泊车，车辆停放妥当后会将钥匙交给顾客；等到顾客结账时，泊车服务生会主动询问“是否需要帮忙提车”。如果顾客需要，服务生会立即提车到店门前，顾客只需要在店前稍做等待。如果你选择在周一到周五中午去用餐的话，海底捞还会提供免费擦车服务。在等候就餐期间，等候区的大屏幕上不断打出最新的座位信息，为排号的顾客提供水果、饮料，顾客还可享受店内提供的免费上网、擦皮鞋和美甲服务，如果是一帮朋友在等待，服务员还会拿出扑克牌和跳棋供他们打发时间，减轻等待的焦躁。

2. 就餐中的细心服务

在顾客就座之后马上便有服务员送来吃饭专用的“用餐装”，以防不小心将酱料、油脂溅到衣物上；顾客放在桌上的手机、钱包之类，服务员会专门为其套上塑料套，以免弄脏；用餐时，顾客不仅可以享受到完全合乎自己口味的佳肴，同时，针对每位点了拉面的顾客，公司还推出了精彩的拉面表演项目，这使顾客在享受美味之余还可一饱眼福；用餐过程中不断有服务员为顾客加汤、加豆浆、加柠檬水、换渣碟、收拾桌面，询问调料碟是否合适，满足客人就餐过程中的需要。

3. 就餐后的小恩惠

一般的餐馆吃完饭后只会送上一个果盘，但在海底捞，若顾客向服务员提出再给一个果盘的要求，服务员会面带笑容地说没问题，并立即从冰柜里拿出果盘奉送给顾客。服务员还会马上为你送上口香糖。离店时，一路遇到的所有服务员都会向你微笑道别。

问题：

1. 根据资料判断海底捞公司采取的是哪种企业发展战略？为什么?

2. 该种发展战略有哪些分类？简述该种发展战略的适用条件。

大纲后记

2017 年 4 月，全国高等教育自学考试指导委员会办公室召开了全国高等教育自学考试课程大纲、教材编前会，会上确定了“企业经营战略概论”课程自学考试大纲编写的指导思想、基本原则和要求。

本大纲由北京石油化工学院白瑗峥副教授负责编写。大纲完成后，中国人民大学秦志华教授、杨继东副教授、郭海副教授参加了审稿工作，由全国高等教育自学考试指导委员会经济管理类专业委员会审定。

全国高等教育自学考试指导委员会

经济管理类专业委员会

2018 年 6 月

企业经营战略概论

编者的话

《企业经营战略概论》是在借鉴学习吸收国内外有关企业经营战略及其他相关学科著作的基础观点和成功企业经营战略的实践经验基础上编写而成的。本教材针对自学考试考生的特点，在内容编写上力求做到简洁完整、深入浅出、通俗易懂；在体例框架上则追求新颖灵活、丰富有效，以此增加考生的学习兴趣，引导考生乐于学习、勤于思考。

《企业经营战略概论》的内容体系共计十四章。第一章、第二章、第三章、第四章主要研究了企业经营战略的一些基本问题，即企业经营战略概述、企业经营战略环境分析、企业战略经营领域分析、企业使命和战略目标；第五章、第六章、第七章主要研究了企业的总体战略、竞争战略、国际化经营战略的相关内容；第八章、第九章、第十章、第十一章、第十二章、第十三章主要从企业职能角度研究了企业的市场营销战略、产品战略、技术创新战略、人力资源战略、财务战略和文化战略的内容；第十四章主要研究了企业经营战略的实施与控制。

企业经营战略是科学性与艺术性相结合的一门学科。尽管不同企业的经营活动千差万别，但在制定和实施经营战略过程中都要依据经营战略理论来进行，这是其共性与科学性的体现。同时，经营战略的制定与实施必须结合企业内外环境的特点灵活进行，具有很强的实践性、灵活性，因此，其相关学科属于应用性学科。为此，自学考试考生在学习时既要系统掌握企业经营战略的基本理论、基本知识和基本方法，还须学会运用所学的基本理论对企业实际问题进行分析，以提高自己分析问题、解决问题的能力，为进一步学习专业课和为日后的实际企业经营管理工作奠定一定的理论基础。

编者

2018 年 6 月

第一章　企业经营战略概述

本章导读

企业经营战略是企业管理中的核心内容，决定着企业基本的经营行为。经营战略管理水平的高低直接影响着企业的生存与发展。这是因为经营战略是高层管理者为解决企业未来发展问题而做出的全局性、长远性的谋划与方略，在企业经营管理过程中起着非常关键的作用，对企业的整体效能有着重要影响。企业经营战略的实践活动离不开理论的指导，经营战略理论随着经营战略的实践发展而产生并对实践产生影响，目前已经形成一系列成熟的理论，并随着实践的发展在不断补充、丰富与完善。在这些理论的指导下，企业经营战略管理体系逐渐成熟，从战略管理层次、战略管理内容到战略管理过程形成了较为完整的体系，对经营战略管理的实践活动发挥着重要的指导作用。

学习目标

通过对本章的学习，掌握企业经营战略的基本概念、特征及作用，了解企业经营战略管理理论的形成、发展及主要观点，熟知经营战略管理体系的基本内容。

关键概念

企业经营战略（Business Strategy）
核心能力（Core Competency）
战略管理（Strategy Management）
企业战略管理体系（Enterprise Strategic Management System）
总体经营战略（Corporate Strategy）
事业部级战略（Department of Business Strategy）
职能级战略（Functional Strategy）

战略不仅在于知道做什么，更重要的是，要知道停下什么。

——［美］乔·图斯

没有战略的企业就像一艘没有舵的船一样只会在原地转圈，又像个流浪汉一样无家可归。

——［美］乔尔·罗斯

第一节　企业经营战略简介

一、企业经营战略产生的背景

企业经营战略（Business Strategy）是在市场经济发展条件下提出的，首先产生于发达国家的企业。20 世纪 50 年代美国企业重视其长远发展战略，60 年代日本企业也提出了经营战略，到 70 年代很多国家的企业开始进入“战略制胜”的时代，进入 80 年代初，我国企业纷纷开始了战略问题的研究。进入 21 世纪以来，所有企业都越来越重视经营战略问题，制定并实施科学长远的经营战略已成为关系企业成败最为重要的工作。

纵观国内外企业经营战略发展的历程可见，经营战略的产生与发展的背景条件主要是：

（一）需求结构的重大变化

随着市场经济的发展，全球化一体化市场需求结构都发生了巨大的变化，需求由低层次向中高层次转化，趋同性需求向个性化、多样化需求转变，向生产厂家提出了更高的要

求，促使企业调整产品结构，改变单一品种的格局，向品种多样化或产品多样化发展。要开发多种品种和各种不同类型的产品，就必须有长远的产品战略规划，为此，必须预测未来若干年后市场需求的趋势，并谋划企业未来的发展。

（二）生产竞争的日趋激烈

随着社会生产力的发展，经济发展水平不断提高，市场提供的产品日益丰富，很多商品由卖方市场变为买方市场，出现了供大于求。用户和消费者对产品和服务的要求越来越高，可选择的余地越来越大，企业间的竞争越来越激烈，这就要求企业审时度势，高瞻远瞩，未雨绸缪，针对市场需求及竞争者的状况，科学制定企业发展的战略，以发展战略为基础确定企业的具体产销运营计划，以便在市场竞争当中立于不败之地。

（三）科学技术不断进步

随着信息化时代的发展，科学技术日新月异，新产品层出不穷，新的产业和业态不断涌现。技术革命大大缩短了产品的生命周期，这就要求企业不断变革已有的技术和产品，及时开发新的技术和产品。必须紧跟世界科学技术进步的步伐，前瞻性地布局企业的技术与产品。开发新产品需要一个周期，这个过程中需要消耗大量的时间、资金和人力，以实现技术开发和新产品转化，再实现商品化、产业化，这都需要从战略发展的角度，进行战略规划。

（四）资源供应日益紧张

经济越发展，资源越紧张。随着社会消费规模的扩大，工业企业消耗的资源日趋紧张。高污染资源利用的限制和供给侧改革的深入，使企业的发展越来越受到资源供应与利用的制约。同时，新能源、新材料的发展，也对企业的产品、市场、技术等方面提出新的要求，特别是资源型企业，必须提早考虑未来资源枯竭时企业如何生存的问题、新的可替代资源如何运用的问题，这些都是关系到企业成败的重大问题。必须对企业长远的资源供应链进行战略性考虑，确保对企业资源的保障与运用，做出长远性的规划，有步骤地进行研究开发。

（五）生态环保的要求越来越高

由于历史的原因，我国经济发展在一个时期忽略了对环境因素的考虑，造成经济发展与环境破坏同时并存的局面。随着社会经济生活的发展，环境保护已成为社会、政府、消费者共同关注的问题，其对企业的要求越来越高，限制越来越多。因此，治理“三废”，保护环境，是企业必须面对的重大经营问题，企业的经营要与自然生态形成和谐发展的局面，要将污染控制与治理作为企业长远发展的必要条件，从技术、设备、资金方面进行配置。所以，要从大局和长远出发，进行科学规划，确保企业的发展符合政府、社会越来越高的环保要求。

（六）产业结构的快速调整

需求的变化、技术的进步、资源的利用、市场竞争的发展等，必然引起外部环境与产业结构的变化。特别是在新时代背景下，大量的传统行业都受到新的技术的冲击，新的行业与业态不断出现，颠覆性的产品与技术等对企业的发展提出挑战。这对企业生存既是威胁，又提供了新的发展机遇。企业需要准确把握产业发展的方向，根据变化了的情况，结合自身的情况，主动谋划适应外部环境产业结构的调整，提高自身的生存与发展能力，以立于不败之地。

只要企业的外部环境出现上述其中一个或几个情况，就必然产生制定经营战略的客观要求，研究和制定企业经营战略就成为企业的重要工作。

二、企业经营战略的概念

战略（Strategy）一词最早是军事方面的概念，指军事将领指挥军队作战的谋略，在《简明不列颠百科全书》中的解释是“在战争中利用军事手段达到战争目的的科学和艺术”。在中国，“战略”一词历史久远，“战”指战争，“略”指“谋略”。春秋时期孙武的《孙子兵法》被认为是中国最早对战略进行全局筹划的著作。在《中国大百科全书》中“战略是指导战争全局的方略”。

1965 年，美国著名战略学家伊戈尔·安索夫（H. I. Ansoff）在其所著的《企业战略论》一书中开始使用“企业战略”一词，将战略从军事领域拓展至经济管理活动。现今，“战略”一词已广泛运用于政治、经济、社会、文化、教育、科技等各个领域，其一般的含义就是指具有全局性、长远性、根本性的重要谋划与方略。

企业战略也称企业经营战略（Business Strategy），是战略运用到企业的生产经营管理活动中的称谓，它涉及企业所有的关键活动。所谓企业经营战略，是指企业在竞争激烈、复杂多变的环境下，为谋求生存和不断发展而做出的总体性、长远性的谋划和方略。企业经营战略是企业战略思想的集中体现，是企业制订一切计划的基础，也是企业家用来指挥竞争的经营艺术。

企业经营战略的概念包含了四个基本点：

（1）企业经营战略工作的性质，是企业高层管理者为解决企业未来发展问题而做出的全局性、长远性的谋划与方略，指明了企业发展的方向和道路。

（2）企业经营战略制定的依据是内外各种环境条件的变化，如未来市场需求与竞争趋势等。

（3）企业经营战略制定的目的是确定企业未来一定时期的战略目标，以确保企业长期的生存和实现持续的发展。

（4）企业经营战略是实现企业发展目的和目标的关键手段，它明确了目的、目标和途径、手段之间的关系。

总之，企业经营战略是在符合和保证实现企业使命的条件下，在对内外环境因素进行分析的基础上，发现与挖掘机会，进而确定企业从事的事业范围、成长方向和竞争对策。从其制定要求看，企业经营战略就是用机会和威胁评价现在和未来的环境，用优势和劣势评价企业现状，进而选择和确定企业的总体、长远目标，制定和抉择实现目标的行动方案。

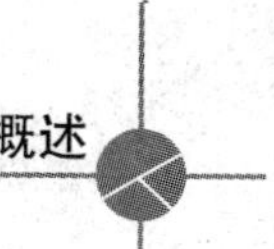

专栏 1-1

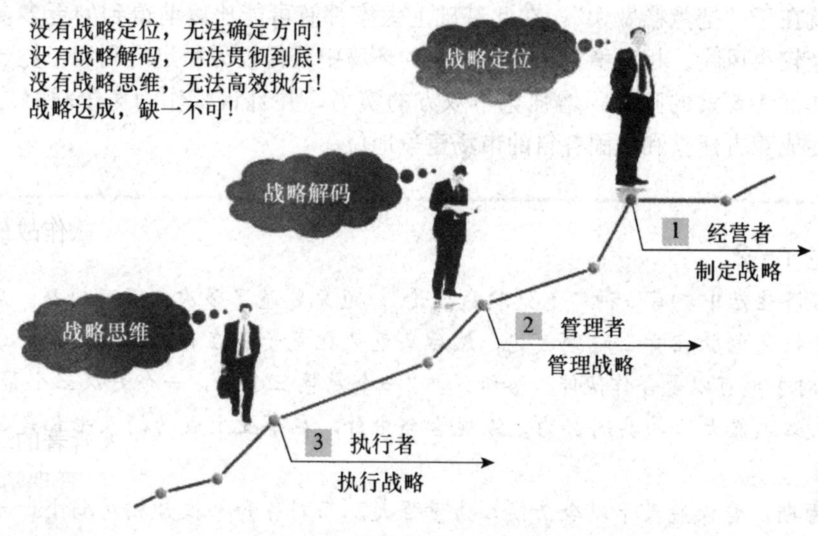

三、企业经营战略的特征

（一）全局性

企业经营战略是以企业的全局为对象，是依据企业总体发展需要而制定的。它规定的是企业的总体行动，追求的是企业的总体效果，对企业的整体效能有着重要影响。企业的局部活动作为总体行动的有机组成部分在战略中体现，以使经营战略成为综合的、系统的一个整体。

（二）长远性

企业经营战略既是企业谋取长远发展要求的反映，又是企业对未来较长时期（五年以上）内如何生存和发展的筹划。虽然它的制定要以企业当前面临的外部环境和具有的内部条件为出发点，并且对企业当前的生产经营活动有指导作用，但是，这一切也都是为了更长远的发展，是长远发展的起步。也就是说，战略决策者面临的问题是“为了应付不确定的明天，我们今天应该如何做”。我们国家在发展过程中每五年制订的国民经济发展规划就是战略规划，它是保证我国国民经济长期、持续发展的基础。

（三）竞合性

即指竞争性与合作性的特点。竞争性也叫抗争性，指经营战略是企业在市场竞争中如何与对手相抗衡的行动方案，也是企业应对来自各方面的冲击、压力、威胁和困难的行动方案。市场如战场，现代的市场总是与激烈的竞争密切相关。经营战略之所以产生和发展，就是因为企业面临着激烈的竞争、严峻的挑战，企业制定经营战略就是为了取得优势地位，战胜对手，保证自己的生存和发展。

现代企业之间在充满竞争的同时，又需要合作。这是由于竞争对抗性本身固有的缺点和当今复杂多变的经营环境而造成的。企业经营活动是一种特殊的博弈，是一种可以实现双赢的非零和博弈。企业的经营活动必须进行竞争，也要合作。经营战略的竞合性强调在竞争中求合作，合作中有竞争，实现共赢，一起发展，这是企业竞争所追求的最高境界。其着眼点就在于“把蛋糕做大”，在此基础上大家都有可能比以前得到的更多，从而使企业能在一个较小风险、相对稳定、渐进变化的环境中获得较为稳定的利润。竞合性的实质是实现企业优势要素的互补，增强竞争双方的实力，并且将其作为竞争战略之一加以实施，从而促成双方建立和巩固各自的市场竞争地位。

专栏 1-2

我国经济生活中，有一种“龟兔双赢理论”。龟兔赛跑了多次，互有输赢。后来，龟兔合作，兔子把乌龟驮在背上跑到河边，然后乌龟又把兔子驮在背上游过河去。这就是“双赢”，竞争对手也可以是合作伙伴。俗话说：“一个篱笆三个桩，一个好汉三个帮。”想成就一番大事，必须靠大家的共同努力。纵观古今中外，在事业上成功的人士都是善于合作的典范。

三国时期，曹操挟天子以令诸侯，力量强大。而刘备和孙权却相对弱小，无论是刘备还是孙权，如果单独应对曹操，必败无疑，因此才出现孙刘两家联合抗曹，终于取得赤壁之战的胜利。这是两家成功的合作，同时两家又发展各自的实力，如荆州之争，说明竞争也很激烈。两家有联合、有竞争，曹魏多年奈何不得，形成三国鼎立之势。

（四）纲领性

企业经营战略规定的是企业总体的长远目标、发展方向、发展重点和前进道路及所采取的基本行动方针，这些都是原则性的、概括性的规定，具有行动纲领的意义，它必须通过展开、分解和落实等过程才能变为具体的行动计划。由此，企业的经营战略要渗透于企业的一切经营活动之中，建立起规范的、协调一致的行动方式，以保证经营战略能正确无误地加以执行。

（五）应变性与相对稳定性

企业经营战略是针对未来一定时期而制定的，由于未来具有很大的不确定性，为此，经营战略就有一定的风险性。一般说来，成功的经营战略要具有承受风险的能力，这就要求战略一经制定后不能一成不变，而应根据企业外部环境和内部条件的变化，适时地加以调整，以适应变化后的环境情况。这就是经营战略的应变性。与此同时，为实现企业的可持续发展，经营战略应具有相对稳定性。虽然战略应根据环境的变化做适当调整，但这种调整不应过于频繁，尤其不能朝令夕改，因为战略体现的就是企业长远利益，而这种目标的实现本身需要较长的时期，必要时还需要以牺牲短期利益为代价，因此，要保证经营战略的相对稳定。

四、企业经营战略的作用

企业经营战略关系到企业的前途命运，在企业管理中处于核心地位，起着非常关键的

作用。

（一）为企业的长期发展指明方向

企业经营战略是企业经营思想和经营方针的集中体现，汇集了企业的经营使命和经营目标，为企业发展提出了明确的方向与目标，使企业不会迷失方向。企业据此可以在较长时期内，对人、财、物等生产资源进行合理配置，进而有效地实现生产经营战略目标。

（二）为企业顺利发展提供保障

通过制定经营战略，企业可以对当前和长远发展的经营环境、经营方向和内部条件有一个正确的认识，全面了解自己的优势和劣势、机遇和挑战，从而做到知彼知己，不失时机地把握机会，扬长避短，求得生存与发展。

（三）为企业管理增强活力

企业通过经营战略管理，既可以理顺企业内部的相互关系，又可以适应企业外部的环境变化，同时，将战略规划同日常的经营计划结合起来，把近期目标与长远目标结合起来，把总体战略目标同局部的战术目标统一起来，不仅可以调动各级管理人员参与战略管理的积极性，也有利于充分利用企业的各种资源并提高协同效果。

（四）为提高企业经营者的管理水平提供了可靠的条件

通过制定经营战略，企业经营者可以从全局出发，着眼未来，全盘统筹企业的发展，集中精力去研究影响企业发展的重大的、关键性问题，这在一定程度上会促使其在企业发展过程中发展提高自己，成长为名副其实的现代企业家。

专栏 1-3

对战略的常见误解有以下五种：

1. 认为战略是一种抱负。例如："我的战略就是成为产业第一或第二"，或"我的战略就是要发展"。其实这不是战略，只是希望而已。战略不是一个目标，而应该是方法，也就是"如何"成为第一或第二。关键是你如何实现你的竞争优势，怎样独树一帜。

2. 认为战略就是一些行动。如："我们的战略就是要兼并""要国际化""要外包"……这些行动做起来应该是合适的，但这些是步骤而不是战略。战略就是通过怎样的定位来使你有特色、有优势，这是关键所在，然后再决定采取什么样的步骤。如果把战略作为行动来定义，那么这些行动可能是孤立而不相关的行动，没有服务于一个统一的目标。

3. 认为重要的东西都是战略。如："营销战略""政府战略""技术战略"等。其实，战略的核心就是整合。一个企业只有一个战略，不能有很多的战略。企业的各项业务、所有想做的事情，要整合在一起成为一个整体的战略，而不是把很多战略捏在一起。而且这个战略要一次做成，否则战略各部分就会出现方向不一的情况。

4. 认为战略就是愿景。如："我们的战略就是为社会制造出重要的产品"或"为人类提供服务"。战略应该指明你的竞争优势何在，你在产业中如何定位才能取得竞争优势、才能持续发展。

5. 认为战略就是试验。"因为世界发展非常快，所以不应该从一开始就制定战略，应该做很多尝试，看看哪些是成功的。"这是很危险的想法。一般来说企业不会做了很多的试验之后突然有一天奇迹出现就成功了。成功必须要有一定的远见，必须要建立竞争的优势，这需要你从一开始就想清楚、看清楚机会所在。

第二节 企业经营战略理论的形成与发展

一、企业经营战略理论的形成与发展概述

任何一种理论的产生都是社会发展的必然结果，都是特定环境下的产物，是在吸收前人研究成果的基础上，为适应特定环境条件发展起来的。企业经营战略理论也不例外，是伴随着企业内外环境的变化与企业经营实践的发展而逐渐形成并完善的。正如前面所述，环境的变化使得企业由过去重视内部各项要素投入产出的分析，转向兼而重视企业外部环境的分析，于是便产生了企业经营战略管理。一般认为，企业经营战略理论起源于 20 世纪的美国，形成于 60 年代，在 70 年代得到大发展，80 年代受到冷落，90 年代又重新受到重视。

从企业经营战略理论发展的冷热变化过程来看，人们对企业经营战略管理的认识经历了一个比较曲折的过程。其背景原因主要在于 20 世纪五六十年代美国经济出现了空前的繁荣，随之而来的是企业间竞争的加剧。到了 70 年代，国际上政治、经济的动荡，影响了企业的生存和发展。在这种环境下，企业深切地感到以前那种"低价必胜"的原则已经不能适应新情况的发展。要获得持续的生存和发展，企业必须从战略的高度思考问题。而企业经营管理的实践也充分证明了这一点，一些企业通过多样化经营（产品多样化、市场多样化、投资区域多样化等）获得了成功。为此，企业家认为应该走多样化经营的"战略之路"。但是，到了 80 年代，一些企业的经营战略应用不当导致失败，企业经营战略管理理论一度受到冷落。到了 90 年代，人们又开始反思企业经营战略管理理论，因为在企业经营管理的实践中，短命企业甚至短命产业不断出现，究其缘由，主要在于缺乏长期发展的战略规划。由此，企业经营战略管理再次受到重视并得到快速发展。

二、企业经营战略理论的主要观点

从半个世纪的时间跨度来看，企业经营战略管理理论的研究已经形成了不同的观点与派别，管理大师明茨伯格（Henry Mintzberg）将其划分为十个学派：设计学派、计划学派、定位学派、企业家学派、认识学派、学习学派、权力学派、文化学派、环境学派、结构学派。这十个学派可以分成三类。从性质上看，前面三个学派属于说明性的学派，它们关注的是战略应如何明确地表述。其后六个学派则主要侧重于描述战略的实际制定和执行过程。最后一个学派是其他学派的综合。尽管不同学派的研究重点不同，但各个学派都从某个角度定义和论述了企业经营战略。其中最具有代表性的理论主要有：

（一）安索夫企业战略理论的主要观点

伊戈尔·安索夫是美国著名的战略管理学家。在 1965 年出版的《企业战略论》一书

中他首次提出了“企业战略”这一概念，“战略”一词随后成为管理学中的一个重要术语，在理论和实践中得到了广泛的运用。继《企业战略论》之后，安索夫又相继于 1976 年出版了《从战略计划走向战略管理》、1979 年出版了《企业战略管理论》等著作，形成了完善的战略管理理论，其主要观点是：

(1) 战略的制定是一个具有意识的正式计划过程，企业的战略计划必须有资源和组织保证；企业的高层管理者负责战略计划和战略实施的全过程，并组织有关人员参与战略计划的制定和实施；战略形成以后，要通过目标、预算的分解使之落实。

(2) 企业高层管理者制定的战略必须与环境相适应，根据环境的变化实施不同的战略管理模式。安索夫根据环境的变化程度不同，把环境划分为五个等级，即稳定的环境、活跃的环境、可预测的环境、可探索的环境、极动荡的环境。根据不同环境风险度的不同，企业可分别采用五种战略管理模式，即保守稳定型、效率反应型、营销先导型、战略探索型、开拓创造型。不同的管理模式又需要采用不同的组织结构，确定不同的管理重点和管理对象。

(3) 企业经营战略由四个要素构成，即产品市场范围、成长方向、竞争优势与协同作用。

一是确定产品市场范围，即产品定位与市场定位，企业在哪个行业经营，生产该行业的哪种产品，为哪些市场领域服务，这就是安索夫的产品与市场组合定位理论，简称企业定位理论。

二是确定企业成长方向，即在企业已选定的产品和市场领域中，企业的经营活动应朝着什么方向发展。安索夫根据现有产品与市场领域和企业未来发展的新产品与新市场领域的组合，提出了四个可供选择的方向，即实施四种不同的经营战略：市场渗透战略、市场开拓战略、产品开发战略、多角化经营战略。

三是企业在制定和选择经营战略时，必须考虑企业有何竞争优势、各个产品与市场领域间有无协同作用，应根据企业的竞争优势和各领域之间的协同效应做出战略选择。

安索夫在战略管理中开创性的研究，使他成为这门学科的一代宗师，管理学界把安索夫尊称为“战略管理的鼻祖”。

(二) 迈克尔·波特竞争战略理论的主要观点

迈克尔·波特（Michael E. Porter）是美国哈佛大学商学院的教授，是目前世界上关于竞争战略的最高权威，他所著的《竞争策略》《竞争优势》《国家竞争优势》被称为“竞争优势三部曲”。波特认为，战略说到底就是在寻找高于平均的报酬。那么如何寻找这种报酬呢？通过竞争战略达到目的。他在《竞争战略》和《竞争优势》这两本专著中，全面阐明了其战略管理思想和分析框架。其主要观点有：

(1) 企业在竞争中要考虑的因素不外乎五种力量，应该重点研究。这五种力量分别是：行业中现有竞争者；潜在加入者；替代品的生产者；资源的供应者；产品的购买者。它们共同决定行业竞争的强度及产业利润率，而其中必有一个或几个力量处于主导地位，影响着企业经营战略的选择。

(2) 企业制定经营战略实质上就是制定基本的竞争战略，针对不同的竞争力量，采取不同的竞争战略。波特提出有三种基本的竞争战略可供选择：总成本领先战略、差异化战略、集中化战略。通过采取正确的竞争战略，使本企业在行业中处于进退有据的地位，成功地对付五种竞争力量，从而为企业赢得超常的投资收益。

(3) 产品有其寿命周期，决定着行业也有其寿命周期。处于不同寿命周期阶段的行业，其企业的投资战略也是不同的。

(4) 每个企业要在竞争中取胜，必须形成自身的竞争优势，即要建立起优于对手的核心竞争能力、成长能力、快速反应能力、适应变化的能力。由此，要分析企业自身的“价值链”，找出企业成功的关键因素，构造具有本企业特色的、盈利潜力巨大的“价值链”，形成对竞争老手的差异优势，以“特”取胜。

迈克尔·波特所提出的竞争战略理论在过去 20 多年里受到企业战略管理学界的普遍认同，产业的五种力量分析也成为外部环境分析和企业经营战略选择最为重要和广泛使用的模型。

(三) 普拉哈拉德和加里·哈默尔核心能力战略理论的主要观点

1990 年，美国战略管理专家普拉哈拉德（C. K. Prahalad）和加里·哈默尔（Gary Hamel）在《哈佛商业评论》上发表了著名的《企业核心能力》一文，标志着企业战略管理的研究进入能力研究的新阶段。

核心能力派认为，企业在长期的经营活动中形成了多种能力，如战略管理能力、技术开发能力、生产制造能力、市场营销能力、组织管理能力等，但企业核心能力（Core Competency）是企业众多能力中最根本的部分，它不是指企业某一两项的能力，而是对上述诸多能力进行整合的能力，是“组织中积累性学识”，即核心能力是一个组织内部一系列互补的技能与知识的结合。

核心能力具有以下特点：

(1) 延展性。即核心能力具有较强的辐射作用，是企业核心产品和最终产品的“营养源”，它把能量延展到企业开发的各种新产品上，创造出众多的新市场，它是企业赢得竞争优势的根源。

(2) 增值性。即企业核心能力有助于实现和增加顾客看重的价值，使顾客获得的价值能够增值，使顾客购买产品或享受服务后，感到物有所值。

(3) 独特性。即企业的核心能力与众不同，具有不被其他企业轻易模仿和掌握的独到之处，使本企业形成对竞争对手较长时期的战略优势。培育、保持和扩大企业的核心能力，是企业经营战略制胜的关键。

核心能力理论要求企业从自身资源和能力出发，在自己拥有一定优势的产业及其相关产业进行经营活动，从而避免受产业吸引力诱导而盲目进入不相关产业进行多元化经营。

专栏 1-4

北京大学张维迎教授认为企业的核心能力一定是企业拥有的独特的东西，他提出了企业核心能力的五个标准：(1) 偷不去——难以被模仿；(2) 买不来——难以在市场上交易；(3) 拆不开——具有互补性；(4) 带不走——属于企业而非个人的企业资源；(5) 溜不掉。

第三节　企业经营战略管理体系

一、企业经营战略管理的含义

关于企业经营战略管理（Strategy Management）的含义存在着两种不同的理解：一种称为狭义的经营战略管理，一种称为广义的经营战略管理。

狭义的经营战略管理认为，企业经营战略管理是对企业战略的制定、实施、控制和修正进行的管理，其主要代表是美国学者斯坦纳。斯坦纳认为：企业经营战略管理是确立企业使命，根据企业外部环境和内部经营要素设定企业组织目标，保证目标的正确落实并使企业使命最终得以实现的一个动态过程。

广义的经营战略管理则认为，企业经营战略管理是运用战略对整个企业进行的管理。其主要代表是美国著名战略管理学家安索夫，他认为：企业经营战略管理是将企业日常业务决策同长期计划决策相结合而形成的一系列经营管理业务。

无论哪一种理解，需要明确的是，企业经营战略管理本质上为一种管理思想，它与我们平常认识问题所不同的是，战略管理的思路是一种系统思路，强调应站在长远和全局的角度去认识企业管理问题，而不是习惯上的“头痛医头，脚痛医脚”、就事论事的片段式思路。

二、企业经营战略管理体系的构成

企业经营战略管理体系由三个部分构成：

（一）经营战略管理过程系统

企业战略性的各项工作在时间上有运行规律，即分为在时间上有先后顺序、相互衔接的三个阶段：战略分析阶段、战略制定与决策阶段、战略实施与反馈阶段。这三个阶段相互衔接，构成企业经营战略管理过程系统。

（二）经营战略层次体系

企业经营战略管理的主要工作是要确定企业的使命和战略目标，制定企业三个层次的经营战略，即企业的总体经营战略、经营单位战略、职能层经营战略，这是企业经营战略管理体系的核心部分，也是经营战略管理最主要的工作。

（三）经营战略方案的内容体系

经营战略决策是对多种方案的选择，因此，多种方案的设计成为经营战略管理工作的又一个重要方面。方案包括若干内容，这些内容之间有着密切关系，各层次战略的方案与内容又有差别，需要认真研究、精心设计，确保设计方案的科学与可行。

三、企业经营战略管理过程系统

企业经营战略管理系统是一个时间系统，是由具有先后次序的三个阶段组成的，见

图 1-1。

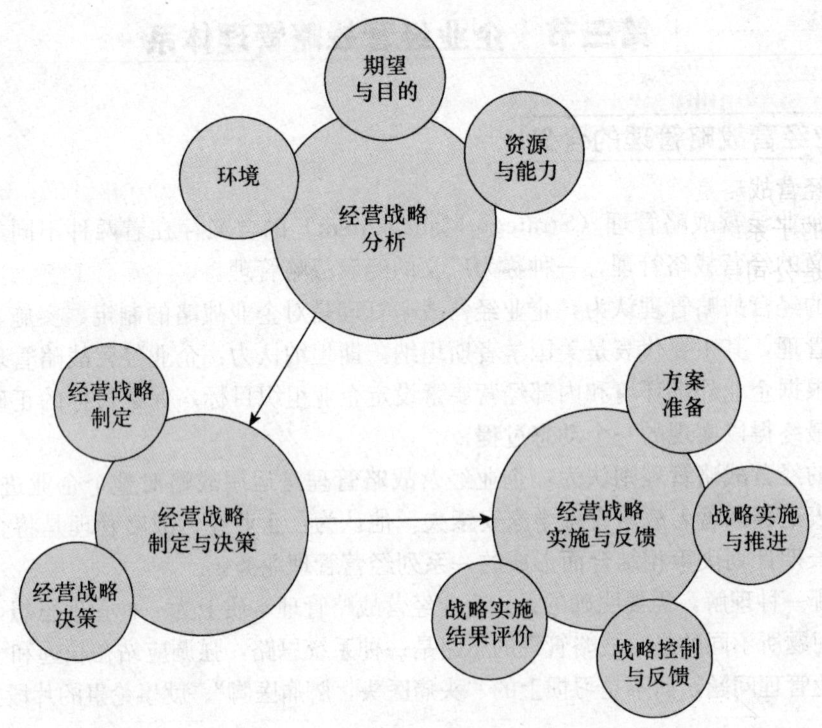

图 1-1　企业经营战略管理过程系统

(一) 经营战略分析阶段

经营战略分析是经营战略制定的基石，主要是对企业的内外部环境进行必要的、详略的研究和阐述，包括三个方面的分析，即企业内外部环境分析、企业拥有的资源与能力，企业经营的期望与目的。分析的目的就是要搞清楚外部环境中存在的机会与风险，内部环境中具有的优势与存在的劣势，在此基础上进行企业经营战略环境的综合分析，以最终确定企业经营战略的选择。

(二) 经营战略制定与决策阶段

这一阶段的主要工作包括两大部分，即经营战略制定与选择。经营战略制定是在经营环境分析基础上，确定企业任务，建立长期目标，制定供选择的战略方案。经营战略制定不仅仅包括企业层面的愿景、使命、目标、在行业中的地位等传统战略框架中的内容，它还包括企业的总体战略、业务战略和职能战略的制定。经营战略决策是综合各项信息，最终确定企业的经营战略及相关方案。经营战略决策是企业经营成败的关键，关系着企业的生存和发展。

(三) 经营战略实施与反馈阶段

经营战略实施是将战略的构想转化成战略行动的过程，主要包括具有先后顺序的四项工作，即经营战略决策方案的准备工作、经营战略实施与推进工作、经营战略控制与反馈工作、经营战略实施结果的评价工作。需要特别强调的是，经营战略制定与实施是企业经营战略管理中最核心的内容，企业为了实现自己的目标，不仅要有效地制定经营战

略，而且要有效地实施经营战略。如果哪一方面出现了问题，就会影响到整个经营战略的成败。

四、企业经营战略的层次体系

企业经营战略是一个庞大复杂的大系统，在企业使命与愿景的前提下，可以分解为不同层次的子系统。一般对大型企业来讲，企业经营战略包括三个层次（见图 1-2）：第一层次是公司层经营战略，也称总体经营战略（Corporate Strategy）；第二层次是业务层经营战略（Department of Business Strategy）；第三层次是职能层战略（Functional Strategy）。

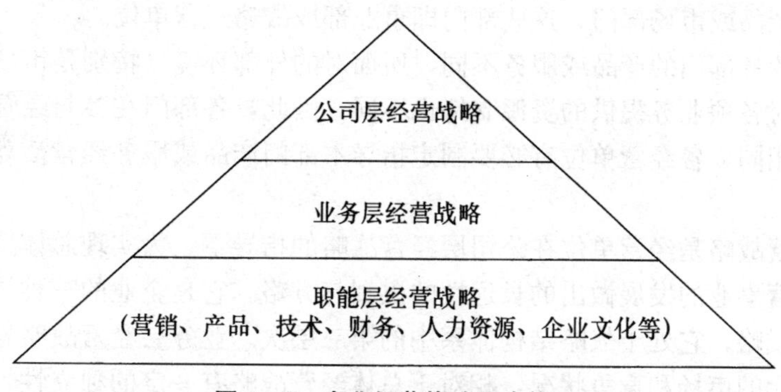

图 1-2 企业经营战略层次体系

企业使命，是指对企业的目的、性质、任务及其在国家经济发展和社会进步中应当承担的社会责任等方面所做出的规定。企业使命反映了企业经营的目的、经营的性质、经营范围、经营对象、经营任务和目标市场。正确地确立企业使命意义重大，它是企业经营战略决策的首项内容，关系着企业的生存和发展。（具体内容参见本书第四章）

愿景是指与使命保持一致的企业未来的目标。一般来说，它所指的是较长时期内企业追求的重要目标，而非一般性的业务发展上的具体指标。

（一）公司层经营战略

公司层经营战略是企业最高层次的战略，往往由企业最高管理层制定，是企业整体的战略总纲。在存在多个经营单位或多种经营业务的情况下，公司层经营战略主要是指集团母公司或者公司总部的战略。公司层经营战略的目标是确定企业未来一段时间的总体发展方向，协调企业下属的各个业务单位和职能部门之间的关系，合理配置企业资源，培育企业核心能力，实现企业总体目标。它主要强调两个方面的问题：

一是“应该做什么业务”，即从公司全局出发，根据外部环境的变化及企业的内部条件，确定企业的使命与任务、产品与市场领域；

二是“怎样管理这些业务”，即在企业不同的战略事业单位之间如何分配资源以及采取何种成长方向等，以实现公司整体的战略意图。

公司层经营战略可以从不同的角度进行分类，每一个分类都可以拟定多种可供选择的总体战略方案。

(1) 按照企业所处的经营态势不同，有发展型战略、稳定型战略、紧缩型战略三个方案供选择。

(2) 按企业经营领域的不同，有专业化经营战略、多元化经营战略供选择。

(3) 按企业制定经营战略的主客观条件不同，有保守型战略、可靠型战略、风险型战略供选择。

(4) 按企业资源配置和增长方式不同，有粗放型经营战略和集约型经营战略等可供选择。

(二) 业务层经营战略

业务层经营战略又称经营单位战略，主要是大型企业或总公司中的二级经营单位的经营战略。现代大型企业一般都同时从事多种经营业务，或者生产多种不同的产品，有若干个相对独立的产品或市场部门，这些部门即事业部或战略经营单位。

由于各个业务部门的产品或服务不同，所面对的外部环境（特别是市场环境）也不相同，企业能够对各项业务提供的资源支持也不同，因此，各部门在参与经营过程中所采取的战略也不尽相同，各经营单位有必要制定指导本部门产品或服务经营活动的战略，即业务层战略。

业务层经营战略是经营单位在公司层经营战略的指导下，为实现总体战略目标，对所从事的某一经营事业的发展做出的长远性的谋划与方略。它是企业的一种局部战略，也是公司战略的子战略，它处于战略结构体系中的第二层次。业务层经营战略着眼于企业中某一具体业务单元的市场和竞争状况，相对于总体经营战略有一定的独立性，同时又是企业经营战略体系的组成部分。业务层经营战略主要回答的问题是：在确定的经营业务领域内，企业如何展开经营活动；在一个具体的、可识别的市场上，企业如何构建持续优势；等等。其侧重点在于以下几个方面：贯彻使命；业务发展的机会和威胁、优势与劣势的分析；业务发展的总体目标和要求等。

业务层经营战略可以从不同角度分类，一般可分为经营单位的产品定位战略、投资战略、竞争战略、合作战略等类型。

(三) 职能层经营战略

职能层经营战略，是按照公司层战略或业务层战略对企业内各方面职能活动进行的谋划，或者是为贯彻、实施和支持公司层战略与业务层战略而在企业特定的职能管理领域制定的战略。职能层经营战略主要回答某职能的相关部门如何卓有成效地开展工作的问题，重点是提高企业资源的利用效率，使企业资源的利用效率最大化。其内容比业务层经营战略更为详细、具体，其作用是使公司层经营战略与业务层经营战略的内容得到具体落实，并使各项职能之间协调一致。比如，企业的公司层经营战略确立了差异化的发展方向，要培养创新的核心能力，企业的人力资源战略就必须体现对创新的鼓励，要重视培训，鼓励学习，把创新贡献纳入考核指标体系，在薪酬方面加强对各种创新的奖励。职能层经营战略是公司层战略、业务层战略与实际达成预期战略目标之间的一座桥梁。

一般而言，职能层经营战略可分为市场营销战略、产品战略、财务战略、技术创新战略、人力资源战略、企业文化战略等。

综上所述，三个层次的经营战略侧重点各不相同。公司层经营战略倾向于总体价值取

向，以抽象概念为基础，主要由企业高层管理者制定；业务层经营战略就本业务部门的某一具体业务进行战略规划，主要由业务部门领导层负责；职能层经营战略主要涉及具体执行和操作问题。三者之间一起构成了企业经营战略体系，由此，各个层次之间是相互联系、相互配合的。企业每一层次的战略都为下一层次的战略提供方向，并构成下一层次的经营战略环境；每层战略又为上一级战略目标的实现提供保障和支持。所以，企业要实现其总体经营战略目标，必须将三个层次的战略有效地结合起来。

需要特别强调的是，由于中小型企业没有二级经营单位，有的企业虽然叫公司，但只有一个经营单位，在这种情况下，企业的公司层经营战略与业务层经营战略就合二为一了，这类企业只有两个层次，即公司层经营战略与职能战略层次。对于只经营一种业务的小企业，或者不从事多元化经营的大型组织，业务层经营战略与公司层经营战略也是合一的。

五、企业经营战略方案的内容体系

企业无论制定哪一个层次的经营战略，都需要拟定若干个可行方案供选择。每一个方案都由若干内容组成一个完整的体系，这些内容包括经营战略思想、经营战略目标、经营战略重点、经营战略方针和经营战略步骤、基本策略等。

（一）经营战略思想

经营战略思想是指导企业经营战略制定和实施的基本思想，它由一系列观念或观点构成，是企业领导者和职工群众对经营中发生的各种重大关系和重大问题的认识和态度的总和。经营战略思想在生产经营活动中，对企业领导者和职工群众起着统率作用、灵魂作用和导向作用，体现着一个社会的基本制度和现代市场经济的要求。

（二）经营战略目标

经营战略目标是指企业以经营战略思想为指导，根据主客观条件的分析，在一定的时期内要达到的总水平。经营战略目标是经营战略的实质性内容与核心，正确的经营战略目标是评价和选择经营战略方案的基本依据，关系着企业的发展方向。

（三）经营战略重点

经营战略重点是指那些对于实现经营战略目标有着关键性作用而又具有发展优势或自身需要加强的方面。经营战略重点确定了，企业的人、财、物力等资源才能得到合理分配，最大限度地发挥作用。没有重点就没有战略，经营战略的重点恰当与否，是能否实现战略目标的关键环节。

（四）经营战略方针

经营战略方针是指企业为贯彻经营战略思想、经营战略目标和经营战略重点所确定的生产经营活动应遵循的基本原则、指导规范和行动方略，包括综合性方针和单项性方针，目的性方针和手段性方针。经营战略方针在企业的整个经营活动过程中起着指导和准则作用。

（五）经营战略步骤

经营战略步骤是为实现经营战略目标而采取的有计划的行动次序。任何战略行动都必然是有步骤的行动，前一个步骤为后一个步骤创造条件，使整个战略计划得以实现。采取恰当的战略步骤，是企业实施正确的生产经营活动的必要条件。

（六）基本策略（又称经营策略）

基本策略指企业为实行经营战略目标而采取的重要措施和重要手段，具有阶段性、方针性、具体性、多重性的特点。一项经营战略任务需要采取多种灵活的策略加以保证。

复习思考题

1. 什么是企业经营战略？其有何特征？
2. 企业经营战略的作用有哪些？
3. 安索夫企业战略理论的主要观点有哪些？
4. 迈克尔·波特竞争战略理论的主要观点是什么？
5. 简述普拉哈拉德和哈默尔核心能力战略理论的主要观点。
6. 企业经营战略管理的基本含义是什么？
7. 企业战略管理体系由哪些部分组成？
8. 企业经营战略的层次体系包括什么？
9. 企业经营战略方案的内容体系包括什么？
10. 举例简述企业经营战略管理过程。

案例分析

麦当劳公司的经营战略

麦当劳公司是全球消费市场上占据领先地位的食品服务零售商，拥有极高的品牌声誉，所有餐馆的销售总额接近350亿美元。公司所拥有的25 000多家餐馆中，80%的餐馆都被授权给全世界的将近5 000名所有者或经营者。在过去的10年内，公司所有下属单位的销售总额以平均每年8%的速度增长，每年为投资者带来20%的投资回报。

麦当劳公司对食品质量的规定、设备技术、营销和培训计划、营运须知、店址选择技术以及供应系统在世界范围内都被看作一种行业标准。

麦当劳公司的战略愿景是“成为世界上最好的提供快速服务的餐馆”。“成为最好的”的含义就是通过提供卓越的产品质量、服务等，始终比竞争对手更好地满足顾客需要。

麦当劳公司的战略是保持持续的增长，为客户提供超值的服务，永远做一个高效高质的供应商；使组织各个层次的职员都能得到发展，使位于世界各地的下属公司都能采用最好的管理实践；通过产品名称、设施、营销、运作和技术方面的不断创新而更新快餐概念。

1. 公司的成长战略

在业务的拓展方面，公司每年增加2 500家麦当劳分店，有90%的分店设在美国本土之外，并逐渐渗透到公司尚未进入的地区和市场。麦当劳公司在其他国家的市场上建立起了领先的、超越竞争对手的市场地位，公司还通过增加菜单上的服务项目和提供低价格的特殊服务、增值饮食以及儿童游乐场所等方法，吸引更多的顾客。

在市场机会捕捉方面，麦当劳公司充分利用已建立起来的供应商网络、齐备的基础设施及其在多层次餐馆管理经验、精心的店面设计、科学的选址以及产品营销方面所具有的优势，及时捕捉市场机会，提升企业的核心能力。

2. 特许经营战略

麦当劳公司的经营权只授予那些有事业心、有经营天赋、正直、有业务经验的企业家，并且努力把他们培养成积极、有责任心的麦当劳餐馆的所有者。

3. 经营选址与企业形象定位战略

麦当劳公司的研究表明：顾客在选择到麦当劳用餐的决策中，有70%是一时冲动而为，由此，公司设店的目标就是使分店店址尽可能地方便客户的光临。麦当劳公司除了在传统的城区繁华地带开设新店之外，还在食品商场、机场、医院、大学、大型的购物中心和服务地点建立经营分支机构。

在店面的设计方面，尽量使用节约成本的标准饭店设计；在设备和材料采购时，通过全球采购寻源系统进行统一采购，从而减少地点选择成本和店面建筑成本。公司对分店环境的基本要求是：确保麦当劳的分店里里外外都有吸引力，令人感到身心舒畅。如果可行的话，麦当劳还可以提供流动车服务，为儿童提供游乐的场所。

4. 产品线战略

(1) 有限的菜单服务项目。

(2) 提高产品的口味，尤其是三明治产品系列的口味。

(3) 扩大产品的种类，进入快餐食品领域，为关心健康的人们提供更多的服务项目。

(4) 大量而快速地推出新型的、吸引人的产品，及时淘汰那些不能流行起来的产品，确保产品的高质量以及对顾客有足够的吸引力。

5. 店面经营战略

在食品的质量、饭店和设备的清洁度、饭店的经营运作程序以及友善礼貌的柜台服务方面执行严格的标准；进一步扩展“为您制造”的概念，将其应用于更多餐馆的运作过程。公司所实施的“为您制造”方案包括安装先进设备、高级电脑系统以及使用新的配制方法，从而可以根据顾客订单要求供应食品。

6. 营销战略

通过媒体进行大规模的广告宣传，在店内开展促销活动，根据顾客在每个饭店的消费额为其提供一定比例的回报；提高麦当劳的质量形象，用罗纳尔德·麦当劳的吉祥物提高麦当劳品牌在儿童中的知晓度，利用“麦克”这个称谓使得菜单上的食品同麦当劳公司之间的联系更为密切。

7. 人力资源战略

公司在每一个分店提供公平、非歧视性的工资；为员工培训工作技能；既奖励个人的优秀业绩又奖励团队的优秀业绩；为员工创造职业机会；为学生雇员提供灵活的工作时间。公司雇佣那些有良好工作习惯和礼貌处事准则的员工，对他们进行系统培训，使他们的一举一动深深感染顾客；尽快地提升有前途的员工。

公司对麦当劳的特许经营者、管理者和管理助理，在客户满意度和快餐业务经营方面，提供适当到位的培训。通过将在分店形成的好的实践做法和新的观点转移到世界其他地区的方式，促进一种全球性思维模式的形成。

8. 承担社会及社区责任

公司积极承担社区责任，支持当地的福利事业和社区项目，帮助创造一种社区邻里精神；促进教育上的卓越；为有严重疾病的无家可归的孩子建立一个家庭，让他们接受附近医院的治疗；提高员工的多样性，促进少数者拥有特许经营权；通过提供学生奖金、教师回报和免费的指导战略的方法支持教育事业；采纳和鼓励对环境有利的做法和惯例；通过电脑为顾客提供有关麦当劳公司食品中所包含的营养成分的信息。

问题：

如何看待麦当劳公司的经营战略？通过案例，你认为经营战略对于企业的发展有何重要作用？

第二章　企业经营战略环境分析

本章导读

任何企业的经营活动都是在一定环境中从事的，它们与环境发生相互作用，并受环境的影响。环境是企业生存发展的土壤，它既为企业经营活动提供必要的条件，同时也对企业经营活动起着制约作用。环境的特点及其变化必然会影响企业对经营活动的方向、内容和方式的选择。企业经营者应充分了解经营战略环境对企业经营活动的影响，以便更好地掌握机会、计划将来，以期达到企业经营战略的目标。

依据环境因素对企业经营战略活动的影响程度不同，企业经营战略环境可以分为外部环境与内部环境。无论哪种环境因素都不是孤立存在的，它们之间相互作用、相互影响，这就使得经营战略环境具有了复杂性、关联性、层次性等的特点。经营者需要应用企业经营战略环境分析的各种方法，做好经营战略环境分析。

学习目标

通过对本章的学习，掌握企业经营战略环境的基本概念、特点及与企业的关系，区分不同类型的环境因素，熟悉经营战略环境分析的各种方法。

关键概念

经营战略环境（Management Environment）
宏观环境（Macro-Environment）
微观环境（Micro-Environment）
SWOT 分析法（SWOT Analysis）
波士顿矩阵分析法（Boston Matrix Analysis）
麦肯锡矩阵分析法（McKinsey Matrix Analysis）
内部价值链分析法（Internal Value Chain Analysis）

重要的不是环境，而是对环境做出的反应。

——［美］鲍勃·康克林

既然不能驾驭外界，我就驾驭自己；如果外界不适应我，那么我就去适应他们。

——［法］蒙田

第一节　企业经营战略环境概述

一、企业经营战略环境的概念与重要性

（一）概念

经营战略环境（Management Environment）是指影响企业全局的客观条件。任何企业都是在一定环境中从事活动的，任何经营活动也都要在一定的环境中进行，这个环境就是经营战略环境。企业经营战略环境就是指影响企业经营活动的各种力量和条件因素的集合。

企业经营战略环境分析是经营战略管理过程的第一个环节，也是制定经营战略的开端与基础，其目的是使企业的发展目标与环境变化和企业能力实现动态平衡。企业经营战略环境分析就是指通过对企业自身所处的内外环境进行充分认识和评价，以便发现机会和威胁，确定企业自身的优势和劣势，从而为制定与实施企业经营战略提供指导的一系列活动。

（二）重要性

正确认识和分析企业经营战略环境是正确制定经营战略的先决条件。企业经营战略环境的特点制约和影响着企业经营活动的方向、内容及方式。企业经营战略环境的变化要求

企业经营战略随之改变，以便更好地利用机会，趋利避害，开展各项经营活动。企业只有不断地与环境进行能量和信息交换，把投入转变为产出，才能生存发展，从而实现企业的战略目标。

二、企业经营战略环境的分类

企业的经营战略环境是由纷繁复杂的因素交织而成的，而且难以理解和预测。因此，如果把经营战略环境区分成不同的部分，将十分有利于企业识别和预测环境。管理学界有许多经营战略环境的分类方法，常见的是把经营环境分成企业外部环境与企业内部环境两大类。

（一）企业外部环境

企业外部环境是指存在于企业周边、影响企业经营行动及其发展的各种客观因素与力量的组合。企业的外部环境错综复杂、变幻莫测，外部环境分析就是通过收集和处理这些相关信息，分析企业面临的机遇和挑战。外部环境分析通常包括宏观环境分析、行业环境分析和微观环境分析，参见图 2-1。

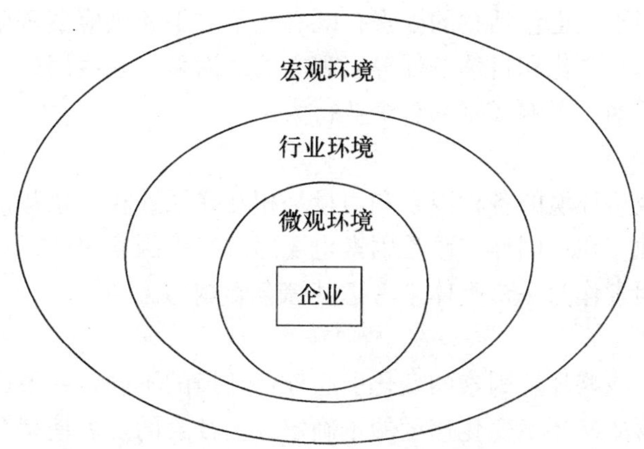

图 2-1　企业经营战略环境分类图示

1. 宏观环境（Macro-Environment）

也称一般环境，是指可能对所有企业的活动产生影响的各种因素所构成的集合。宏观环境是企业经营活动所面临的大环境，对企业的经营活动产生间接的影响，具体包括政治环境、社会文化环境、经济环境和技术环境等。

2. 行业环境（Industry Environment）

也称中观环境，是指对处于同一行业内的企业都会产生影响的环境因素。与一般环境不同的是，产业环境只对处于某一特定行业内的企业以及与该行业存在业务关系的企业发生影响。一个行业的发展与竞争态势主要取决于行业的供应商、顾客、现实竞争者、潜在竞争者、替代品生产者这五种力量的较量，由此，行业环境分析重点就包括这五个因素。

3. 微观环境（Micro-Environment）

也称具体环境或特殊环境，是对某个企业的生产经营活动产生直接影响的外部力量。

它具体地与某一企业发生作用，直接而迅速地影响着企业的活动方式等。它包括供应商、中介机构、顾客、直接竞争者、公众等。

（二）企业内部环境

企业内部环境是指企业内部各种影响因素的总和，包括企业资源、企业文化等因素。内部环境是制定企业经营战略的出发点、依据和条件，是竞争取胜的根本。

三、企业经营战略环境的特点

（一）客观性

经营战略环境是一种客观存在，有着自己的运行规律和发展趋势。对经营战略环境变化的主观臆断必然会导致经营决策的盲目与失误。企业经营者的任务就是密切关注环境的变化，使企业的经营活动与客观存在的环境相适应。

（二）复杂性

企业经营战略环境的复杂性不仅表现在环境因素的数量上，而且还表现在环境因素的多样化方面，即影响企业经营的环境因素不是同属于某一类或几类，而是多种多样、千差万别。既包括人的因素，也包括物的因素；既有竞争对手和供应商等微观层面的因素，也有政治、经济、技术、文化和自然条件等宏观方面的因素。这些因素以不同的方式综合地影响着企业的经营活动，影响或制约着企业行为。

（三）关联性

构成企业经营战略环境的各种因素和力量是相互联系、相互依赖的。如经济因素不能脱离政治因素而单独存在；同样，政治因素也要通过经济因素来体现。因此，企业的经营者必须把所有环境因素作为一个整体来考虑其综合影响力。

（四）不确定性

主要指企业经营战略环境因素的变化引起外部环境的不确定和不可预测，表现为：

第一，企业经营战略环境变化速度的不确定性。社会的发展使得各种环境因素总是处于不断发展变化之中，变化成为不变的真理。

第二，企业经营战略环境的信息和情报的不确定性。信息情报本身不准确或信息传递中的失真，都会使信息接收者无法准确了解外部环境的变化。

（五）层次性

即从空间上看，企业经营战略环境因素是个多层次的集合。第一层次是企业内部的各种要素；第二层次是企业所在的地区环境，例如当地的市场条件和地理位置；第三层次是企业的行业环境因素，如行业竞争者、供应者、购买者等；第四层次是整个国家的政策法规、社会经济因素，包括国情特点、社会政治经济状况等。

四、企业与经营战略环境的关系

（一）经营战略环境对企业的影响

经营战略环境对任何企业都存在着以下三方面的影响：

1. 经营战略环境是企业赖以生存的土壤

首先，一个企业是否应组建，要根据所在的环境、社会需要和可能的条件来决定。离开社会需要，企业的存在就失去了意义。

其次，企业要开展工作，就必须筹集各种生产要素——人、财、物，而这需要从外部环境中获得。

最后，企业的产出——产品和劳务，必须拿到企业的外部去进行交换，维持和扩大其生产经营活动。

2. 外部环境因素影响着企业内部的各种经营活动

外部环境中的各种因素对企业的经营活动有着不同程度的影响。以法律环境为例，企业所有的经营活动必须是在法律规定的范围内进行，法律以一定的标准衡量企业进入市场运行的资格、合法性，制止和惩罚“犯规动作”。

3. 经营战略环境制约企业的经营活动和经营效率

企业经营活动是否有效与经营战略环境有着直接的关联。如果企业所处的外部环境稳定，政策法律齐备、社会总体教育水平高、市场发育健全，则为企业开展经营活动奠定了好的条件，企业经营活动的质量和效益有可能提高。否则，会给企业管理工作造成困难甚至混乱。

（二）企业对经营战略环境的影响

企业并不是只能单纯被动地适应环境，企业可以积极主动地适应环境，甚至影响和改变经营战略环境，使之朝有利于自己的方向发展。企业对经营战略环境的适应主要是指对其的觉察和反应。

(1) 适应环境。当环境变化时，企业需要改变自己，调整策略以适应新环境。

(2) 影响环境。即通过企业自身的努力，改变部分环境因素，使之朝着有利于企业的方向发展。如通过营销活动，树立新的消费观念，改变消费习惯，以促使企业的产品销售。

(3) 选择环境。即通过对外部环境和对企业自身的分析，清楚企业面临的环境特点，明确自身的优势与不足，选择能发挥企业优势的市场环境和市场定位，以有利于企业更好地开展活动。

专栏 2-1

“温水煮青蛙”的著名故事，被很多人引用过。大意是这样的：将青蛙投入已经煮沸的开水中时，青蛙因受不了突如其来的高温刺激而立即奋力从开水中跳出来，得以成功逃生。如果把青蛙先放入装着冷水的容器中，然后再加热，结果就不一样了。青蛙因为开始时水温的舒适而在水中悠然自得，待发现无法忍受高温时，想逃生已经心有余而力不足了，最后被活生生地煮死。

这个故事给我们两点启示：一是大环境的改变能决定成功与失败。大环境的改变有时不容易看出来，我们必须时时注意，多学习，多警醒。二是舒适的环境往往蕴含着危险。习惯也许是最具威胁的。要改变这一切，唯有不断创新，打破旧有的模式。

第二节 企业经营战略环境分析的内容

一、外部环境分析

(一) 宏观环境分析

企业的宏观环境分析常常通过政治（Politics)、经济（Economic)、自然生态（Environment)、社会（Society）和技术（Technology）五个方面的因素分析，从总体上把握宏观环境，并评价这些因素对企业的影响，这种分析法通常称为PEEST分析法。

1. 政治因素

政治因素指对企业经营活动具有实际与潜在影响的政治力量和有关的法律、法规等因素，包括国家社会制度、政治形势、国际关系、执政党的性质、政府的方针政策、国家法律和法令等。例如，我国的产业政策、人口政策、能源政策、物价政策、财政政策、金融与货币政策等，都给企业研究经济环境、调整自身的经营目标和产品构成提供了依据。不同的国家有着不同的社会制度，不同的社会制度对企业的经营管理活动有着不同的限制和要求。同一个国家在不同时期，由于执政党的不同，其政府的政策倾向也是不断变化的。

由于政治环境中的许多因素都是以法律的形式出现的，因此，与企业相关的社会法制系统及其运行状态就构成了企业的法律环境，如国家法律规范、国家司法执法机关等要素。法律环境对企业的影响方式是由法的强制性决定的，它对企业的影响具有刚性约束的特征。对企业来说，法律是评判企业经营活动的准则，只有依法开展经营活动，才能受到国家法律的有效保护。例如，在企业广告方面，一些国家禁止电视广告，或者对广告播放时间和广告内容有限制。德国不允许做比较性广告和使用“较好”“最好”之类的广告词；许多国家不允许做烟草和酒类广告等。这些特殊的法律规定，是企业特别是进行国际营销的企业必须了解和遵循的。

政治环境是一种强有力的环境，对企业来说一般是不可控的，同时，它对企业的影响又往往是根本性的。任何企业只能适应之，而不能改变之，所以，它是企业环境因素中的重要因素。政治因素像一只有形之手，调节着企业经营活动的方向，法律则为企业规定商贸活动行为准则。政治与法律相互联系，共同对企业经营活动发挥影响和作用。

2. 经济因素

经济因素是影响企业经营活动的主要环境因素，它不仅是企业重点关注的因素，对非营利性组织来说也是至关重要的。经济因素直接决定和影响着企业战略计划的制订。例如，国家经济情况的好坏直接影响政府的购买力和政府对许多关系国计民生的企业的财政支持。为此，密切关注经济因素的动态是企业经营者的重要任务。

依据经济因素对企业作用的不同，可以分为宏观经济因素（间接经济因素）与微观经济因素（直接经济因素）两类因素。

(1) 宏观经济因素。

宏观经济因素主要指一个国家的经济制度、经济结构、产业布局、资源状况、经济发

展水平以及未来的经济走势等。不同的经济体制对企业经营活动的制约和影响不同。经济发展的繁荣程度既影响着企业发展的机会，也影响着消费者收入的高低。经济发展阶段不同，居民的收入不同，顾客对产品的需求也不一样，从而会在一定程度上影响企业的营销。同理，一个国家的经济结构、产业布局、资源状况对企业的投资方向、目标市场以及营销战略的制定等都会带来巨大影响。

(2) 微观经济因素。

微观经济因素主要包括消费者收入的变化、消费者支出模式的变化、消费者储蓄和信贷情况的变化等因素。

消费者收入是指消费者个人从各种来源中所得的全部收入，包括消费者个人的工资、退休金、红利、租金、赠予等收入。消费者的购买力来自消费者的收入，但消费者并不是把全部收入都用来购买商品或劳务，购买力只是收入的一部分。由此，还需要区分消费者收入中可支配收入与可任意支配收入的比例。可支配收入是指扣除消费者个人缴纳的各种税款和交给政府的非商业性开支后可用于个人消费和储蓄的那部分个人收入。可任意支配收入是指可支配收入减去消费者用于购买生活必需品的固定支出（如房租、保险费、分期付款、抵押贷款）所剩下的那部分个人收入。

随着消费者收入的变化，消费者支出模式会发生相应变化，继而使一个国家或地区的消费结构也发生变化。西方一些经济学家常用恩格尔系数来反映这种变化。恩格尔系数表明，在一定的条件下，当家庭个人收入增加时，收入中用于食物开支部分的增长速度要小于用于教育、医疗、享受等方面的开支增长速度。食物开支占总消费量的比重越大，恩格尔系数越高，生活水平越低；反之，食物开支所占比重越小，恩格尔系数越小，生活水平越高。消费支出模式也会受到家庭生命周期的阶段影响。如没有孩子的年轻人家庭与有孩子的家庭，消费结构会有较大差别。

消费者个人收入不可能全部花掉，总有一部分以各种形式储蓄起来，这是一种推迟了的、潜在的购买力。储蓄越多，现实消费量就越小，但潜在消费量越大；反之，储蓄越少，现实消费量就越大，但潜在消费量越小。企业经营者应当全面了解消费者的储蓄情况，尤其是要了解消费者储蓄目的的差异。

3. 生态资源因素

生态资源因素指地理位置、气候条件和资源状况等自然因素。相对于其他宏观环境因素而言，生态资源环境是相对稳定的。生态资源因素供应是企业进行生产经营活动所不可缺少的物质技术条件，与企业的位置选择、资源供应、产品输出、设备和生产技术的应用等有着紧密的关系。企业活动的地理位置决定了与原料产地或产品销售市场的距离，也就决定了资源获取的难易程度和运输成本。比如，我国沿海地区的开放政策吸引了大批外资，促进了投资环境的改善，给这些地区的各类企业提供了充分的发展机会。

随着社会经济和技术的发展，自然资源环境不论是从法律的角度还是从企业的社会责任角度来说，都将成为企业必须关注的问题。一些企业在生产经营过程中使用和消耗大量的原料、材料、辅料和能源动力，但普遍又存在利用率低下的现象，因此，对于任何企业来说，有效地利用、开发自然资源（如矿藏、水资源、森林资源、水生资源等），更好地保护环境，进行资源综合利用的探索与研究，就成为非常重要的内容。

4. 社会文化因素

社会文化是一个涵盖面非常广泛的概念，是一种复杂的总体，构成社会文化环境的要素包括民族特征、文化传统、价值观念、宗教信仰、教育水平、人口规模、年龄结构、收入水平、消费结构、人口流动性等。社会文化因素是影响企业经营活动诸多变量中最复杂、最深刻、最重要的变量。它影响和制约着人们的消费观念、需求欲望及特点、购买行为和生活方式，对企业经营行为产生直接影响。这其中，价值观念、教育水平、文化传统、宗教信仰等对人们的约束力往往比法律的约束力要大得多，所以，企业经营活动要重点关注这些因素的影响作用。

(1) 价值观念。所谓价值观念是指生活在某一社会环境下的多数人对事物的普遍的态度和看法，它的形成与个人所处的社会地位、心理状态、时间观念以及对变革和对生活的态度有关。不同价值观的人具有不同的生活习性和方式、不同的追求，这就必然导致不同的消费偏好、不同的购买行为。

(2) 教育水平。指消费者受教育的程度。不同的文化修养表现出不同的审美观，购买商品的选择原则和方式也不同。一般来讲，教育水平高的地区，消费者对商品的鉴别力强，容易接受广告宣传和接受新产品，购买的理性程度高。因此，教育水平高低影响着消费者心理、消费结构，影响着企业营销组织策略的选取，以及销售推广方式方法的差别。

(3) 文化传统。指一个民族的文化传统和风俗习惯。不同的民族有着不同的传统习惯，这就造成了不同的消费观念、不同的需求、不同的购买行为。例如，华人的春节和西方人的圣诞节是两种有着不同文化背景的消费高峰期，不同的节日风俗使他们的节日消费各具特色。再如，由于古文化中对牛的崇拜，一些民族至今不吃牛肉。还有，中华民族对龙凤呈祥、松鹤延年的美好祈盼，在消费者对产品设计、包装、商标、色彩和推销方式的特殊心理偏好上都有反映。世界各国各民族都有一些认为吉祥或忌讳的数字。了解这方面的知识，将给企业经营工作带来方便。

(4) 宗教信仰。在人类社会，宗教是一种很突出的文化现象。在具有宗教信仰的目标市场上，宗教信仰对经营活动的影响往往是巨大的。不同的宗教有着不同的价值观和行为准则，从而影响着人们的需求动机和购买行为。

在进行社会文化环境分析时，还需要着重研究亚文化群的动向。所谓亚文化群是指那些有着共同生活经验或生活环境的人类群体，如青少年、知识分子等。每一种文化内部都包含若干亚文化群，这些亚文化群的信念、价值观和风俗习惯既与整体社会文化相符合，又因为他们各有不同的生活经历和环境，而表现出不同的特点。这些不同的人群也是消费者群，根据各亚文化群所表现出来的不同需求和不同消费行为，企业经营者可以选择这些亚文化群作为目标市场。

社会文化因素的影响深远而广泛，在国际经营活动中尤其如此。企业的国际化经营是跨国界、跨文化的活动，不同国家文化差异对其影响很大，如在本国市场上成功的经营策略在异国他乡的文化中可能行不通，甚至会被当地人厌恶或抵制，这就需要企业经营者仔细分析，并在充分尊重文化的基础上，有创新地实现跨文化经营。

专栏 2-2

1. 美国一家汽车公司生产了一种牌子叫“Cricket”（奎克脱）的小型汽车，这种汽车在美国很畅销，但在英国却不受欢迎。其原因就在于语言文字上的差异。“Cricket”一词有蟋蟀、板球的意思，美国人喜欢打板球，并且由“Cricket”想到蟋蟀，意思是汽车个头小，跑得快，所以该汽车很受欢迎。但在英国，人们不喜欢玩板球，因此也不喜欢牌子叫板球的汽车。后来，美国公司把其在英国的产品改名为“Avengex”，意思是复仇者。用这个名称不再说明汽车的个头小，而是突出它很有力量，结果很受欢迎，销量大增。同样，美国汽车公司的“Matador”（马塔多）牌汽车，通常是刚强、有力的象征，但在波多黎各，这个名称意为“杀手”，这种含义的汽车肯定不受欢迎。

2. 两家鞋业制造公司分别派出了一个业务员去开拓市场，一个叫杰克逊，一个叫板井。在同一天，他们两个人来到了南太平洋的一个岛国，到达当日，他们就发现当地人全都赤足，不穿鞋！从国王到平民、从僧侣到贵妇，竟然无人穿鞋子。

当晚，杰克逊向国内总部老板拍了一封电报：“上帝呀，这里的人从不穿鞋子，有谁还会买鞋子？我明天就回去。”

板井也向国内总部拍了一封电报：“太好了！这里的人都不穿鞋。我决定把家搬来，在此长期驻扎下去！”

两年后，这里的人都穿上了鞋子……

上述两个小案例说明，企业的经营活动会受人们的文化生活习惯影响，企业在产品开发、销售过程中首先就是要适应这种环境。与此同时，环境因素中又有许多因素是可以改变的，如消费习惯的改变，这就意味着市场机会。

5. 技术因素

技术因素不仅仅包括那些引起革命性变化的发明，还包括与企业生产有关的新技术、新工艺、新材料的出现和发展趋势以及应用前景。技术对企业及其经营活动具有重要的影响。20 世纪人类取得了一系列科学技术的辉煌成就，并形成了电子信息、生物技术、新材料技术、航天航空、原子能等高技术领域和高技术产业，其中对经济和社会影响面最广、影响力最大是电子信息技术，它使得人类正以惊人的速度走出工业文明，步入信息时代。信息时代的来临不仅改变着人们的生产方式和生活方式，而且改变着人们的思维方式和学习方式。信息技术使管理系统实现了集成化和一体化，改善了企业内外整体管理的水平。

（二）行业环境分析

每一个企业都归属于一定的行业。行业的兴衰存亡，对企业的生产经营活动有着直接影响。因此，需要对企业所处的行业环境进行认真的分析与研究。

行业环境分析实质上就是对市场商品供给状况的分析，即对同类产品或功能相同产品的所有生产厂家供应市场的分析，目的是明确行业的总体情况及其发展趋势，把握竞争的态势，从中发现企业生存和发展的机会，为企业制定正确的战略决策提供依据。行业环境分析的主要内容有：

1. 行业的现状及前景分析

首先要明确行业的现状及发展前景，以便从总体上把握行业的基本情况，主要从四个方面进行分析：

（1）行业的寿命周期分析。行业同产品一样，也有寿命周期。其寿命周期也由幼稚期、成长期、成熟期、衰退期构成。行业的寿命周期是由社会对该行业的产品需求状况决定的。当这种需求消失时，整个行业也就随之消失。例如：钢铁行业是第二次技术革命浪潮中出现的行业，目前被称为“夕阳产业”，至少已处于成熟阶段，甚至有人认为已进入衰退阶段。再比如电子行业、信息产业等目前基本上处于成长阶段，而生物工程等则处于幼稚期。分析行业所处的寿命周期，可以对该行业的现状及前景有一个基本的了解。

（2）行业规模分析。即明确行业规模与社会需求之间的关系，如社会对本行业的产品或服务的需求总量的多少，行业目前总的生产能力（设计能力、实际能力）的大小，行业规模与社会对本行业产品或服务需求的对比等，这其中要重点分析行业内居领导地位的大型企业的经营状况、经营战略、技术水平和产品特色等，因为它们的行动对全行业的发展及利润起主导作用。

（3）行业的技术状况分析。重点分析本行业总体技术水平状况、发展方向、技术革新的速度等。

（4）行业内战略集团分析。行业中的企业在彼此竞争的同时，又相互配合，即有竞合性的特点，由此形成了战略集团。不同战略集团之间由于经济效益不同，采用的战略也就存在对抗的关系。同一战略集团的各个企业由于竞争优势上的不同，也存在竞争关系。了解行业内战略集团的结构，了解它们之间的相互关系，有利于分析行业的状况。

2. 行业竞争结构分析

行业中的竞争状况，是行业环境分析时必不可少的内容。没有竞争就没有战略。美国哈佛大学的著名战略学家迈克尔·波特教授为分析行业竞争提出了“五力分析模型”（如图 2-2 所示），即对现有竞争者、潜在竞争者、替代品生产者、购买者、供应商这五种力量进行分析，它们决定着行业的竞争强度，也决定着行业的利润水平。

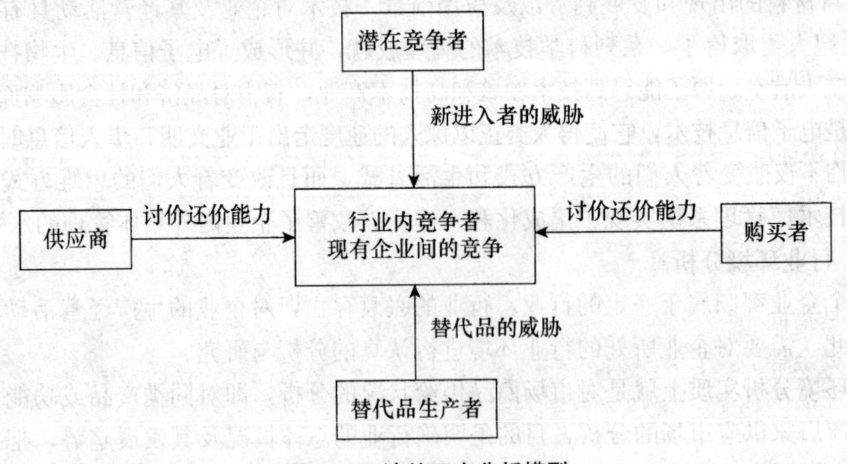

图 2-2　波特五力分析模型

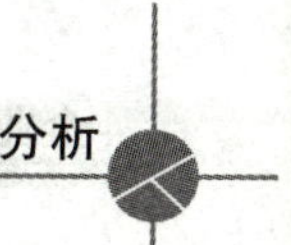

（1）现有竞争者之间的抗衡。

一个行业中，企业最先关注的是现有的竞争对手，以及竞争对手所采取的竞争行动、发展动向等，这是企业制订自身战略计划、调整自己的经营策略，继而保证在竞争中时时处于主动和优势地位的重要条件。

（2）潜在进入者的威胁。

行业的新进入者一方面可能引进新的业务能力，带有获取市场份额的欲望，另一方面也可能带来可观的资源，其结果是其价格可能会被压低或导致该行业内企业的成本上升、收益下降。在企业为实现未来战略目标而进行战略选择时，来自潜在进入者的威胁就成为重要因素。忽视这一点，可能导致的是战略选择的失误以至于战略计划的落空。

（3）替代品的威胁。

替代品是指那些与本行业的产品具有同样功能的其他产品。替代品往往代表着行业内的发展方向。如果替代品真正被市场接受与认可，并成为发展趋势，在某种程度上也就意味着行业发展的新动态出现，这直接威胁着原有产品的生产者。不考虑行业的这一变化因素，企业制订的战略计划同样不具有现实意义。

（4）供应商的议价能力。

供应商主要通过提高投入要素价格与降低单位价值质量的能力，来影响行业中现有企业的盈利能力与产品竞争力。供方力量的强弱主要取决于它们所提供给买主的是什么投入要素，当供方所提供的投入要素其价值构成了买主产品总成本的较大比例、对买主产品生产过程非常重要或者严重影响买主产品的质量时，供方对于买主的潜在讨价还价力量就大大增强。

（5）购买者的议价能力。

购买者主要通过压低价格、要求较高的产品质量或更多的服务项目等手段，来影响行业中现有企业的盈利能力。影响购买者议价能力的因素主要包括：买主数量、购买量、可替代产品的数量、买方选择替代产品的成本等。例如，在汽车行业中，汽车生产商对零部件供应商的议价能力很强，因为汽车生产商是大买家，通常有好多个零部件供应商可供选择，其替代成本相对较低。而在个人电脑业，由于较高的替代成本，电脑生产商相对操作系统软件商（例如微软）的议价能力就很低。

通过对本行业五种竞争力量状况的调研和科学分析，可为企业管理者制定竞争战略提供客观依据。

（三）微观环境分析

微观环境是指对企业经营活动构成直接影响的各种外部力量，包括供应者、中介机构、顾客、竞争者和各种公众。

1. 供应者

供应者是指向企业提供生产产品所需资源的企业或个人，包括提供原材料、设备、能源、劳务、资金等。他们同企业达成协作关系，所提供资源的质量、价格和供应量，直接影响着企业产品的质量、价格和利润。企业应从多方面获得供应，而不可依赖于单一供应者。

2. 中介机构

中介机构是指在企业把产品送到最终购买者手中的过程中给予帮助的有关机构，包括实体分配机构（批发零售环节）、营销服务机构（广告公司等）和金融中介（银行、保险公司等）。这些都是企业经营活动过程中不可缺少的中间环节，企业必须处理好与各种中介机构的关系。

3. 顾客

顾客是企业服务的对象，是企业的“上帝”。企业需要仔细了解自己的顾客需求。不断变化和不断发展的顾客需求，要求企业将不断更新的产品提供给顾客。

4. 竞争者

即指企业面对着的一系列竞争者。每个企业的产品在市场上都存在数量不等的业内产品竞争者。企业的经营活动时刻处于业内竞争者的干扰和影响下。因此，在激烈的市场竞争中，企业必须加强对竞争对手的研究，时刻关注竞争者的经营变化，以便采取有效的战略谋取胜利，不断巩固和扩大市场。

5. 公众

企业所面对的公众主要有：

（1）政府。指有关政府部门。企业在制订战略计划时，必须考虑政府的发展政策，并处理好同有关政府部门的关系。

（2）媒介公众。指报社、电台、电视台等大众传播媒介。这些团体对企业形象的正反面宣传有着举足轻重的作用。

（3）金融公众。指关心并可能影响企业获得资金能力的银行、保险公司、投资公司、证券公司等。

（4）群众团体。如消费者组织、劳动权益保护组织、未成年人保护组织及群众团体等。它们是企业必须重视的力量，需要重视它们的社会影响力，关注并尊重它们的活动。

（5）社区公众。指企业所在地附近的居民和社区组织。企业的经营活动不可避免地要与他们发生联系，为此，要维护好与社区公众的关系。

（6）一般公众。企业的“公众形象”即一个企业在一般公众心目中的形象，它对企业的经营发展是至关重要的。企业需要了解一般公众对它的产品和活动的态度，争取在公众心目中建立良好的企业形象。

二、内部环境分析

企业内部环境是指企业内部的物质、文化环境的总和，包括企业资源、企业能力、企业文化等因素，也称企业内部条件。内部环境是企业活动的基础，也同样是制定企业战略的出发点、依据和条件。《孙子兵法》中曾讲过：“知彼知己者，百战不殆；不知彼而知己，一胜一负；不知彼不知己，每战必殆。”

企业内部环境或条件分析的目的在于掌握企业历史和目前的状况，明确企业所具有的优势和劣势。这有助于企业制订有针对性的战略计划，有效地利用自身资源，发挥企业的优势；同时避免企业的劣势，或采取积极的态度改进企业劣势，扬长避短。

企业内部环境分析的内容包括很多方面，如企业管理水平、企业文化、资源条件、价

值链、核心能力分析等。按企业的成长过程，内部环境分析又分为企业成长阶段分析、企业历史分析和企业现状分析等。一般情况下，主要从以下两个方面进行分析：

（一）企业一般情况分析

一般情况的分析包括以下内容：

1. 企业管理水平分析

企业管理水平的高低直接影响着企业的运营效率，而管理水平取决于一系列的因素，其中包括各级管理者的综合素质、管理知识与管理技能，企业组织机构状况、管理制度建立、管理职能设置等，分析要从这些方面入手。

2. 企业发展情况分析

分析企业总体发展水平是处于上升时期，还是稳定阶段，或已进入衰退阶段。

3. 企业技术素质分析

分析企业设备、各种工艺装备、测试和计量仪器的水平，技术人员和技术工人的能级结构等是高还是低，机器设备的役龄结构和工艺结构是否合理等。

4. 企业生产条件分析

分析企业生产过程组织和劳动组织是否适应市场的需要，生产能力结构与市场需求结构是否相适应，生产计划、现场管理等水平是高还是低。

5. 企业资源情况分析

包括人、财、物各种资源的情况。如：分析企业的管理人员、技术人员和企业员工的整体素质、工作效率、人数结构等；分析企业资金来源、资金使用结构状况、企业获利能力及经济效益等；分析企业的原材料及零部件的可靠性、及时性，企业设备的新旧程度、先进程度、利用程度，企业生产所需煤、气、电等其他能源的供应状况等。

（二）企业经营实力分析

企业是否存在优势，集中反映在企业的经营实力上。这个方面的分析包括以下内容：

1. 产品竞争能力分析

主要对产品素质高低进行分析，即分析产品的品种、质量、成本、价格、交货期、商誉、商标、包装等要素的水平是否符合顾客的需要，是否比对手高出一筹。

2. 技术开发能力分析

即企业对新技术、新产品开发的难易程度分析。如果企业技术素质高、技术队伍整齐、技术装备程度高，开发新技术和新产品就比较容易，开发能力就比较强，就容易不断地开发出新技术和新产品，争取“以新取胜”。

3. 生产能力分析

企业开发出适销对路的新产品后，还要保证有足够的生产能力可以将之生产出来。因此，需要对企业的生产规模及其能力结构进行分析。一是对产品生产的各个工艺阶段的能力进行分析，看其是否平衡，有哪些薄弱环节，需要采取哪些措施填平补齐；二是生产多种产品时，对各种产品的生产能力结构进行分析，看其是否合理，是否需要根据市场需求结构和提高企业经济效益的要求，进行生产能力结构的优化与调整。

4. 市场营销能力分析

一是分析企业选择销售渠道的能力，了解企业能够通过哪些营销渠道把产品顺利地投放到目标市场；二是分析企业自销的能力，分析企业通过加强营销机构建设、组建和扩充营销队伍形成了多大的人员推销能力。

5. 产品获利能力分析

一是对产品进行盈亏分析，即量本利分析，确定每一种产品的保本产量（或销量）是多少，找出其盈亏界限量；二是分析产品的资金利润率，看其是否高于或低于银行贷款利息率，以判断产品获利能力的强弱。

通过以上分析，要搞清：企业有无优势，优势表现在哪些方面，是否存在战略优势，优势能保持多久；有无潜在优势，企业如何把潜在优势转化为现实优势；未来哪些优势可能丧失，如何保持、巩固和壮大企业的战略优势。对这些分析应有一个明确的结论。

通过调研还要搞清企业有哪些劣势，对企业生存和发展的影响有多大，未来能否克服这些劣势、企业需要避开这些劣势，还是应采取切实的对策克服这些劣势、弥补自身的不足，也需要有一个明确的态度。

第三节　企业经营战略环境分析的方法

一、SWOT 分析法

(一) SWOT 分析法的含义

SWOT 分析法是在外部环境与内部环境分析的基础上，把两种分析相互结合起来而进行的寻求企业在外部环境中的机会与风险和内部的优势与劣势的一种分析方法。SWOT 每个字母分别代表的含义是：优势（Strengths）、劣势（Weaknesses）、机会（Opportunities）、威胁（Threats）。SWOT 分析是编制战略计划的重要步骤，它能够帮助企业将精力集中在关键问题上，避免力量的削弱。

(二) SWOT 分析基本步骤

（1）分析企业的内部优势与劣势，既可以是相对企业目标而言的，也可以是相对竞争对手而言的。

（2）分析企业面临的外部机会与威胁，可能来自与竞争无关的外部环境因素的变化，也可能来自竞争对手力量与因素变化，或二者兼有，但关键性的外部机会与威胁应予以确认。

（3）将外部机会和威胁与企业内部优势和弱点进行匹配，形成可行的企业发展战略。

(三) SWOT 分析有四种不同类型的组合

1. 优势-机会（SO）组合

优势-机会组合是一种发展企业内部优势与利用外部机会的战略，是一种理想的战略模式。当企业具有特定方面的优势，而外部环境又为发挥这种优势提供有利机会时，可以采取该战略。例如产品市场前景良好、供应商规模扩大和竞争对手有财务危机等外部条件，配以企业市场份额提高等内在优势，可成为企业收购竞争对手、扩大生产规模的有利条件。

2. 弱点-机会（WO）组合

弱点-机会组合是利用外部机会来弥补内部弱点，使企业改劣势而获取优势的战略。即存在外部机会，但由于企业有一些内部弱点而妨碍其利用机会，可采取措施先克服这些弱点。例如，若企业弱点是原材料供应不足和生产能力不够，从成本角度看，前者会导致开工不足、生产能力闲置、单位成本上升，而加班加点会导致一些附加费用。在产品市场前景看好的前提下，企业可利用供应商扩大规模、新技术设备降价、竞争对手财务危机等机会，实现纵向整合战略，重构企业价值链，以保证原材料供应，同时可考虑购置生产线来克服生产能力不足及设备老化等缺点。通过克服这些弱点，企业可以进一步利用各种外部机会，降低成本，取得成本优势，最终赢得竞争优势。

3. 优势-威胁（ST）组合

优势-威胁组合是指企业利用自身优势，回避或减轻外部威胁所造成影响的战略。外部威胁如竞争对手利用新技术大幅度降低成本，给企业很大成本压力；材料供应紧张，产品价格可能上涨；消费者要求大幅度提高产品质量；等等。这使企业在竞争中处于非常不利的地位，但若企业拥有充足的现金、熟练的技术工人和较强的产品开发能力，便可利用这些优势开发新工艺，简化生产工艺过程，提高原材料利用率，从而降低材料消耗和生产成本，有效回避外部威胁影响。

4. 弱点-威胁（WT）组合

弱点-威胁组合是一种旨在减少内部弱点，回避外部环境威胁的防御性战略。例如，当企业存在内忧外患时，往往面临生存危机，降低成本也许成为改变劣势的主要措施。当企业成本状况恶化，原材料供应不足，生产能力不够，无法实现规模效益，且设备老化，使企业在成本方面难以有大作为，这时将迫使企业采取目标聚集战略或差异化战略，以回避成本方面的劣势，并回避成本原因带来的威胁。

二、波士顿矩阵分析法

波士顿矩阵分析法（Boston Matrix Analysis），又称四象限分析法，是由美国著名的管理学家、波士顿咨询公司创始人布鲁斯·亨德森（Bruce Henderson）于 1970 年首创。波士顿矩阵分析法是将市场求增长率和相对市场占有率两个指标作为衡量标准并形成矩阵图形，然后对企业的经营领域进行分析和评价的一种综合方法。市场增长率反映了市场需求对企业的吸引力，某种经营领域的需求增长率大，对企业从事该生产经营活动的吸引力也大。相对市场占有率反映了企业某种经营领域在市场中的竞争地位，这一指标高，反映该经营领域的竞争地位强。

通过对以上两个指标按照高、低两种状况划分并组合，形成四个象限（如图 2-3 所示）：(1) 市场增长率和市场占有率“双高”的产品群（明星类产品）；(2) 市场增长率和市场占有率“双低”的产品群（瘦狗类产品）；(3) 市场增长率高、市场占有率低的产品群（问题类产品）；(4) 市场增长率低、市场占有率高的产品群（现金牛类产品）。

图中四个区的划分为企业对现有的各种经营产品（领域）进行的综合分析，并为今后进行经营产品（领域）的选择指明了方向。这就是：对明星类产品，应抓住机遇，加强力

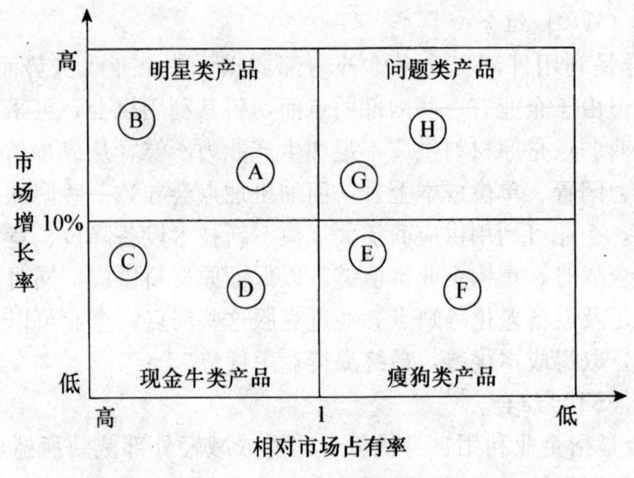

图 2-3　波士顿矩阵

量，重点投资，促其发展；对现金牛类产品，应严格控制投资，维持现有规模，设法获取尽可能多的利润，以支持明星类和问题类产品的发展；对问题类产品，因需求增长率高，有发展前途，应加以完善和提高，促使其成为新的明星产品；瘦狗类产品，属于失败或衰退的经营领域，应果断放弃和淘汰。这一方法有助于企业进行经营产品（领域）的选择和资源的有效分配。但它有一定的适用条件，即企业环境动荡水平比较低，市场需求的增长比较容易预测，不会出现难以预料的变化。

三、麦肯锡矩阵分析法

麦肯锡矩阵分析法（McKinsey Matrix Analysis）也被称作 GE 矩阵法、业务评估矩阵法，它是以战略经营领域的吸引力和企业的竞争地位两个综合性指标进行组合，形成矩阵进行分析的综合性方法。这种方法与波士顿矩阵分析法一样，也形成四个区，只是衡量的指标有所变化，如图 2-4 所示。

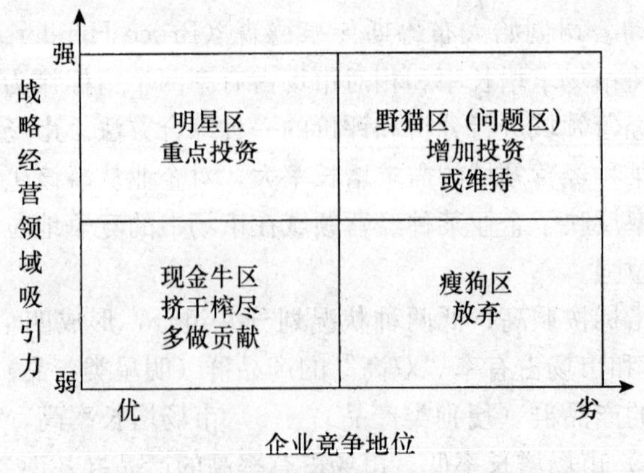

图 2-4　麦肯锡矩阵

麦肯锡矩阵分析法中每个指标所涵盖的内容比波士顿矩阵分析法的指标更丰富。战略经营领域吸引力这一指标除包括未来需求增长率这一具体指标外，还包括未来的盈利率指标，并考虑环境中的相关变化和偶发事件对各个经营领域的影响，确定其机会和风险，最后根据需求增长率和盈利率的估计值确定其战略经营领域的吸引力大小。企业竞争地位这一指标则是根据三个因素综合而确定的，这三项因素是：（1）企业在某一经营领域的投资达到最佳投资水平的程度；（2）企业实施的竞争战略当前达到的竞争优势的程度；（3）企业目前能力达到该经营领域一流企业所需能力的程度。把这些因素结合起来分析，即可确定企业在某一经营领域中的竞争地位。

战略经营领域吸引力这一指标根据一定的标准可划分为强、弱两种状况；企业竞争地位可划分为优、劣两种状况。两个指标一组合，形成四个区。然后把企业所有的经营领域根据这两个指标的水平分别列入各区，再来进行经营领域的分析和选择。

麦肯锡矩阵分析法克服了波士顿矩阵方法的某些不足，从而扩大了适用范围，即对处于不同竞争环境包括比较动荡的不稳定环境中的企业进行经营领域的分析和选择，也是适用的。

四、内部价值链分析法

价值链分析（Value Chain Analysis）是由美国哈佛商学院教授迈克尔·波特提出来的，是一种寻求企业竞争优势的工具，即运用系统性方法来考察企业的各项活动和相互关系，从而找寻具有竞争优势的资源。

内部价值链分析是价值链分析的内容之一，主要用来分析企业内部的价值运动，强调通过对企业的生产经营活动、基本职能活动、人力资源管理活动的组织，达到成本最低而价值增值最大的目标（如图 2-5 所示）。企业内部可分解为许多单元价值链，商品在企业内部价值链上的转移完成了价值的逐步积累与转移。每个单元链都要消耗成本并产生价值，而且它们有着广泛的联系，如生产作业和内部后勤的联系、质量控制与售后服务的联系、基本生产与维修活动的联系等。深入分析这些联系可减少那些不增加价值的作业，并通过协调和最优化两种策略的融洽配合，提高运作效率、降低成本，同时也为纵向和横向价值链分析奠定基础。

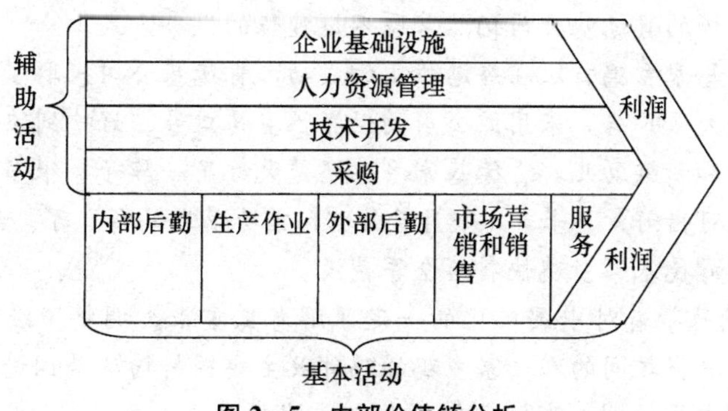

图 2-5 内部价值链分析

内部价值链分析始于原材料、外购件的采购，而终于产品的销售——顾客价值的实现。其目的是找出最基本的价值链、企业生产作业的成本动因及与竞争对手的成本差异，区分增值与非增值的作业，探索提高增值作业效率的途径。

复习思考题

1. 什么是经营战略环境？企业经营战略环境分析的重要性是什么？
2. 企业经营战略环境有哪些类型？
3. 企业经营战略环境有何特点？
4. 如何理解企业与经营战略环境的关系？
5. 什么是 PEEST 分析？
6. 什么是“五力分析模型”？
7. 什么是企业的微观环境？它主要包括哪些因素？
8. 企业内部环境分析主要包括哪些内容？
9. 什么是 SWOT 分析法？SWOT 分析的四种不同类型组合是什么？
10. 波士顿矩阵分析法与麦肯锡矩阵分析法的主要内容是什么？
11. 什么是内部价值链分析法？

案例分析

案例一　肯德基家乡鸡入港

商海沉浮，世事难料。1973 年 9 月，香港市场的肯德基公司突然宣布多间家乡鸡快餐店停业，只剩下 4 间还在勉强支撑。

肯德基家乡鸡采用的是当地鸡种，但其喂养方式仍是美国式的，即用鱼肉喂养出来的鸡破坏了中国鸡的特有口味；在包装上，有 5 件装、10 件装、15 件装、20 件装等不同，量较大，不符合香港人的购买行为；另外家乡鸡的价格较高，对于一般市民来说有点承受不了。

在美国，顾客一般是驾车到快餐店，买了食物回家吃，因此，在店内是通常不设座的。在中国香港市场的肯德基公司仍然采取不设座位的服务方式。

为了取得肯德基家乡鸡首次在香港推出的成功，肯德基公司采取了声势浩大的宣传攻势，在新闻媒体上大做广告，采用该公司的世界性宣传口号“好吃到舔手指”。

凭着广告攻势和新鲜劲儿，肯德基家乡鸡还是火红了一阵子，很多人都乐于一试，一时间也门庭若市。可惜好景不长，3 个月后就“门前冷落鞍马稀”了。到 1975 年 2 月，首批进入香港的美国肯德基家乡鸡快餐店全军覆没。

10 年后，肯德基带着对中国文化的一定了解卷土重来，调整了经营战略与策略，市场定位于 16 岁至 39 岁之间的人；家乡鸡的鸡件及主要辅料均从美国进口，保证了鸡的特有口味；广告宣传方面低调，市场定价符合当地消费水平。到 1986 年，肯德基家乡鸡新老分店的总数在香港为 716 家，占世界各地分店总数的十分之一，成为香港快餐业中四大

快餐连锁店之一。

问题：

肯德基公司 20 世纪 70 年代为什么会在香港全军覆没？20 世纪 80 年代该公司为什么又能取得辉煌的成绩？

案例二　俄亥俄州牛排包装公司

在牛排包装行业中，传统的价值链包括：在分布很稀疏的各个农庄和农场饲养牛群，将这些活牛运到劳动密集型的屠宰场，然后将整块牛排送到零售商处，它们的屠宰部再把牛排砍得小一些，包装起来卖给消费者。而俄亥俄州牛排包装公司则采用了一个完全不同的战略改造了传统的价值链。这就是：建立大型的自动化屠宰场，并将屠宰场建在便于低成本运输牛群的地方；在加工厂将部分牛肉砍成更小一点从而数量会随之增多的牛肉块，之后装盒，然后再运送到零售商那里。

公司新的做法，使牛群运输费用这个原本在传统价值链下的主要成本项目，现在可以因减少了长途运输而大大减少了，同时，不再整块运送牛肉也降低了牛肉的废弃量，大大减少了出厂成本。

该公司采取的战略非常成功，使其取得了美国最大的牛肉包装公司的地位，一举超越了先前的行业领先者。

问题：

结合俄亥俄州牛排包装公司的做法，从价值链角度分析企业如何实现低成本经营。

案例三　H 购物中心经营环境变化案例

H 购物中心有地上 6 层、地下 2 层，总建筑面积达 15 万平方米，是一家集市民休闲、健身、商业购物和餐饮娱乐于一体的综合性购物中心，涵盖电影院、餐饮、美容健身、儿童体验、娱乐等生活的方方面面。

作为一家大型综合零售企业，H 购物中心目前面临着来自外部经营环境的巨大变化和挑战，主要表现为：

1. 零售线上线下融合，渠道品牌化

移动端网购市场增速放缓，成为新零售发展原生驱动力。随着互联网大面积普及，来自 PC 端的增量不多，移动端网购成为中国网络购物市场增长的主要驱动力，但随着网购渗透率提升，移动端增速出现明显放缓趋势，对于电商行业巨头而言，迫切需要寻求、挖掘新的增长点。以阿里、京东为代表的电商巨头都在往新零售方向转型。阿里战略投资苏宁、银泰、百联等，京东新开线下专卖店等，都体现了对线下门店的重视程度。

传统零售面临着渠道分散、消费者体验不一、成本上升、利润空间压缩的困境。新零售通过建立“全渠道”的联合方式，以实体门店、电子商务、大数据云平台、移动互联网为核心，通过融合线上线下，实现商品、会员、交易、营销等数据的共融互通，向顾客提供跨渠道、无缝化体验。例如盒马鲜生，通过打造“生鲜线下超市＋餐饮 App＋物流”综合体，利用物联网和互联网技术提升效率，提供高效的物流配送一流的服务体验，使消费者的关注焦点从品牌转移到体验，提升顾客消费潜力。

2. 品牌IP化大幅提升品牌溢价

由于IP具有天然的凝聚力，能够自然而然吸引大量粉丝，倡导新的生活方式和思维模式等。品牌IP化通过自身的属性强化信息内容的识别性、可读性，并以此吸引消费者的注意力，以期占据消费者选择的优先地位。IP通过自己的内容、人格化的建设来宣传产品，有生命、魅力、人格，其塑造的人格形象能够与消费者的内心产生共鸣，满足客户的精神需求。

3. 内容营销日益重要，品牌人格化拉近距离

随着“90后”“95后”站上消费主舞台，掌握荷包主动权，消费决策发生了微妙的变化。产品力成为基础考量，成为底线要求，网购习惯和新零售改变传统渠道模式，而在此基础上，其给予品牌的高溢价也到了前所未有的地步。由于内容营销能激发用户的情感共鸣，相对于传统的广告投放模式，更容易产生自传播性，成为营销的重要支点。

4. 成瘾性/享受型消费抬升天花板

消费者购买零食的主要原因是为了解馋，在意的是食品带来的满足感。调研报告显示，全球消费者选择零食的主要动因均为满足渴望或过瘾，多数中国受访者认为零食能够提升幸福感，30%的受访者将零食作为辛苦工作的犒赏，24%认为是紧张工作中的放松。

面对外部环境的变化，H购物中心的许多商家纷纷转型为线上与线下的多渠道发展，已经能够实现在实体店试用、网上购买产品，网上订货、就近实体店取货等服务，实现了“新零售”的消费场景化。但仍有一些零售商家并不重视与制造商的沟通，只负责代理产品，没有真正去了解产品的实际来源，给一些假冒伪劣产品创造了机会。另外，一些商家线上渠道的产品与服务无法与线下完全一致。比如有的商家开通线上店并进行了宣传，然而当消费者点开以后发现里面并没有实质性内容，只是一个摆设。还有的商家商品宣传与实物不符，误导消费者，直接影响了店铺印象。

除上述问题之外，H购物中心的经营者们将中心定位为“年轻”“潮”“玩”，但事实上购物中心的许多服装店门可罗雀，一方面是服装店对适合的人群没有定位，另一方面是服装店对年轻人的心态并不了解，不能引起购买者的兴趣。

H购物中心的管理者正在思考如何适应零售行业所处环境的新变化而对购物中心的经营做出相应调整。

问题：

应用SWOT分析法对H购物中心的经营环境做出分析。

第三章　企业战略经营领域分析

本章导读

企业战略经营领域是企业选定的经营时空领域，是企业生存发展的微观环境，是企业投资、生产、经营的直接场所。选择企业战略经营领域是企业经营战略的重大课题和基本任务，它主要包括依据一般原则与具体原则，按照科学的方法对战略经营领域做出选择，并形成合理的战略经营领域结构。

企业需要认识它所从事和准备从事的各战略经营领域的规律，掌握分析战略经营领域的思路与方法。通过对环境引力与企业实力的对比分析、战略经营领域运行规则分析和系统分析，结合自身的战略方针、经营重点与优势等，围绕其成功关键因素来选择自己的战略经营领域与战略经营领域结构。

学习目标

通过对本章的学习，掌握企业战略经营领域的基本概念与结构，了解战略经营领域选择的一般原则与具体原则，并能应用不同的方法对战略经营领域进行分析。

关键概念

战略经营领域（Strategic Business Area）
战略主体（Strategic Subject）
战略关系（Strategic Relationship）
战略关键（Strategic Key）
产业体制分析法（Industrial System Analysis）

战略基本上就是一个资源配置的问题。成功的战略必须将主要的资源用在最具有决定性的机会上。

——［美］威廉·科恩

第一节 企业战略经营领域概述

一、战略经营领域的概念

经营领域是指企业选定的行业和选定的目标市场相结合形成的经营场所，也叫经营时空领域。战略经营领域（Strategic Business Area，SBA）是对企业生存发展具有决定性作用的一个特定的微观环境，是企业在选定的行业中投放资源，提供特定产品或劳务，满足目标市场特定需求，迎接特定竞争，施展特定战略，追求理想效益的经营场所。之所以叫战略经营领域，是因为这一个或若干个行业和市场，关系着企业的前途、命运，具有重大战略意义。

理解战略经营领域这一概念需要把握以下几点：

（1）战略经营领域是企业的一个特定的微观环境，这个微观环境是指企业最直接的外部环境，与企业有着密切的关系，它是企业行业环境与市场环境的结合，表明企业的行业定位，即在什么行业从事生产经营活动，投放什么经营资源，提供什么产品或劳务。同时它又表明了企业的市场定位，即选择了某一或某些目标市场作为自己的服务对象，满足其特定的需求。

（2）企业选定的行业和市场为什么是战略经营领域呢？这是因为这一经营领域对企业的生存和发展关系重大，具有战略意义，是需要施展特定战略、追求理想效益的经营领域。企业能否正确认识战略经营领域及其运行规则并顺应之，是企业能否健康生存发展的

关键之一。

例如：随着我国汽车行业的快速发展，某企业决定投资汽车生产以寻求更大发展，这是行业定位。然而，该公司不可能笼统、抽象地满足汽车行业的全部需求，从事汽车行业的所有业务。为此，需要结合市场需求与行业发展动态，选择适合自己并具有发展潜力的战略经营领域，如将自己的产品服务定位在轻型汽车行业中的新能源汽车生产业务范围内，主要满足国内市场的消费需求。由此，在产品服务方面，企业就形成了自己独特的定位与目标市场，这个特定的经营领域就构成了该企业的战略经营领域。

二、战略经营领域结构

所谓战略经营领域（SBA）结构，就是指企业选择两个以上的SBA所构成的微观环境时空格局。也就是说，企业选择了两个以上的SBA，相应地投入了不同的经营资源，带来了不同的经济效益，形成了不同SBA之间质的组合和量的比例关系，这就是战略经营领域结构。此时，企业为了追求效益，将有限的资源分散投放到不同的生产经营场所，为社会提供不同的产品、服务，满足不同的需求，迎战不同的竞争，施展不同的战略。显然，企业的微观环境复杂了，对企业的管理能力提出了更高的要求。

理解战略经营领域结构主要应把握住两点：

一是企业选择的不同战略经营领域之间有什么质的联系，它们之间相关还是不相关。

二是不同战略经营领域如何分配经营资源，各占多大比例，它们各自带来的效益又各占多大比例，各自投入所占比例与各自产出所占比例是否相当。把握住战略经营领域结构的内涵，对于理解战略经营领域的选择和SBA结构优化的决策，具有十分重要的意义。

需要特别强调的是，一般来说，一个公司不同的几个战略经营领域（SBA）的运行规则必有共性之处，掌握这些共性之处可以取得事半功倍的效率。但由于不同的SBA又有其各自的特点和不同的竞争力量，为此，企业必须认真研究其正在从事并准备进入的各战略经营领域，才能做出正确的决策，取得好的经营成果。

第二节　确定战略经营领域结构的原则

战略经营领域是企业投资、生产、经营的特殊舞台或开展商战的特殊战场。选择什么样的SBA结构，是企业首要的战略课题，需要遵循一定的原则进行。

一、一般原则

一般原则是指环境的引力或企业的实力平衡的原则。任何一个SBA都是环境引力与企业实力的结合，这种结合可有四种基本形式：

环境引力大、企业实力大——"明星"SBA；
环境引力大、企业实力小——"问题"SBA；
环境引力小、企业实力大——"金牛"SBA；
环境引力小、企业实力小——"瘦狗"SBA。

四种形式中，只有"明星"SBA实现了理想的引力实力平衡。"瘦狗"SBA的平衡是无前途、失败的平衡。"问题"SBA的企业实力与行业引力不平衡，呈逆差。逆差扩大，则该SBA消亡；逆差缩小，可能转换成"明星"SBA。"金牛"SBA的企业实力与行业引力也不均衡，呈顺差。顺差显示了企业在该SBA中的战略优势，特别是效益优势。若顺差缩小，该SBA可能转换成"瘦狗"SBA。

一般来说，企业实力与行业引力之间的不平衡是绝对的，平衡是相对的。确定企业的SBA结构时，要从整体实力与整体引力的现实关系出发，避免恶劣的平衡关系，争取实现理想的平衡关系。企业应以平衡或比较平衡的经营领域为主体，形成合理的战略经营领域结构。

美国波士顿咨询公司用波士顿矩阵显示了如图3-1所示的四类SBA类型。

图3-1 波士顿矩阵

该矩阵的横坐标为相对市场占有率，是企业实力的表现，以与最大竞争对手相比较时势均力敌的1为标志，划分出实力大与小两个区域；纵坐标为市场增长率，表示行业或SBA的吸引力，并以市场增长率10%（美国20世纪60年代国民生产总值平均增长速度）为标志，划分出吸引力大与小两个区域。

通过以上两个因素相互作用，构成四种性质不同的SBA类型，不同的SBA有着不同的发展前景，相应地就有不同的战略对策。

20世纪70年代以来，许多管理学家在肯定波士顿矩阵基本分析方法的前提下，批评了其局限性。一是代表企业实力的指标——企业市场占有率过于单一，只反映企业经营成果现状，不能说明企业发展的综合潜力；二是代表环境吸引力的指标——市场增长率也过于单一，因而容易混淆市场的本质特征与行情变化。为此，产生了许多改进型的矩阵，为研究战略经营领域提供了更加可行的方法。

二、具体原则

企业要想形成合理的战略经营领域结构，还应遵循一系列具体原则。

(一) 企业的生存与发展平衡的原则

保证企业健康地生存、发展是企业战略要解决的根本问题。而企业生存、发展中的问题又常常源于企业 SBA 结构的选择不当。

用行业或 SBA 的寿命周期阶段来代表环境引力时，处于投入期和成长期的 SBA 代表企业的未来，处于成熟期、衰退期的 SBA 代表企业的今天。

因此，存在三种典型的生存与发展不平衡的状态：其一，SBA 全部集中在投入期、成长期；其二，SBA 全部集中在成熟期、衰退期；其三，SBA 虽引力分布均衡，但实力差，如图 3-2 所示。

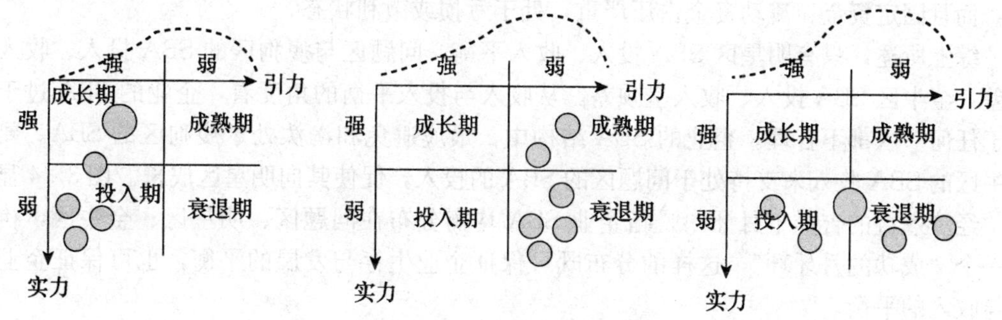

图 3-2　SBA 的三种典型不平衡状态

显然，最理想的生存、发展关系是全部 SBA 均衡分布在明星区与金牛区，如图 3-3 所示。

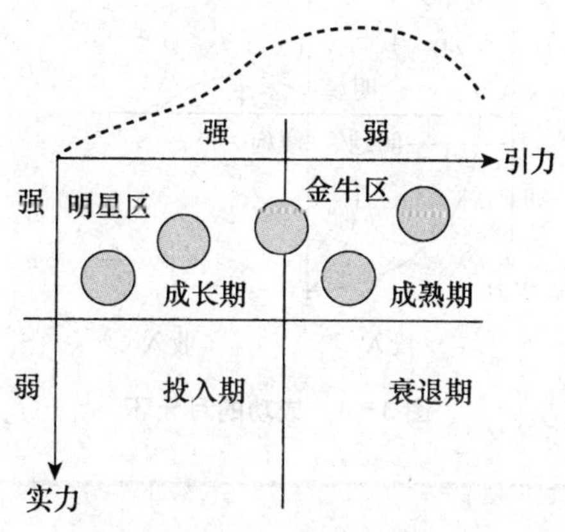

图 3-3　理想的 SBA 分布

(二) 企业的投入与收入平衡的原则

追求盈利是企业投资者的基本动机，因此 SBA 结构的安排应保证企业收入大于投入。

然而，处于不同象限内的SBA，其投入与收入的关系有以下区别：

第一，明星区的SBA：处于高增长率、高市场占有率象限的SBA，一般利润率比较高。当企业实力雄厚时，产出丰厚。然而，由于投入期的研究开发、广告宣传费用等较高，生产制造、销售服务费用等均很大，因此，该类SBA基本上是投入与收入相抵，盈余有限。

第二，问题区的SBA：处于高增长率、低市场占有率象限内的SBA，前者说明市场机会大、前景好，而后者则说明企业实力不足、销量有限、收入不够支撑事业发展所需要的资金投入，处于亏损状态。

第三，金牛区的SBA：尽管行业的销售增长率低或下降，行业的利润率甚微，但企业实力雄厚，销量大，收入多。在大量弱势企业纷纷退出市场的形势下，企业无须大量投资，因此，收入大于支出。

第四，瘦狗区的SBA：企业在一个竞争激烈、利润微薄的行业中处于弱势，不仅收入少，而且固定资金、流动资金占压严重，处于亏损或微利状态。

综上所述，只有明星区SBA投入、收入平衡，问题区与瘦狗区的SBA投入、收入呈逆差，金牛区SBA投入、收入呈顺差。从收入与投入平衡的角度看，企业的SBA过于集中于任何一区都不合理。企业的SBA结构中，最应避免和淘汰处于瘦狗区的SBA。要用金牛区的SBA收入来支持处于问题区的SBA的投入，促使其向明星区成长。图3-4显示的“经济效益的吉祥半月牙”是指企业SBA均衡分布在问题区、明星区、金牛区，构成了一个“成功的月牙环”，这样的分布既可保证企业生存与发展的平衡，也可保证企业投入与收入的平衡。

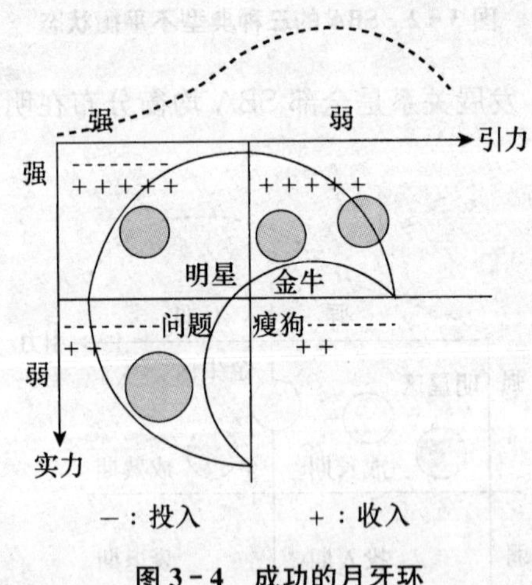

图3-4　成功的月牙环

专栏3-1

傅山与“龙门账”

傅山，明末清初的山西商人，他参考当时官厅会计的“四柱清册”记账方法，设计出一种适合于民间商业的会计核算方法——“龙门账”。龙门账的要点是将全部账目划

分为进、缴、存、该四大类。“进”指全部收入；“缴”指全部支出；“存”指资产并包括债权；“该”指负债并包括业主投资。当时的民间商业一般只在年终才办理结算（称年结），年结就是通过“进”与“缴”的差额，同时也通过“存”与“该”的差额，平行计算盈亏。“进”大于“缴”就是盈利，反之则为亏损。它与“存”“该”的差额相等，就是：进－缴＝存－该。傅山将这种双轨计算盈亏并检查账目平衡关系的会计方法，形象地称为“合龙门”，“龙门账”因此而得名。“龙门账”的诞生标志着我国复式簿记的开始。

（三）SBA 的成功关键因素与企业的战略优势平衡的原则

任何一个战略经营领域都从属于某个行业，行业五种竞争力量的基本格局规定了企业在该行业中的成功关键因素。例如，消费品行业与工业品行业相比，销售渠道和消费者对企业造成的竞争压力就更大，销售渠道畅通、消费者信赖就是企业必须把握的成功关键因素。又例如，在高新技术产业中，由于技术发展速度快，人才与资金的供应压力大，直接、潜在、替代竞争者的压力就格外明显。因此，企业控制技术关键人才，筹措资金，将技术迅速商品化的能力则成为成功的关键因素。

每个 SBA 又是行业的一个细分部分，有其特殊的竞争力量格局，各成功关键因素的地位不同，因此企业必须拥有的特殊优势也不同。企业投资于某 SBA，必须在该 SBA 最重要的（占第一位、第二位）的成功关键因素上有把握。假定企业在某一成功关键因素上实力薄弱，又很难迅速建立战略优势地位，那么盲目进入就必然失败。

企业在确定 SBA 结构时，一方面要逐个判断各 SBA 的成功关键因素与竞争优势状态；另一方面要综合考虑企业的力量与条件及各 SBA 的关系，使企业从整体上能发挥战略优势，弥补关键差距，避免出现精力分散、顾此失彼的情况。

（四）企业内部集合性与外部适应性的统一原则

集合性是指系统的各个组成部分有机结合为有特定功能的整体的特性。适应性是指系统作为一个有机整体，适应环境的规则而健康成长的特性。

内部集合性、外部适应性是企业系统必须兼有的两种特性，不能偏废。而企业 SBA 结构确定不当则可能破坏这种对立统一的关系。

一般来说，SBA 的数量多少与关联强弱各有利弊，如表 3－1 所示。

表 3－1　　SBA 的数量与关联

	SBA 少	SBA 多
利	环境相对简单； 企业容易认识成功关键因素； 企业可以集中资源力量； 企业易于统一管理。	环境相对复杂，因而机会增多，风险分散，企业整体适应性强。
弊	企业经营风险过于集中，经营结构脆弱。	企业难以把握复杂环境特征，企业资源分散，投放可能发生失误，内部管理难度大。

	SBA 关联弱	SBA 关联强
利	每个 SBA 各有其独立规则，机会各异，风险高度分散，无连带关系，因而企业经营相对稳固，不致因一项打击而全军覆没。	各 SBA 的运行规则虽有个性，但也有共性，因此企业较容易认识环境，资源投放比较准确、效率高，建立内部管理体制与共同文化有基础。
弊	企业环境极其复杂，企业资源高度分散，无协同使用效果。由于所属行业不同，成功关键不同，极难统一管理并形成共同的企业文化。	企业各经营领域的风险相互关联，经营结构相对脆弱，经营形势因环境中的机会和威胁而大起大落。

事实上，企业选择 SBA 结构类型是一种战略决策：A 类——SBA 结构高度集中化战略；B 类——SBA 结构相对集中化战略；C 类——SBA 结构相关多角化战略；D 类——SBA 结构无关多角化战略。

无论企业大小，采用上述四种 SBA 结构，均有成功者，也有失败者，成败主要取决于企业相对于该种战略选择的关键实力。

采取 A 类结构者，小则如自由市场上卖菜的摊贩，大则如美国可口可乐公司、瑞士雀巢咖啡公司。采取 C 类结构的企业，如以计算机技术为纽带的美国 IBM 公司、中国联想集团，20 世纪 90 年代采用多元化经营的海尔集团、以自然资源深加工为纽带的乡镇企业等。

采取 B 类结构的企业往往处于放弃或维持旧经营领域、探索新经营领域的转换阶段，正由 A 类结构向 C 类结构转换。

采取 D 类结构的企业通常是以资金为纽带的金融控股公司，如中国国际信托投资公司等。

在确定 SBA 结构时，企业既要考察各类结构在内部集合性、外部适应性方面的利弊，又要权衡企业内部集合性、外部适应性的能力，进而做出慎重选择。

第三节　企业战略经营领域的分析方法

一、环境引力与企业实力的对比分析法

任何一个战略经营领域都是环境引力与企业实力的接合部，研究时必须将两方面的研究结合起来。企业是战略主体，而环境是企业必须适应的对象，离开对环境的分析，企业就无所适从，战略方向就不明确。同样，企业若缺乏对自身规律的深刻认识，在复杂的环境面前也难免无从下手，以致盲目行动。为此，在选择 SBA 时，首先需要对环境与企业自身进行对比分析。

由图 3－5 可见，SBA 的具体战略是在对环境和企业做深入对比分析的基础上产生的，这样就形成了 SBA 的三类态势：（1）发展型态势，即环境机会与企业优势结合的结果；（2）紧缩型态势，即环境威胁与企业劣势结合的结果；（3）稳定型态势，即环境风险度与

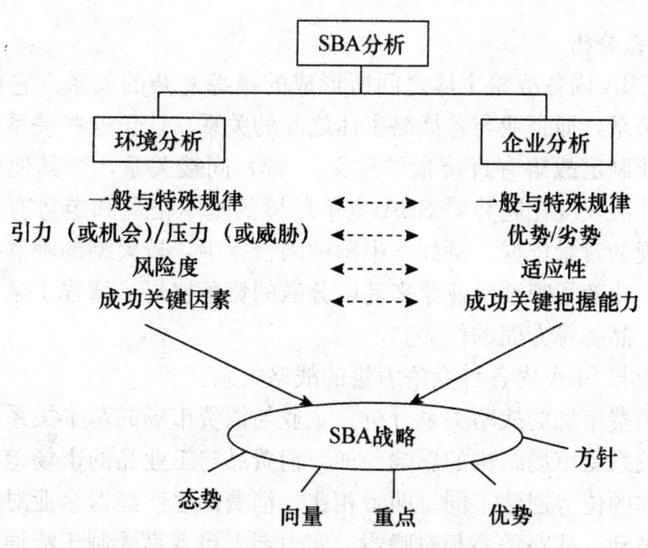

图 3-5　环境引力与企业实力对比分析

企业适应度基本相适应的结果。企业要结合自身的战略方针、经营重点与优势等，围绕其成功关键因素来进行分析与选择。

二、SBA 的运行规则和战略主体、战略关系、战略关键分析

（一）SBA 运行规则分析

研究 SBA 的运行规则可以从以下几个方面进行：

（1）运行规则分客观规律和主观规定两类。前者，如消费者的需求偏好、产品的技术规律等；后者，如产业政策、法律文件等。两者共同构成 SBA 复杂的规则体系。客观规律往往是隐蔽的，而主观规定则是显而易见的。企业不仅要了解后者，更要探索前者，识别那些违背客观规律的主观规定，在矛盾中寻找各种规则之间的结合点，为设计企业在 SBA 中的战略方针、管理制度提供依据。

（2）运行规则是多层多元的。SBA 环境的运行规则包括来自宏观环境、中观环境、微观环境三个层面的，涉及政治、经济、技术、社会、文化、法律等诸方面。而企业的运行规则也包括集团公司、子公司（或所属企业）等层次，包括生产关系与生产力，投入、转换与产出等各要素的有关规律与规定。

（二）战略主体分析

战略主体指 SBA 的特定需求者、供应者、直接竞争者、潜在竞争者、替代竞争者、政策制定者及企业自身。他们均是追求特定经济利益的组织或个人，自觉不自觉地按照一定的战略方针展开其投资活动、消费活动、生产经营活动和行政管理活动，构成 SBA 内的战略格局。因此，企业要研究 SBA 的战略主体，需抓住以下要点：（1）要把握各类战略主体的总量和结构。（2）要研究主要战略主体的实力、策略和活动方式。这项研究有助于深化企业对 SBA 运行规则和实际运动状态的了解。

（三）战略关系分析

战略关系指SBA内各战略主体之间所形成的错综复杂的关系。它可以从两个角度来研究。（1）直接关系，即企业与各战略主体之间的关系。认识这些关系的性质及企业在其中的位势对于企业制定战略有直接指导意义。（2）间接关系，即其他战略主体之间的关系。这些关系的性质及变化趋势对SBA竞争环境的基本格局和走势有很大影响，是企业制定战略不可忽视的背景依据。例如，中国啤酒行业中，较大型的啤酒企业纷纷走向集团化、合资化之路，改变了啤酒行业原来高度分散的竞争格局，增强了某些企业在资金、成本、市场覆盖率、品牌等方面的优势。

下面分析企业与SBA内各种竞争力量的战略关系。

（1）企业与消费市场的战略关系分析。企业与消费市场的基本关系是卖者与买者的关系。首先，这种关系受市场结构的影响。如：消费品与工业品的市场差异决定了企业与流通渠道各战略主体的位势迥然不同。两者相比，消费品生产经营企业对流通渠道的依赖性较强，地位相对被动，战略关系相对脆弱。实力弱者更容易受制于流通渠道；而实力强者则谋求与流通渠道巩固战略关系（联合等）或者发生战略对抗（兼并）等。其次，战略关系还受供需形势的影响。当供不应求时，企业比较主动；相反，当供过于求时，企业比较被动。

（2）企业与供应者的战略关系分析。凡为企业提供人、财、物、信息资源等各种要素的组织和个人统称为供应者。企业与供应者的基本关系是买者与卖者的关系。首先，这种关系受供应市场结构的影响。一般而言，在集中型的供应市场上（企业只能与少数或唯一的大供应者发生交易关系），企业对个别供应者的依赖性强，选择余地小，企业的生产经营状况直接受供应关系稳定性和供应质量的影响。相反，在分散型的供应市场上（企业可以与众多的、规模不等的供应者发生交易关系），企业对个别供应者的依赖性就弱，选择余地大，分散供应风险的机会多。其次，战略关系受企业地位强弱的影响。企业实力强就处于相当主动的地位，如可口可乐饮料公司就是在这种有利的战略位势中与世界上为数不多的铝制品包装公司建立了战略联盟关系；相反，企业实力弱，则所承受的竞争压力大，地位最被动。

供应市场的结构本身会由于政策的变化，产业内的联合、兼并活动等原因而发生性质转化，从而改变企业与供应者的战略关系特征，进而要求企业调整其战略方针。

（3）企业与竞争者的战略关系分析。竞争者指所有满足类似需求、争夺同类资源的组织或个人。企业与竞争者的基本关系是消费市场上卖者与卖者、供应市场上买者与买者的关系。竞争者从性质上分为直接与间接（或替代）两类；从战略关系发生的时间上分为现实和潜在两种，从而产生四种不同的战略关系（如图3-6所示）。

企业容易重视第1、2象限的竞争者，容易忽视第3、4象限的竞争者，从而对竞争形势、竞争格局做出错误判断。瑞士机械手表制造商在消费市场上忽视了使用石英替代技术的美国、日本和中国香港的竞争者，曾陷入相当被动的境地。然而，替代竞争者还不仅限于满足同类需求的厂商或品牌。例如，一个青年家庭的收入不能不首先在不同需求之间进行分配，从而使替代竞争在四个层次上展开，如图3-7所示。

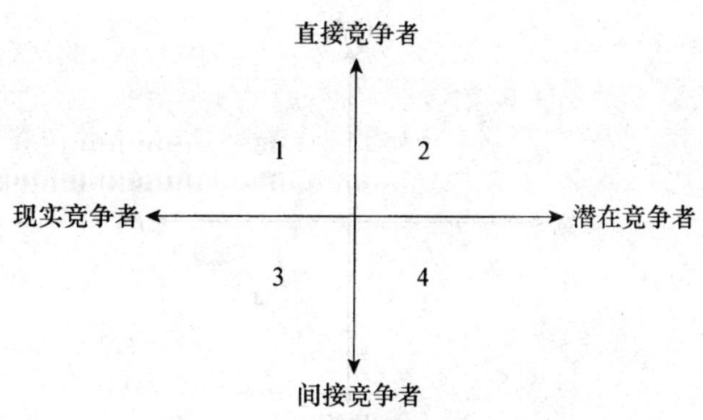

图 3-6　企业与竞争者的战略关系分析

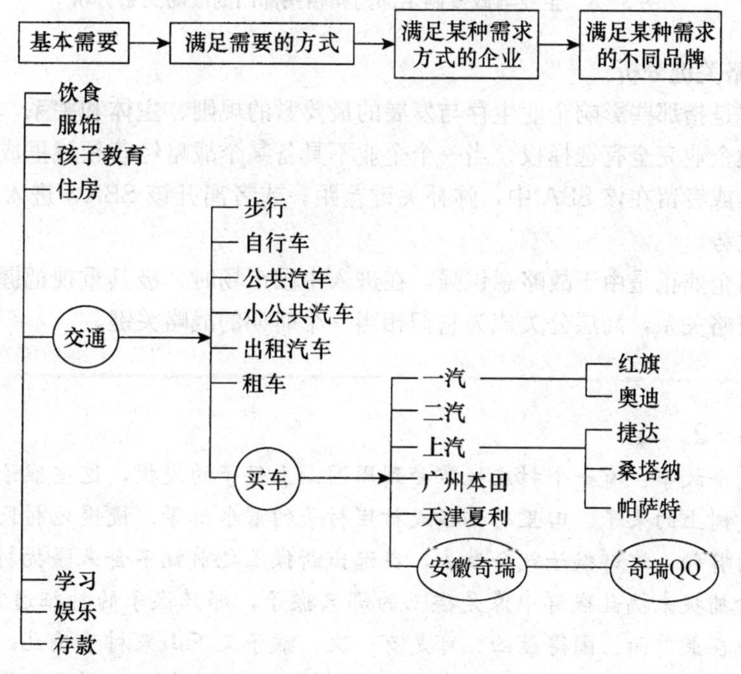

图 3-7　替代竞争

(4) 企业与政策制定部门和相关部门的战略关系分析。政策制定部门的干预有强弱之分，相关部门（主要指执法部门）的监控有宽严之分，可分为宽松与严紧两类。而企业在与主管部门发生关系时，有位势高低、影响力大小之分。因而，战略关系可以分成四种情况（见图 3-8）。显然，处于第 1 种战略位势时，企业的自主性最强、自由度最大。在第 3 种战略位势中，企业的自主性和自由度较小，但能够影响政府部门和主管部门采取有利于企业的干预政策和管理措施。而处于第 4 种战略关系中的企业则备受约束，最为被动。

企业在制定战略时，要分析 SBA 战略关系的现状、变化趋势，特别是影响战略关系变化的影响因素。只有这样，才能更准确地把握 SBA 环境的压力、风险度，把握企业的承受力和适应度，并制定有关战略。

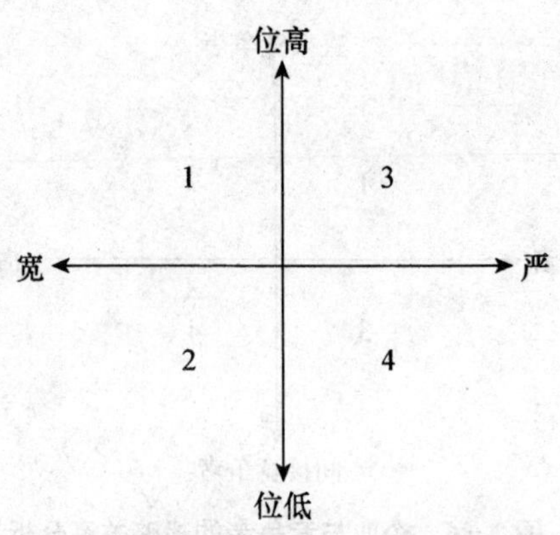

图 3-8　企业与政策制定部门和相关部门的战略关系分析

(四) 战略关键分析

战略关键是指那些影响企业生存与发展的最要紧的规则、主体和关系。战略关键是客观存在的，但企业完全有选择权。当一个企业不具备某个战略经营领域里成功的关键优势时，可以选择或者留在该 SBA 中，弥补关键差距；或者离开该 SBA，进入其他 SBA，并建立相应的优势。

许多外国企业正是由于战略意识强，在进入中国市场时，极其重视把握与政府部门和主管部门的战略关系，高层公关成为它们相当一个时期的战略关键。

专栏 3-2

有这样一个故事：有一个村庄经常受到周围山上猴子的侵扰，这些猴子晚上下山来祸害庄稼，偷走树上的果子、田里的稻谷或打烂村子的蓄水缸等。慢慢地村民们发现，只要抓住猴群中的首领，这群猴子就会散去，在选出新猴王之前就不会来骚扰村庄。于是村民们就集中力量捕捉来捣乱猴群中像是猴王的那只猴子，那只猴子的特征通常是体形健硕、年轻力壮、冲在最前面、闹得最凶。可是有一次，猴子又下山来村子捣乱，村民们抓住了几只像是猴王的猴子，可是猴子们还是在村子里捣乱，而且它们变得更机警，不再嬉笑打闹，而是目的性很强地寻找食物，一旦得手就马上撤离。它们出现的时间和频率也不固定，非常隐蔽，很多时候当村民们发现猴子来偷东西时，猴子已经满载食物离开了，村民们无计可施。

村里一个樵夫进山砍柴的时候，无意中发现了这群猴子，它们围在一只瘦小的猴子身边，这只小猴子在指挥着它们搬运食物，井井有条，而这只猴子从没有在村庄里出现过。原来，这只瘦小的猴子正是猴群的新首领，它虽然瘦小，而且也不亲自去偷食物，但是它安排的计划和制定的规矩却让猴子们很少被逮到，得到的食物也更多，群猴因此拥护它做猴王。

启示：擒贼需擒王，抓住主要矛盾（关键问题），一切问题才能迎刃而解。

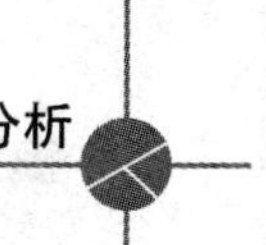

三、拓宽视野与系统分析相结合

如前所述，战略经营领域结构有集中化、相对集中化、相关多角化与无关多角化四种基本类型。

战略经营领域结构的形成常常是客观机遇与主观决策相结合的产物。为了减少偶然性和盲目性，企业有必要将大胆畅想与系统分析结合起来，以提高 SBA 方案选择的准确性。

首先，大胆畅想。即放开思路，突破条条框框，从自身优势出发大胆设想企业可能从事的经营领域。一般的方法有头脑风暴法、德尔菲法等。关键在于创造一种气氛和条件，使企业内、外的专家能无所顾忌、不受压抑地发挥创造力和想象力。由大胆畅想会产生许多方案，某些方案已越出原产业的范围，成为企业多角化经营的可能选择。

其次，系统分析。即对备选方案进行慎重而深入的分析研究。分析的思路有二：第一，对该 SBA 进行战略规则、主体、关系和关键等方面的系统研究；第二，以该 SBA 为中心进行横向 SBA 与纵向 SBA 的研究。假定以北京啤酒大众市场为所指 SBA，则横向 SBA 有以下类型：(1) 按地域划分为西北啤酒市场、东北啤酒市场等；(2) 按替代产品划分为可口可乐、矿泉水、鲜果汁等；(3) 按派生产品划分为酵母等。

纵向 SBA 研究则是以本 SBA 为中心向上游和下游进行产业的一体化研究，以寻找产业里最有利可图的子产业。美国的麦肯锡咨询公司与瑞士 IMD 工商管理学院于 20 世纪 80 年代共同开发了一种产业体制分析法。其分析内容是：

一是关注投入（成本），即了解判断产业最终商品的成本，以及成本在各子产业或经营活动中的比例。

二是关注产出（增值），即了解判断最终商品的价格及增值，以及增值在各子产业或经营活动中的比例。

按上述原则，产业的各子产业或经营活动可以分为 A、B、C、D 四类（见图 3-9 所示）：

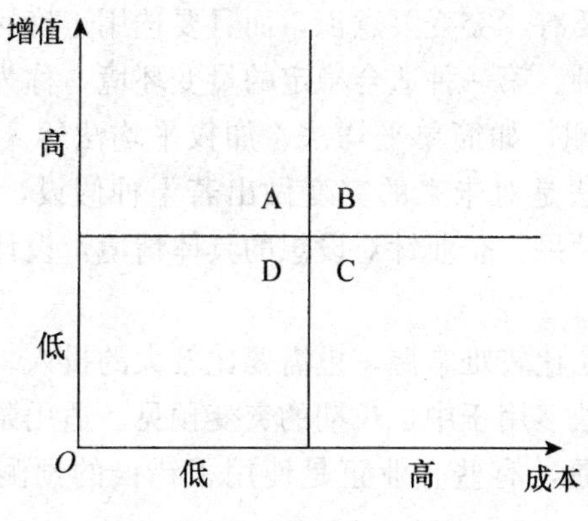

图 3-9　产业体制分析

由图 3-9 可知，最有利的 A 象限为高增值、低成本区；而最不利的 C 象限为高成本、低增值区。企业分析的目的是发现 A 类 SBA，回避 C 类 SBA。当然，增值/成本关系只反映 SBA 的引力大小，企业最终选择 SBA 还要考虑自身的实力及产业的竞争格局。

四、密切注意风险环境的变化

研究战略经营领域，必须密切注意风险环境的变化。企业经营战略理论事实上是在 1973 年世界石油危机，即石油输出国组织控制原油产量，原油价格上涨，导致西方企业成本竞争力遭到严重打击的背景之下发展、完善起来的。如何适应风险环境的意外变化从此成了企业战略研究的中心课题。

研究 SBA 时，如果陷于静态研究，或者虽进行动态研究却没有“意外变化”的意识，就无法预见战略规则、战略主体、战略关系、战略关键的变化，从而导致战略滞后和错位的问题。

美国战略学家安索夫曾根据变化的速度和深度将环境的风险度划分为五类，并提出了与之相适应的五类管理模式（见表 3－2）。

表 3－2　环境风险度与管理模式

管理模式	稳定型	反应型	先导型	探索型	创造型
环境稳定程度	稳定	较稳定	不稳定	很不稳定	极不稳定
环境变化速度	很慢	慢	较快	快	很快
	↓	↓	↓	↓	↓
环境变化性质	微小量变	量变	质变	快速质变	急速质变
企业关键职能	生产管理	扩张型生产管理	市场营销管理	战略管理	风险管理

尽管每个具体的战略经营领域所从属的产业环境的风险度差异很大，例如电力业属于反应型，计算机属于探索型、创新型。我国的改革开放使宏观、中观环境的许多不确定因素加剧，这必然反映在 SBA 之中，从而增加了每个 SBA 的风险度。可以说，我国绝大多数企业所面临的环境属于先导型、探索型、创造型，即快速发生质变的环境。因此，我国企业在预见未来时，不仅要有“突变”意识，而且要选用正确的方法。

预见未来的方法有两种。第一种适合稳定的量变环境，称为预测。其基本方法是以历史数据为依据进行线性推测，如简单平均法、加权平均法等。第二种适合动荡的质变环境，称为展望。其基本方法是对未来的突变做出若干种假设，针对每种假设设计几种情境，即突变产生的影响和后果。企业针对设想的具体情境，设计对策方案。后一种方法用于做出超前的防范性预测。

显然，第二种预见方法比较难掌握，也需要比较大的投入。第一种方法一般用于短期的行情预测；而第二种方法多用于中、长期的突变预见。适用条件完全取决于环境变化的性质和速度。值得注意的是，有些企业正是使用了错误的预测方法，导致了战略决策的失误。

总之，企业的战略经营领域结构是企业战略的基础部分，深入研究、分析战略经营领域，不仅是正确确定战略经营领域结构的前提，也是正确制定企业总体战略和各职能战略的需要。

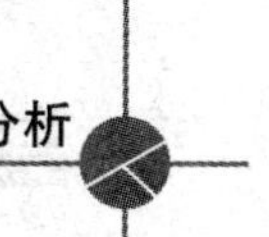

复习思考题

1. 什么是企业的战略经营领域？请举例说明。
2. 什么是战略经营领域结构？
3. 确定战略经营领域的原则有哪些？
4. 如何应用环境引力与企业实力对比分析法对战略经营领域进行分析？
5. SBA 运行规则分析、战略主体分析、战略关系分析、战略关键分析的主要内容是什么？
6. 应用“拓宽视野与系统分析相结合”的方法对战略经营领域如何进行分析？
7. 通过“密切注意风险环境变化”的方法对战略经营领域如何进行分析？

案例分析

案例一　甲公司酒品的经营战略调整

甲公司是一家酒类经销公司，经营着七个品牌的酒品，公司可用资金有 50 万元。为了提高资金使用效率，获取更大的经济效益，公司决定对七个品牌的酒品经营战略做出调整。在对前半年的市场销售进行统计分析后发现，七个品牌的酒品的销售、获利情况分别是：

(1) A、B 品牌业务量为总业务量的 70%，两个品牌的利润占到总利润的 75%，在本地市场中占主导地位。但这两个品牌是经营了几年的老品牌，从去年开始市场销售增长率已呈下降趋势，前半年甚至只能维持原来业务量。

(2) C、D、E 三个品牌是新开发的新品牌。其中 C、D 两个品牌前半年表现抢眼，C 品牌销售增长了 20%，D 品牌增长了 18%，且在本区域内是独家经营。E 品牌是高档产品，利润率高，销售增长也超过了 10%，但在本地市场上竞争激烈，该品牌其他两家主要竞争对手所占的市场比率达到了 70%，而甲公司只占到 10%左右。

(3) F、G 两个品牌市场销售下降严重，有被 C、D 品牌代替的趋势，且在竞争中处于不利地位，出现了滞销和亏损现象。

问题：

根据波士顿矩阵分析法的原理，对甲公司七个品牌的酒品进行分析并提出对策建议。

案例二　宝洁公司的产品经营结构

宝洁公司（P&G）是一家美国消费日用品生产商，也是目前全球最大的日用品公司之一。其总部位于美国俄亥俄州辛辛那提，在全球 80 多个国家设有工厂及分公司，员工近 110 000 人，所经营的 300 多个品牌的产品畅销 160 多个国家和地区，其产品包括洗发用品、护发用品、护肤用品、化妆品、婴儿护理产品、医药、食品、饮料、织物、家居护理及个人清洁用品。

宝洁公司自从 1987 年登陆中国市场以来，在日用消费品市场可谓是所向披靡，一往无前，仅用了十余年时间，就成为中国日化市场的第一品牌，在中国占据中高端市场60%的市场份额，堪称中国奇迹，也是全球奇迹。宝洁旗下共有六大洗发水品牌，20多个系列，包括飘柔、潘婷、海飞丝、沙宣、润妍、伊卡璐等洗发护发品牌。各个品牌的市场情况是：

沙宣产品有着很高的市场渗透率和占有率，品牌特征非常明显，在市场上占绝对优势，而且拥有了稳定的顾客群。

飘柔、海飞丝两个产品销量增长率较低，相对市场占有率高，已进入了成熟期。

伊卡璐是宝洁为击败联合利华、德国汉高、日本花王，花费巨资从百时美施贵宝公司购买的品牌，主要定位于染发，此举是为了构筑一条完整的美发护法染发的产品线。由此，伊卡璐较其他洗发产品上市晚，市场占有率低，产生的现金流不多。但是公司对它的发展抱有很大希望。

润妍产品目前的状况是销售增长率低，相对市场占有率也偏低。

问题：

试用“企业的投入与收入平衡的原则”对宝洁公司的战略经营结构进行分析。

第四章　企业使命和战略目标

本章导读

企业经营战略是由企业使命、战略目标和实现使命和目标的方案等构成的，它们之间联系紧密，不可分割。其中战略方案是为实现战略目标服务的，而战略目标又体现出企业使命的要求。因此，制订战略目标必须从确定企业使命开始。

企业使命主要解释企业的根本性质和存在的理由，明确企业在社会进步和社会经济发展中所应担当的角色和责任，说明企业的经营领域、经营思想，为企业目标的确立与战略的制定提供依据。企业使命包括多方面的内容，在确定企业使命过程中要考虑一系列因素方可做出决策。

企业使命的落实要通过战略目标使其进一步具体化、定量化，所以，战略目标反映了企业在一定时期内经营活动的方向和所要达到的水平，它具有具体的数量特征和时间界限，通常为 3~5 年或更长。战略目标是多元性的，各目标之间要相互配合、衔接，构成一个相互关联的目标体系网。

学习目标

通过对本章的学习，掌握企业使命与战略目标的基本含义、作用与内容，并能结合企业特点对企业使命与战略目标做出正确决策。

关键概念

企业使命（Enterprise Mission）
战略目标（Strategic Objectives）
经营哲学（Business Philosophy）
经营方针（Operating Strategy）
社会责任（Social Responsibility）
企业战略目标（Enterprise Strategic Objectives）

使企业遭受挫折的唯一最重要的原因，恐怕就是人们很少充分地思考企业的使命是什么。

——［美］彼得·德鲁克

企业宗旨或使命的制定是战略管理的重要部分。

——［美］彼得·德鲁克

第一节 企业使命决策

一、企业使命及其重要性

（一）企业使命的含义

企业使命（Enterprise Mission），是指对企业的目的、性质、任务及其在国家经济发展和社会进步中应当承担的社会责任等方面所做出的规定，它反映着企业的经营目的、经营性质、经营范围、经营对象、经营任务和目标市场，提供了一个企业的存在目的及活动范围等方面的信息。企业使命要回答以下问题：

（1）企业的事业是什么？
（2）企业的顾客群是谁？
（3）其顾客的需要是什么？
（4）企业用什么特殊的能力来满足顾客的需求？
（5）如何看待股东、客户、员工、社会的利益？

可见，企业使命回答了企业为谁创造价值和创造什么样的价值，解答了企业存在的理由和价值。简单来说，企业使命要解决的问题就是“我们的业务是什么”。

专栏 4-1

管理学经典《基业长青》一书认为：核心使命是公司存在的根本原因，与核心价值观相比，在引导和鼓舞公司方面起了更重要的作用，但它比核心价值观更难定义。

（二）确定企业使命的重要性

正确地确立企业使命意义重大，它是企业制定战略和目标的基础环节，是经营战略决策的首项内容，贯穿战略规划与执行的各个环节，关系着企业的生存和发展。它的重要作用主要表现在以下几个方面（见图 4-1）：

（1）企业使命界定了企业存在的目的、活动的范围、所要服务的客户以及所要提供的产品和服务，规定了企业的发展方向和前进的道路。

（2）企业使命是确定战略目标的前提。只有明确地规定企业的使命，才能正确地制定企业合理而现实的战略目标。

（3）企业使命是战略方案制定和选择的依据。在制定经营战略的过程中，要根据企业使命来确定自己的战略方针、战略重点，即合理地确定事业的先后顺序和关键活动。

（4）企业使命是合理配置企业资源的基础。有了明确的企业使命，才能指导企业正确地分配企业有限的资源，保证主业，兼顾辅业，使主业兴旺发达，并带动辅业的发展。

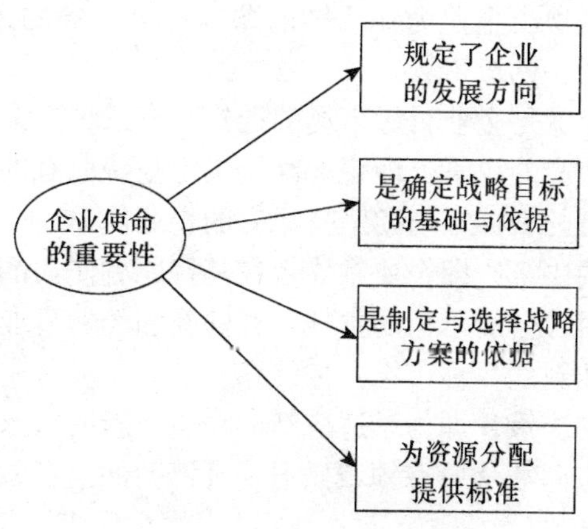

图 4-1　企业使命的重要性

二、企业使命决策的内容和方案

（一）企业使命决策的内容

企业使命决策主要包括以下六个方面的内容：

（1）关于企业性质的确定。指企业对从事的经营事业、经营领域、经营活动所做出的选择，实际上就是对企业的行业和为之服务的市场定位进行决策。

（2）关于企业成长方向的选择。当企业现在从事的经营领域进入成熟期或衰退期，现有产品的市场需求已近饱和或已开始下降，企业就需考虑、研究进入新的经营领域和新的市场。

（3）关于经营目的的确定。企业作为一个经济组织，一般有三个经济性目的，即长期生存、持续发展、盈利获取。这三者之间有时会存在矛盾，如企业有时会为了某些产品的短期利润投入大量资源，却放松了对另一些目前看来盈利不显著而长期获利颇丰的产品和技术的投入，严重影响了企业的持续发展。由此，需要妥善处理这三个目的的关系。

（4）企业经营哲学的选择。企业经营哲学是指企业在经营活动中，对发生的各种关系的认识和态度的总和，是企业从事生产经营活动的基本指导思想，它是由一系列的观念所组成的，如经营观念、价值观念、市场观念、创新观念、效益观念、社会观念、发展观念等。企业对某一关系的认识和态度，就是某一方面的经营观念。企业无论是否已经认识到、自觉或不自觉，客观上都存在着自己的经营哲学。正确的经营哲学，能够引导企业走上兴旺发达之路。

（5）企业经营方针的选择。企业经营方针是指企业为贯彻战略思想、实现战略目标、突出战略重点所确定的基本原则、指导方略和行动指针。经营方针是企业经营哲学的具体反映，是企业宗旨的表达方式。如企业在产品和服务质量上的“以优取胜”“以质取胜”的方针，在产品品种开发上“以新取胜”或“以品种求发展”的方针，等等。

（6）企业社会责任的确定。企业面向市场，向顾客提供产品和服务，这是企业应对社会承担的首要责任，同时企业还需要承担保护消费者权益、保护生态环境、提供更多就业机会、为社会公益事业助力的责任。

（二）企业使命决策的方案

企业使命决策，就是做出企业为什么样的顾客提供服务的选择。有顾客，就有市场。企业使命就是要发现顾客、创造市场。

企业使命决策实质上就是企业目标市场的选择，有三种方案：

（1）坚持企业原有使命的决策。即企业高层决定坚持原有的经营领域和服务方向，继续把原有的顾客作为自己的目标市场，坚持原有的企业使命。

（2）扩大企业使命的决策。即企业领导者在坚持原有使命的基础上，决定进一步扩大企业的使命，加重企业对社会所承担的责任，开辟新的经营事业和扩大服务领域、服务对象，把新的顾客作为企业新的目标市场。

（3）改变企业使命的决策。即为了适应新的环境、新的需求，企业领导者决定改变原有经营领域和原有服务方向，从原有领域撤退，开辟新的经营领域，重新选择新的顾客群作为企业今后的目标市场。

三、企业使命决策应考虑的因素和重要问题

（一）企业使命决策应考虑的重要因素

1. 国家长远发展规划和产业政策

企业坚持原有使命或扩大企业使命，都应符合国家长远发展规划和产业政策的要求。

即企业选择的目标市场要尽可能地与国家发展规划所确定要发展的领域相一致，这样才会得到国家的鼓励和支持，并被纳入国家的长远规划之中。企业为之服务的领域能得到充分的发展，企业选择这些领域作为自己的目标市场，也能得到可靠的保证。

2. 市场需求

企业的使命是要服务顾客，创造市场。作为企业的目标市场，一定要具有较大的市场容量（不仅当前需求量大，而且远景的需求量也要十分可观）。只有当前和未来需求量都很大的市场，才能作为企业市场的战略目标，保证企业获得稳定、持久的发展。

3. 竞争态势

研究所选择的目标市场的竞争状况，是确定企业使命的前提。即根据竞争的激烈程度，并对比自己的实力，决定是避开对手所选择的市场，还是拓宽目标市场；抑或是选择那些对手无暇顾及又有很大市场潜力的领域，作为自己的目标市场。

4. 企业实力

即考虑企业具有的优势与劣势，所选择的目标市场要有利于企业扬长避短，能充分发挥企业在生产工艺、技术、资源等各方面的优势，以取得投入少、产出高的理想效果。

（二）确定企业使命应研究的重要问题

1. 要以顾客的基本需求为中心确定企业使命

企业在确定使命时，一般来说，应以顾客需求为中心来确定而非依照产品或技术来确定。因为产品和技术更新速度较快，如果以技术或产品为中心来确定企业使命，企业使命将随着技术和产品的多次更新换代而频繁更改，其指导作用就大大减弱。例如，服装生产企业若将企业使命确定成为消费者生产西装，即以产品为中心来确定企业使命，在一定程度上会难以适应环境的变化。因为在日常生活中，人们不仅需要西装，也需要其他服装，如休闲装、职业装。如果能以满足顾客服装的基本需求，即以穿的需求为中心来确定企业使命，企业在经营上就具有较强的主动性。当西装的需求下降时，企业可以主动安排其他服装的生产，以适应市场需求的变化。由此，企业使命对企业较长时期的生产经营活动的指导作用就大大增强了。

2. 正确的企业使命必须具有约束力

正确的企业使命要明确规定企业在经营方面应该做什么，以便明确企业的任务，并集中企业所有的资源去完成这些任务。例如，美国著名学者托夫勒为贝尔系统（即美国国际电话电报公司）设计的企业使命是："贝尔系统的目的不是生产设备，不是经营一个网络，不是为每个家庭提供第二部或第三部电话，也绝不是满足某人想到并愿意付酬的每一通信需要。贝尔系统的使命是通过那些（而且仅仅是那些）其他公司以同样的成本、质量和社会效益所无法提供的产品和服务，确保美国在音频和数据方面拥有技术最先进的通信系统。"

3. 企业使命要具有鼓动性

在企业使命中，如果能够指出企业为社会、为大众做出某种贡献，就具有鼓动性。例如，海尔集团的使命是"敬业报国，追求卓越"，中国移动通信的企业使命是"创无限通信世界，做信息社会栋梁"，这样的使命具有鼓动作用，既可以树立企业为社会、为大众服务的良好形象，又能使企业员工产生一种使命感、光荣感、自豪感，从而更自觉地为实现企业使命而努力工作。

专栏 4-2

知名企业的企业使命（愿景）

1. 联想集团的愿景：制造卓越企业。

2. 麦当劳的愿景：旨在加速发展和业务创新。

3. IBM 公司使命：无论是一小步，还是一大步，都要带动人类的进步。

IBM 公司价值观：成就客户、创新为要、诚信负责。

4. 通用电气公司（GE）愿景：使世界更光明。

5. 微软公司愿景（使命）：予力全球每一人、每一个组织成就不凡。

6. 中国移动通信：创无限通信世界，做信息社会栋梁。

7. 华为公司使命：聚焦客户关注的挑战和压力，提供有竞争力的通信解决方案和服务，持续为客户创造最大价值。

8. 迪斯尼公司愿景：成为全球的超级娱乐公司。

第二节　企业战略目标决策

一、企业战略目标的含义与作用

战略目标（Strategic Objectives）是企业使命和宗旨的具体化和定量化，它把企业经营的目的转化为多方面的、可以量化的具体指标，反映了企业经过一定时期的努力应达到的经营水平。战略目标构成企业经营战略的核心内容，是企业奋斗的纲领，也是衡量企业一切工作是否实现其企业使命的标准。

企业战略目标所表明的是企业在实现其使命过程中要达到的长期结果，其时限通常为3～5年。战略目标可以是定性的，也可以是定量的。正确的战略目标对企业的行为具有重大指导作用：

（1）战略目标能够实现企业外部环境、内部条件和企业能力三者之间的动态平衡，使企业获得长期稳定和协调的发展。

（2）战略目标明确了企业的努力方向，使企业使命具体化和数量化，使企业的战略任务得以落实，避免落空。

（3）战略目标是企业战略实施的指导原则，能使企业中的各项资源和力量集中起来，减少企业内部冲突，提高管理效率和经济效益。

（4）战略目标为战略方案的决策和实施提供了评价标准和考核的依据。战略方案是实现战略目标的手段。有了战略目标，就为评价和优选战略方案提供了标准，同时，也为战略方案的实施结果提供了考核的依据，从而有利于促进经营战略的实现。

二、企业战略目标的构成及战略目标决策的内容

（一）战略目标的构成

企业的战略目标应转化为具体的一系列指标，成为各部门、各单位直至每个人的行动指南。由此可见，战略目标不止一个，而是由若干目标项目组成的一个战略目标体系。从纵向上看，企业的战略目标体系可以分解成一个树形，如图 4－2 所示，即在企业使命基础上制定企业总的战略目标，为了保证总目标的实现，必须将其层层分解，规定保证性职能战略目标，也就是说，总战略目标是企业主体目标，职能性战略目标是保证性的目标。

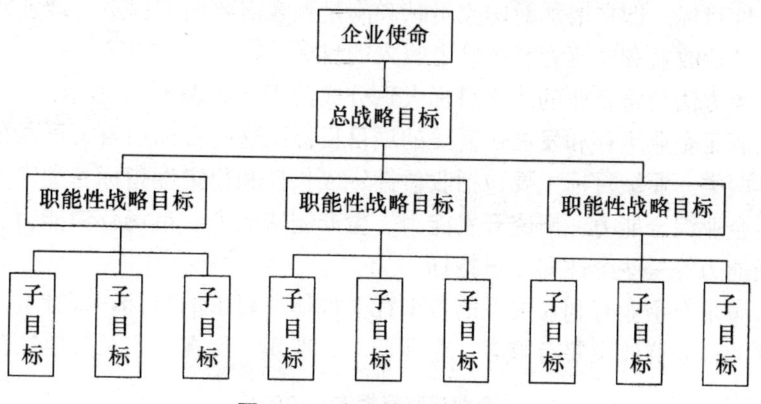

图 4－2　企业战略目标体系

专栏 4－3

企业战略目标的树状结构一般是由企业总体战略目标和主要的职能目标所组成，该体系可以分为以下层次：

第一层：企业使命——企业存在的理由、外部定位。

第二层：企业经营理念——一组内部的经营哲学、理念、价值观。

第三层：企业愿景——企业未来总体的、美好的蓝图。

第四层：企业任务——企业的市场、顾客、产品定位。

第五层：战略目标——一组中长期目标，包括市场的、盈利的、创新的和社会的目标。

- 市场目标：产品、渠道、沟通目标。
- 盈利目标：生产、人力、资金资源。
- 创新目标：技术、制度、管理创新。
- 社会目标：公共关系、政府关系、社会责任。

第六层：总体战略——公司层战略或长期规划。

第七层：业务战略——企业各业务层竞争战略。

第八层：职能战略——企业内部各职能层面的战略保障措施。

从横向上来说，企业的战略目标又包括多个方面。由于对战略目标的认识不同，因而对目标的构成也有不同的看法，分类的角度也不同。

第一种分类方法是将战略目标划分为四类：

(1) 发展性目标，即提高企业各方面素质，增强其发展能力的目标，如生产规划目标、人员素质目标、技术进步目标、产品开发目标、管理现代化目标、质量水平目标等。

(2) 效益性目标，如产出目标、投入目标、成本目标、利润目标、资金利润率目标等。

(3) 竞争性目标，即在市场竞争中提高自己的竞争地位、争取顾客、扩大市场份额的目标，如新市场的开发和传统市场渗透等目标。

(4) 利益性目标，即在增加对国家贡献和满足顾客需要的前提下，增加对投资者的回报目标，增加企业收益和经营者、劳动者收入的目标。

第二种分类方法是将企业的战略目标大致分成两类（如表 4-1 所示）：

(1) 用来满足企业生存和发展所需要的项目目标。这些目标项目又可以分解成业绩目标和能力目标两类。业绩目标主要包括收益性、成长性和稳定性指标三类定量指标。能力目标主要包括企业综合能力、研究开发能力、生产制造能力、市场营销能力、人事组织能力和财务管理能力等一些定性和定量指标。

(2) 用来满足与企业有利益关系的各个社会群体所要求的目标，即社会贡献目标。与企业利益关系的社会群体主要有顾客、企业职工、股东、所在社区及其他社会群体。

表 4-1　企业战略目标体系构成

分类	目标项目	目标项目构成
业绩目标	收益性 成长性 稳定性	资本利润率，销售利润率，资本周转率 销售额成长率，市场占有率，利润增长率 自有资本比率，附加价值增长率，盈亏平衡点
能力目标	综合能力 研究开发能力 生产制造能力 市场营销能力 人事组织能力 财务管理能力	战略决策能力，集团组织能力，企业文化，品牌商标 新产品比率，技术创新能力，专利数量 生产能力，质量水平，合同执行率，成本降低率 推销能力，市场开发能力，服务水平 职工安定率，职务安排合理性，直接间接人员比率 资金筹集能力，资金运用效率
社会贡献目标	顾客 股东 职工 社区	提高产品质量，降低产品价格，改善服务水平 分红率，价格股票，股票收益性 工资水平，职工福利，能力开发，士气 公害防治程度，利益返还率，就业机会，企业形象

第三种分类方法是由美国管理学家彼得·德鲁克提出的，划分为八个方面的重要目标，即市场推销目标、创新目标、人员组织目标、财务资源目标、物质资源目标、生产率目标、社会责任目标、利润目标。这也是值得考虑的分类方法。

(二) 战略目标决策的内容

战略目标决策的内容，主要包括两个方面：

(1) 战略目标水平的选择。关于目标定多高，一般可提出高、中、低三个方案，企业

领导者应根据企业使命的要求和企业内外环境提供的可能条件做出选择。

（2）重点战略目标的决策。企业制定了多方面的战略目标，但不能平均使用力量，必须突出重点目标。如何选择重点目标呢？企业领导者必须通过对企业的经营中心和市场地位的分析，做出决策。经营中心即企业所从事的主要经营领域，它是企业的主战场，即企业的经营重点。因此，企业领导者应按企业的经营重点来选择重点战略目标。其次还应考虑企业所处的市场地位，即根据竞争能力强弱来确定目标。竞争能力强弱不同，目标水平也不同。总之，企业领导者要从企业内外环境的实际出发，考虑需要和可能性，做出重点目标的选择。

三、战略目标制定和选择的基本要求

（一）战略目标必须有科学的依据

企业的战略目标关系到企业未来的生存和发展，其能否实现决定着企业的兴衰存亡。因此，目标的制定和选择必须确保其严肃性和科学性，不能带有主观的臆想，更不能脱离客观实际，必须在全面、认真地分析企业内部条件和外部环境的基础上，按照经济发展的客观规律和实际可能，制定出企业未来发展的大纲。这就要求制定和选择目标的过程是一个上下结合、集思广益的过程，不能仅靠少数企业领导人。同时，制定和选择出的目标应经过企业内外专家的充分讨论和科学论证，使其能真正指导企业沿着正确的方向前进。

（二）目标必须明确和具体，并规定完成期限

企业制定的战略目标不能太笼统，更不能模糊不清，应尽可能地具体化和定量化，使决策者和执行者能够有一个一致的理解。比如，“努力增加销售额”，就是一个模糊不清的目标；如果改为“在现有销售收入的基础上，今后五年内销售额每年递增10%”，则是一个明确而又具体的目标。对一些不宜定量或不能定量的指标，也应使其能够进行衡量。比如“努力提高企业的竞争能力”，不如改成“使企业在行业中的竞争地位从目前的排位第五提高到排位第三”，这个目标虽然没有定量，但它是可以衡量的，是针对市场占有率处于第三、第四位的企业进行追赶的，这有利于贯彻执行。

（三）目标必须具有挑战性，并切实可行

美国著名的企业管理专家彼得·德鲁克指出：企业的目标应该定得高一些，使其具有挑战性和刺激性，这样才能激发人类本性中所存在的竞争性本能。

战略目标应体现企业奋发向上、不断进取的精神，应略高于企业和个人的能力，使其具有超前性和感召力，激励全体职工为更加美好的明天而努力工作。同时，又要防止高不可攀。挑战性与可行性相结合的办法是以企业的现实为基础，把目标的实现限定在主、客观条件所允许的范围内，使人们经过努力能够实现。

（四）目标应突出重点

企业在新的战略期内要解决的问题往往有很多，但战略目标不宜太多，不能包罗万象，不能主次不分，应把决定企业兴衰存亡的关键性问题列入战略目标，以便明确主攻方向，并应分清主次、突出重点，指出哪些目标是关键性的、必须实现的，哪些目标是经过努力争取达到的。不同的企业可以根据本企业的特点，选择不同的重点目标。

（五）目标应形成一个完整的体系

战略目标是企业的整体目标。为保证其实现，应该根据总体目标的要求，制定出一系列相应的分目标。这些分目标之间，以及分目标与总目标之间，应具有内在的相关性，并形成一个完整的、相互配套的目标体系。

这个完整的目标体系的结构如下：（1）从层次上看，战略目标应分成企业的总体目标、经营单位目标和职能部门目标等；（2）从时间上看，应分成长期目标（5～10年）、中期目标（2～5年）、短期目标（1年和1年以下）；（3）从性质上看，应该将定量目标和定性目标相结合；（4）从内容上看，应列出哪些是企业的必保目标，即下限目标、最低必须实现的目标，哪些是经过努力争取实现的期望目标，即上限目标。

由此可见，企业的战略目标应以总体目标为核心，形成上下统一、时间衔接、内容配套、重点突出、定量与定性相结合的完整的目标体系。

复习思考题

1. 企业使命的含义是什么？其有何重要性？
2. 企业使命决策的主要内容有哪些？
3. 企业使命决策方案包括哪些？
4. 企业使命决策应考虑的因素是什么？
5. 确定企业使命时研究的主要问题有哪些？
6. 企业战略目标的含义与作用是什么？
7. 企业战略目标由哪些部分组成？
8. 企业战略目标决策的内容包括什么？
9. 战略目标制定与选择的基本要求是什么？

案例分析

可口可乐公司的使命

可口可乐公司在创建的头100年中，始终全力关注两件事：保护公司获得专利的糖浆配方秘密；密集营销。对秘方保密使公司连带着对其他经营方面也采取了保密的态度。到1978年，公司已经在135个国家开展业务，拥有近40 000名员工和80 000名股东，但公司对企业使命和长期目标的陈述仍旧是非常简短和直接的。在1978年的公司文件中，对业务做了一个简短的说明，在其后的一份文件中，增加了一些非常笼统的目标，由此构成了当时的公司使命："可口可乐公司是全球最大的生产和销售软饮料浓缩液和糖浆的企业。公司生产的可口可乐自1886年起在美国销售以来，至今已在135个以上的国家销售，并成为这些国家中软饮料产品的领先者。公司的食品分部负责生产和销售Minute Maid牌和Snow Crop牌冰冻浓缩柠檬汁，公司还用Taylor的商标生产和销售无泡酒和汽酒。有一个子公司设计和制造水处理系统，还有一个子公司制造和销售塑料薄膜产品。公司的目标是继续加强财务上的发展趋势。"

虽然可口可乐公司在20世纪80年代中期开始进入影视娱乐业，但其1986年的使命仍保持了简短和保密的特点："可口可乐公司是全球软饮料业的领导者，也是全球影视娱乐业的制造和分销者、美国橘子汁和果汁产品的领先者。公司管理部门的基本目标是要提高股东的价值。为了实现这一目标，公司及其子公司制定了全面的业务战略，包括：增加产量和盈利；在高回报领域投资，实现长期现金流量最大；撤出低回报资产；维持恰当的财务政策等。公司在软饮料业、娱乐业、食品业三个市场上经营，这三个业务领域都是客户导向的，并能提供诱人的利润率。在每一业务领域，公司都致力于最大限度地提高销售量，进行有效的资产管理，提高分销系统的利用率。公司软饮料业务部的主要目标是使公司销售量的增长快于产业的增长水平；娱乐业务部的关键目标是利用影片和电视分销系统，增加影视娱乐产品的收藏量；食品业务部执行的是产品细分和包装细分战略，其目标是为现有的分销渠道增加新产品，从而提高销售量。"

到20世纪80年代末，可口可乐公司经受了一些困难的考验。公司在20世纪最后10年中也取得了不少成功。"新可乐"受到消费者空前未有的抵制，娱乐业务部卖给了索尼，挣了一大笔。新领导罗伯特·戈伊苏埃塔领导风格的一大变化是使公司的使命和努力方向更加公开。20世纪90年代初，戈伊苏埃塔以小册子方式公开了公司使命，主要内容如下：

> 我们的机会：公司独特的机会是为干渴的世界和所有的朋友带来清凉，为股东创造价值。我们的业务系统是唯一能在全球范围内利用这一机会的生产和销售系统。我们一定要使这一机会得以实现。
>
> 我们的目标：以可口可乐为核心，公司、专卖店以及其他合作伙伴将利用全球最卓越的品牌和服务系统为客户和消费者提供满意的服务和价值。我们的品牌资产将因此而能在全球范围内得到提升，股东财富也能增加。公司在90年代的目标是：扩展全球业务系统，使欣赏我们品牌和产品的消费者人数越来越多。
>
> 我们遇到的挑战：90年代对我们的业务来说是一个充满矛盾的时期。现有的分销系统要进一步统一，同时还要建立新的分销系统；客户要求有更多的选择，但又要求在最低成本的同时获得个性化的服务和个性化的促销方式；发达国家的消费者年龄在增长，它们对企业的影响将不再表现在人数上，不那么发达国家的消费者人数则增长很快，这些年轻人市场的活力将取决于当地的就业和经济发展形势。为此，我们需要更有效地使用我们的品牌、系统、资本及人员等基本资源。其中，人员是最重要的。人们可能会认为，这些资源已经存在，只要将它们投入使用来实现目标就可以了。这就大错特错了。90年代的挑战不在于使用这些资源，而在于扩展这些资源，适应它们，用创新的方式使用它们，创造出可口可乐系统和全球消费者之间的崭新的关系。
>
> 我们的资源：
>
> 一是品牌。信息产业日益全球化意味着我们可以通过全球品牌来形成广告效应和各种公共形象。这将有助于维持我们"首席品牌广告"的地位。但是，必须时刻牢记，是我们遍布于全球的专卖店网络在宣传和推广我们的品牌。为了更恰当地利用我们的品牌，必须认识到我们和我们的专卖店共处于服务客户的业务之中，满足他们现实的和期望的需要。有关产品营销的操作性决策在符合全球战略和具备灵活性的前提

下，应尽量接近消费者和客户，这也就是全球性着眼和当地化实施。为此，需要掌握每一位客户、每一个渠道或每一个消费者群的知识，才能制订出能满足他们特定要求和价值的计划。可口可乐公司卖的不是大众化商品，我们也不会去卖大众化商品，我们不会自己去贬低与客户和消费者的关系。不管是哪种形式的可口可乐，传统的、无糖的、无咖啡因的、果味的、淡味的，等等，都是全球承认和尊敬的品牌。过去是这样，永远是这样！品牌是我们清凉系统的核心。雪碧和芬达也是全球性品牌，它们在我们的品牌战略中必须发挥作用。我们还将继续不断地开发新品牌。

二是系统。在组织结构上和决策上接近消费者，是 90 年代全球化和分散化市场的要求。从结构上讲，要使组织更加扁平。职能性活动必须围绕那些关注于市场机会的业务单位建立，而公司层应成为行动者，不再是批评家或鼓气家。我们的专卖店也应理解这一新任务。只有在必要和能实现目标的情况下，我们才会提高可口可乐生产和销售网络上的资产参与程度，专卖系统参与程度的提高可能会要求对生产和销售能力进行更大的投资，以便于以最低的成本来满足客户的服务要求。这将保证整个系统的竞争优势。为了抓住新的销售机会和新市场，特别是美国以外的市场，需要建立全新的分销系统。与我们的专卖店或供应商建立各类形式的合资企业，将有利于我们的资本直接建立新企业，从而接近消费者。是否能成功地管理这些扁平的、市场导向的结构，在很大程度上将取决于我们的信息系统。为了实现目标，包括将组织连接在一起的流程、报告、采购和沟通在内的信息系统，必须领导市场开发，而不是只追踪市场开发。有效和及时的信息对有效和及时的资源分配是极为重要的。我们的业务是多地区性业务，从亚洲的软饮料新市场到北美的成熟市场，业务发展状态的变化很大。我们在 103 年的经营历史中，一直经历着业务的进化和业务周期性。过去，业务周期一般为 10 年，而在未来，这一周期将大大缩短。到 2000 年，我们在发展中国家的业务系统的功能将与那些在目前成熟市场上的相同。在那些缺乏硬通货和存在政治障碍的地方，我们会在接近客户上遇到障碍，所以，必须建立新的战略联盟，强化克服这些障碍的能力。

三是资本。强化接近客户的业务系统不仅需要对新资产投资，还要求改善对现有资产的管理。现有资产是实现目标的潜在资源。这些资产既包括实物性资产，还包括产权所有的地位、财务能力、信息系统和创造性管理业务关系的能力等在内的非实物性资产。资本管理不再仅仅是一个使回报率高于资本成本的过程，它更是一个创造性地发现对资本的更有效的利用和资产的新用途的过程，是利用和整合现有的资产，实现公司的目标并创造出新的战略联盟的过程。我们的组织在有效分配资源和利用财力建立价值上积累了丰富的经验，还将继续下去。随着在管理更大财务杠杆上的经验的积累，我们将定期评估更高的财务杠杆上限，首先是那些在业务系统或战略联盟上的投资，然后是我们的股份。

四是人员。长期以来，可口可乐公司始终拥有一支全球性的管理骨干队伍。为了抓住 90 年代全球软饮料市场的机会，我们不仅需要有力的品牌、系统和基础结构，我们还需要能直面 21 世纪的有力的人员。我们要发现那些能利用事实和知识进行创造的人员，能为客户的业务创造价值的人员。在每一个人在同一时刻能拥有同样的信

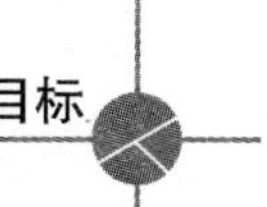

息的时代，优势将来自于那些能迅速、有效、有盈利地运用信息的人员。这是一些拥有“战略家头脑”的人。他们能利用一般性知识创造出竞争优势。很少有人生来就具备这样的能力，但这种能力是可以开发的，是值得奖赏的。我们必须招收并培养更多的人来满足业务的需要。在90年代，多种语言和跨文化能力将成为“国际性人才”的标准。我们应该继续完善报酬体系，以反映企业文化，奖励增加价值的业绩。人员开发的责任不可能授权给人力资源领域的那些培训人员、学术指导人员或专家们。这些人员是有作用的，但不能全靠他们。开发公司最优秀人员是各层主管的责任。这要求每一位主管将教育和开发人员作为自己的首要责任。我们要求由最优秀的主管来招收和培训最优秀的人员。随着这些最优秀人员的成长，他们将成为下一代主管，具备开发新人员的能力和责任。我们的优势将永远持续下去。这一过程将使我们能意识到今天成功的不足之处。我们必须继续取得在承担风险和灵活决策方面的智慧。公司决不容忍自满和停滞不前。

对我们的奖励：满足上述挑战，在迅速变化的环境中获得发展的成就是巨大的。它表现为：

（1）消费者满意。他们会一再地接受我们的品牌，获得所需要的清凉。

（2）客户能获利。他们依靠我们全球品牌和服务获取利润。

（3）我们为业务所在地做出了经济贡献，成为受欢迎的客人。

（4）业务伙伴获得成功。

（5）通过可口可乐系统的力量使股东建立起价值观。

以上是20世纪70年代到90年代之间可口可乐公司在使命描述上的变化，反映了公司对可口可乐业务的专注，也反映了从简短和神秘向更加重视价值、优先活动、“可口可乐系统”上的转变。关于20世纪90年代的使命陈述很长。但戈伊苏埃塔认为，对公司使命及有关内涵的详细和完整的描述，将有利于像可口可乐公司这样一个拥有全球职工和“合作伙伴”、从事多种经营的企业集中关注于下一世纪获得全球成功的一些关键因素。明确和详细地陈述有关可口可乐系统是什么和将成为什么，能为未来决策和行动、为掌握成功的机会提供框架。

问题：

1. 可口可乐公司20世纪90年代的使命显然不符合短小精悍的要求，而且很难被记住。试试看你用了多长时间才基本上能复述其内容。你认为戈伊苏埃塔设计这样一个使命描述的出发点是什么？

2. 重新为20世纪90年代的可口可乐公司设计一个更容易被记住的使命。

第五章　企业总体战略

本章导读

企业总体战略可以有不同的分类，一般来说主要分为三大类：发展型战略、稳定型战略和收缩型战略。发展型战略是向更高目标发展的总体战略，主要包括密集型战略、一体化战略和多元化战略三种。稳定型战略是指受经营环境和内部资源条件的限制，企业在战略期所期望达到的经营状态基本保持在战略起点水平上的战略，具体包括无变化战略、维持利润战略、暂停战略和谨慎实施战略四种。收缩型战略是企业从目前的经营战略领域和基础水平收缩和撤退，且偏离起点较大的一种战略，可以从不同的角度进行划分，一般来说包括转向战略、放弃战略和清算战略三种。

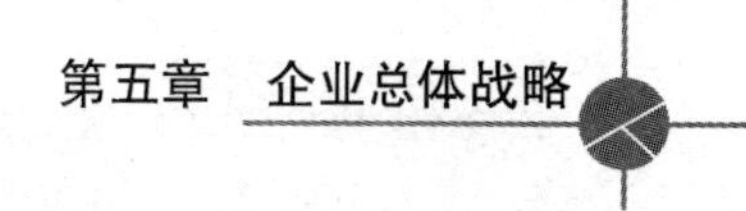

企业总体战略是统筹各项分战略的全局性指导纲领，是企业最高管理层指导和控制企业的一切行为的最高行动纲领。制定企业总体战略就等于给企业战略定位，是将企业发展目标更加明晰、合理地规划、分解、实施的组织行为。

学习目标

通过对本章的学习，掌握企业总体战略的基本类型及其内容与特征，了解各种战略类型的应用条件及优缺点，并能结合企业经营实践对各种战略类型的应用做出分析。

关键概念

发展型战略（Developmental Strategy）
密集型战略（Intensive Strategy）
一体化战略（Integration Strategy）
多元化战略（Diversity Strategy）
稳定型战略（Stable Strategy）
收缩型战略（Compact Strategy）

企业的情况很复杂，所以，应有壮士断臂的勇气和决心，因为这个放弃减少了对他的许多压力和拖累，使他更有力量，寻找更好的机会来发展。

——段永基

第一节　企业发展型战略

一、企业发展型战略的含义

企业发展型战略（Developmental Strategy），又称成长型战略、拓展型战略，是一种使企业在现有的战略水平上向更高一级目标发展的战略，即在一定时期内对企业发展方向、发展速度与质量、发展点及发展能力的重大选择、规划及策略。它以发展作为自己的核心向导，引导企业不断开发新产品，开拓新市场，采用新的管理方式、生产方式，扩大企业的产销规模，增强企业竞争实力。

企业发展一般会经历初创期的快速成长、做大做强和持续化成长。曾经的和现在的世界500强企业中，有不少从创业到今天已有一个世纪甚至两个多世纪的历史。这些“长青树”企业经过了漫长岁月的积累和几代人的努力，将企业的产品、组织逐渐推向世界各地，并在风云变幻中始终焕发着勃勃生机，不断重塑自身，日益壮大，从而傲然屹立在荣誉和财富的巅峰，影响或主宰着世界经济发展的格局。企业发展型战略的目的就是要解决企业的发展问题，实现企业快速、健康、持续发展。运用发展型战略，能够使一个企业由小到大、由弱变强，获得不断的增长和发展。

二、企业发展型战略的特点与优势、风险

（一）企业发展型战略的特点

企业发展型战略强调的是充分利用内部条件和外部环境条件，把握机遇，运用各种资源，求得企业的快速成长壮大。发展型战略的特点是：

（1）资源投入量大，产销规模扩大，目的是提高产品的市场占有率，增强企业的竞争实力。市场占有率的增长是衡量成长的一个重要指标，实施发展型战略的企业，其发展速度不一定比整个社会的经济增长速度快，但其产品的市场占有率增长要较快。

（2）发展型战略要求企业不仅主动适应外部环境的变化，而且更要通过产品创新和市场创新引导消费、创造消费。因为，实施发展型战略的企业倾向于通过创造本身并不存在的产品或服务的需求，来改变外部环境并使之适合自身。企业要真正实现既定的发展目标，仅仅靠适应环境是不够的，影响或改变环境以有利于自身发展才更为重要。

（3）容易获得较好的规模经济效益，从而降低生产成本，获得超额的利润。实施发展型战略的企业倾向于采用非价格的手段同竞争对手抗衡。如重视市场开发、新产品开发，在管理模式上力求具有竞争优势，以创新和管理效率作为竞争手段，获取超额利润。

（二）企业发展型战略的优势与风险

企业发展型战略的优势：

（1）企业可以通过发展扩大自身价值，这种价值既可以成为企业职工的一种荣誉，又可以成为企业进一步发展的动力。

（2）企业能通过不断发展变革创造更高的经营效率与效益，避免企业组织的老化，使企业总是充满生机和活力。

（3）保持企业的竞争实力，实现特定的竞争优势。如果竞争对手都采取发展型战略，而企业还在采取稳定型战略或紧缩型战略，那么就有可能在未来的发展中失去原有的竞争优势。

企业发展型战略也存在风险，主要表现为：

（1）在采用发展型战略获得初期的效果后，很可能导致盲目的发展和为了发展而发展，从而破坏企业的资源平衡。要克服这一弊端，要求企业在做每一个战略选择之前都必须重新审视和分析企业的内外部环境，判断企业的资源状况和外部机会。

（2）过快的发展很可能降低企业的综合素质，使企业的应变能力在实质上出现内部危机和混乱。这主要是由于企业新增的机构、设备、人员等还未能形成一个有机的、相互协调的系统。

（3）有可能使企业管理者更多地注重投资结构、收益率、市场占有率、企业的组织结构等问题，而忽视产品的服务或质量，因而不能使企业达到最佳状态。

三、企业发展型战略的类型

企业发展型战略可分为三类：密集型战略、一体化战略和多元化战略。

（一）密集型战略

密集型战略（Intensive Strategy），也称加强型成长战略，是指企业在原有业务范围内，集中力量以快于过去的增长速度来提高某种产品的销售额或市场占有率以求得成长的战略。这一战略强调将企业经营目标集中到某一特定细分市场，如特定的顾客群、特定的地区、特定用途的产品等。由于目标更加聚焦，企业可以集中精力追求成本降低和差异化经营，以使自己具有更强的竞争优势。

密集型战略的优点：经营目标聚集，管理简单方便，有利于集中使用企业的资源，实现生产的专业化，达到规模经济的效益。

密集型战略的缺点：对环境的适应能力差，经营的风险大。因为采取这种战略的企业生产的产品过于单一，如果长期维持这种战略，就可能冒市场衰退的风险。特别是在当今急剧变革的时代，顾客爱好的不稳定性在增加，竞争的强度和复杂性在增长，这些都给实行密集型战略的企业带来了巨大的风险。

密集型战略主要包括三种类型：市场渗透战略、市场开发战略和产品开发战略（其组合矩阵见图 5-1）。

		产品	
		现有产品	新产品
市场	现有市场	市场渗透：在单一市场，经营单一产品，目的在于大幅度增加市场占有率	产品开发：在现有市场上推出新产品；延长产品寿命周期
	新市场	市场开发：将现有产品推销到新地区；在现有实力、技能和能力基础上发展、改变销售和广告方法	多元化：以新技术或市场而言的相关多元化；与现有产品或市场无关的非相关多元化

图 5-1　产品-市场战略组合矩阵

1. 市场渗透战略

市场渗透战略是指企业通过更大的市场营销努力，提高现有产品或服务在现有市场份额的战略。例如，可通过扩大生产规模、提高生产能力、增加产品功能、改进产品用途、拓宽销售渠道、降低产品成本、集中资源优势等单一策略或组合策略来提高市场占有率。

市场渗透战略是一种立足于现有产品，充分开发其市场潜力的企业发展战略，是普遍适用于各类企业的最基本的发展战略。其原因有两点：一是现有产品市场组合是企业经营的基础，是企业当前利润的主要来源，企业的一切活动都依赖其提供资源支持，因此，充分开发现有产品市场组合盈利潜力的市场渗透战略就是企业生存的基本保障。二是市场渗透战略是其他发展战略实施的基础。从企业追求利润的本质出发，产品开发战略、市场开发战略的真正意图并不只是开发新产品、新市场，而主要是通过开发活动获得更大利润。由此，新产品、新市场的“新”不仅仅是一定时期内的特点，经过一段时间的经营后会成为现有产品、现有市场，必然要进入向市场的进一步渗透阶段，从而实施市场渗透战略。只有这样才能充分挖掘产品、市场的潜在价值，以实现企业盈利的最终目的。

企业实施市场渗透战略的优点是：

(1) 实施市场渗透战略时，未来的与现有的产品市场组合之间差异最小。因此，只要企业现有产品市场组合的潜力尚未得到充分开发，实施市场渗透战略的风险就最小，所需投入资源就最少。

(2) 当产品在市场上处于引入期和成长期，一些消费者由于对产品的信息了解不充分，会对产品持怀疑或观望的态度。在这种情况下，实行市场渗透战略，企业可以通过有效的信息传播，消除消费者的顾虑，将其转化为现实顾客，获得更多的销售额。

(3) 实施市场渗透战略，企业通过降价吸引价格敏感的潜在顾客进行购买，又提高了行业进入壁垒，有力阻止了潜在竞争对手的进攻，有利于企业维护和巩固其市场定位。

(4) 当产品进入成熟期，市场总容量相对饱和时，企业仍然可以借助于市场渗透战略来扩大销售量与市场份额，进一步增强竞争地位，并延缓其衰老。百事可乐公司的菲多利(FRITO-LAY) 早餐食品分部是在市场成熟期成功实施渗透战略的一个典范。就在早餐食品市场缓慢增长、许多占有统治地位的公司转向别处谋求增长时，菲多利并不甘心承认早餐食品行业可能已经成熟老化，而是通过营销创新，不断向现有产品范畴输入新的活力并获成功，其收益相当可观，曾创下了几乎两位数字的年增长率纪录。

实施市场渗透战略的风险主要在于：

(1) 消费者兴趣的改变可能会导致企业现有市场需求的枯竭；

(2) 与产品有关的技术突破可能会使企业现有产品失去市场；

(3) 企业如果在现有业务上投入过多的资源与注意力，可能会错过更好的发展机会；

(4) 除非企业在现有业务上处于绝对优势地位，否则会面对很多竞争对手。

市场渗透战略主要适用于以下几种情况：

(1) 企业产品或服务在现有市场中还未达到饱和；

(2) 现有用户对产品的使用率还可以显著提高；

(3) 整个产业的销售在增长，但主要竞争者的市场份额在下降；

(4) 历史上销售额与营销费用高度相关；

(5) 规模扩大能够带来明显的竞争优势。

2. 市场开发战略

市场开发战略是由现有产品和新市场组合而产生的战略，即利用现有产品或服务寻找新的市场，满足新市场对产品的需要的战略。其特点是没有开发新的产品，而是对市场进行重新细分和对现有的资源进行重新整合后，寻找新的机会，由此得到新的、可靠的、经济的和高质量的销售渠道。

采用市场开发战略的主要原因是：(1) 企业现有产品生产过程的性质导致难以生产全新的产品，因此，需要开发其他市场；(2) 市场开发往往与产品开发结合在一起，例如，将工业用的地板或地毯清洁设备做得更小、更轻，这样可以将其引入到民用市场；(3) 现有市场或细分市场已经饱和，需要通过寻找新的市场减轻竞争压力。

市场开发战略的主要途径有三种：一是开辟其他区域市场和其他细分市场。如：在当地发掘潜在顾客，进入新的细分市场。二是在当地开辟新的营销渠道，包括雇佣新类型的中间商和增加传统类型中间商的数目，灵活运用各种中间商的销售途径，开发新的市场。三是开拓区域外部或国外市场。其基本策略主要有两种：一是把现有产品推向新的目标市场，增加销量。例如，原来只在城市销售的产品，也可以销往农村；原来只在妇女中销售的产品，可考虑怎么样吸引男士购买。二是寻找和发现现有产品的新用途，从而开辟新市场。例如，某洗涤剂原用于洗发，后来发现它还能用来清洗半导体器件和洗丝毛类服装，于是又开辟了新的市场，大大增加了销售量。

市场开发战略成功的例子很多。例如，利斯特林起初是作为消毒杀菌剂来销售的，经过一段时间后销售停滞，企业后来提出其作为“漱口药”的新观念，加大宣传与促销，使该产品的销路大为改观，这就是发现旧产品新用途、开发新市场的极好例子。再如，商业信函作为传统业务在萎缩，但一些邮政企业通过开发业务新功能来扩展它的功能，促进其发展，即针对收费服务行业（银行、电信、保险、水电、煤气、证券等）开发邮送用户账单业务，开发了信函业务的新功能，收到了好的经济效益。

市场开发战略主要适用于以下情形：

（1）存在未开发或未饱和的市场；

（2）可得到新的、可靠的、经济的和高质量的销售渠道；

（3）企业在现有经营领域十分成功；

（4）企业拥有扩大经营所需的资金和人力资源；

（5）企业存在过剩的生产能力；

（6）企业的主业属于正在迅速全球化的产业。

专栏 5-1

有一家效益相当好的大公司，为扩大经营规模，决定高薪招聘营销主管。广告一打出来，报名者云集。面对众多应聘者，招聘工作的负责人说：“相马不如赛马，为了能选拔出高素质的人才，我们出一道实践性的试题，就是想办法把木梳尽量多地卖给和尚。”绝大多数应聘者感到困惑不解，甚至愤怒：出家人要木梳何用？这不明摆着拿人开涮吗？于是纷纷拂袖而去，最后只剩下三个应聘者：甲、乙和丙。

负责人交代：“以 10 日为限，届时向我汇报销售成果。”

10 日期到。

负责人问甲：“卖出多少把？”答：“1 把。”“怎么卖的？”甲讲述了自己历尽辛苦游说和尚应当买把梳子，无甚效果，还惨遭和尚的责骂，好在下山途中遇到一个小和尚一边晒太阳，一边使劲挠着头皮。甲灵机一动，递上木梳，小和尚用后满心欢喜，于是买下一把。

负责人问乙：“卖出多少把？”答：“10 把。”“怎么卖的？”乙说他去了一座名山古寺，由于山高风大，进香者的头发都被吹乱了，他找到寺院的住持说：“蓬头垢面是对佛的不敬。应在每座庙的香案前放把木梳，供善男信女梳理鬓发。”住持采纳了他的建议。那山有十座庙，于是买下了 10 把木梳。

负责人问丙：“卖出多少把？”答：“1 000 把。”负责人惊问：“怎么卖的？”丙说他到一个颇具盛名、香火极旺的深山宝刹，朝圣者、施主络绎不绝。丙对主持说：“凡来进香参观者，多有一颗虔诚之心，宝刹应有所回赠，以做纪念，保佑其平安吉祥，鼓励其多做善事。我有一批木梳，您的书法超群，可刻上‘积善梳’三个字，便可做赠品。”主持大喜，立买下1 000把木梳。得到“积善梳”的施主与香客也很是高兴，一传十、十传百，朝圣者更多，香火更旺。

启示：世上本无路，人走多了就有了路。市场开发也一样，善于引导、创新，就能发现新的市场机会。把木梳卖给和尚，听起来真有些匪夷所思，但不同的思维，不同的推销术，却有不同的结果。在别人认为不可能的地方开发出新的市场来，那才是真正的营销高手。

3. 产品开发战略

产品开发战略是向现有市场提供新产品或改进的新产品，以满足现有市场不同层次需要的战略。其特点是新产品和现有市场的组合，即在原有市场上，通过技术改进与开发研制新产品，其实施途径包括开发新的产品性能、型号、规格和质量差异。由此，实施产品开发战略通常需要大量的研究和开发费用。

产品开发战略有利于企业利用现有产品的声誉和商标，吸引用户购买新产品。另外，产品开发战略是对现有产品进行改进，对现有市场较为了解，产品开发的针对性较强，因而较易取得成功。

开发新产品可能会极具风险，特别是当新产品投放到新市场中时。这一点也会导致该战略实施起来有难度。尽管该战略明显带有风险，但是企业仍然有某些合理的原因采用该战略。

产品开发战略适用于以下几种情况：

（1）企业产品具有较高的市场信誉度和顾客满意度；

（2）企业所在产业属于适宜创新的高速发展的高新技术产业；

（3）企业所在产业正处于高速增长阶段；

（4）企业具有较强的研究和开发能力；

（5）主要竞争对手以类似价格提供更高质量的产品。

在企业经营实践中，国内外许多著名的公司曾成功地采用了密集型发展战略。美国可口可乐公司在其发展初期，曾长期采用该战略，一直以一种口味、一种包装（玻璃瓶装）将产品行销全世界，获得了极大的成功。产品开发战略的内容详细见第九章第四节。

 专栏5-2

西服原本是舶来品，又称“西装”“洋装”，是我国人民对于来自西方的服装的称谓，一直是男性服装王国的宠儿。“中华立领”根植于五千年的中国传统文化，以“龙的精气神”为灵感，并创造性地融21世纪的时尚元素，塑造出中国男人特有的刚毅气质，形成了独特的中华立领西服。柒牌中华立领已经成为消费者心目中最正宗的立领服装。

雅客V9是雅客食品2003年推出的维生素糖果，当时首创维生素糖果新品类，不断过关斩将，在百家争鸣的糖果市场中拔得头筹。它的成功是一种越界探索，组合糖果与维生素两个概念，由此诞生了一种全新的维生素糖果品类。雅客V9超越了糖果的竞争，在维

生素与糖果之间创造了另一个市场空间。

（二）一体化战略

一体化战略（Integration Strategy）是指企业充分利用已有的产品、技术、市场的优势，沿其经营链条向经营的深度和广度发展的一种战略。一体化战略按照业务拓展的方向可以分为横向一体化战略和纵向一体化战略两种。

1. 横向一体化战略

横向一体化战略也称为水平一体化战略，是指通过联合、购买、合并、集团化等方式，与处于相同行业、生产同类产品或工艺相近的企业实现联合，目的是实现扩大规模、降低产品成本、巩固市场地位、增强竞争能力。当今战略管理的一个最显著趋势是将横向一体化作为促进企业发展的战略。

横向一体化战略是企业在竞争比较激烈的情况下进行的一种战略选择。比较适宜采用横向一体化战略的情形主要是：

（1）企业所在行业竞争较为激烈；

（2）企业所在行业的规模经济较为显著；

（3）企业的横向一体化符合反垄断法律法规，能够在局部地区获得一定的垄断地位；

（4）企业所在行业的增长潜力较大；

（5）企业具备横向一体化所需的资金、人力资源等。

企业实行横向一体化战略的好处：

（1）能够吞并和减少竞争对手；

（2）能够形成更大的竞争力量去与其他竞争对手抗衡；

（3）能够取得规模经济效益和被吞并企业的技术及管理等方面的经验。

企业实行横向一体化战略的主要缺点：

（1）企业要承担在更大规模上从事某种经营业务的风险；

（2）企业过于庞大而出现机构臃肿、效率低下等问题。

法国电信是横向一体化战略的典范，它通过不断的兼并和控股等方式开拓和扩大了市场。其中最引人注目的是于2000年斥资432亿欧元收购了英国第三大移动运营商Orange公司的全部股票，并把自己原来的移动电话业务归并于Orange品牌下，成为仅次于英国沃达丰公司的欧洲第二大移动通信公司。成功收购Orange也给了法国电信一个重新整合其全球移动通信业务的机会，大大提高了Orange在英国之外的形象，使Orange上升为一个具有国际影响力的移动公司。法国电信收购Orange看重的就是其品牌，它不仅在其拓展全球移动通信业务时使用了Orange这一商标品牌，而且其国内移动运营公司Itineris也继续采用Orange这一牌子。实践证明法国电信的举措是成功的，Orange目前在世界各个主要市场都占据着很强的竞争优势。

专栏5-3

海尔集团从一个街道小厂发展成为国内最大的家电企业之一，形成了海尔独特的发展模式，这其中就包括著名的“吃休克鱼”理论。

企业间的兼并经常被比作“鱼吃鱼”，按照这种说法，企业间兼并重组的模式可以描述成三种方式。第一种是“大鱼吃小鱼”，企业间是以企业的规模和实力作为兼并的决定因素。这种方式技术含量很少，资本的作用很大，是比较初级的方式。第二种是“快鱼吃慢鱼”，技术已成为企业成败的关键因素，谁拥有更新更好的技术，谁就在市场上占有优势，谁的技术领先，谁就是竞争的强者，技术的作用超过资本，新技术企业兼并传统技术的企业。第三种是“鲨鱼吃鲨鱼”，这种兼并不是一般意义上的吞并，而是目前最流行的“强强联合”，也是目前最高形式的企业兼并重组，它的目的是让强者共谋发展。

海尔集团并没有采用现有的兼并方式，而是提出别具一格的兼并理论，获得了举世瞩目，那就是“吃休克鱼”理论。美国工商管理界极大关注海尔集团以海尔文化使被兼并的企业迅速扭亏为盈的成功实践，研究海尔案例的佩恩教授认为：因为海尔不仅学习了西方、日本先进的管理经验，更重要的是，它结合了中国国情，创造了适合中国的管理文化。由于理论的新颖和实践的成功，1998 年 3 月 25 日，“海尔文化激活休克鱼”的案例正式被纳入哈佛教材案例库。

张瑞敏说：“我们的国情决定了中国的企业搞兼并重组不可能照搬国外的模式。由于体制的原因，小鱼不觉其小，慢鱼不觉其慢，各有所倚，自得其乐，缺乏兼并重组的积极性、主动性。所以大鱼不可能吃小鱼，也不可能吃慢鱼，更不能吃鲨鱼。活鱼不会让你吃，吃死鱼你会闹肚子，因此只有吃休克鱼。”张瑞敏还对休克鱼做出了解释，休克鱼的肌体没有腐烂，比喻企业的硬件很好，而鱼正处于休克状态，比喻企业的思想、观念有问题，导致企业停滞不前。这种企业一旦注入新的管理思想，有一套行之有效的管理办法，很快就能够被激活起来。

2. 纵向一体化战略

纵向一体化战略也称垂直一体化，是一种在生产、供销的两种不同方向上扩大企业生产经营规模的发展战略，包括前向一体化战略和后向一体化战略。

（1）前向一体化战略：指企业的业务向消费它的产品或服务行业发展的战略。如企业对自己所生产的产品做进一步深加工，或建立自己的销售组织来销售本企业的产品或服务。

（2）后向一体化战略：指企业向为它目前的产品或服务提供原料的产品或服务的行业扩展。

纵向一体化战略一般是当一个企业已经发展到相当的规模，市场逐渐向成熟化过渡时所采取的战略。这种战略的目的是巩固企业的市场地位，提高企业的竞争优势，增强企业的经营实力。

纵向一体化是一种典型的价值链体系，在这种体系下产生了完整的价值传递过程，作为企业的战略制定者可以不断向纵深渗透。伊利奶业已经向后进入到了奶源基地的建设，奥康和美特斯邦威已经向前进入到了专卖店建设。在 PC 互联网服务领域，就用户流而言，沿着“终端—操作系统—互联网客户端提供商—平台厂商—互联网服务开发/提供商”路

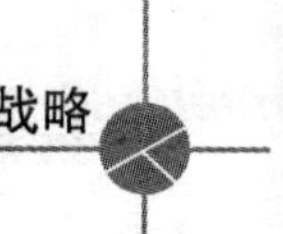

径进行的产业链布局称为前向一体化；反之则称为后向一体化（见图 5-2）。

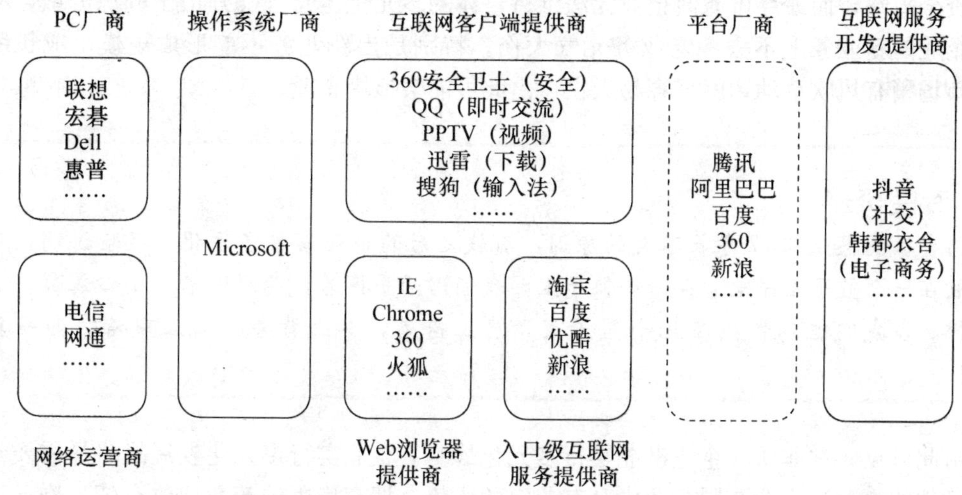

图 5-2 国内 PC 互联网服务产业链布局图（用户流）

企业实行纵向一体化战略的优点：

（1）有利于节约与上、下游企业在市场上进行购买或销售的交易成本；

（2）控制稀缺资源，以保证关键资源投入的质量或者获得新客户。

例如：对于一些原材料制造企业来说，前向一体化进入产品制造领域，有助于实现更大的产品差异性，从而摆脱价格竞争中的不利因素；而对一些产品制造企业而言，通过前向一体化战略，获得分销商或零售商的所有权或加强对他们的控制权，有利于企业控制和掌握市场，增强对消费者需求变化的敏感性，提高企业产品的市场适应性和竞争力。

企业实行纵向一体化战略的缺点：

（1）不熟悉新业务领域所带来的风险；

（2）纵向一体化会提高企业在行业中的投资，增加退出壁垒。在行业不景气时会加大企业的经营风险，有时会使企业将其有限的资源投入到更有价值的地方；

（三）多元化战略

多元化战略（Diversity Strategy）又称多样化战略、多角化战略、多种经营战略，是相对企业专业化经营而言的，指一个企业同时在两个或两个以上行业中进行经营，其内容包括：产品的多元化、市场的多元化、投资区域的多元化、资本的多元化。

企业采用多元化战略的动因主要是：（1）在现有产品或市场中持续经营并不能达到目标；（2）企业由于在现有产品或市场中成功而有足够的资金进行跨行业发展经营；（3）原有市场饱和，寻求新的利润增长点；（4）分散经营风险，可以避免将鸡蛋全都放在一个篮子里所带来的风险；（5）降低交易成本，谋求规模效益、品牌家族效应与协同效应。

多元化战略的缺点主要有三点：（1）对管理的要求更高。多元化经营无疑增加了对管理人员的要求，可能会导致管理跟不上，无论是人员、组织还是管理方式，都来不及调整和转变，加之缺乏经验，由此而产生经营和管理上的混乱。跨行业、大规模的经营一旦某个环节出了问题，容易形成连锁反应而问题被成倍放大。(2) 多元化战略的实施可能导致企业资金短缺，而最终可能使企业无法维持整体的多元化运营。(3) 由于资源分散，可能引发企业的新业务上不去，老业务元气大伤。特别是当新业务不能形成规模、成长缓慢时，市场稍有风吹草动，就很容易夭亡，由此可能会拖垮企业。

专栏 5-4

何鲁敏反思亚都 17 年长不大的原因：有钱之后的企业盲目多元化。经验说明：鸡蛋还是放在一个篮子里保险。在一个篮子里，我们用两手捧着，两眼盯着，小心翼翼，它不容易摔。当我们把鸡蛋搁在几个篮子里，肩上挎着，身上背着，头上顶着，那还真不保险！

由此可见，并非所有企业都能实行多元化战略，企业实行多元化发展战略是需要具备一定条件的：(1) 主业在同行业中已有一定的优势，拥有稳固的产业地位；(2) 准备进入的行业前景光明，自身的竞争优势明显；(3) 进入新行业的资金、人才、管理经验等有保障；(4) 新行业与主业有一定的关联。

一般而言，企业在面临下列情况时可以实施多元化战略：

(1) 当市场上出现新的市场机会，而且现在企业完全有能力、有资金来把握这个机会；

(2) 企业成长遇到瓶颈，而企业又有充足的流动资金开展其他业务；

(3) 企业已经形成了自己的核心竞争力，能够围绕自己的核心竞争力来实行多元化。

海尔集团是我国多元化经营成功的典范。海尔坚持七年的冰箱专业化经营，在管理、品牌、销售服务等方面形成自己的核心能力，在行业占据领先地位。在此基础上，海尔于 1992 年从高度相关行业开始向中度相关、无关行业展开。首先进入核心技术（制冷技术）同一、市场销售渠道同一、用户类型同一的冰柜和空调行业，之后逐步向家电与知识产业进军，进入新行业后，扩大产销规模，努力跻身于全国同行业前三名。海尔多元化经营的成功经验有：一是多元化经营的重点要放在企业熟悉的业务领域，辅以少量的大跨度多元化经营；二是主要运用无形资产（品牌、管理方法）及相同的营销渠道来盘活存量资产，以此实现多元化经营，从而达到低成本多元化的目的；三是除最高主管外，在被兼并的企业中大量使用熟悉本行业业务的原企业的经营管理人才。

多元化战略可以分为两种：相关多元化和非相关多元化。

1. 相关多元化战略

相关多元化战略是指企业以现有业务为基础进入相关产业或市场的战略。相关多元化战略的相关性可以是产品、生产技术、管理技能、市场、营销技能以及用户等方面的类似。例如，企业在不同业务之间可以分享共同的技术，在此情况下，企业在技术和新产品开发上就可以更好地节约成本，降低新产品进入市场的时间。再比如，当产品具有相同的顾客群，可以通过共同的中间商和零售商进行销售时，这些业务间就具有市场相关性。

根据现有业务与新业务之间“关联内容”的不同，相关多元化战略又可以分为同心多元化与水平多元化两种战略类型。

（1）同心多元化战略。即企业利用原有的技术、特长、经验等发展新产品，增加产品的种类，从同一圆心向外扩大业务经营范围的一种战略选择。同心多元化战略的特点是原产品与新产品的基本用途不同，但有着较强的技术关联性。如梦洁家纺不仅做床上用品，也生产床垫这个品类。

（2）水平多元化战略。即企业利用现有产品市场，采用不同的技术来发展新产品，增加产品种类的战略选择。水平多元化战略的特点是现有产品与新产品的基本用途不同，但存在较强的市场关联。例如远洋房地产公司通过开展物业管理、房地产金融、养老业务等，从一个以房地产住宅开发为主业的公司转变为相关多元化多种业务齐头并进的综合性投融资集团，形成了较为成熟的体系与盈利模式。

相关多元化战略有以下优势：

（1）可以将专有技能、生产能力或者技术由一种经营转到另一种经营中去，有利于企业利用原有产业的产品知识、制造能力、营销渠道、营销技能等优势来获取协同效果；

（2）能将不同的经营业务的相关活动合并在一起，并可以在新的经营业务中借用公司品牌的信誉扩大影响，降低成本；

（3）可以将投资者风险分散于更广大的业务基础。

2. 非相关多元化战略

非相关多元化也称离心多元化，是指企业进入与现有产品或服务在技术、市场等方面没有任何关联的新行业或新领域的战略。它的主要目标不是利用产品、技术、营销渠道等方面的共同性，而是从财务上考虑平衡现金流或者获取新的利润增长点，规避产业或市场的发展风险。例如，美国通用汽车公司除主要从事汽车产品的生产外，还生产电冰箱、洗衣机、飞机发动机、潜水艇、洲际导弹等。

非相关多元化战略的优点：

（1）公司可向几个不同的市场提供产品或服务，以分散经营风险，追求收益的稳定性；

（2）可充分利用总公司在管理、市场营销、生产设备、研究与开发等方面的资源，产生协同效应；

（3）当某个经营单位处于发展或暂时困难之时，可从总公司或其他经营单位获得财力上的支持。

非相关多元化战略最主要的缺点：企业规模的膨胀带来管理上的复杂化。

专栏 5－5

一向以管理优秀而著称的日本索尼公司，1989 年怀着坚定的信心，以 54 亿美元的价格买下了美国哥伦比亚和三星两家电影公司，向多元化经营迈出了新的一步。然而几年下来，由于经营不善，索尼公司在好莱坞不仅没赚到 1 分钱，反而亏损了 30 多亿美元，并使哥伦比亚电影公司的账面资产由原来的50亿美元降至27亿美元。分析其多元化发展失败的原因，主要是不熟悉电影业的经营和缺乏明确的战略。

四、企业发展型战略的适用条件

寻求发展是企业的本性，在动态的环境竞争中，发展是企业一种求生的手段。不断的变革能够不断地创造更高的生产经营效率和效益。由此，许多企业经营者把发展等同于成功。企业在实施发展型战略时需要具备下列条件：

（1）宏观经济和行业发展状况良好。这是企业实施发展战略的重要条件。企业要实施发展型战略，就必须从环境中获得更多的资源。如果未来阶段宏观经济环境和行业微观环境较好的话，企业比较容易获得这些资源，这在一定程度上会降低企业实施发展战略的成本。

（2）市场需求呈增长趋势。市场需求的发展态势直接影响着企业发展的状况。需求的增长保证了企业发展战略实施的市场基础。由此，在选择发展战略时，必须对市场需求趋势做一个较为细致的分析，良好的市场需求往往是发展战略成功的条件之一。

（3）符合国家产业发展战略的要求。企业发展战略必须符合国家宏观经济发展战略规划的要求，由此可以得到政策、资源的相关支持或优惠。目前世界各国都鼓励高新技术的发展，一般来说这类企业采用发展型战略就具备了好的条件。

（4）各种资源保障。公司必须有能力获得充分的资源，以此来满足发展型战略的要求。这是因为采用发展型战略需要投入较多的资源，也包括人力、信息、资金、技术等资源。在资源充分性的评价过程中，如果企业的回答是肯定的，那表明企业具有充分的资源来实施发展型战略，反之则不具备。

（5）企业文化的保障。企业文化是一个企业整体价值理念的综合体现。如果一个企业的文化是以稳定性为其主旋律的话，那么发展战略的实施就需要克服相应的文化阻力。积极和有效的企业文化的培育会给企业战略的实施带来一定的积极作用。

第二节　企业稳定型战略

一、企业稳定型战略的含义

稳定型战略（Stable Strategy）是指受经营环境和内部资源条件的限制，企业在战略规划期内使资源分配和经营状况基本保持在目前状况和水平上的战略。按照这种战略，企业目前的经营方向、业务领域、市场规模、竞争地位及生产规模都大致不变，保持持续地向同类顾客提供同样的产品和服务，从而稳定和巩固企业现有竞争地位。

从企业经营风险的角度来说，稳定型战略的风险相对较小，对于那些曾经成功地在一个处于上升趋势的行业和一个不大变化的环境中活动的企业来说会很有效。

二、企业稳定型战略的特点与优势、风险

（一）稳定型战略的特点

（1）企业对过去的经营业绩表示满意，决定追求既定的或与过去相似的经营目标。比如说，企业过去的经营目标是在行业竞争中处于市场领先者的地位，稳定型战略意味着在今后的一段时期里依然以这一目标作为企业的经营目标。

（2）企业在基本维持现有的产销规模、市场占有率和竞争地位的情况下，调整生产经营活动的秩序，强化各部门、各环节的管理，从而进一步提高企业素质，积累资源力量，为将来的大发展做好充分准备。

（3）继续用基本相同的产品或劳务为原有的顾客服务。

（4）力争保持现有的市场占有率和产销规模或者略有增长，稳定和巩固企业现有的竞争地位。

（5）在战略期内，每年所期望取得的成就按大体相同的比率增长，从而实现稳步前进。

从以上特征可以看出，稳定型战略主要依据前期战略，坚持前期战略对产品和市场领域的选择，并以前期战略所达到的目标作为本期希望达到的目标。因而，实行稳定型战略的前提条件是企业过去的战略是成功的。对于大多数企业来说，稳定型战略也许是最有效的战略。

（二）稳定型战略的优势与风险

稳定型战略的优势：

（1）降低经营风险。由于企业基本维持原有的产品和市场领域，因此，稳定型战略可以用原有的生产领域、渠道，避免开发新产品与核心市场的巨大资金投入，降低激烈竞争和开发失败的巨大风险。

（2）避免资源重新配置成本。由于经营领域与过去大致相同，因而稳定型战略不必考虑原有资源的增量或存量的调整，相对于其他战略态势来说，显然要容易得多。

（3）减少失衡状态的发生。即能防止因发展过快而导致的弊端。

（4）得到较好的休整。企业通过稳定发展而积聚更多的能量，为未来发展做好准备。从这个意义上说，适时的稳定型战略将是发展型战略的一个必要的酝酿阶段。

（5）保持人员的相对稳定。可充分利用已有的各方面人才，发挥他们的积极性和潜力，减少人员调整、安置所造成的种种矛盾及招聘、重新培训的费用。

稳定型战略的风险：

（1）一旦企业外部环境发生较大变动，企业战略目标、外部环境、企业实力三者之间就会失去平衡，可能会使企业陷入困境；

（2）企业容易减弱风险意识，甚至会形成惧怕风险、回避风险的企业文化，降低企业对风险的敏感性和适应性。

三、企业稳定型战略的类型

（一）无变化战略

无变化战略就是基本没有什么变化的战略。采用这种战略的企业可能基于以下两个原

因：一是企业过去的经营相当成功，并且企业内外环境没有发生重大变化；二是企业并不存在重大的经营问题或隐患，因而企业战略管理者没有必要进行战略调整，或者害怕战略调整会给企业带来利益分配和资源分配的困难。

在上述两种情况下，企业的管理者和职员可能不希望企业进行重大的战略调整，因为这种调整可能会在一定时期内降低企业的利润总额。采用无变化战略的企业除了每年按通货膨胀率调整其目标外，其他暂时保持不变。

（二）维持利润战略

维持利润战略是指为了维持目前的利润水平而牺牲企业未来成长的战略。维持利润战略注重短期效果而忽略长期利益，其根本意图是渡过暂时性的难关，因而往往在经济形势不景气时被采用，以维持过去的经济状况和效益，实现稳定发展。但如果使用不当的话，维持利润战略可能会使企业的元气受到伤害，影响企业长期发展。

（三）暂停战略

在一段较长时间的快速发展后，企业有可能会遇到一些问题使得效率下降，这时企业可采用暂停战略。例如，企业通过购买或内部发展，使新增的事业部或分公司的管理费用增加，各种资源过于分散，这时就可使用暂停战略，在一段时期内降低企业目标水平，放慢快速成长的步伐，整合各种资源以为提高效率奠定基础。

（四）谨慎实施战略

当企业外部环境中的某一重要因素难以预测或变化趋势不明显时，企业战略决策就需要有意识地放慢实施进度，步步为营，这就是所谓的谨慎实施战略。

四、企业稳定型战略的适用条件

采取稳定型战略的企业，一般处在市场需求及行业结构稳定或者较小动荡的外部环境中，企业所面临的竞争挑战和发展机会都相对较少。一些企业在市场需求增长幅度较大，或是外部环境提供了较多发展机遇的情况下，也会采取稳定型战略。这主要是因为企业受到内部资源状况的限制，不足以使其抓住新的发展机会。由此，稳定型战略的应用需要考虑以下因素：

（1）宏观经济发展状况。宏观经济的发展会影响企业所处的外部环境。如果宏观经济在总体上保持总量不变或总量低速增长，这在一定程度上会影响到该企业所处行业的发展，使其无法以较快的速度增长。

（2）产业技术创新状况。如果企业所在的产业技术相对成熟，技术更新速度较慢的话，企业过去采用的技术和生产的产品无须经过较大的调整就能满足消费者的需求和维持与竞争者的抗衡，这样使得产品系列及其需求保持稳定，从而使企业采纳稳定型战略。

（3）消费需求偏好变动状况。这是决定产品系列稳定度的一个方面，如果消费者的需求变动较为稳定，企业可以考虑采用稳定型战略。

（4）产品或行业的寿命周期状况。相对而言，处于行业或产品成熟期的企业由于产品需求、市场规模趋于稳定，产品技术成熟，较为适合采用稳定型战略。

（5）竞争格局。如果企业所处行业的进入壁垒非常高，竞争对手和竞争地位都趋于稳

定，竞争对手之间很难有悬殊的业绩改变，则企业可采用稳定型战略以获得最大的收益。

(6) 企业资源状况。即使外部环境较好，行业呈发展趋势，市场需求增长，为企业提供了有利的发展机会，也并不意味着所有的企业都适于采用发展型战略。因为，如果企业资源不充分，如资金不足，研发力量较差，或人力资源有缺陷等，就无法满足发展型战略的要求，在这种情况下，企业可以采取以局部市场为目标的稳定型战略，以使企业有限的资源能集中在自己有优势的细分市场，维护竞争地位。当外部环境不利时，如行业处于生命周期的衰退阶段时，资源丰富的企业可以采用一定的稳定型战略；而那些资源不够充足的企业，如果在某个特定的细分市场上有独特的优势，也可以采用稳定型的战略。

专栏 5-6

柳传志讲过，对于看不清楚的路，先走两步，踩结实了，然后再跑，回头看看，没问题了，再撒开脚丫跑。走了两步，发现不对，赶快折回来，脚上沾了点泥水，没什么了不起，换双鞋寻找新路再往前走。

第三节　企业收缩型战略

一、企业收缩型战略的含义

收缩型战略（Compact Strategy），也称为撤退战略、紧缩战略，是指企业从目前的战略经营领域和基础水平收缩和撤退，且偏离战略起点较大的一种经营谋划与方略。

当企业处在一种十分险恶的经营环境之中，或者由于决策失误等原因造成经营状况不佳，采用发展型战略和稳定型战略都无法扭转局势时，企业不得不面对现实，减少经营领域，缩小经营范围，关闭不盈利的工厂，收缩财务开支。这时就需要采用收缩型战略来维持企业的生存。

二、企业收缩型战略的特点与优势、风险

（一）企业收缩型战略的特点

(1) 经营规模缩小。即对企业现有的产品和市场领域实行收缩、调整和撤退战略，比如放弃某些市场和某些产品线系列，因而，经营规模在一定程度上会受到影响，同时，一些效益指标比如利润率和市场占有率等，可能会下降。

(2) 经营投入压缩。即对企业资源的运用采取较为严格的控制和尽量削减各项费用支出，往往只投入最低限度的经管资源，因而，战略实施过程中往往会伴随着大量的裁员，一些奢侈品和大额资产的暂停购买等。

(3) 存在短期性。与稳定型和发展型两种战略相比，收缩型战略具有明显的过渡性，其根本目的并不在于长期节约开支，停止发展，而在于为了今后发展积蓄力量。

(二) 企业收缩型战略的优势与风险

采取收缩型战略往往是不得已而为之，其目的主要是应付企业面临的困境，力求通过重整资源，激发企业内在潜力，从而尽快摆脱困境，实现新的发展和腾飞。采取收缩型战略的优点主要表现为：

(1) 在衰退或经营不善的情况下实行收缩型战略，有利于正确判断经营领域的盈亏状况，及时清理、放弃无利可图或亏损的领域，清除经营毒瘤，提高效率，降低费用，增加收益，改善财务状况，使企业及时渡过难关。

(2) 在企业经营不善的情况下最大限度地降低损失。在许多情况下，盲目而顽固地坚持经营无可挽回或是陷入低谷的事业，没有明智地采取收缩型战略，会给企业带来致命的打击。

(3) 帮助企业更好地实行资产的最优组合。如果不采用收缩型战略，企业在面临一个新的机遇时，只能运用现有的剩余资源进行投资，这样做势必会影响企业在这一领域发展的前景，相反，通过采取适当的收缩型战略，企业可以将不良运作处的资源转移部分到新的发展点上，从而实现企业长远利益的最大化。

企业收缩型战略的风险：

(1) 容易引发消极经营。经营规模缩小，有时会引起技术、新产品开发能力的削弱，设备投资的减少，这在一定程度上会使企业陷入消极的经营状态，影响企业的长远发展。

(2) 影响员工的积极性。收缩型战略在实施过程中，会伴有人员调整，如裁减人员、更换高层领导人等，若处理不好会导致员工士气低落、内部矛盾增加，影响企业的效率。

(3) 抑制企业的发展。实行收缩型战略的尺度较难以把握，如果盲目使用可能会扼杀具有发展前途的业务和市场，使企业的总体利益受到伤害。宏观经济或行业处于衰退期时，企业收缩经营将导致经济总体的供需关系向不良方向发展，影响经济的回升或者加速行业的衰退，最终会抑制企业的发展。

专栏 5-7

任正非有一个提法："战略，战略，关键是在略，没有舍弃、没有放弃就没有战略。"

三、企业收缩型战略的类型

企业收缩型战略可以从两个方面进行分类：

(一) 按实施收缩型战略的基本原因划分

1. 适应型收缩战略

指企业为适应外部环境而采取的战略。国家的经济处于衰退之中，市场需求缩小，资源紧缺，从而导致企业在经营领域中处于不利地位，在这种情况下企业往往会采取这种收缩战略。

2. 失败型收缩战略

失败型收缩战略是指企业在经营失误造成企业竞争地位下降，经营状况恶化，只有采用收缩型战略才能最大限度地减少损失，保存企业实力时采用的战略。失败型收缩战略的使用条件是企业出现重大的问题，如产品滞销，财务状况恶化、投资已无法收回的情况下。

3. 调整型收缩战略

指企业为了利用环境中出现的新机会，谋求更好的发展，主动做出调整，而采取的一种有长远目标的、积极的收缩型战略。由此，调整型收缩战略的动机既不是经济衰退，也不是经营的失误，而是为了谋求更好的发展机会，使有限的资源分配到更有效的使用场合。调整型收缩战略的适用条件是企业存在一个回报更高的机会。为此，采用此战略时需要比较企业当前的业务机会的收益与实施收缩型战略后的机会收益，在存在着较为明显的收益差距下，可以考虑采用调整型收缩战略。

（二）按实施收缩型战略的基本途径划分

1. 抽资转向战略

抽资转向战略是企业对原有的业务领域进行压缩投资，控制成本以改善现金流，为其他业务领域提供资金的战略。当企业在现有的经营领域不能维持原有的产销规模和市场面，不得不采取缩小产销规模和市场占有率，或者企业存在新的更好的发展机遇，而企业财务状况不良时，需要采取抽资转向战略寻求新的发展。抽资转向战略可以通过以下措施来配合进行：

（1）调整企业组织。这包括改变企业的关键领导人，在组织内部重新分配责任和权力，等等。调整企业组织的目的是使管理人员适应变化了的环境。

（2）降低成本和投资。这包括压缩日常开支，实施更严格的预算管理，减少一些长期投资的项目等，也可以是适当减少某些管理部门或降低管理费用。在某些必要的时候，企业也会以裁员作为压缩成本的方法。

（3）减少资产。包括出售与企业基本生产活动关系不大的土地、建筑物和设备，关闭一些工厂或生产线等。

（4）回收企业资产。包括加速应收账款的回收，降低企业的存货量，加快出售企业的库存产成品等。

抽资转移战略会使企业的主营方向转移，有时会使企业的经营宗旨发生变化。为此，其成功的关键是管理者有明晰的战略管理理念，能在现存业务与新业务之间做出正确抉择。

2. 放弃战略

放弃战略是指将企业的一个或几个主要部门转让、出卖或停止经营。这个部门可以是一个经营单位、一条生产线或者一个事业部。

放弃战略的目标是清理、变卖某些战略业务单位，以便把有限的资源用于经营效益较高的业务，从而增加盈利。这种战略特别适用于那些没有前途或妨碍企业增加盈利的问题类业务。

企业在放弃战略的实施过程中，通常会遇到一些阻力，主要包括：

（1）结构上或经济上的阻力。也就是说企业的技术特征及其固定和流动资本会成为其退出的障碍。例如一些专用性强的固定资产很难退出。

（2）公司战略上的阻力。如果准备放弃的业务与其他的业务有较强的联系，则该项业务的放弃会使其他有关业务受到影响。

（3）管理上的阻力。企业内部人员特别是管理人员对放弃战略往往会持反对意见，因为这往往会威胁他们的职业和业绩考核。

上述各种阻力的克服，可以通过在高层管理者中形成“考虑放弃战略”的氛围、改进薪酬制度、妥善处理管理者的出路等方式加以解决。

3. 清算战略

清算战略是指通过卖掉资产或停止整个企业的运行而终止一个企业的存在。显然，只有在企业的其他战略都失效或失败时，才考虑使用清算战略。企业在毫无希望的情况下，尽早地制定清算战略，可以有计划地尽可能多地收回企业资产，从而减少损失。因此，清算战略在特定的情况下也是一种明智的选择。

四、企业收缩型战略的适用条件

（1）外部环境的变化。企业采取收缩型战略往往是由于外部环境变化，经济陷入衰退之中。例如，宏观经济的调整紧缩引起某一行业的供应、生产、需求等方面突发性、暂时性的衰退。行业本身进入衰退期而必然出现的市场需求减少、规模缩小和资源紧缺，致使企业在现有的经营领域中处于不利地位，财务状况不佳，难以维持目前的经营状况。

（2）企业经营的失误。采用收缩型战略也可能是企业经营失误情况下的选择。企业经营失误，如战略决策失误、产品开发失败、内部管理不善等造成企业竞争地位虚弱、经济资源短缺、财务状况恶化，只有撤退才有可能最大限度地保存企业实力，于是企业被迫采取紧缩型战略。

（3）新的发展机会。选择收缩型战略还可能是由于企业发现更有利的发展机会。为谋求更好的发展机会，企业需要集中并更有效地利用现有的资源和条件。为此，要对企业中那些不能带来满意利润、发展前景不够理想的经营领域采取收缩或放弃的办法。这是一种以长远发展目标为出发点的积极的收缩型战略。

复习思考题

1. 什么是企业发展型战略？其有何特点？
2. 企业发展型战略包括哪些类型？各自的含义是什么？应用条件与优缺点有哪些？
3. 什么是企业稳定型战略？其有何特点？企业稳定型战略的四种类型各是什么？适用条件有哪些？
4. 什么是企业收缩型战略？其特点是什么？

5. 企业收缩型战略的类型如何划分？各种类型的基本含义是什么？
6. 试用企业总体战略的各种类型对企业的经营实践进行分析。

案例分析

案例一　海尔的“吃休克鱼”理论

青岛红星电器厂由于经营不善，到了1995年6月，资不抵债1.33亿元，资产负债率高达143.65%，其产品品种单一，十几年不变，产品质量也大幅度下降，海尔在对其进行考察和研究后，决定将其兼并。1995年7月4日，在青岛市政府的支持下，红星厂整体划归海尔，连同所有的债务。海尔认为盘活资产的关键在于盘活人，用“无形资产盘活有形资产”，给员工们灌输海尔文化，在厂内执行海尔总结成功经验得来的管理方法，很快就收到了效果。在划归后的第三个月里，公司实现扭亏为盈；9月盈利2万元，10月盈利7.6万元，11月盈利10多万元，12月盈利150多万元。据国家权威部门统计，截至1995年12月底，该公司1995年出口洗衣机8.2万台，创汇1 230万美元，位居全国洗衣机行业首位。海尔此种方式激活了包括爱德洗衣机厂、黄山电视机厂等一批“休克鱼”。

有了成功的经验，海尔加快兼并的步伐，在短短几年内，花了7 000多万元，兼并了共亏损5.5亿的15家企业，并且在兼并过来后迅速扭亏为盈，盘活了15亿元的资产。

“吃休克鱼”理论，独树一帜，对当前盛行兼并之风的企业界有着重要的借鉴意义。特别是在海尔成功地运用这一方法后，引起了管理界的关注。

问题：

海尔的“吃休克鱼”是一种什么战略类型？其适用范围是什么？有何优缺点？

案例二　丽岛实业的经营战略

丽岛实业是香港一家餐饮企业集团，已经在香港经营餐饮业30余年。丽岛实业在香港开设了20多家以“丽岛大酒楼”“丽岛皇宫”等命名的传统粤菜酒楼，丽岛实业的酒楼面向中、高档消费者，虽然菜式价格高于一般粤菜酒楼，但其菜式以高质量取胜，生意红火，已经形成了一批忠实的老客户。“丽岛”品牌酒楼已经成为香港传统粤菜的著名品牌，占有较高的市场份额。除了粤菜酒楼外，丽岛实业还在香港各地区开设了100余家“丽岛”品牌的快餐店。虽然是快餐生意，但其经营模式仍以高质量为主，因此“丽岛”品牌的快餐店在中式快餐行业取得了领导地位。在香港餐饮界，“丽岛”就是品质的标志。丽岛实业的大股东蔡大福已临近退休年龄，其女儿蔡家伦在取得工商管理硕士学位后在丽岛实业工作了一段时间，蔡大福遂任命蔡家伦为丽岛实业的总经理。蔡家伦接任后，首先分析了丽岛实业餐饮业务现状及市场情况。按照蔡家伦的分析，香港目前的年轻人以及中年的中产阶层更崇尚新鲜事物，在餐饮方面不再偏好传统菜。蔡家伦还发现，丽岛实业各酒楼的主要收入来源为各类喜庆筵席，但近几年来很多年轻人婚宴均在场面较为宏大的五星级饭店举行，丽岛实业酒楼目前的主要顾客群为中、老年的忠实熟客，顾客群已经开始出现缓慢的萎缩趋势。同时，一些竞争对手模仿丽岛实业的高质量、高档次经营模式，对丽岛实业的酒楼形成了较大竞争压力，同时对其菜式价格也产生了一定的压力。一些较弱的传统粤菜竞争对手则选择了放弃，退出了传统粤菜市场。根据蔡家伦的调查，中式快餐的顾客群主要为午饭时段的各类顾客，以及习惯在外用晚餐的单身人士，用餐人数较为稳定。虽然丽岛实业的快餐店在质量方面领先，但其两家主要竞争对手已经开始采用提高质量并降低价格的方式招揽顾客，对丽岛实业的快餐店形成了较大竞争压力。同时由于各类快餐店的产品差异很小，新的快餐不断出现，因此快餐店竞争日趋激烈。蔡家伦将其在硕士课程中学到的生命周期理论与波士顿矩阵结合起来，得出一个新的矩阵（其中包括“引入期的婴儿产品”等四类），据此分析丽岛实业的业务形势。经过分析后，蔡家伦认为，为保持并提高盈利能力，丽岛实业必须改变企业战略和经营方式。蔡家伦将其父亲一直采用的稳定型战略变革为发展型战略，并采取了一系列的变革措施。

问题：

简述稳定型战略内涵，并简要分析蔡大福采用稳定型战略的原因。

案例三　松下公司进入中国市场

在20世纪60年代，日本国内的黑白电视机就已经比较普及，到70年代时已经近乎淘汰，彩色电视机流行于日本国内市场，而且日本通产省早就已经规定不准再生产黑白电视机。面对国内黑白电视机和老型号彩色电视机已经饱和的状况，松下公司决定开拓国外市场。

1978年正值中国改革开放，放宽了对家用电器的进口，而当时中国黑白电视机市场基本是一片空白，因此松下公司决定进入中国市场。

为了了解中国市场，松下公司将在中国生活的日本遗孤请回国内，高薪聘请其为高级顾问。当时中国约有2.5亿户家庭，虽然人均收入较低，但中国人有储蓄的习惯，已经形成了一定的购买力，而且对电视机有巨大的需求。

松下公司在分析中国电视机市场需求特点的基础上，制定了相应的市场营销策略以满足中国消费者的需求：

(1) 产品策略。首先恢复生产线，松下向通产省提出申请报告。其次由于中国电压系统与日本（日本是110伏）不同，公司将产品改为220伏。同时中国电力不足，电压不稳定，他们就配置了稳压器。而且根据当时中国住房面积小的特点，他们就主推以12～14英寸电视机，还提供非常好的质量保证和修理服务。此外，为了吸引更多人来看电视，培养潜在的消费者，他们把音量改得比原来大得多。

(2) 定价策略。考虑到中国消费者的消费能力，公司将产品定价为300元。这个价格不是特别昂贵，同时又高于中国内地的黑白电视机，将产品拉开梯度。

(3) 分销策略。当时中国内地还未设立国营商店分销进口电视机的渠道，故由港澳百货公司和代理、经销商推销，或通过港澳人员携带电视机进内地。

(4) 促销策略。主要采用了广告策略，在香港电视台发动宣传攻势；在香港《大公报》《文汇报》等报刊大量刊登广告；在香港电视台介绍有关日本电视机的知识。

松下的黑白电视机成功打入了中国市场。

资料来源：http://blog.sina.com.cn/sh37.

问题：

日本松下公司的黑白电视机进入中国市场采用的是什么战略？战略的适用条件是

什么?

案例四　万科集团的经营战略

1984年万科以电器设备起家，成为一家国营电器器材经营单位。到1988年11月万科以2 000万元的价格投标买地，开始正式进入房地产业，而此时公司仅有137名员工。万科的第一轮扩张是在1988—1994年，1991年初公司确定了集信息、交易、融资、制造于一体的“综合商社”发展模式，实施多元化和跨地域经营战略。1992年是万科“遍地开花”的一年。在贸易方面，公司成立贸易经营本部，在武汉和乌鲁木齐开办商场，并增设大连公司、珠海公司、武汉公司、新疆公司和北海公司。在地产方面，香港银都置业、青岛银都花园、天津万兴和万华、上海万科房地产、北海万达房地产等分公司相继成立，进行股权投资的国内公司达到13家；成立万科文化传播有限公司，开展电影、广告、卡拉OK影碟等制作和发行业务。

这种四处开花的多元化经营给万科带来了困境。许多项目资金投入后才发现人力资源跟不上，人才缺乏严重，资金的使用效率低下，资源分散的弊端越来越明显，没有形成主导产业。1992年，老总王石把多元化经营时期所有亏损的钱和赚的钱相加之后地发现结果是赤字。经过痛苦的反思之后，1993年万科为多元化“踩刹车”，放弃综合商社的发展目标，确定了以“开发城市居民住宅为主导业务”的专业化战略，并提出加速资本积累，形成专业化和规模化经营的发展方针。在具体的战略实施上，1993年开始，王石带领万科开始做“减法”。一是整体业务方面的收缩，退出了与住宅无关的产业；二是投资区域的集中，收缩住宅的战线，从13个城市集中到深、沪、京、津四个城市；三是提出了以城市中档住宅为主，减少房地产产业的品种；四是资金的集中，从股权投资的1994年开始，万科把全国的30多家企业持有股份陆续转让。经历10年的减法，万科从涉及19个行业减为1个，走上了专业化发展房地产的道路。例如，1997年协议转让扬声器厂，卖掉了当时在广东饮料市场占有率第一的怡宝蒸馏水，等等。这些措施使万科恢复了核心的主业，获得了持续的竞争力，最终成就了万科20年持续增长的传奇。

问题：

万科集团在发展过程中采用了哪些经营战略？这些战略的适用条件是什么？万科的发展给你的启示有哪些?

第六章　企业竞争战略

本章导读

企业的市场环境处于空前激烈竞争状态，如何在竞争中求发展，是每个企业都在思考的课题。由此，竞争战略由当今全球第一战略权威迈克尔·波特提出后就成为企业经营战略的重要内容，其核心是要奠定本企业产品在市场上的特定地位并维持这一地位。

依据企业在竞争中获取竞争优势的不同，竞争战略分为总成本领先战略、差异化战略、集中化战略。总成本领先战略是立足总成本降低而建立一种不败的竞争优势。差异化战略是指企业凭借自身的技术优势和管理优势，向顾客提供的产品和服务在行业范围内独具特色。集中化战略是指把经营战略的重点放在一个特定的目标市场上，为特定的地区或特定的购买者集团提供特殊的产品或服务。

由于任何一种竞争战略都有可能迅速被竞争对手的模仿与创新所击败，所以，融合不同竞争战略的特点而确立新的竞争战略就成为必要。成本领先战略和差异化战略具有各自的优势，如果二者能够很好地融合，就能够为企业在低成本和差异化两方面带来竞争优势。

学习目标

通过对本章的学习，掌握企业竞争战略的基本概念、特征及作用，了解企业竞争战略的三个战略内容，了解融合战略，并能够通过所学知识分析企业经营战略模式及路径选择。

关键概念

竞争战略（Competitive Strategy）
总成本领先战略（Overall Cost Leadership Strategy）
差异化战略（Differentiation Strategy）
集中化战略（Centralization Strategy）
融合战略（Combination Strategy）

企业所采用的战略应能够打破正常的产业发展进程并创造不利于竞争者的新的产业条件。

——［美］伊恩·C. 麦克米伦

除非战略评价被认真地和系统地实施，也除非战略制定者决意致力于取得好的经营成果，否则一切精力将被用于为昨日辩护，没有人会有时间和精力开拓今天，更不用说去创造明天。

——［美］彼得·德鲁克

第一节　企业竞争战略概述

一、企业竞争战略的概念

（一）基本概念

“竞争战略”是由当今全球第一战略权威、被誉为“竞争战略之父”的美国哈佛大学教授迈克尔·波特于1980年在其出版的《竞争战略》（*Competitive Strategy*）一书中提出，属于企业战略的一种。竞争战略又称为业务层次战略或者SBU战略，它在企业总体战略的制约下，指导和管理具体战略经营单位的计划和行动，其中心内容是在某一特定产业或市场中建立竞争优势。而所谓的竞争优势，不外是指企业具有某种其竞争对手所无或相对缺乏的特殊能力，以便能更有效、更经济、更快捷地为顾客提供所需的产品和服务。

企业竞争战略要解决的核心问题是，如何通过确定顾客需求、竞争者产品及本企业产品这三者之间的关系，来奠定本企业产品在市场上的特定地位并维持这一地位。

（二）企业竞争战略与发展战略的关系

在企业战略体系中，有竞争战略、发展战略，还有其他战略。就竞争战略与发展战略而言，两者的性质有差别。首先，竞争战略着眼于怎样竞争，而发展战略着眼于怎样发展。竞争战略着眼于怎样打胜仗，而发展战略着眼于怎样为打胜仗创造条件。企业不能脱离发展搞竞争，也不能脱离竞争图发展。企业在竞争中发展，在发展中竞争，这是先进企业的成功之道。其次，竞争战略与发展战略的根据也不一样。竞争战略侧重于搞市场及竞争关系分析，而发展战略侧重于搞发展基础、发展矛盾、发展条件及发展机遇分析。再次，竞争战略与发展战略的要素也不一样。竞争战略的要素是竞争内容、竞争对手、竞争策略、竞争手段等，而发展战略的要素是发展方向、发展步骤、发展重点、发展措施等。总之，两种战略虽然有联系、有共同点，但毕竟是两种不同性质的战略。

二、企业竞争战略的基本类型

迈克尔·波特在他所著的《竞争战略》一书中提出了驱动产业竞争的五种作用力模型，揭示了企业如何通过竞争来加强其在市场上的优势，决定基本竞争战略的形成（参见教材第一章第二节内容）。波特明确系统地提出了三种提供成功机会的基本竞争战略，即总成本领先战略、差异化战略和集中化战略，这成为目前企业经营实践中重点选择的竞争战略类型（见表 6-1）。

表 6-1　　五种力量与竞争战略

行业内的五种力量	竞争战略		
	总成本领先战略	差异化战略	集中化战略
潜在进入者的进入威胁	具备杀价能力以防止潜在者的进入	培育顾客忠诚度以打击潜在竞争者的信心	建立核心能力以阻止潜在竞争者的进入
买方议价能力	具备向大买家出更低价格的能力	因为选择范围小而削弱了买家的谈判能力	因为没有选择范围而使买家丧失谈判能力
供方议价能力	更好地抑制供方的议价能力	更好地将供方的涨价部分转移到顾客	进货量低、供方的议价能力就高
替代品的威胁	能够利用低价抵御替代品	顾客习惯了一种产品或服务从而降低了替代品的威胁	特殊的产品和核心能力能够降低替代品的威胁
行业内对手的竞争	能更好地进行价格竞争	品牌忠诚度能使顾客不理睬竞争对手	竞争对手无法满足集中差异化的顾客

迈克尔·波特在其著作《竞争优势》中强调，集中化战略有两种变形，即成本集中战略和差异化集中战略（见图 6-1）。

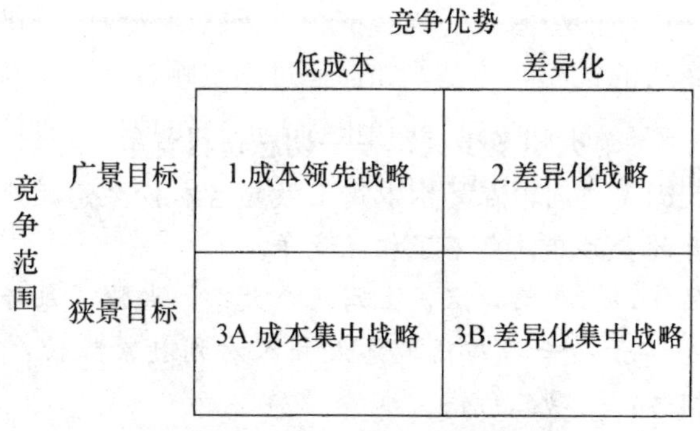

图 6-1 三种基本竞争战略

三、企业竞争战略的构成要素（优势的创建）

竞争优势是企业竞争战略的核心，而如何形成竞争优势需要从以下几个方面进行基本构想：

（一）经营理念

在企业的经营理念上，必须由满足顾客需求提升到向顾客提供价值。企业最大的财富莫过于它的忠诚顾客，因而企业之本就在于为顾客提供价值。这是当今企业经营理念的重大转变，企业应考虑如何将其优势与既定的目标、顾客的需求和需要相匹配，即向顾客提供卓越的价值，这是创建战略优势的源泉。

（二）优势资源

要以优势资源为核心创建企业竞争战略优势。新的竞争条件下一个企业的竞争优势并不是与其对资源的占有量成正比，而是取决于优势资源的拥有量，优势资源决定新赢家。例如，美国规模并不大的西南航空公司凭借它主动、实惠、风趣的服务，制胜了西北航空和联合航空等大航空公司。为旅客的特色服务就是一种特殊资产，企业拥有的相对于竞争对手的特殊资产就是优势资源。它可以是有形的，例如黄金地段、先进生产线等；也可以是无形的，例如专有技术、特殊技能、先进管理方式、知识产权、商业秘密、名牌商标、良好的公众形象等。因此，企业应将自己的事业从立足于产品转向立足于优势资源。这是创建战略优势的根本。

（三）战略优势

即要让顾客了解、认识公司的战略优势，从而吸引顾客的注意力，以锁定顾客。公司既要客观地宣传自己的竞争战略优势，更要注重宣传媒体的创意特色，以致顾客感知到这种优势而产生注意。进入信息时代，随着因特网的使用激增，“注意力就是货币单位”，吸引顾客的注意力是创建战略优势的关键。

（四）资源质量

资源质量意味着要将自己原来已做好的做得更好，不断提高资源的质量。因此，企业应持续投资，使优势资源不断升级，并采取有效策略发挥优势资源的最大效用，以保持战略优势。这是创建战略优势的真谛。

专栏 6-1

火腿多少钱？——切忌盲目竞争

一个犹太商人移民到了澳洲，在墨尔本街上做起老本行生意，开了一家食品店。对街正好有一家意大利人开的食品店，免不了相互竞争。

意大利人先沉不住气，在店门口黑板上写几个大字：火腿，每磅只卖五角。对街犹太人看了立即响应，竖个牌子：一磅四角。意大利人看到赶紧降价：火腿，一磅三角五分钱。犹太人也跟着换招牌：一磅三角钱。

意大利人忍无可忍，冲到犹太人店里，说："哪有你这样做生意的？这样下去我们都会破产。"

犹太人说："我看只有你才会破产，不是'我们'。我的店里根本不卖火腿，连我也不知道一磅三角卖的是什么东西。"

启示：商业竞争是残酷的，但绝不能"杀红眼"，竞争与赌博的区别，便是理性和基于理性的竞争战略；否则，任何方式的竞争撒手锏都是盲目的，甚至是自杀。

第二节　总成本领先战略

一、总成本领先战略的基本含义

（一）总成本领先战略的概念

总成本领先战略（Overall Cost Leadership Strategy）也叫低成本战略，是指通过有效途径，使总成本降低，以建立一种不败的竞争优势。这种战略要求企业努力取得规模经济，以经验曲线为基础，严格控制生产成本和间接费用，以使企业的产品总成本降低到最低水平。处于低成本地位的战略经营单位能够防御竞争对手的进攻，因为较低的成本可使其通过削价与对手进行激烈竞争后，仍然能够获得盈利，从而在市场竞争中站住脚跟。例如，我国玩具企业就利用了玩具产品的劳动密集型特点，发挥我国劳动力廉价的优势，以低成本占领了美国市场绝对多的市场份额。

（二）总成本领先战略的实质

企业的成本优势实际是企业实施低价格战略的内部条件，企业可以因成本领先优势而实施低价格竞争策略。成本优势是该战略的核心，而成本优势的来源因产业结构不同而有差异，包括规模经济带来的成本优势、技术专利的成本优势、原材料优惠待遇和其他技术带来的成本优势等。例如，电视机的生产要想取得足够的总成本领先，必须有规模化的显像管生产设施、低成本、自动化和能用于分摊研究费用的全球性营销网络。而在安全保卫服务业，成本优势要求极其低廉的管理费用、源源不断的低价劳动力和因人员流动性大而必须有的职业培训。由此，总成本领先战略的实质就是通过成本优势获得价格部分的优势，进而获得市场优势。这是因为在市场中消费者感知到的是价格而不是企业的成本，他们比较的是不同企业的价格。

总成本领先战略是所有战略中最容易理解的。成本领先是最为基本的竞争能力，任何战略都是建立在成本优势的基础之上的。换言之，不管企业采取何种竞争战略，成本优势都是不得不重视的核心问题。

二、总成本领先战略的优点、缺点与适用条件

（一）总成本领先战略的优点与缺点

总成本领先战略在不同的企业和同一企业的不同发展阶段，所追求和所能达到的目标是不同的，其目标是多层次的。企业应当根据自身的具体情况，整体筹划，循序渐进。概括地说，采用总成本领先战略的优点有：（1）抵挡住现有竞争对手的对抗；（2）抵御购买商讨价还价的能力；（3）更灵活地处理供应商的提价行为；（4）形成进入障碍；（5）树立与替代品的竞争优势。

采用总成本领先战略的缺点有：（1）降价过度引起利润率降低；（2）新加入者可能后来居上；（3）丧失对市场变化的预见能力；（4）技术变化降低企业资源的效用；（5）容易受外部环境的影响。

（二）总成本领先战略的适用条件

总成本领先战略的适用条件包括两个方面，即企业外部条件与企业内部条件。

1. 企业外部条件

（1）市场需求具有较大的价格弹性

在市场价格弹性较大的情况下，通过降低价格可以有效地扩大销售额，提高市场份额，从而使企业可以在更大的规模上生产，从规模效应和经验曲线中获益。

（2）行业高度标准化

所处行业的企业大多生产标准化、同质化的产品，因而价格因素决定了企业的市场地位。在价格因素起主导作用的市场中，谁能够保持更低的总成本，谁就可以在相同的利润率之下提供更低的价格，从而占据竞争中的主导地位。

（3）实现产品差异化的途径很少，多数消费者以相同的方式使用产品。

（4）消费者从一个销售商转换到另一个销售商时，转换成本很小，因而倾向于购买价格最优惠的产品，消费者具有较大的降价谈判能力。

简而言之，传统观点认为，如果企业所处的行业利于大规模生产，产品价格起主导作用或差异化难以实现，那么就应该倾向于使用总成本领先战略。

2. 企业内部条件

（1）持续的资本投资和获得资本的途径；

（2）生产加工工艺技能；

（3）认真的劳动监督；

（4）设计容易制造的产品；

（5）成本的分销系统；

（6）培养技术人员。

三、总成本领先战略的实现途径

总成本领先战略要求公司积极建立能达到有效规模的生产设施，全力降低成本，重视成本与管理费用的控制，以及在很大程度上减少研究开发、服务、推销、广告等方面的成本费用。为达到成本领先，要在管理方面加强成本控制，使成本低于竞争对手。概括起来一般有以下几种途径可以使企业实现总成本领先：

（一）实现生产的规模经济

根据经济学原理，在达到一定规模之前，生产规模越大，单位成本就越低。因此适当扩大生产规模往往可以实现生产的规模经济。实现成本领先，通常应选择那些同质化程度高、技术成熟、标准化的产品规模化生产。如果企业远未达到盈亏临界点规模，其真正的成本优势也就无法形成。如一些小型企业借助成本优势在市场上竞争，但这种优势并不是真正意义上的战略性的成本优势，而是靠简陋的厂房、简单的设备和质量不太可靠的产品等投机得到的，这种做法是靠不住的，也是不可能长久的。

（二）做好对供应商的营销

所谓供应商营销，也就是与上游供应商如原材料、能源、零配件的协作厂家建立起长期稳定的亲密合作关系，以便获得廉价、稳定的上游资源，并能影响和控制供应商，对竞争者建立起资源性壁垒。不同的行业，最终产品制造商和上游供应商的谈判地位在不同时期有所不同。企业需要结合行业特点与企业自身条件，确立与供应商之间的关系，做好供应商营销工作，以便能够获取供应成本的优势。如可以建立互动互利平等的长期战略伙伴关系，建立有产权和资本枢带联系的垂直供应渠道等。

（三）采用新的技术和流程来降低成本

“创新”是一条永远不变的市场竞争法则，降低成本最有效的办法是生产技术创新。一场生产技术的革命以及更加科学合理的生产流程可以大幅度降低成本。生产组织效率的提高也会带来成本的降低。如福特汽车公司发明的流水生产方式就大幅度降低了汽车生产成本，进而实现了让汽车进入千家万户的梦想，由此福特公司建立起汽车生产王国。在企业发展史上，每一次技术改造都伴随着生产效率的提高和能源及原材料的节约。如用玉米代替大米为代表的替代工程的实施以及发酵与提取技术的提高就取得了降低成本的效果。

（四）建立以成本为核心的企业文化

一般来说，追求成本领先的企业应着力塑造一种注重细节、精打细算、严格管理的企业文化，使“降低成本”成为企业文化的核心，一切行动和措施都应体现这个核心。由此，在日常的经营管理过程中，不但要抓外部成本，也要抓内部成本；不但要把握好战略性成本，也要控制好作业成本；不但要注重短期成本，更要注重长期成本；不但要讲企业成本，更不能忽视顾客成本。只有这样，才能够有效地帮助企业达到总成本领先的目标。

总之，只有建立在规模经济、供应商营销、生产技术创新、管理与文化等基础上的成本领先，才是企业可持久的竞争优势。

专栏 6-2

我国实施成本领先战略较为成功的企业，包括格兰仕集团、长虹集团、莲花味精集团、邯钢集团等。其中格兰仕可称为我国总成本领先战略的成功典范。

格兰仕前身是梁庆德在 1979 年成立的广东顺德桂洲羽绒厂。1991 年，格兰仕在羽绒服装及其他制品的出口前景不佳的环境下，及时而正确地进行了行业转移，最后确定进行小家电行业的微波炉的生产。当时，国内微波炉市场刚开始发育，生产企业只有 4 家，其市场几乎被外国产品垄断。

1993 年，格兰仕试产微波炉 1 万台，开始从纺织业为主转向家电制造业为主。自 1995 年至今，格兰仕微波炉国内市场占有率一直居第 1 位，且大大超过国际产业、学术界确定的垄断线（30%），达到 60%以上，1998 年 5 月市场占有率达到 73.5%。格兰仕频频使用价格策略在市场上获得了领导地位。1996 年到 2000 年，格兰仕先后 5 次大幅度降价，每次降价幅度均在 20%以上，每次都使市场占有率总体提高 10%以上。

格兰仕集团在微波炉及其他小家电产品市场上采取的是成本领先战略。格兰仕的规模经济首先表现在生产规模上。据分析，100 万台是车间工厂微波炉生产的经济规模，格兰仕在 1996 年就达到了这个规模，其后，每年以两倍于上一年的速度迅速扩大生产规模，到 2000 年底，格兰仕微波炉生产规模达到 1 200 万台，是全球第 2 位企业的两倍多，占有国内 60%左右的市场份额、欧洲 35%的市场份额。生产规模的迅速扩大带来了生产成本的大幅度降低，成为格兰仕成本领先战略的重要环节。可以说格兰仕把“成本领先战略”的威力发挥到了极致，难怪连海尔的张瑞敏都连呼“想不到”。

四、总成本领先战略的风险

当企业所处的经营环境日益复杂多变而竞争日趋激烈时，单纯使用总成本领先战略可能遇到以下几种风险：

（一）初期投资巨大

取得成本领先通常需要较大的初始投资，因为企业必须具备先进的生产设备，才能高效率地进行生产，以保持较高的劳动生产率。在进攻型定价和为提高市场占有率而进行的努力方面也需进行大量的预先投资。可以说，没有初期的巨额投资和早期亏损的承受能力，企业是难以达到实现规模经济的生产能力以及获得经验曲线的益处的。

（二）技术变革滞后

技术变革会带来生产过程工艺和技术的突破，使企业过去大量投资和由此产生的高效率一下子丧失优势，并给竞争对手造成以更低成本进入的机会。同时，由于企业集中大量投资于现有技术及现有设备，提高了退出和转换成本，因而往往对新技术的采用以及技术创新反应迟钝甚至采取排斥态度。如 20 世纪的美国钢铁业因为在旧有的冶炼方式上投资巨大，对新的技术采取排斥或漠视的态度，所以被日本及本国的新兴钢铁企业迅速赶超。

（三）忽视客户

总成本领先战略强调一种向内的企业文化，更多的是关注自身在生产的各个环节上是否能够更加节约，而将过多的注意力集中在生产成本上，可能导致企业忽视顾客需求特性和需求趋势的变化，忽视顾客对产品差异的兴趣。

（四）易于被竞争者模仿

特别是当总成本领先的实现途径是以廉价的劳动力等资源的使用为基础时更是如此。当前资本的流动日益便捷，曾经被某些企业所独占的廉价资源正越来越多地被后来者争夺。例如我国企业一向依赖的低劳动力成本，正在因为外国公司在华建厂而受到挑战。

（五）缺乏创新的激情

企业要实现总成本领先战略，就要在组织结构与企业文化上与之相适应。当企业习惯于采用被认为是最经济的生产方法与流程时，其代价往往是失去了探索新方法的激情。

（六）依赖价格战

总成本领先战略最依赖的规模生产隐含着一个前提，即市场足够大，能够消化企业为达到规模经济所生产出的产品数量。而当今市场，生产能力过剩已经是一个普遍问题。当市场已饱和、产能严重过剩的时候，如果很多企业还在不遗余力地扩大生产规模，不难想象，价格战就会打响，其结果往往是造成了产品的同质化与恶性竞争，从而损害整个行业的健康发展。

第三节　差异化战略

一、差异化战略的基本含义

差异化战略（Differentiation Strategy）又称标新立异战略、别具一格战略、差别化战略，是指企业凭借自身的技术优势和管理优势，向顾客提供的产品和服务在行业范围内独具特色，这种特色可以给顾客带来额外的价值，在消费者心目中树立起非同一般的良好形象。

差异化战略是企业广泛采用的一种战略。事实上，一个企业将其产品和服务差异化的机会是无限的，比如生产在性能上、质量上显著优于市场上现有水平的产品，或通过有特色的宣传活动、灵活的推销手段、周到的售后服务促进销售，等等。差异化战略的目的在于创造产品与服务的独特性，而不是为了差异化而进行差异化。由此，差异化离不开对产品和服务的了解，离不开对顾客的了解。只有这样，差异化才能成为经营战略的核心。

专栏 6-3

解读差异：

竞争就是“差异”。很多经理人认为竞争就是达到最好，于是总在寻找某种最佳的方式来赢得竞争。实际上，任何一个行业都不是只有唯一的一种最佳竞争方式，因为很多的客户有各种不同的需求。好的竞争方式有很多种，有很多提供价值的方式。有一种关于竞争的想法更加有用：如何能够做到与众不同，并且以这种方式提供独特的价值？这种竞争方式为顾客提供了更多的选择，为市场提供了更多的创新。

二、差异化战略的优势与风险

（一）差异化战略的优势

实施差异化战略的优势在于：

（1）建立起顾客对企业的忠诚。这是由于差异化战略使得产品的替代品无法与之竞争，为企业在同行业竞争中形成一个隔离地带，避免竞争对手的侵害。

（2）企业提供差异性产品无形中也为潜在进入者设置了一道进入壁垒。现有产品的特色、种类以及所建立的商品信誉可以减少该产品市场的进入点，如果行业新的加入者参与竞争，它必须扭转顾客对原产品的信赖和克服原产品的独特性的影响，这就增加了新加入者进入该行业的难度，使潜在进入者难以介入。

（3）可以缓解公司所面临的竞争压力。

（4）增强企业对供应商讨价还价的能力。差异化战略产生的高边际收益增强了企业对供应商讨价还价的能力。

（5）削弱购买商讨价还价的能力。企业通过差异化战略，使得购买商缺乏与之比较的产品选择，降低了购买商对价格的敏感度。另外，产品差异化使购买商具有较高的转换成本，使其依赖于企业，这些都在一定程度上削弱了购买商的讨价还价能力。

（6）差异化产品可以更好地满足消费者需求，同时也就促使企业提高销售量或允许企业制定更高的价格。

（二）实施差异化战略的风险

当今环境下企业单纯使用差异化战略也可能面临种种风险，其中主要有如下四种风险。

1. 多变的市场造成的风险

在当前瞬息万变的市场条件下，顾客面临的选择空前丰富。以手机市场为例，据不完全统计，中国市场上有不同的手机型号 1 700 多种。如此多品种的产品将直接带来以下两方面的问题：一是消费者的注意力被极大地分散，很可能企业投入了巨额研发成本，但所生产的有特色的产品被淹没在同样各具特色的产品海洋之中；二是产品的生命周期被大大缩短，一款新产品从投入市场到进入衰退期可能只有短短一年时间。如此短暂的生命周期对于产品来说，其单位产品的盈利压力无疑增加了。但并非所有的顾客都愿意或能够支付产品差异化所造成的较高价格。同时，顾客对差异化所支付的额外费用有一定支付极限，当超过这一极限时低成本低价格的企业比高价格差异化的企业更有竞争力。这就很可能为企业带来前期投入的巨大成本难以收回的风险。

2. 高额专属成本造成的风险

产品的差异化往往以高成本为代价，因为企业需要进行研究开发、产品设计、高质量原料购买和争取顾客支持等工作。而且，与总成本领先战略前期投入的高成本不同，差异化带来的高成本往往具有专属性，因而风险更大。如果采取差异化战略的产品成本与追求成本领先战略的竞争者的产品成本差距过大，可能会使得购买者宁愿牺牲差异化产品的性能、质量、服务和形象，而去追求低采购成本。

3. 闭门造车造成的风险

追求差异化的企业多是敢于创新、敢于冒险的企业。其企业文化也往往带着我行我素的气质，就如同苹果公司的总部大厦上高高飘扬的海盗旗一样。拥有这样文化的企业，经常会醉心于设计和制造功能最完美的产品，使用最尖端的技术。如果任由这种作风发展，企业将面临无视市场、闭门造车的风险。研发部的技术天才们大胆的创意未必会得到普通消费者的认可，一厢情愿的独特功能也未必是消费者愿意为之买单的。

4. 丧失市场份额的风险

波特认为，实现差异化战略有时会与争取更大的市场份额相矛盾。推行差异化战略往往需要公司对于这一战略的排他性有充分准备。即这一战略与提高市场份额两者不可兼得。企业要想取得产品差异化，有时就要放弃获得较高市场占有率的目标，因为差异化的排他性与高市场占有率是矛盾的，差异化产品的市场是比较有限的。

三、差异化战略的实现途径

实现差异化的途径有许多种方式，比如设计品牌形象、技术特点、外观特点、客户服务、经销网络和其他方面独特性。我们常用到的实现差异化战略途径主要有三种，即产品差异化、无形差异化和渠道差异化。

（一）产品差异化

产品差异化可以是产品任一方面或几个方面的与众不同，其中最常见的是产品质量、外观、功能、规格和服务品质的提升。一旦企业在产品的质量和性能或服务质量上明显优于或不同于竞争对手，消费者对于其产品就会产生明确的定位，从而有助于企业锁定市场。所以，这是一条实现差异化的根本途径，也是最直接的途径。但产品的自身特性的改进和完善往往意味着成本的增加，并且对成熟产品来说，产品自身特性的改进和完善往往是很困难的，因此企业在实施产品差异化战略时，必须在深入了解顾客的需要和选择偏好的基础上，结合企业自身所拥有的资源和能力，通过对产品自身特性的改进和完善创造产品的差异化。

（二）无形差异化

企业可以通过企业形象、品牌等无形差异化取得竞争优势。实际上，顾客仅仅通过可见的产品特性、性能标准选择的产品数量是非常有限的，社会因素、感情因素以及心理因素都会影响产品的选择。无形差异化包括很多方面，如公司的经营风格、价值观、企业文化、品牌等，这都可以形成企业差异化的途径，但在这众多的途径中，通过强化公司的品牌实施差异化无疑是最可取的途径，这也是当今众多公司纷纷实施名牌战略的原因。无形差异因其不可磨损性、共享性、可继承性等特点，而使得差异化带来的影响最大、效益最佳。因此，通过强化无形差异而实现差异化是企业的优先选择。

（三）渠道差异化

企业不必拘泥于本行业现有的渠道模式，而应根据自身实际情况采用合适的渠道，这可以大大促进销售。渠道设置和管理的方法首先要方便顾客购买及销售信息反馈，然后要加强渠道成员之间的合作，避免冲突，最后必须是有利于提高效率的。

具体方法主要为流通系列化，通常也称为纵向一体化或纵向约束，这是形成差异化的重要因素。流通系列化主要是指：（1）制造商对流通系统的直接投资，或通过合并、吸收定点销售点，建立自己的流通系统；（2）制造商通过与经济上独立的销售商订立排他性条约，建立固定的交易关系，使有关的销售商活动组织化。流通系列化不仅有利于提高销售的服务水平，扩大商品的服务差别，也有利于防止销售本企业商品的商人（代理商、销售商）的降价竞争，有效地控制较低的市价。较高的销售价格带来的利润可以用来增加广告费用，从而扩大和维持产品差别。

专栏6-4

中国乳业的快速发展，催生了数以千计的中小乳品企业的诞生和快速成长，也成就了一些大企业的辉煌。中小企业要在激烈的市场竞争中生存发展，必须采取差异化竞争方略才能突破重围、成功胜出。旺旺在包装上实行差异化，对旺仔牛奶采取铁罐包装，不仅开启了一个新的产品品类，同时也使产品快速进入市场形成巨大销量；娃哈哈则以PET瓶装的营养快线，成功进军乳品休闲市场，取得骄人业绩；妙士乳业则独辟蹊径地确定了“以餐店为主要终端，开创牛奶饮料上餐桌的先河”，专攻餐饮渠道大获成功；夏进枸杞养生奶凭借地产资源优势，打造“枸杞养生品类”，使夏进枸杞养生奶成为了枸杞奶的第一品牌。

四、差异化战略的适用条件

（一）消费者对产品有不同的需求

一切差异化都需要一个根本前提，即消费者对于产品存在着不同的需求，在消费者对产品的需求相同或相异程度很小的市场中是很难实施差异化战略的。

（二）产品或服务差异化具有价值

企业进行差异化不能是一厢情愿的。企业投入大量成本所造成的差异化，只有在消费者能够感受到并认为有价值的情况下才是有意义的。而消费者感觉不到或不认可的差异化，将因企业的投入得不到回报而为企业带来巨大的损失。

（三）差异化的市场规模能够支撑差异化的成本

差异化的目的是锁定特定市场，而如果被锁定的市场过于狭小或消费能力不强，就很可能无法支撑企业形成这一差异所投入的成本。这时企业就应该考虑对现有的差异化产品进行改进以适应更大的市场，或培育市场使其大到有利可图。

五、差异化战略的实施

（一）分析消费需求

每个顾客都可能是企业的消费者，而每个消费者的需求又是多方面的，因此企业必须分析研究消费者的各种需求，根据不同需求来明确差异化诉求的基本点。企业在不可能满足所有顾客需求的情况下，应对每个细分市场进行评估，然后根据企业现有的资源及优势，从中选择一个或多个细分市场作为自己的目标市场。

（二）分析竞争对手

企业要力求使自己的产品或服务在行业内独树一帜，有一种或多种特质，由此，必须明确竞争对手及其竞争优势，要对竞争对手的产品或服务在市场上所处的位置，以及采取的营销策略进行分析，选择适合本企业的独一无二的竞争优势，以确定本产品在消费者心目中的独特地位，否则，就无法制定差异化战略。

（三）进行技术创新

创新是企业保持差异化的关键和源泉，是提高产品价值的主要手段。从企业的市场竞争力来看，企业发展面临激烈的市场竞争，企业的竞争实际上就是产品的竞争，产品的竞争实质是技术的较量，随着竞争的加剧和全球经济一体化的进程，技术的发展也越来越迅猛，企业只有不断进行技术创新才能增强市场竞争力。这一切都要求企业不断进行创新，以适应不断变化发展的竞争环境。

（四）提升服务理念

企业向顾客展示的不仅仅是它的产品和服务，还要展现、传播企业的文化和服务理念。例如，遍布全球的麦当劳快餐，在人们享受其饮食服务的同时，也向人们传递着美国的企业文化。服务理念已成为企业实施差异化的主要因素之一。如 IBM 公司年收入的33%以上是由提供服务带来的，包括计算机出租、维修和软件收入。售后服务是信息收集和实时传递的重要渠道，对于在企业发掘客户需求上做出及时的战略和产品调整，具有决定性意义。

专栏 6-5

百事可乐的三次破产与可口可乐的三次拒绝

1922 年，百事可乐破产了，创始人找到当时已是软饮料巨头的可口可乐公司，想卖掉百事可乐，但可口可乐对这个境况不佳的软饮料没有兴趣。最终，华尔街的投机家梅加格尔买下了百事可乐。

重组后的百事可乐惨淡经营，艰难地挺到 1931 年，终于第二次面临破产，梅加格尔又去求可口可乐公司收购百事可乐，但可口可乐再次拒绝。这次，可口可乐的前零售商古思救了百事可乐。古思因为折扣问题和可口可乐闹掰了，收购百事后，古思命令它所有的苏打冷饮店只销售百事可乐。但古思还是失败了。

1933 年，古思再次与可口可乐公司接触，要卖掉百事可乐，可口可乐第三次也是最后一次拒绝了对方的请求。

所谓“车到山前必有路，柳暗花明又一村”，绝望的百事可乐第三任老板古思忽然开了窍：“市场上卖的可口可乐都是6盎司的瓶装，我为什么不能卖12盎司的瓶装呢?”于是，古思开始售卖用回收利用的各种各样的啤酒瓶灌装的特大瓶装百事可乐。特大瓶装百事可乐吸引了蓝领工人，全国范围都开始热销。古思开始盈利，百事可乐成功了。

第四节　集中化战略

一、集中化战略的含义

集中化战略（Centralization Strategy）又称专一化战略、目标集聚战略，是指把经营战略的重点放在一个特定的目标市场上，为特定的地区或特定的购买者集团提供特殊的产品或服务。成本领先战略和差别化战略在广阔范围内寻求优势，而集中战略选择产业内一种或一组细分市场，提供满足特定用户需求的产品和服务，通过满足特殊对象的需要而实现差别化，或者实现低成本。由此，集中化战略主要有两种形式，即企业在目标细分市场中寻求成本优势的“成本集中”和在细分市场中寻求差异化的“差异集中”。一般来说中小企业较适合采用集中化战略。

集中化战略的核心是取得某种对特定顾客有价值的专一性服务，侧重于从企业内部建立竞争优势。其战略的前提思想是：企业业务的专一化能以更高效率和更好的效果为某一狭窄细分市场服务，从而超越在较广阔范围内竞争的对手们。这样可以避免大而弱的分散投资局面，容易形成企业核心竞争力。企业实施集中战略的关键是选中战略目标，一般来说要选择那些竞争对手最薄弱的目标或者企业产品不可替代的目标。

二、集中化战略的优势与风险

集中化战略优势在于：

(1) 集中资源服务特定市场。集中化战略可以集中力量向某一特定子市场提供最好的服务，而且经营目标集中，管理简单方便，使企业在经营成本降低的情况下实现生产专业化或规模经济效益。

(2) 以特殊的服务范围来抵御竞争压力。集中化战略往往利用地点、时间、对象等多种特殊性来形成企业的专门服务范围，以更高的专业化程度构成强于竞争对手的优势。例如，口腔医院因其专门的口腔医疗保健服务而比普通医院更吸引口腔病特别是牙病患者。

(3) 将目标集中于特定的细分市场，企业可以更好地调查研究与自己产品有关的技术、市场、顾客以及竞争对手等各方面的情况，做到“知彼”。

企业实施集中化战略，可能需要面对以下风险：

(1) 产品销量可能变小，产品要求不断更新，造成生产费用增加，使得采取集中化战略的企业成本优势被减弱。

（2）由于企业全部力量和资源都投入到一种产品或服务的一个特定市场，当出现技术进步、替代品出现、价值观更新、消费偏好变化等情况时，目标市场与总体市场之间产品或服务的需求差别变小，企业原本赖以生存的集中化战略将不复存在。

（3）以较宽市场为目标的竞争者采用同样的重点集中化战略，或者竞争对手从企业的目标市场中找到可以再细分的市场，并以此为目标采用重点集中化战略，从而使原来使用重点集中化战略的企业无法生存。

（4）在较宽范围经营的竞争对手与采取集中化战略的企业在成本上差异日益扩大，抵消了企业为目标市场服务的成本优势，或抵消了通过集中战略取得的产品差别化，导致集中化战略失败。

三、集中化战略的适用条件

（1）行业中各细分部分在规模、成长率、获得能力方面存在很大差异。整个行业有很多小市场和细分市场，一家公司没有充足的能力和财力进入整个市场中的更多细分市场，因而集中型的厂商能够选择与自己能力相符的有吸引力的目标细分市场。

（2）目标市场足够大，可以盈利，且具有很好的市场潜力。具体来讲，就是企业的目标市场在市场容量、成长速度、获利能力、竞争强度方面具有相对吸引力。

（3）市场不是主要竞争厂商竞争的关键，或者在相同的目标市场群中，其他竞争对手不打算实行集中战略。

（4）企业资源不允许其追求广泛的细分市场，但拥有有效服务目标——细分市场的资源和能力。

（5）采取集中战略的公司能够凭借建立起来的顾客商誉和服务防御行业中的竞争者。定位于多细分市场的竞争厂商很难满足小市场的专业或特殊需求，或者要想满足这个市场的专业化需求，代价往往极其高昂。

四、集中化战略的实施方法

集中化战略的实施方法包括单纯集中化、成本集中化、差别集中化和业务集中化。

（一）单纯集中化

单纯集中化是企业在不过多考虑成本差异化的情况下，选择或创造一种产品、技术和服务，为某一特定顾客群体创造价值，并使企业获得稳定可观的收入。

（二）成本集中化

成本集中化是企业采用低成本的方法，为某一特定顾客群提供服务。通过低成本的集中化战略，企业可以在细分市场上获得比领先者更强的竞争优势。事实上，许多中小企业都是从集中化战略开始起步，通过满足某一特定顾客的特定需要而切入市场，并由此形成自己的经营特色。对我国大部分中小企业而言，面对世界经济一体化的趋势，提高对集中化战略的认识和运用能力具有重要的现实意义。

（三）差别集中化

差别集中化是企业在集中化的基础上突出自己的产品、技术和服务的特色。企业如果选择差别集中化，那么差别集中化战略的主要措施都应该用集中化战略中来。但不同的是，集中化战略只服务于狭窄的细分市场，而差别化战略要同时服务于较多的细分市场。同时，由于集中化战略的服务范围较小，相比实施差别化战略的企业而言，实施集中化战略的企业对所服务的细分市场的变化更容易做出超迅速的反应。

（四）业务集中化

业务集中化是企业在不过多考虑成本的情况下，按照某一特定客户群的要求，集中开展某一项业务，而将非关键性的其他业务相对弱化，如外包出去，由此提升企业的竞争力。

第五节　融合战略

一、融合战略的概念与特点

（一）融合战略的概念

关于融合战略（Combination Strategy）的定义，不同学者有不同的看法。迈克尔·波特认为融合战略就是同时取得成本领先和差异化的竞争地位，是一种降低成本的同时又突出差异化的经营战略。“战略钟”理论认为，融合战略是企业在实现差异化的同时，价格又低于竞争对手的战略。

概括地讲，融合战略是指以成本领先战略和差异化战略为基础而建立起的一种能够为顾客创造较高货币价值和较低货币成本的战略。这种战略能够为企业长期发展建立起进退有据的竞争地位，成功地对付五种竞争力的威胁，在产业中胜过竞争对手，为企业赢得超常的投资收益。

融合战略之所以出现是基于这样一个事实：任何企业的一个先动优势都是暂时的，都可能被竞争对手迅速的反击行动所破坏，每一个竞争对手都不断地建立竞争优势和削弱对手的竞争优势。先动企业的优势越来越难以保持，而竞争对手的抵抗力越来越强，企业在竞争中成功的关键在于其能否快速地从一种优势转向另一种优势，克服自身劣势并建立新的竞争优势。因此，任何一种抢先战略都有可能迅速被竞争对手的模仿与创新所击败。如果在这种竞争态势之下，企业仍然采取一种基本竞争战略，那么原来利用基本竞争战略所获得的竞争优势必然被侵蚀，企业势必不能适应激烈的竞争。因此，采取成本领先战略与差异化战略相结合的战略显得十分必要。

与单纯依赖某一主导战略的企业相比，融合战略的实施能够使企业处于一种更加有利的地位：（1）能够迅速地适应环境的变化；（2）更快地接受新技能与新技术；（3）更有效地在企业各部门以及产品线范围内利用其核心竞争力。

（二）融合战略的特点

差异化和低成本的融合不同于一般竞争战略的其他单一的战略，西方学者杰恩·巴尼（Jay B. Barney）就总结了二者融合的特点，从战略的目标、竞争优势的基础、产品线、产品生产重点、营销重点、战略支持等角度进行分析（如表 6－2 所示）。融合战略的顾客目标是注重价值和价格的顾客；竞争优势的基础是以更低的价格满足顾客更高更多的价值要求；产品属性和特色要求更高：属性从良好到卓越，特色从少数到多数等。

表 6－2　　差异化和低成本融合战略的特点

战略目标	注重价值和价格的顾客
竞争优势的基础	以更低的价格为顾客提供更高更多的价值
产品线	产品属性从“良好”到“卓越”，特色从“少数”到“多数”
产品生产重点	低成本地提供高级属性和特色
营销重点	强调能以比竞争对手低的价值来提供可比的属性和特色
战略支持	降低成本的同时在提高产品属性和特色方面建立和保持独特的能力

二、融合战略的分类

从企业的主导战略来看，融合战略可分成三类：

（一）成本导向型融合战略

成本导向型融合战略首先要求企业在市场上是成本领先者，其低成本优势要明显优于竞争对手。此时适当的差异化战略对成本的影响将是微弱的，差异化战略对成本的消耗不影响企业在市场上的成本领导地位或者不至于使产品价格高于顾客认知价格。因此，该战略对差异化成本容忍的上限是产品价格要低于顾客对该类产品的最高认知价格。其主导战略是成本领先战略。在企业依靠低成本优势将产品打入市场后，可根据产品的性能、尺寸和外观，生产系列化的产品，从而满足顾客在功能、大小和外观设计上的差异化需求。

当产品进入成熟期，生产成本达到历史最低点，顾客对产品的认知价格达到相对高点时，是实施此类战略的最好时机，因为此时允许的差异化成本空间很大。

（二）差异化导向型融合战略

差异化导向型融合战略首先要求企业在市场上是差异化战略的追求者，其别具一格的战略在市场上有相对较长期的优势。此时适当的降低成本对独特性的影响将是微弱的，低成本战略对经营独特性的影响不至于使产品的价值低于顾客的认知价值。因此，该战略对低成本战略容忍的上限是产品价值不低于顾客对该类产品的最低认知价值，其主导战略是差异化战略。在企业依靠差异化优势将产品打入市场后，可采取一系列的成本节约手段，创造低成本优势。

当产品进入成熟期，产品的价值已经得到消费者的普遍承认，顾客对产品的认知价值达到最高点，此时是实施此类战略的最好时机，因为此时独特性产品进入成熟期，企业有足够的时间和精力进行成本控制。

（三）成本-差异化导向型融合战略

成本-差异化导向型融合战略要求企业同时在成本和差异化两端获得相对竞争优势，成本在行业最低，独特性又令竞争对手望洋兴叹。能够实现这种战略的企业需要特殊的条件：

（1）当竞争对手被夹在中间时，其中任何一个都没有足够的优势来迫使某个企业面临成本和差异化相互抵触的局面。

（2）企业首创一项重大革新，能够允许企业在降低成本的同时增强其经营歧异性，并且可能两种战略兼而有之。同时降低成本和标新立异的能力取决于这项创新只掌握于一家企业之手。

（3）企业存在明显的先行优势，使企业在成本领先和差异化方面的优势难以被其他竞争者模仿。

（4）企业的一些驱动成本降低的因素本身对差异化也有贡献，使企业对成本领先和差异化的追求可以实现互补，从而获得两端优势。

（5）在实施融合战略的过程中，企业原有的产品要处于产品或市场的成熟阶段，或至少已经迈过或接近成熟阶段。

（6）企业的目标市场在市场容量、成长速度、获利能力、竞争强度方面具有吸引力。低成本优势与差异化优势要有共同的经营基础，即要有共同的技术。

专栏 6-6

融合战略的一个典型例子就是我们每天接触到的超级市场。超级市场最早在美国诞生，1930 年第一家超市在美国出现，比波特提出竞争战略恰好早了整整半个世纪。超级市场一出现，就凭借独特的顾客自主式服务和低廉的价格赢得了消费者的青睐并迅速发展壮大。到 1966 年，美国超市食品与生活必需品销售额已占到全美食品与生活必需品销售总额的 90%，并且单个超市的规模越来越大，超市发展趋于成熟。诞生于 1962 年的沃尔玛近年来已连续排名世界 500 强之首，其凭借的就是“天天低价和鲜明的超市特色”。

由此，超市的发展不仅仅是集中在其低成本的采购和配送环节，开架陈列、顾客自我服务、一次结算等经营方式不仅有效降低了成本，也给顾客带来了崭新的购物体验，是一种经营创新，带有鲜明的差异化特色。其经营模式同时实现了低成本和差异化战略的融合，收到了非常好的效果。所以，超级市场是典型的成本-差异化导向融合战略的体现。

三、融合战略的构成要件

融合战略的实施是要把企业有限的资源集中在企业最为关键的领域上，从而形成竞争优势，这就要求我们必须研究企业融合战略构成要件。一般认为企业融合战略由四种要件构成，即经营领域、资源配置、竞争优势和协同作用。这四种战略要件可以产生合力，成为企业的共同经营主线。

（一）经营领域

经营领域是指在一定时期内，企业根据自己的技术特点、人才优势和资金实力等所确定的从事生产产品的种类或服务的领域。其目的是使企业在自己熟悉的经营领域内发挥自己的优势，并且长期保持这种优势。经营领域选择是否合理，经营方向是否稳定，会直接影响企业战略选择的正确性和实施的效果。经营领域过窄会限制企业的行动，使企业不能灵活地适应外界环境的变化；过宽的包罗万象的经营领域则又会使之边界模糊，使企业无所适从。

企业在实施融合战略时，经营领域首先要具有相对稳定性，避免由于产品范围的频繁变换损伤企业元气。其次，要有一定的伸缩性。这是因为随着科技的飞速发展，商品更新加速，用途相近的商品相继出现，商品的特性和功能会改变，企业的生产技术也会逐步被淘汰。这样企业在未来的一定时间内要能及时进入或退出，支持或限制某些业务领域。

（二）资源配置

企业的经营资源最初是以所谓“4M”来概括的，即人力（Man）、资金（Money）、原材料（Material）、设备（Machine）。现在普遍的观点是企业的经营资源还应包括时间、商誉、信息、管理、技术、经验、产品，甚至市场等多种因素。在商品经济中所有的这些经营资源都是具有市场价格或价值的，而这些资源价值的总和则构成了企业资源的总量。

任何一个战略的实施均必须有充分的经营资源作支撑，实施企业融合战略需要对企业的各种资源进行有效资源配置，把企业有限的资源集中在企业的关键领域，形成竞争优势，保证企业战略目标的实现。可以说，企业经营资源是企业融合战略实力的综合体现。企业的资源实力不同，企业所能够选择的融合战略类型也不相同。在此意义上，企业融合战略是由企业资源决定的，资源配置问题的重要性和复杂性使得企业资源配置成为企业融合战略管理的核心内容。

（三）竞争优势

竞争优势是一个企业在一定的竞争范围内超越其竞争对手的某种长处。从经济学的价值观点来看，竞争优势可以用企业为其用户创造的价值来度量。例如，用户使用该产品所节约的物耗、工耗和增加的利润等。企业的竞争优势可以表现在很多方面，如产品的低成体、高质量、多品种发展、独特的服务等。

企业取得竞争优势的因素很多，概括起来，主要是两个方面：

第一，企业对其经营领域（或其竞争范围）的选择。这对其竞争优势起着极其重要的作用。因此，企业首先要对产业结构进行分析和抉择，根据环境和自身条件的分析选定拟进入的最有利的行业与产品结构。

第二，企业自身的努力、企业的基础工作、企业拥有的资源及其有效利用与管理。尤其是企业的战略管理的能力，对企业竞争优势及其形成具有重大影响。

企业竞争优势与企业战略关系密切。可以认为，竞争优势在企业融合战略中居于核心地位。竞争优势的寻求与建立是企业战略规划的核心内容。

（四）协同作用

协同作用指一种联合作用的效果，往往会产生 1+1>2 的整体效应，即企业内各经营单位联合起来所产生的效益要大于各个经营单位各自努力所创造的效益的总和。在企业的经营管理实践中，协同作用表现在各个方面，如销售协同、生产协同、原材料协同、投资协同、技术协同、管理协同等。融合战略的实施需要企业的协同作用发挥充分，融合在一定意义上讲也就是协同，由此，协同作用是融合战略实施的重要因素。

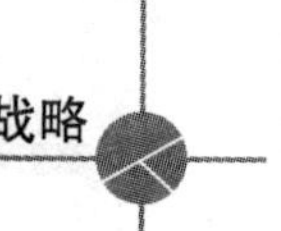

在上述四种战略构成要件中，前三种要件主要概述了企业在外部环境下的产品与市场销售，而第四种要件则是从企业内部的协调来考量的。它们对寻求企业的获利能力都具有重要意义。经营领域指出了寻求获利能力的范围；资源配置提出了范围的重点以及获利的保证；竞争优势指出了企业最佳机会的特征；而协同作用则是为了发掘企业总体获利能力的潜力，进而提高企业获得成功的能力。这四个战略要素是相辅相成、相互作用、缺一不可的，它们共同构成了企业融合战略必不可少的要件。

四、实施融合战略的影响因素与条件

(一) 影响因素

在实践中，融合战略要想取得良好的效果，需要考虑的因素是：

1. 主导产业的定位

稳定且有相当优势的主导产业是企业利润的主要源泉和企业生存的基础，也是融合战略的基本前提。如果主导产业业绩不佳，企业不仅会缺乏足够的资源来建立新的优势，甚至会使原有优势受到威胁。由此，主导产业的成功是企业实施融合战略的前提。一般来说成功的主导产业应该具备三个条件：一是该产业已具备相当实力和经验，并占有一定规模市场份额；二是具有核心技术和自主开发能力和随时可起用的人才资金等资源；三是该产业有一定的技术优势，并拥有良好的企业信誉和品牌知名度，拥有相当数量的品牌偏好顾客群。

2. 资源富余能力

在单一战略条件下，企业对资源的需求是有限的，而在实行融合战略时，由于每种战略都有最低的资源要求，若所需资源不足，则融合战略不仅不会规避风险，反而会使企业陷入高负债经营的旋涡。一般来说，评价一个企业资源富余能力的标准有三点：一是企业的经营规模必须超过盈亏平衡点；二是企业的管理水平具有在正常运转主营业务的同时，还有参与战略的能力；三是企业文化具有一定的包容性和对其他战略的适应性，企业品牌在公众中具有良好形象并具有较高的顾客忠诚度。

3. 战略切入时机的选择

选择恰当的切入时机也是融合战略实施的关键。企业在单一化战略步入成熟期后，较为适宜实行融合战略。如果过早实施，可能出现的问题是企业单一化战略还未站稳，资源富余能力还不强；但如果过晚，主导产业的赢利能力不强反而又会影响新战略的实施。

(二) 条件

在考虑上述因素基础上，实施融合战略具备以下条件：

(1) 企业在成本或差异化一端要拥有优势；

(2) 低成本优势和差异化优势要有共同的经营基础，即要有共同的市场或共同的技术；

(3) 在实施融合战略的过程中，企业原有的优势产品要处于产品或市场的成熟阶段，或至少已迈过或接近成熟阶段；

(4) 构成融合战略的原因有一定的时间性，过了这段时间，企业所面临的市场和环境都会发生变化；

(5) 成本控制部门和差异化优势创造部门之间要做好内部协调，减少混乱；

(6) 购买群体在需求上存在差异；

(7) 在企业的目标市场上，没有其他竞争对手试图采用融合战略；

(8) 企业的目标市场在市场容量、成长速度、获利能力、竞争强度方面具有相对的吸引力。

复习思考题

1. 什么是企业竞争战略？企业竞争战略的具体内容是什么？
2. 企业竞争战略与发展战略的关系是什么？
3. 竞争战略的构成要素有哪些？
4. 什么是总成本领先战略？其本质是什么？有何优劣势？
5. 总成本领先战略实现途径与风险各是什么？
6. 什么是差异化战略？其优点是什么？有何风险？
7. 差异化战略实现途径、适用条件各是什么？如何实施？
8. 什么是集中化战略？其优势与风险各是什么？
9. 集中战略的适用条件是什么？简述其实施方法。
10. 什么是融合战略？融合战略的类型有哪些？
11. 为什么要实施融合战略？其实施的因素与条件是什么？

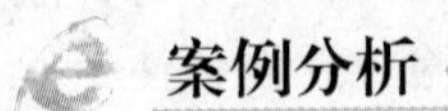

案例分析

案例一　屈臣氏的差异化竞争战略

屈臣氏是成立于1828年广州的一个小药房，于1841年将业务拓展到香港。到了20世纪初叶，屈臣氏已经在中国与菲律宾奠定了雄厚的业务根基，旗下有100多家零售店与药房。1981年，屈臣氏通过导入现代商业管理理念系统，变成了全球首屈一指的个人护理用品、美容、护肤商业业态的巨擘。发展到今天，屈臣氏在全球门店数已超5 000家，销售额逾百亿港元，业务遍及亚欧等40多个国家和地区。

屈臣氏采取了差异化竞争战略。

1. 商品差异化

(1) 产品组合差异化。

其中“健康”类产品从处方药到各种保健品、维生素等，占总数的18%；“美容”类产品从各种化妆品到各类日常护理用品，占总数的65%；而“休闲娱乐”类产品包括各种服装、饰物、精品、礼品、糖果、贺卡和玩具等，占总数的17%。屈臣氏的自有品牌主要集中在健与美的产品领域，即护肤、美发产品等领域。这些产品都经过了市场调研，即对店铺销售趋势和消费者偏好的分析。这样一种产品系列组合，就可以在差异化的品牌延伸中，为顾客提供全面的解决方案，使顾客从屈臣氏提供的产品组合中获得心理上和物质上的满足，从而在消费个性化上获得成功。

在产品组合的同时，屈臣氏强调针对顾客进行价格组合，不是将顾客的钱一次赚个够，而是将廉价与高品质的双重品牌构成奉献给消费者，在“可持续赚钱”中保持顾客的持续购买。

(2) 市场定位差异化。

屈臣氏在1989年到1997年这段时期，发展不尽如人意。其原因就是没有建立好自己的目标顾客群。屈臣氏在调研中发现，亚洲女性会用更多的时间进行逛街购物，她们愿意投入大量时间去寻找更便宜或是更好的产品，这与西方国家的消费习惯明显不同。中国大陆的女性平均在每个店里逗留的时间是20分钟，而在欧洲只有5分钟左右。这种差异，让屈臣氏最终将中国大陆的主要目标市场锁定在18～40岁的女性，特别是18～35岁的时尚女性。屈臣氏认为这个年龄段的女性消费者是最富有挑战精神的。

2. 价格差异化

2004年，屈臣氏选择了消费者购买最频繁、对购买支出影响最大的1 200多种保健与美容护肤商品进行让利。价格平均低于市场价格5%左右。其中自有品牌产品占减价商品的15%，这些自有品牌产品的价格甚至比同类产品在其他超市的售价低20%～30%。这次活动宣称：如果消费者发现同样商品在其他店以更低价出售，则可以享受差额的双倍奉还。这次低价活动不仅重新诠释了屈臣氏时尚消费的观念，更带给广大追求生活品质的消费者前所未有的购物新体验。从这时开始，“保证低价”成为屈臣氏为中国内地消费者量身定做的长期让利策略。有关“保证低价”策略的消费者调查结果显示：消费者对其认知程度非常高，而低价、高品质、产品深度与广度是消费者选择到屈臣氏购物的主要因素。

3. 渠道差异化

(1) 购物环境差异化。

走进屈臣氏任何一家门店，迎接顾客的首先是欢乐的音乐，还有摆放在商店里独有的可爱的糖果等，一些可爱的标志例如“心”“嘴唇”“笑脸”等都会出现在公司的货架上、收银台和购物袋上，这一切都给消费者欢乐、温馨、有趣的感觉，向消费者传递着乐观的生活态度。

(2) 售后服务差异化。

屈臣氏拥有一支强大的健康顾问队伍，以“健康活力大使”命名的专业队伍，常年为顾客免费提供健康生活的咨询与服务。在店内提供陈列信息快递《护肤易》等各种个人护理资料手册，免费提供各种皮肤护理咨询，在药品柜台建立“健康知己”资料展架，提供各种保健营养分配和疾病预防治疗方法等。以上种种经营策略，可以让顾客看到，屈臣氏关心的不仅仅是商品的销售，更注重对顾客体贴细致的关怀。

4. 促销差异化

(1) 广告媒体差异化。

由于零售商自有品牌仅在该零售商的内部进行销售，其广告宣传主要是借助零售商的商誉，与采用大众媒体相比，广告成本大大降低。屈臣氏店内有25%的空间留给自有品牌，包括所有一般品类以及特殊品类，摆放在屈臣氏自有品牌区域比较显眼的位置。

(2) 品牌形象差异化。

屈臣氏在19世纪初的义诊及送药行为曾为它赢得了良好的社会形象。屈臣氏曾为孙中山在香港就学时提供奖学金的故事更使得这个品牌不胫而走。为更好地诠释屈臣氏“欢乐”的品牌内涵，2004年6月，屈臣氏多年前开发的新奇士果汁自有品牌，与美国迪士尼公司合作在深圳上演“迪士尼100周年奇幻冰上巡演”项目，从娱乐角度切入，让人们感到轻松有趣之余，使屈臣氏“欢乐”主题淋漓尽致地体现出来，拉近了与消费者的距离。新奇士和迪士尼有着相近的消费群体——重视娱乐、思想年轻的乐观一族。新奇士与迪士尼品牌内涵相融合，增强了新奇士的品牌张力，丰富了屈臣氏的品牌内涵。

资料来源：中华文本库.

问题：

1. 屈臣氏如此成功的秘诀是什么？
2. 实施差异化战略的意义是什么？

案例二　软饮料公司的竞争战略

甲公司是美国本土一家软饮料公司，美国软饮料市场几乎被百事可乐和可口可乐两大巨头占领，而甲公司企业规模较小，无法通过规模经济实现成本领先，于是甲公司决定专门致力于果蔬饮品的生产。由于碳酸饮料容易使人发胖，人们也越来越关注健康，甲公司决定将果汁饮品定位在“营养健康”上，并根据不同人群的特征，生产不同类型的产品，比如针对女性顾客，推出益气补血的枣类饮品，富含维C的番茄汁、胡萝卜汁等；针对一些肥胖人群推出一些低糖、减肥的果蔬饮品等。秉承“营养健康”的理念，甲公司在果蔬饮品上越做越出色，在激烈的软饮料市场为自己赢得了一席之地。

问题：

1. 根据资料判断甲公司采取的是何种经营战略。
2. 简述该种战略可以有哪些分类，并根据资料分析甲公司采取了哪些战略，简述该种战略选择的适用条件。

第七章　企业国际化经营战略

本章导读

在世界经济全球化的背景下，企业从国内经营走向跨国经营、从国内市场进入国外市场已经是一种必然的选择。一般来讲，当一个企业的资源转化活动超越了国界，进行商品、劳务、技术等的跨国传递和转化，那么这个企业就是在开展国际化经营。而企业的国际化经营战略，就是在国际化经营过程中的发展规划，其基本目标就是扩大影响，提高国际市场的占有率，增加投资回报。为此，要遵循经营国际化、市场全球化、产品整体化等的指导观念。

企业国际化经营战略可以依据产品技术的来源、企业国际化经营发展的阶段、生产经营行为的标准划分成不同种类，每一种类型有其优点与不足及适应性，企业要根据国内外市场需求发展、竞争状况、外贸政策、产业政策、价格水平、自身能力等因素进行综合分析与判断，选择适合的战略类型。同时，在国际化经营战略实施过程中，还需要把握实施的关键问题，采取更加有效的措施，以确保战略的有效贯彻。

学习目标

通过对本章的学习，了解企业国际化经营的基本知识，掌握企业国际化经营战略的基本概念、目标及思想，区分不同类型的国际化经营战略，把握国际化经营战略实施过程中的关键问题，并能提出具体解决措施。

关键概念

国际化经营战略（Internationalization Strategy）
反回头战略（Inverse Strategy）
“三来一补”战略（The “Three to One Complement” Strategy）
本国中心战略（National Center Strategy）
多国中心战略（Multinational Center Strategy）
全球中心战略（Global Center Strategy）

全球化已经不是你想不想、愿不愿意的事情，而是你必须考虑的事情。

——丁健

与其被国际化，不如去国际化。

——台湾广告界名言

第一节　企业国际化经营战略概述

一、企业国际化经营简介

（一）企业国际化经营的概念

企业的国际化经营是指企业为了寻求更大的市场、寻找更好的资源、追逐更高的利润，而突破一个国家的界限，在两个或两个以上的国家从事生产、销售、服务等活动。

企业的国际化经营是企业在经济全球化的背景下，从国内经营走向跨国经营，从国内市场进入国外市场，在国外设立多种形式的组织（合资、参股、控股等方式），对国内外的生产要素进行配置。一般来讲，如果一个企业的资源转化活动超越了国界，进行商品、劳务、资本、技术等形式的经济资源的跨国传递和转化，那么这个企业就是在开展国际化经营。

企业国际化在我国国民经济发展中占有十分重要的地位，它们是我国对外开放、开展国际交流、经营合作、贸易往来的主力军，是我国企业走向国际市场、开展国际化经营的

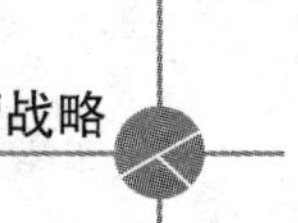

突击队，是参与国际市场竞争的主力军。通过企业国际化的经营实践，我国将提高在世界贸易中的地位。

国际化经营企业主要包括两种类型：

(1) 生产过程立足于国内，产品销往国际市场的企业。

这是企业由内向型转为国际化初级阶段的一种类型，原来主要立足于国内市场，随着国内市场需求的饱和，而逐步开展国际市场营销活动，把产品逐步推向国际市场，外销产品的比重随着企业国际市场开拓工作的进展而提高，直至占据国际化主要地位。

(2) 境外投资设厂，产品销往世界各国市场的企业。

开发和利用国际资源，进行技术开发和产品生产，产品销往世界各国市场，这时企业开展国际化经营活动进入发展阶段，在这个阶段上企业的主要活动舞台已由国内转向国际，在国际范围内进行资源和生产要素的优化组合，更直接地充分地利用国外的资源、资金、技术和人才，在国际上拓展企业生存和发展的空间，使自己逐步壮大为跨国公司，参与同国际强手的竞争，谋取更大的盈利。此外，按开展国际化经营的内容不同，还可把企业国际化划分为贸易型企业国际化、科技开发型企业国际化、实体开发型企业国际化，如在境外从事投资建厂、工程承包、建筑施工等实业活动的国际化经营活动。

（二）企业国际化经营的特点

与国内经营相比，从事国际化经营的企业有着以下显著的特征：

(1) 跨国界经营。这是企业国际化经营的最基本的特征。企业已跨出国门，走向国外，在多国或多个地区开展生产和营销活动。其经营目标是开拓、占领和扩大国际市场，满足国际市场的需要；在国际范围内广泛利用和优化生产要素的组合，借助国际市场来完成企业再生产的循环活动，在国际上寻求发展的空间。

(2) 多元化经营。即企业经营不只局限于一种产品或一个产业，而是尽量扩大产品大类和品种实行跨产品、跨行业的经营，以扩大企业的生产经营范围和市场范围，充分发挥企业特长，充分利用企业的各种资源，提高经营效益，保证企业的长期生存与发展。

(3) 资源共享。即通过跨国经营，寻求、利用东道国资源，并以此作为获取、维持和提升竞争优势的重要途径。

(4) 全球战略和一体化管理。要从全球角度出发，合理安排有限资源，确定全球性战略目标，实行综合一体化管理，努力降低生产经营成本，以期获得长期、稳定的全球竞争优势，实现最大化的全球效率。

（三）企业国际化经营的动因

企业开展国际化经营的具体原因千差万别，但从国家和企业角度来看，动因主要有下列几点：

1. 是经济全球化的需要

当今世界经济的发展呈现出全球一体化的趋势，各国的经济相互渗透，相互依赖，相互促进。随着科学技术的进步和社会生产力水平的提高，必然促使各国发展贸易往来和开展技术合作，在国际范围内进行生产分工和专业化协作。因此，各国企业开展国际化经营活动就成为必然。

随着我国对外开放的进一步发展，越来越多的企业融入国际市场经济体系中，更广泛、更深入地参与了国际市场的竞争。特别是党中央统筹国内、国际两个大局做出了“推进‘一带一路’建设”的重大决策，开创了我国全方位对外开放新局面，企业作为“一带一路”建设的最主要实施者和参与者，大力实施“走出去”战略，提升企业国际竞争力，已经成为党和国家的重要要求，也是企业融入国际经济大循环、寻找新的经济增长点、实现做大做强的重要手段，国际化经营对于企业的重要性已经达到一个前所未有的新高度。

2. 是我国企业成长壮大、变强的内在要求

企业作为一个商品生产者和经营者客观存在着一种谋求增值的机制。只要它所选择的经营领域准确，又善于捕捉市场机会，一般会获得发展。在正常情况下企业的成长会经历规模扩大化成长阶段、多样化经营成长阶段、集团化经营成长阶段、国际化经营成长阶段。总有一批企业要变大变强，必然要把生存和发展的空间由国内拓展到国外。当今的世界500强公司，无一不是跨国公司。2016年我国的世界500强上榜公司连续第13年增加，共有110家公司上榜，占据五分之一的席位。（而1999年这个数字为8家）。其中前5位中有3家中国公司，分别是国家电网、中石油、中石化。13家中国内地公司首次上榜，包括京东、美的、万洲国际、万科、万达、恒大等。世界500强排行榜是世界经济的“晴雨表”，亦是国家实力的缩影。2016年这份榜单反映了世界经济版图的变化，我国企业上榜的数量与我国世界第二大经济体的地位更加相称，是中国崛起大势造就了中国大企业。未来我国将有更多的企业会实施“走出去”的战略，开展国际化经营，必将有更多企业变大变强，进入世界500强。

3. 拓宽企业发展空间

企业从事国际化活动最直接的动因是开发海外市场，开辟新的发展空间。随着经济全球化的发展，不同国家的消费者在需求偏好和消费习惯上有趋同的倾向，这使得企业有可能将产品和服务推向更广阔的市场，在国内市场趋于饱和时为现有的产品和服务寻找新的顾客。

4. 利用外国资源

企业在海外市场可以寻找更优质的人才、资金、技术等各种资源，同时，可以在更大的范围内学习新的技术、管理经验，积累对顾客需求的认识，由此打造出更强的核心竞争力。

二、企业国际化经营战略的概念

企业国际化经营战略（Internationalization Strategy），是指在经济全球化和信息化条件下，从国内经营走向跨国经营，从国内市场进入国外市场，在国外设立多种形式的组织，对国内外的生产要素进行配置，在一个或若干个经济领域进行经营活动的战略。

企业国际化经营战略是企业产品与服务在本土之外的发展战略。随着企业实力的不断壮大以及国内市场的逐渐饱和，有远见的企业家们开始把目光投向中国本土以外的全球海外市场。企业的国际化战略将在很大程度上影响企业国际化进程，决定企业国际化的未来发展态势。

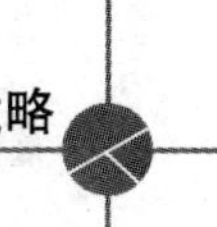

三、企业国际化经营战略的目标

(一) 增强产品的竞争能力，提高国际市场占有率

衡量企业国际化经营竞争能力的强弱，其主要标志之一就是在各个东道国的市场占有率，这一指标高，说明竞争能力强，反之，则不然。要提高市场占有率，关键在于产品的竞争力，在于产品有特色，品种对路，质量可靠，价格合理，符合各个目标市场顾客的需要；在产品销售之后，能够适时地提供周到而热情的服务。只有在这几个方面下功夫，才能达到理想的市场占有率目标。

(二) 发展成为知名度高、影响力大的跨国公司

这是企业国际化经营进入成熟阶段的发展目标，它具体包括在国外建立众多经济实体的目标、总的生产经营规模目标、每个经济实体的经营规模目标、国际名牌产品目标。由此，打造企业在国际市场的名牌产品、增强服务能力、提高企业知名度，成为企业国际化经营的又一个战略目标。

(三) 以境外投资和技术出口为主，提高跨国投资的回报率

随着企业国际化经营的发展，必然从以产品出口为主，逐步转变为以境外投资和技术出口为主；从国内经营境外销售为主，转变为境外生产、就近销售为主；逐步提高技术出口的比重，或者将新技术运用到境外投资的生产厂家，实现技术和产品的更新换代，进一步提高企业在国际市场的竞争力，以确保获得满意的投资回报率。

四、企业国际化经营战略的思想

企业从事国际化经营需要确立以下战略思想：

(一) 经营国际化观念

确立经营国际化的观点：(1) 要树立以国际市场为导向的观点，按国际目标市场的需求进行产品的开发、生产和营销；(2) 要确立国际市场竞争观念，积极参与国际市场竞争，既敢于竞争，又善于竞争，在国际竞争中求生存和谋发展；(3) 要确立长远观念，企业进入国际市场，要站稳脚跟，并不断扩大市场，是一个渐进的长期过程，不可能一蹴而就，要准备长期奋战，逐步提高在国外的市场占有率。

专栏 7-1

欲穷千里目，更上一层楼——王之涣。

不畏浮云遮望眼，只缘身在最高层——王安石。

不登高山，不知天之高也；不临深溪，不知地之厚也——荀子。

一个人一生的脚步，绝不会超过其视野的极限。人生的成功与否与视野的开拓息息相关。

（二）生产全球化观念

生产全球化即在全球范围内进行专业化协作生产，参与国际生产的分工与协作的过程。

企业要确立生产全球化的观念：（1）要确立参与国际生产分工的观念。科学技术的迅速发展，使得国际性的经济技术的联系更加密切了，以往那种地方的或民族的自给自足和闭关自守的状态，被各民族的各方面的相互往来和各方面的相互依赖所代替。任何一个国家经济的发展都不可能孤立于世界之外，都不可能人为地割裂生产和消费的国际联系，只能利用这种联系，参与国际间的生产分工和协作。（2）确立在国际范围内利用资源和优化生产要素的观念。任何一个国家都不可能拥有发展本国经济所需要的全部资源，也不可能掌握世界上所有的先进技术。因此，应该学会利用国内和国际两种资源，善于利用外资和引进技术；善于在境外投资，发展经济实体，在境外众多国家开展生产经营活动；善于在境内承担国外大公司转移来的产品和零件、部件、元器件的生产加工和组装任务。总之，国际化企业需要在参与国际技术合作和交流、国际生产分工与协作中求得发展。

（三）国际市场营销观念

国际市场营销观念是指把国际市场看作一个有机的整体，以此作为企业经营活动的舞台和发展空间的观念。

国际化企业要确立国际市场营销观念：（1）要确立国际市场观念，即把企业经营活动的舞台及重点由国内市场转向国际市场的观念。国际市场是国内市场的延伸和扩大，随着企业参与国际生产的分工与协作，必然要求企业把营销的范围扩展到境外，把国际市场作为企业的目标市场，扩大销售的半径，扩大企业的经营规模。（2）确立国际发展空间的观念。从国内市场延伸和扩展到国际市场，实质上是企业生存和发展空间的扩大。市场是企业生存的立足点，市场的扩大意味着企业生命力的增强和经营规模的扩大。从国内市场扩展到国际市场本身就表明企业发展空间的扩大。（3）确定国际标准的观念。企业产品由以满足国内市场需求为主转向以满足国际市场需求为主，随之标准也发生了变化。要适应国际市场的需求，国际化企业必须把自己的产品当作国际商品来生产，将国际标准或国外先进标准作为设计和生产的依据，以国外顾客满意为准。因此，企业应提高对国际市场需求的适应能力。

（四）产品整体化观念

产品整体化就是把产品生产和产品消费看作一个整体，把产品的设计、生产和售后服务看作一个整体过程。确立产品整体化观念，就是确立现代产品观念。现代产品包括三个层次，即产品核心层、产品实体层、产品延伸层。要把这三个层次统一起来，满足顾客的需要。首先，要确立以消费者为中心的观念，即不仅从企业生产的角度，而且要从消费者的角度，来考虑产品的功能是否满足顾客使用的要求，是否给顾客带来利益、带来实惠；其次，要确立服务观念，即不仅重视产品的实体，增加品种，提高质量，注重包装，而且要重视为顾客提供与产品相关的附加利益和售后服务。

（五）联合参与国际竞争的观念

我国企业开展国际化经营起步较晚，实力较弱，在国际市场上面临各种不同的竞争对手，不仅面临与目标市场所在国同类产品生产厂家的竞争，而且更要面对各个跨国公司严峻的挑战。

目前，我国的出口企业多数是单兵作战，即使是集团公司或企业集团，也无法同实力雄厚的跨国公司相竞争。因此，国内各出口企业必须确立联合参与国际竞争的观念，组成“联合舰队”，共同参与国际竞争。(1) 要确立整体功能大于局部之和，即 1+1>2 的观念。联合、协作会产生新的生产力，各个企业联合起来，不仅有利于改变势单力薄的被动局面，而且容易形成新的合力。增加企业联合体的竞争力，就有了与跨国公司相抗衡的条件。(2) 确立优势互补的观念。每个企业都既有自己的优势，也有自己的劣势。联合起来，就能实现优势互补，形成强大的凝聚力、向心力，促进我国跨国公司的成长，促使我国企业国际化经营整体水平提升。

专栏 7-2

乾隆和马戛尔尼

1792 年，英国的马戛尔尼率领由科学家、作家、医官等 90 人组成的使团，拜见乾隆。在这次见面之中，清朝统治者视野中的盲点毕现无遗。英国人带来了最新的发明：蒸汽机、棉纺机、梳理机、织布机，还有当时英国最大的“君主号”战舰模型。英国人都以为清朝君臣会感到惊奇。谁知乾隆却说：“天朝物产丰盈，无所不有”，这些不过是无用的奇技淫巧罢了。马戛尔尼还赠送过榴弹炮等火药武器，但是当 1860 年英法联军火烧圆明园时，英国人发现，几十年前赠送给清政府的大炮与炮弹都完好无损地摆放在那里——它们从未被使用过。

双方的争议当然还包括“地球是圆的”这个话题，虽然英国人都发现了清朝行宫中保存有明朝遗留下来的地球仪和《坤舆万国全图》（传教士利玛窦所赠，明朝曾在全国公开出版，上面标有英国的位置）。但乾隆依然不知道英国在哪里。一个叫杨光先的大臣还散发文章说：“若四大部州，万国之山河大地，是一个大圆球……竟不思在下之国土人之倒悬……有识者以理推之，不觉喷饭满案矣！”

马戛尔尼归国后，曾得出如此结论：“清政府的政策跟自负有关，它很想凌驾各国，但目光如豆，只知道防止人民智力进步……当我们每天都在艺术和科学领域前进时，他们实际上正在变成半野蛮人。”因此，清帝国“不过是一个泥足巨人，只要轻轻一抵就可以把他打倒在地”。

事实上，正如马戛尔尼所说，清政府并不缺乏雄心，但关键在于他们“目光如豆”，视野中有一项“内置的帽子”——自我的盲点。所以，盲点也决定了当时的统治者不可能拥有开拓型的国际视野，也不可能有开放的国策。因此，就算见到了先进的地球仪、战舰、火炮，他们也一样无动于衷。

启示：开拓视野、克服自身盲点是很重要的，因为对于任何一个人的视野来说，自我的盲点总是非常致命。

第二节　企业国际化经营战略的类型及其决策

一、企业国际化经营战略的类型

（一）按照产品技术的来源划分

1. 反回头战略

当国内某一产品的市场需求量很大，而国内该产品的生产技术落后，生产规模很小时，企业通过引进国外先进技术，改造落后产品，扩大生产规模，满足国内需求。随着生产规模的扩大，生产成本大大降低，产品具有了价低而技术又比较先进的优势，在国际市场上具有了较强的竞争力，因而可以打入国际市场，包括技术输出国市场，这就是所谓的"反回头战略"（Inverse Strategy）。实施这一战略要注意两点：一是要选准主导产品，它既是国内需求量大的产品，也是国际市场需求量大的产品；二是要将引进的先进技术同国内劳动力成本低的优势相结合，使之在国际市场上具有较强的竞争力。

2. 技术带动出口战略

技术带动出口战略指企业开发具有特色的国际领先技术，然后带动其产品出口。2012年10月19日，凭借着十多项领先世界的"特技"，缙云山蒲照明电器有限公司外贸出口额连续六年大幅增长，实现了技术带动出口，强势占领欧盟市场。实施技术带动出口战略的关键，就是要使创新的技术迅速转化为现实的生产力，即实现商品化、产业化，然后才谈得上用先进技术带动先进产品出口。

（二）按企业国际化发展的不同阶段划分

1. 商品出口战略

商品出口战略是企业国际化经营初创阶段适宜选择的战略，即企业生产过程立足于国内，商品交换在国际市场上进行，产品满足国外顾客需要的战略。根据企业出口自主权的大小和国际化经营的程度不同，又可分为两种战略：（1）间接商品出口战略。当企业还未取得商品出口的经营自主权或者这种权力较小、国际化经营程度较低时，可通过间接渠道把商品推销到国际市场。这里说的间接渠道主要是指不同类型的中间商，如国内出口商、国内出口代理商、合作组织等。间接出口战略投资少，无须向国外派遣营销人员，无须开设营销机构，风险较小。不足之处在于不利于了解国际市场环境和顾客需求；由于需要向中间商支付较多的手续费，因而间接出口的盈利不高。（2）直接商品出口战略。当企业国际化经营程度较高时，通过建立出口营销机构，如在国外建立营销分公司或子公司，或以派员出国直接推销商品、设立国外经销商或代理商推销商品等形式实行出口战略。实施直接商品出口战略的优点在于：有利于掌握国际市场信息，直接了解国际顾客的需求，也有利于同国外中间商建立密切的联系。直接出口虽然风险较大，费用也较高，但可能取得的盈利也较高。这一战略适宜于商品出口量大、市场规模大、有充分力量支持出口业务的国际化企业。

专栏 7-3

最新数据显示，小米手机在印度的销量与去年同期相比增长率约为 300%，成了印度 2017 年第三季度第一大手机品牌，也是印度市场发展最快的智能手机品牌。另外，调研公司 GFK 最新报告显示，在刚刚过去的 10 月，小米在乌克兰市场的市场份额已经升至 17%，同比暴增 102%。在白俄罗斯，小米已经连续 4 个月市场份额第一，其中在 7 月、8 月、9 月都超过了 30%。小米的国际化经营取得了令人瞩目的成绩。

2017 年 12 月 4 日，小米公司创始人、董事长兼 CEO 雷军出席第四届世界互联网大会“数字丝绸之路”国际合作分论坛，在对话环节分享了小米在国际化业务的成绩与经验。据悉小米的产品已经进入全球 60 多个国家，在 13 个国家排到前五。雷军表示，小米已经进入欧洲市场，正在制定进军北美的时间表，全球化将在全球全面铺开。

2. 合资经营出口战略

合资经营出口战略指企业与外商共同出资创办企业，以带动产品出口的战略。实施这一战略的主要目的是利用外资和国外先进技术，以弥补企业资金不足和技术落后的缺陷。开办合资经营企业，也有利于利用外商在国际上的营销渠道，使产品顺利地进入国际市场。实施这一战略的特点是双方投资，共同经营，利益共享，风险同担。其优点是：见效快，收益大；可引进比较先进的技术装备，有利于增加产品技术含量和提高质量；增加生产，扩大出口；有利于培养涉外经营人才，学习和掌握外商所带来的先进的管理方法和技术。这一战略的不足之处是：企业没有独立支配经营资源的权力；合作双方的目的有差异，如中方企业是为出口而外方企业是为进入中国市场，由此扩大出口的阻力较大。所以，合资经营带动出口战略的实施，关键是选好有利于企业扩大出口的外商合作伙伴。

专栏 7-4

2008 年 1 月 8 日，温州制鞋企业奥康集团与意大利著名鞋业品牌万利威德签署全球战略合作协议。万利威德全球专卖店已超过 2 300 家，奥康集团经过 20 年运作也已成为中国名牌，在国内开设了 3 000 多家连锁专卖店。根据合作协议，奥康接管万利威德全球品牌经营权，万利威德则提供产品研发资源、技术和法律方面的支持。万利威德将协助奥康集团在其意大利总部成立产品研发中心，开发成果双方共享。

奥康集团开拓国际市场主要采取了三种方式：一是运用品牌共享策略，加盟特许经营；二是运用品牌代理策略，与国外成熟运营商合作把产品打入高端市场；三是采用品牌并购策略，除了卖自己的鞋子，还卖一些国际品牌的鞋子。集团董事长郑秀康说：如果不在世界范围内创出叫得响的中国鞋业自主品牌，我们会始终处于产业链的低端。

启示：温州制鞋企业与“世界品牌”进行战略合作，折射出中国企业向海外扩展市场的必由之路。一个企业仅仅靠生产成本的节省，只能在国际产业价值链中赚取低廉的附加值，一旦拥有知名品牌则产品身价陡增。企业应当悉心寻找走向国际化经营的直通车。

3. 加工出口战略

加工出口战略指通常所说的“三来一补”战略（The“Three to One Complement”Strategy），即来料加工、来样定做、来件组装和补偿贸易的战略。这也是企业国际化经营起步阶段所选择的一种战略，通过对外商承担加工装配的任务，向外商收取加工费，而原料或元器件由外商提供，产品外销也由外商负责。实施这种战略，投资少，承接企业能充分利用现有厂房、设备进行生产，不必直接投资；加工产品需要增添的关键设备或先进设备也由外商提供，承接企业交使用费。实施加工出口战略用人多，加工的产品一般属于劳动密集型，其优点是周转快、见效快、风险小。缺点主要是：承接企业并不直接接触国际市场；加工费低。从我国的情况看，“三来一补”企业在市场经济中发挥了重大的作用。尤其是进入21世纪以来，由于国际贸易的增长和国内经济的发展，“三来一补”已从传统的贸易方式转变为现代独特的企业经营方式，其内容也有了新的含义。

4. 境外投资战略

境外投资战略指企业在国外办厂从事生产，在该国和世界其他国家销售。根据企业的投资政策，又可分为两种投资战略：（1）合资经营战略，即为取得生产和销售的便利条件，国际化企业与东道国厂商共同创办企业的一种战略。具体形式有签订生产合同，产品在东道国销售。优点是以较小的风险抓住在国外的市场机会，取得丰厚的利润。合资形式上可采取现有项目投资、双方合资兴办新项目的方式。（2）海外独立投资战略，即企业向需求前景可观的目标市场所在国直接投资建厂从事生产经营活动，独享经营收益。选择这种战略的优点是：节省运费，降低产品实际成本；产品更适合当地的市场环境，有利于实现企业长远的国际化经营目标。缺点是巨额投资存在巨大风险，容易受到资金冻结、货币贬值、市场恶化等的威胁。

5. 跨国公司战略

跨国公司是指一个国家的大型企业为获取巨额利润，通过对外直接投资，在多个国家设立分支机构或子公司，从事生产、营销或其他经营活动的跨国企业组织形式。其特点是：企业在境外多个国家开展生产经营活动，经营实体众多，海外分公司、子公司与总公司形成紧密的组织结构和联系网络；总公司从国际范围出发进行统筹安排，企业的生产、研究与开发、销售、原材料供应，都在比较大的国际范围内寻找最有利的地区进行。

实施跨国公司战略可以采用多种经营方式，可以直接投资，在多个国家建立生产基地，设立国外装配车间或分厂；可以与东道国企业合资经营，使之变成跨国公司的子公司；可以对外商的公司实行控股或参股；在建立生产工厂的同时，设立营销和服务机构，直接为国外客户提供维修服务。实施跨国公司战略的优点是：由于在境外设立分支机构和子公司，能够开拓和巩固国外市场，掌握对外发展的主动权；有利于绕过进口国的贸易壁垒、降低生产成本，增强竞争能力；有利于收集目标市场所在国的市场信息，及时反馈信息，改进产品，加强促销，更好地树立企业形象，提高企业的知名度和美誉度，从而提高国际市场占有率。跨国公司战略是可供企业在国际化经营的高级阶段所选择的战略。

（三）按企业生产经营行为标准不同划分

1. 本国中心战略

本国中心战略（National Center Strategy）指在国际化经营中以母国或母公司为中心

进行决策、集中控制的战略。其目的在于以高度一体化的形象和实力在国际竞争中占据主动，获得竞争优势。这一战略的特点：一是实行集权式决策和管理，母公司集中进行产品的设计、开发、生产和销售协调，管理模式高度集中，经营决策权由母公司控制；二是采用母国企业的一套经营管理方式；三是在国外的子公司负责人一般由母国公司派遣，由母国人员担任。这种战略的优点是集中管理可以节约大量的成本支出，缺点是产品对东道国当地市场的需求适应能力差。

2. 多国中心战略

多国中心战略（Multinational Center Strategy）指在统一的经营原则和目标的指导下，按照各东道国当地的实际情况做出决策的战略。其特点：一是较多地考虑其在国外众多子公司的利益；二是实行分权型决策，母公司主要承担总体战略的制定和经营目标分解，对海外子公司实施目标控制和财务监督；三是海外子公司拥有较大的经营决策权。

多国中心战略关注的是利用不同国家之间存在的技术、客户、市场等方面差异并创造价值的企业，其优点是对东道国当地市场的需求适应能力好，市场反应速度快，缺点是增加了子公司和子公司之间的协调难度。

3. 全球中心战略

全球中心战略（Global Center Strategy）指从全球竞争环境的角度进行决策的战略。将全球视为一个统一的大市场，在全世界的范围内获取最佳资源并在全世界销售产品，力图在全球范围获得最佳的效率与效益。其特点：一是强调母国公司和在各东道国的子公司，都必须服从公司在全球范围内的整体利益；二是母国公司及其在各东道国的子公司必须相互依存，紧密协作。

采用全球中心战略的企业通过全球决策系统把各个子公司连接起来，通过全球商务网络实现资源获取和产品销售。这种战略既考虑到东道国的具体需求差异，又可以顾及跨国公司的整体利益，已经成为企业国际化战略的主要发展趋势。这种战略的缺点是对企业管理水平的要求高，管理资金投入大。

相比较而言，上述三种战略中，全球中心战略对企业资源及能力的要求最高，所耗费的成本也最高，而本国中心战略对企业资源及能力的要求最低，所耗费的成本也最低，而多国中心战略则介于二者之间。

二、企业国际化经营战略的类型决策

企业国际化经营过程中选择何种经营战略，需要对以下因素进行综合分析后做出选择：

（一）国内外市场需求现状及其发展趋势

在国内市场需求旺盛且收益较高的情况下，企业不会寻求外销，只有当国外需求量大、产品价格看涨、企业产品出口比较利益较大的情况下，企业才有外销的动力。而外销的规模则必须根据国际市场近期和远期的需求趋势来决定。当目标市场所在国远期对某种产品需求量很大，则可选择商品出口战略并扩大外销规模，或选择在该国进行投资的战略。

（二）国际市场竞争状况及其竞争发展趋势

决定企业的产品出口到哪些国家或地区前，必须充分掌握海外市场竞争状况，如东道国生产同类产品的厂家有多少、各厂竞争实力情况、产品品种适销情况、质量优劣情况、价格高低、销售实力、销售服务等以及各跨国公司在东道国市场占有情况。如果这些东道国或地区竞争不激烈时，企业可选择境外投资战略，扩大其生产和营销规模；反之，则可避免在这些国家或地区市场推销产品。

（三）目标市场所在国的外贸政策和产业政策

如果目标市场所在国或地区的政府实行对外开放政策，鼓励发展进出口贸易，开放市场，降低关税，撤除贸易壁垒，则企业可选择这些国家或地区作为目标市场，实施商品出口战略；国际化经营程度高的企业则可选择境外投资战略。反之，企业则应避免向这些国家或地区出口商品。

企业在进行国际化经营时还应研究目标市场国的产业政策，鼓励发展什么产业和产品，限制哪些产业和产品，以便确定在这些国家或地区推销何种产业的产品，或投资何种产业、生产何种产品。只有企业的投资方向和产品结构符合东道国的产业政策时，才可能得到鼓励和支持，并获得政策上的某些优惠，取得推销或投资的成功。

（四）国内外市场的价格水平和其他市场因素

价格水平是决定企业产品内销还是外销的一个关键因素。企业是商品生产经营者，需要取得盈利，当国际市场的价格水平有利时，则促进企业产品外销，实施商品出口战略。是直接出口还是间接出口，主要是看企业是否有外销渠道。企业有力量派员出国推销或在海外设立分销机构的，则选择自主直销战略；反之，则选择外商经销或代销的战略。若企业实力雄厚，海外已建立分销机构，还可选择广告促销战略、公关促销战略、营业推广促销战略等。

（五）企业本身的出口能力和条件

若企业生产的出口产品数量较少，则没有必要设置专门的出口营销机构和派员出国推销，而适宜选择间接出口商品战略；反之，若企业出口产品的生产规模大，就有必要设置专门的出口营销机构和配备适当的外销人员，并选择直接出口战略。随着企业国际化经营的推进、生产经营规模的扩大、创汇水平的提高，以及产品在国际市场享有一定知名度、拥有国际水平的专利技术，国际市场某项产品的需求量也相应扩大，企业也锻炼出一批国际经营的人才队伍，则企业可选择境外投资的战略，进而实施跨国公司经营战略。

第三节　企业国际化经营战略的实施措施

一、企业国际化经营战略实施的关键问题

企业实施国际化经营战略，会受到多种因素的影响，其中关键的影响因素包括：

（一）战略伙伴的选择

战略联盟实施的关键在于当地合作者的选择。联盟双方不但要考虑各自的战略目标，而且还要考虑各自的资源。

（二）组织结构的设计

国际企业的组织结构设计要考虑来自行业特点、所处国际化经营阶段、集权与分权的

程度。例如：在国际化经营的力量蓄积、产品间接出口、产品直接出口、国外投资和全球投资的五个阶段，对组织结构的要求是不一样的，需要适时选择与调整。

(三) 文化价值观与管理

由于文化不同，管理风格和人力资源管理也有较大差别。在实施国际化经营过程中，必须做到适合于东道国的具体情况。现在国际企业倾向于从投资所在国聘用管理人员。调查显示，一个国际经理人员需要具备战略意识、新环境的适应能力、对新文化的敏感性、与国际人员工作的能力和语言技巧等方面的能力。

(四) 外汇风险管理

企业国际化经营战略风险比较高，其中外汇风险是不可避免的。由于外汇汇率经常变动，会导致企业的赢利能力、现金流量等发生变化，制约企业的发展前景，由此，要强化外汇的风险管理。

专栏 7-5

朱镕基、赵纯均、何建坤、钱颖一，这些名字熟悉吗？这些清华经济管理学院的历任院长有一个共识：国际化不是一种选择，而是一种必需。例如钱颖一说："一所国际化的经管学院，至少应包括三个方面：国际化的视野、国际化的课程、国际化的师生。"大学生要从中受益，后两方面取决于学院的努力，而国际视野则需要靠自己主动锻炼。对大学生来说，开阔视野的机会很多，机遇也很多。

二、企业国际化经营战略的具体措施

(一) 培训国际化经营人才

企业国际化经营是一项十分复杂的跨国经营活动，涉及国际运输、商品出境检验、跨国货运保险、外汇结算等各方面的事项，由此需要有一批具备国际贸易、国际金融、各国法律、各国关税制度、保险、商检、结汇等多方面知识的专门人才，以适应展开国际化经营的需要。为此，企业需要培育两类人才：一是企业国际化经营的决策人才，主要是具备国际经营战略决策的高层管理者，如董事长、经理、厂长等；二是熟悉国际化经营所需要的各类专业人才，如营销专业人才、生产管理人才、技术开发人才、律师人才等。具备这两类人才，就能保证企业顺利地实施国际化经营战略。

(二) 建立有效的国际市场信息网络系统

开展国际化经营，其前提性、基础性的工作就是加强对国际市场的调查和预测工作，掌握国际市场信息。信息越全面、准确、及时，越有利于企业国际化经营的正确决策。由此，需要加强国际市场调研工作，扩大信息渠道，尤其是加强对目标市场所在国的信息收集和整理。企业内部应建立信息中心，正确地整理和储存从各方面得来的信息，并形成灵敏的市场信息网络系统，使企业高层决策者随时掌握所需的国际市场信息，及时而正确地进行经营决策，有效地指挥国际化经营活动。

（三）适时调整产品结构

企业国际化经营的一个主要特点，就是以国际市场为导向，适应国际市场的需求。为此，企业在组织结构、生产结构与产品结构方面要适时调整。(1) 企业的组织结构要随着国际化经营活动的发展而改变。如：建立专门管理产品外销的机构，或在境外建立相对独立的营销子公司。(2) 调整生产结构，如果外销量大，品种比较单一，则适宜选择大批量生产的专业化结构；如果国际市场需求品种多，每个品种需求量小，需要选择适应小批量生产的工艺专业化结构，以适应国际市场需求的变化。(3) 调整产品结构，提高国际市场上畅销产品的比重，减少平销产品的比重；取消滞销产品的生产；开发和生产国际市场急需的新产品，使国际化企业的产品结构与国际市场的需求结构相适应。

（四）提高技术和产品开发能力

为更好地扩大国际市场，企业还必须生产技术水平高、具有更强竞争性的产品，为此，要联合科研院所、高等院校等科技力量，开发适应国际潮流的新技术、新产品，提高企业的技术开发能力，促进产品结构的高级化，用新技术、高技术含量的产品，参与国际市场竞争，使我国国际化企业在竞争中立于不败之地。

（五）加强管理控制能力

企业在实施国际化经营战略的过程中，为了谋取全球竞争优势，会努力将一些标准化产品的生产和营销设施分散到世界各地，这样必然带来一个问题——决策权的分配。一般来说，企业的一些关键经营决策必须集中化，总公司对分散在全球各地的分公司、子公司在所有权、人员、信息、财务等方面要有控制能力，如实践中往往实行的海外子公司通常被视为成本中心、收入中心或费用中心而不是投资或利润中心，就是为避免失控而采取的措施。

企业国际化经营已成为当今世界经济发展的必然趋势，广泛影响着世界经济发展。改革开放以来，我国经济的飞速发展有目共睹，吸引了大量外商来华投资。与此同时，我国企业开始走出国门，企业只有以全球发展眼光把握好机遇，选择适合自己的发展模式和战略，才能扩大企业市场占有率，更好地参与国际分工与合作，使企业稳定地发展、走向成功。

复习思考题

1. 什么是企业国际化经营？有何特征？为什么要进行国际化经营？
2. 什么是企业国际化经营战略？其基本目标是什么？战略思想有哪些？
3. 依据产品技术的来源划分的国际化经营战略有哪些？其基本内容是什么？各有什么优缺点？
4. 依据企业国际化发展的阶段划分的国际化经营战略有哪些？其基本内容是什么？各有什么优缺点？
5. 依据企业生产经营行为标准划分的国际化经营战略有哪些？其基本内容是什么？各有什么优缺点？
6. 企业国际化经营战略实施的关键问题是什么？

7. 企业实施国际化经营战略的措施有哪些？

案例分析

案例一 海尔的国际化经营战略

海尔集团是在1984年成立的青岛电冰箱总厂基础上发展起来的集科研、生产、贸易及金融等领域于一体的国有特大型企业。在“创海尔国际知名品牌”的思想指导下，通过实施名牌战略、多元化战略和国际化三阶段的战略转换，从一个负债147万元、濒临倒闭的亏损企业迅速成长为国内同行业的“领头羊”，并成为我国企业进入国际市场的最有影响力的企业，海尔CEO张瑞敏也被海外媒体尊为“赢得最多国际尊重的中国企业家”。

1. 国际化初始阶段

从1984年开始，海尔公司坚持实施名牌战略，市场销售额和利润快速增长，这为其快速扩张提供了资金保障。1992年至1998年，海尔实施多元化经营战略，进入多元化发展阶段，并于1993年11月19日使海尔冰箱股票在上海证券交易所挂牌上市，为海尔筹集资本运营和国际化资金打开便利通道。海尔开始建立海外市场销售网络，并初步尝试海外建厂。

海尔产品出口是以创立世界名牌为目标的。在20世纪90年代初期，海尔产品出口时多以OEM（Original Equipment Manufacturer的缩写，即“原设备制造商”）方式进入国际市场。但两三年后，海尔产品以其100%的合格率和优质服务赢得海外经销商的信赖，海尔产品开始打自己的自主品牌，并一直坚持到现在。在这一时期，海尔在海外发展了31个专营店，经销网点达8 000余个。

1996年12月，海尔集团在印度尼西亚投资建厂，成立海尔莎保罗有限公司，首次实现跨国生产。1997年6月，菲律宾海尔LKG电器有限公司成立。1997年8月，马来西亚海尔工业有限公司成立。1997年2月，南斯拉夫海尔生产厂成立。

2. 全面国际化阶段

1998年底，海尔集团明确提出了要建设“国际化的海尔”的战略目标。从1998年开始，海尔利用前十多年积累的竞争优势、国际市场进入经验和初步建立的销售网络，开始整合全球资源，进行海外投资，开展真正的跨国经营。

1999年4月，海尔做出迄今为止最大胆的海外投资决定——投资3 000万美元进军美国市场。2000年3月，美国海尔工业园竣工投产。2001年4月，合资兴建的巴基斯坦海尔工业园奠基；几天后，孟加拉海尔工厂开工建设。至2001年底，海尔已在海外建立13个生产基地（其中工业园2个）、56个海外贸易中心，12 000个服务网点和约4万个销售网点，全球销售收入600亿元人民币，其中，海尔（美国）公司收入达1.5亿美元。

在这一阶段，海尔进一步加大了投入力度来提高企业的技术创新能力。海尔始终保持产品技术和质量上的发展和创新，使它具备了“生产一代、研制一代、构思一代”的能力，平均每年开发出200多种新产品，其中包括能够满足国际主流市场需要的产品。目前，海尔的科研中心聚集了一大批有丰富经验的科研开发人员，拥有世界领先水平的计算机辅助设计系统，“产品实验室”已经同世界接轨，并取得美国UL和加拿大ESA等认证机构的“数据认可”。

3. 海尔出口战略

跨国公司在进入中国市场时，一般是产品先进来，然后才把工厂搬来。海尔也遵循这样的路径，依葫芦画瓢试着把企业带入国际市场。不同的是，海尔进入国际市场时，为自己选择的第一个登陆点是有“冰箱鼻祖”之称的德国；海尔的第一个大型海外工业园建在了美国南卡罗来纳州。张瑞敏的战略意图是，先从最难进入的发达国家市场撕开一条口子，逐步培育国际知名度，形成高屋建瓴之势，然后再辐射欠发达国家，全面开拓国际市场。

1985年，张瑞敏为引进先进技术去了德国。正逢当地一个节日庆典，一位德国人说，在德国市场上最畅销的中国货是烟花爆竹。张瑞敏回忆当时的情形说，“我的心有一种流血的感觉”。1990年，海尔为了通过德国的质量认证，从国内运去4台冰箱参加样品展示会。德国经销商就是信不过海尔的质量。海尔的一名副总裁建议，把海尔冰箱和德国冰箱的标签去掉，让德国经销商挑选相中的冰箱出来，结果挑出来的都是海尔产品。这一下，德国经销商服气了，便签订了2万台的销售合同。这是海尔冰箱第一次出口，也是张瑞敏“下棋找高手”理论的最原始依据。窗户纸捅破了，后面的故事就顺理成章了。

从1997开始，海尔每隔两年参加一次德国科隆国际家电博览会，展位一次比一次大。2001年3月7日参展时，海尔共推出58门类、159个规格的新产品，还专门为欧洲8个国家设置洽谈室。此外，海尔还不惜重金买下展会入口处最显眼的广告位置，与“Haier”并列的是欧洲著名家电品牌米勒“Miele”，暗示海尔已是与世界巨人齐名的家电品牌。高打高举策略显然是成功的。据称，2000年，欧盟三国经销商甚至还买下了海尔空调的5条生产线，如果是这样的话，海尔不仅是产品出口欧洲了，生产线体和生产技术也开始向发达国家输出。有人戏言，是德国人的傲慢成全了张瑞敏和他的海尔。

4. 海外投资战略：先有市场，再建工厂

海尔的对外投资战略，虽然不像出口那样是绝对的“先难后易”，但也带有一定的色彩。海尔的第一个大型海外工业园就建在了美国的南卡罗来纳，虽然在此之前，海尔已开始了海外直接投资。

张瑞敏认为，加入WTO后，关税一定是会降低的甚至互免，但一些国家尤其是发达国家，会制定更高的技术标准限制进口，利用非关税贸易壁垒维护本国相关产业的发展。比如，美国的能耗标准，每两年提高一次，近年来又提高了对进口产品包装技术的要求。因此，海尔认为，要降低海外市场进入成本，避开贸易壁垒，就必须到国外投资建厂，在其本土生产符合其标准要求的产品。

1997年6月，正值亚洲金融危机，海尔在菲律宾建立了海外第一个加工厂。选择这个时机进入，张瑞敏是看准了外资纷纷外撤留下的市场空当；等市场回暖时，海尔就抢得先机。同时，由于危机导致包括劳动力在内所有要素价格大幅缩水，建厂成本节省了近2/3。海尔当时还不具备到美国、欧盟投资的经验和实力。菲律宾的英语语系和受美国文化的影响，使其成为海尔海外投资的最佳练兵场。其后，海尔迅速在中东、北非地区进行投资复制，但规模都相对较小。

张瑞敏谋求全球市场的思路，随着其海外投资行动的推进愈加清晰，目标也日益远大。但在付诸实施时，每一步都十分谨慎。正如其经营哲学：“永远战战兢兢，永远如履薄冰。”到1998年底时，海尔冰箱对美国的出口已有多年历史，在当地市场已积累了一定的品牌影响和市场进入经验，加上在菲律宾的成功，使张瑞敏在1999年4月做出了迄今为止最大胆的海外投资决定——投资3 000万美元进军美国。次年3月，海尔第一个海外工业园在美国的南卡罗来纳州竣工投产。2003年，海尔（美国）公司的销售收入已超过2亿美元。

张瑞敏认为：“在美国设厂，光计算劳动力成本已不符合经济全球化的概念了。重要的是，要综合考虑进入成本。美国是世界上进口家电最多的国家，世界上所有家电名牌无不在该市场参与竞争。在美国市场占据一席之地，对海尔国际化战略，尤其是培育国际知名品牌，具有重要意义。其中，本土化给当地经销商传递的信息，尤其是企业的信心，其效应是难以估量的。”尽管如此，美国毕竟不是菲律宾、中东。张瑞敏多次派人反复考察美国各州，并聘请当地专家进行细致打分，最终选择了土地、劳动力价格都相对低廉的南卡罗来纳州。

2001年6月，海尔以800万美元收购了意大利迈尼盖蒂冰箱厂。该工厂地理位置非常优越，空陆运优势明显，在半径100千米内可覆盖80%的欧洲主要市场及巴尔干的大部分地区。工厂所在地区还是意大利最为发达的零部件密集地以及设备制造基地。这是海尔在跨国并购实践方面投入最多的一次，但在此之后，海尔却较少实施跨国并购行为。

尽管海尔是国内最早开始国际化的企业之一，也是在国际上最具影响力的中国家电企业之一，但据分析人士认为，其在国际市场上的现金流可能是负值，因为企业巨大的国际产品开发投入和营销投入（渠道开发、品牌宣传等），以现有的市场地位和销售情况，是很难在短期内补偿回来的。因此，对于一个采取“先难后易”国际化战略模式的企业来说，它必须要承受得起“阵痛”。美国《商业周刊》也曾刊文《海尔的艰难国际化之旅》，对海尔在美国和其他发达国家市场上的艰难探索进行了分析，得出了两个结论：一是海尔品牌形象，较索尼、惠而浦、伊莱克斯、GE等品牌来说，还有一定差距，目前仅仅是占据了发达国家的低端市场的一部分；二是研发环节距大型跨国公司也还有一定差距，在不断推出满足个性化需要的产品方面还需努力。

问题：

1. 依据案例资料，概括出海尔的国际化战略的基本思路。
2. 国际化战略模式需要海尔具备哪些条件？
3. 如何看待海尔在美国的直接投资行为？

案例二　吉利汽车的国际化经营

2016年最受世界瞩目的峰会是什么？答案一定是G20。作为“全球最具决策力的首脑级峰会”，这一年G20杭州峰会的召开聚集了世界的目光，吉利汽车亮相此次峰会，提供了330辆博瑞、博越、帝豪GS、远景SUV、帝豪EV作为峰会期间的接待、安保、警戒等领域的指定用车。博越作为警方用车，多次出现在萧山机场国家元首的专机旁，这是中国汽车首次登上如此大的政治经济舞台，得到全球几十亿人的关注。这一年正好是吉利集团成立30周年、吉利进入汽车行业的第19个年头，其创始人李书福作为吉利集团的掌舵者，带领吉利从台州走到了国际舞台，跨入世界了500强。

20多年来，吉利汽车在国际化方面走出了有特色、有自己风格的一条道路。吉利国际化早在十年前就开始布局。吉利汽车历史上有知名的三大并购：2006年，吉利入股英国锰铜集团，吹响了进军全球的号角，英伦品牌划入吉利旗下；2009年，金融危机背景下，闪电收购全球第二大自动变速器生产商DSI，5年后的博瑞博越都是搭载了DSI的自动变速器，实际上收购DSI更大的意义是提升吉利研发团队水平，依托DSI，打造吉利自己的变速器产品；2010年，吉利收购沃尔沃，成为汽车收购历史上最成功的案例，依托沃尔沃技术支持，吉利开启了全新的3.0时代。

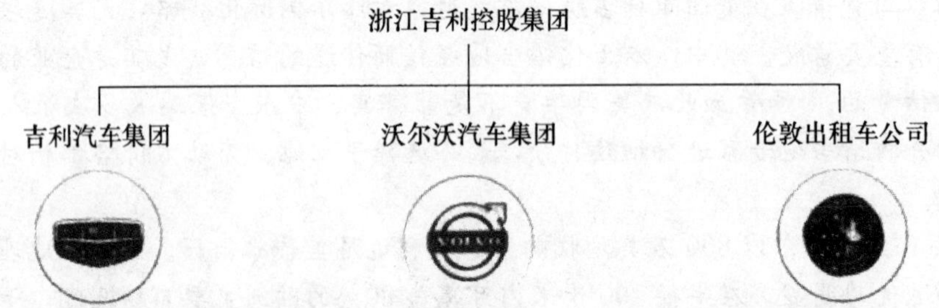

除了资本并购，吉利还打造了精品战略，在造型设计上，打造世界一流的造型设计国际化团队，融合国际审美潮流和中国文化元素的独特设计语言逐渐成为精品3.0时代产品标签。在研发上，深化平台化和通用化战略，以KC、NL、FE三大核心平台和CMA中级车基础架构为支撑，坚持正向开发，不断提升技术原创和集成能力。

产品品质方面，在生产制造环节，采用国际一流的生产设备和制造工艺，以及全球领先的生产标准和质量体系，建立全新的制造基地，保证产品品质。3.0精品车对环保、车联网、智能化也有布局，“蓝色吉利行动”率先承诺提前实现2020年国家排放要求，将先进的动力总成和纯电动、油电混合、插电式混动等新能源解决方案应用到第三代产品上。可以说，吉利汽车的3.0时代完全依靠国际化体系打造，也是吉利厚积薄发的见证。

吉利还建立了国际战略导向的营销体系，制订了未来五年的国际商圈战略规划。吉利俄罗斯、印尼CKD组装生产顺利下线，为吉利海外战略目标实现积累了经验，奠定了基础。

在国际化过程中，品牌的建设是最难的，缔造一个国际化品牌，需要时间，需要积累，需要产品在国内和国际市场被检验，在考验的过程中建立消费者对产品认知。归根到底，品牌建设需要的是产品。吉利汽车在G20峰会的使用，表明了国家对中国制造和民族品牌的认可，展示了其比肩世界的技术和品质，是吉利汽车品牌建设重大的成就，为其未来国际化发展奠定了坚实基础。

问题：

结合所学知识分析吉利汽车国际化经营战略的特点。

案例三　江苏红柳床单的“美国故事”

苏红柳床单有限公司（江阴市红柳被单厂有限公司）创办于1965年，2000年10月改

制，目前是一家经济实力相当雄厚的大型民营企业。现有员工5 000多人，其中，具有中、高级以上技术职称的近百人。公司总资产超10亿元，2007年度销售总额达15亿元，外贸销售超1.5亿美元，实现利税1亿元。

红柳拥有多个设计室，100多名纺织、印染、款式设计专家，专门从事床上用品的花型设计、流行色打样、款式设计等。所用实验设备在国际均处领先地位。每一批产品都要经过严格的测试，符合国家纺织产品的标准后才能出厂，许多国内外经销商及专家参观完红柳的打样测试后总会发出由衷的赞叹，更会被红柳优质的产品质量和一丝不苟的精神所折服。

红柳连续多年获得国际环保纺织协会颁发的绿色环保信心纺织品标准证书。在产品质量的控制上，红柳始终走在国际前列，特别是染料助剂的研究和应用符合国际绿色环保要求，达到西欧国家的产品标准要求，得到世界家纺巨头、著名公司的认可和广大消费者的喜爱，订单源源不断而来，产品远销欧美、澳洲等地，主要知名客户有：Springs（斯普林斯）、Calvin Klein（凯文·科琳）、Dorma（都玛）、JCP、Sears（希而斯）、Wal-Mart（沃尔玛）等。

2004年是江苏红柳床单有限公司开拓美国市场的创业元年，如何直接与美国大型零售商开展业务合作、如何落户美国、如何建立海外团队等问题成为红柳公司国际化经营面临的首要问题。公司总经理黄磊分享了公司国际化经营的“美国故事”。

黄磊介绍说，美国名列前茅的八家零售商Wal-Mart、Target、JC Penney等占整个美国家用纺织品零售市场的70%以上市场份额。这些零售商巨头实施的是全球化采购，它们对产品成本、质量以及交货期限控制等有着严格的要求。要想满足这些零售商的要求，就需要企业在开拓美国市场过程中深耕细作，若是哪一个指数不达标或者某个环节出了差错，合作就无法达成。

为了更好配合零售商，按时完成对零售商的铺货、补货要求，红柳在美国城市夏洛特建立了自己工厂，在美国多个城市建立3万平方米的仓储，同时还在纽约成立研发中心，并运用数据分析等现代化科学技术和管理手段进行系统配置，确保供应链的完整性，使货品管理做到了快速、统一、精准。现代化数据管理为零售商提供了高效服务，赢得了美国零售商的信赖，产品受了美国消费者的欢迎，使得红柳在美国能够稳健发展。公司在美国市场从20万美元的订单做起，到2013年销售超过两亿美元。目前，在美国本土客户已经发展到18家，也是Wal-Mart美国公司11家供应商之一。

资料来源：改编自中国家纺加盟网资料。

问题：

红柳公司是如何实施国际化经营战略的？

第八章　企业市场营销战略

本章导读

市场营销战略是实现企业总体经营战略的一个重要职能战略，它是企业战略体系的一个重要组成部分。市场营销战略正确与否，是决定企业成功与否的前提条件。因此，企业应高度重视市场营销战略的决策。

市场营销战略涉及的内容非常广泛，主要包括目标市场营销战略、市场营销组合战略、企业品牌战略和市场营销新谋略。目标市场营销战略简称 STP 战略，是由市场细分、目标市场选择和市场定位三个战略环节组成的，是企业开展市场营销活动首先需要确定的战略。市场营销组合战略主要解决包括商品、价格、渠道和促销四方面的规划。企业品牌战略则是指企业以品牌为核心，通过品牌经营，营造品牌优势，最终获得顾客满意的谋划与方略。市场营销新谋略阐述的是新形势下市场营销的动态发展与新谋略的研究和选择。

学习目标

通过本章的学习，了解市场营销战略的概念，明确市场营销战略的地位，掌握目标市场营销战略的基本内容，熟悉品牌战略的概念、内容、类型及管理方法，了解市场营销的新谋略。

关键概念

市场营销战略（Market Strategy）
市场细分（Market Segmentation）
目标市场营销战略（Target Market Strategy）
目标市场选择（Market Targeting）
市场定位（Market Position）
营销组合战略（Marketing Mix Strategy）
名牌价值（Brand Value）
品牌战略（Brand Strategy）

营销的过程充满了无限的可能性，只是人们是否相信这种可能，并且愿意为了一个看似不可能的目标付出行动，直至将不可能变为可能。

——叶茂中

随便哪个傻瓜都能达成一笔交易，但创造一个品牌却需要天才、信仰。

——［美］大卫·奥格威

第一节　市场营销战略概述

一、市场营销战略的概念、地位和实质

（一）市场营销战略的概念

市场营销战略（Marketing Strategy）是指企业在现代市场营销观念下，为实现经营目标，投入有效资源，使一定的产品或服务进入、占领目标市场，并扩大其市场份额所做出的长远性的谋划与方略。这一概念的要点是：

（1）实施市场营销战略的目的，是要把企业确定的目标市场转化为企业实际所占领的市场；

（2）进入、占领和扩大市场必须投入有效的资源，使之合理使用；

（3）用适当的产品或服务适时地打入适当的目标市场。

（二）市场营销战略的地位

市场营销战略是企业经营战略的一部分，是根据企业的总体战略来制定的，也就是说，先有了企业的整体战略才有市场营销战略。市场营销战略作为一种重要战略，其主旨是提高企业营销资源的利用效率，使企业资源的利用效率最大化。由于营销在企业经营中的突出战略地位，使其与产品战略组合在一起，被称为企业的基本经营战略。

市场营销战略是企业经营管理过程中不可或缺的一部分，是实现企业总体经营战略的关键性的职能战略之一，在职能战略体系中处于核心地位，起决定性作用。市场营销战略的主旨是提高企业营销资源的利用效率，使企业资源的利用效率最大化。市场营销战略对于保证企业总体战略的实施起着关键作用，尤其是对处于竞争激烈的企业，制定营销战略更显得非常迫切和必要。

（三）市场营销战略的实质

市场营销战略的任务就是要调节市场供求的水平、时间与性质。因此，市场营销战略的实质是企业对市场的“供与求”进行调节和控制所采取的谋略，即通过有意识地调节和控制本企业产品对市场的供给量，以及采取对策对付竞争对手，来调节顾客需求和满足市场的需求。

二、市场营销战略决策的内容

市场营销战略主要包括目标市场战略、市场营销组合战略、品牌战略和市场营销新谋略等方面的内容。市场营销首先应当确定的战略决策就是根据购买对象的不同，将顾客划分为若干种类，以某一类或几类顾客为目标，集中力量满足其需要，这种做法叫作确定企业的目标市场。在此基础上，需要针对目标市场，制定出各项市场营销策略，包括营销组合策略、品牌策略、营销新谋略等，以争取这些顾客。这些经营活动的统筹规划构成企业市场营销战略的基本内容。

（一）目标市场营销战略的决策

即在研究顾客现实需求和潜在需求的基础上，进行市场细分（Segmenting），从中进行目标市场选择（Targeting），确定市场定位（Positioning）的营销战略，简称 STP 战略，它是现代市场营销战略的核心。

（二）市场营销组合战略的决策

在研究和确定企业目标市场的基础上，进一步研究如何进入、占领和扩大目标市场的战略，即营销组合战略方案（4P 战略方案）。

（三）关于品牌战略与名牌战略决策

即从产品（服务）经营向品牌经营转变，从而创优名牌的战略决策。

（四）关于市场营销新谋略决策

即是为适应高新技术时代、信息时代，在开拓市场过程中出现的直复营销、关系营销、文化营销、绿色营销、整合营销和网络营销等营销新谋略的决策。

第二节　目标市场战略

一、目标市场战略的含义

目标市场战略（Target Market Strategy）是指企业将产品的整个市场视为一个目标市场，用单一的营销策略开拓市场，即用一种产品和一套营销方案吸引尽可能多的购买者。这个决策过程是由市场细分、目标市场选择和市场定位三个环节组成的。这三者之间是相互联系、缺一不可的。其中，市场细分是企业目标市场选择和市场定位的基础和前提。

二、企业市场细分

（一）企业市场细分概述

1．市场细分的概念

市场细分（Market Segmentation）的概念就是把整体市场按照消费者的特性，划分为若干个由具有相同性质的消费者组成的较小的细分市场的过程。每一细分市场——子市场，都是由需求倾向类似的消费者构成的群体；所有细分市场之和便是整体市场。从市场细分的概念可以看出，市场细分的实质是需求的细分，是识别具有不同需求的消费者的活动过程。

市场细分的概念是美国市场学家温德尔·史密斯（Wendell R. Smith）于 1956 年首次提出的。它是第二次世界大战结束后，美国众多商品市场由卖方市场转化为买方市场这一新的市场形势下企业营销思想、营销实践和营销战略的新发展的结果，也是现代市场营销导向下的必然产物。

2．市场细分的作用

（1）有利于企业分析和发掘新的市场机会。

顾客需求总是呈现出多样化和个性化。同时需求的内容和形式也在与时俱进，因而从市场整体来看，总是存在未得到满足的需求。不论是其他企业尚未满足的市场需求，还是顾客需求的变化和更新，对于企业来说都是重要的市场机会。企业在进行市场细分的过程中，总是要从分析顾客需求的差异和变化开始，这显然促进了企业对市场机会的发掘。

（2）有利于企业有针对性地制定市场营销组合策略。

企业开展目标市场营销的目的在于分析顾客需求的差异性，并提出能够满足这种需求的产品或服务，而对于顾客需求差异的分析正是市场细分的主要内容。因此，准确地进行市场细分，是企业制定相应的营销组合策略进而满足目标市场需求的基础。

（3）有利于企业发挥竞争优势。

相对于庞大的市场、无限的需求而言，任何企业都存在能力的短板，企业没有能力也没有必要期望能满足所有市场的所有需求，而应该分析市场、需求的差异和企业自身能力的特点，并在此基础上扬长避短。因此，市场细分对于企业发挥自身竞争优势有重要意义。

(二) 市场细分的理论基础

企业进行市场细分的理论基础是顾客需求存在差异性，进而可以通过产品的各种属性去满足市场中的差异化需求。

不同顾客对产品各种属性的重视程度有所不同。在此基础上，会呈现出市场偏好的 3 种模式，如图 8-1 所示。

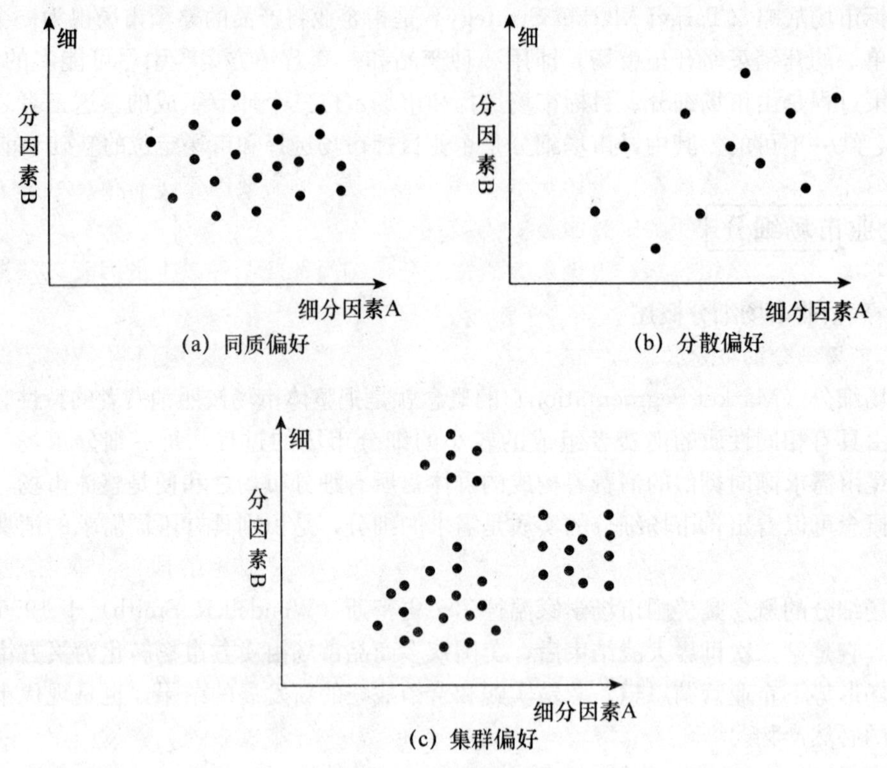

图 8-1 市场偏好模式

1. 同质偏好

同质偏好是指所有消费者具备大致相同的偏好，消费者对产品不同属性的重视程度大致相同，现有产品品牌基本相似，且集中在偏好的中央。

2. 分散偏好

分散偏好是指市场中的消费者的偏好差异极大，呈现出很大程度的分散模式。

3. 集群偏好

集群偏好是指不同的消费群体有不同的消费偏好，但同一群体的消费偏好大体相同。

(三) 市场细分的依据

一般按照购买主体的不同，可将企业面对的市场划分为消费者市场和组织市场。由于两类市场各有特点，其细分依据也有所差异。

1. 消费者市场的细分依据

消费者市场又可称为最终消费者市场、消费品市场或生活资料市场，是指为满足个人或家庭的生活需要而购买或租用商品和劳务的市场。消费者市场细分变量主要有四类，即地理变量、人口变量、心理变量和行为变量，消费者市场细分的依据就是决定消费者需求差异的主要变量。

2. 组织市场的细分依据

组织市场是由各种组织机构形成的对企业产品和劳务需求的总和。它分为三种类型，即产业市场（生产者市场）、中间商市场和非营利市场。

不同的组织，由于其产品及市场定位的不同，细分市场的标准和方法也不同。但通常情况下，组织市场的细分变量包括区域、行业、规模、组织购买类型等。

（四）市场细分的方法与有效性

1. 市场细分的方法

（1）单一变量因素法：根据影响消费者需求的某一项重要因素进行市场细分。如按品种细分化妆品市场，按年龄细分服装市场。

（2）多变量因素组合法：根据影响消费者需求的两种或两种以上的因素，从多个角度进行市场细分。如手表制造商，主要根据性别和档次来细分市场。

（3）系列变量因素法：根据企业自身的资源与经营特点，对影响消费者需求的诸多因素，由粗到细地进行选择，并以此为依据进行市场细分。

2. 市场细分的有效性

一个成功的市场细分，必须具备下列四个有效条件：

（1）可衡量性：即细分市场的规模、购买潜力和大致轮廓可以测量。例如食品市场按年龄来细分市场，是可以衡量的，婴幼儿食品与其他年龄段的人所需食品差别很大。

（2）可盈利性：即细分市场的规模足够大，有足够的需求量且有一定的发展潜力，使企业能获得长期稳定的利润。

（3）可进入性：即企业能有效地进入细分市场并为之提供服务。衡量企业产品能否进入各个细分市场，一是看企业能否影响该细分市场的顾客；二是看企业的产品能否进入该市场。

（4）可区分性：指细分市场在观念上是能被区别的，并对不同的营销组合因素和方案有不同的反应。如女性化妆品市场可根据年龄层次和肌肤类型等变量加以区分。

三、企业目标市场与营销战略选择

所谓目标市场，就是企业所选定的作为其主要服务对象的细分市场。市场细分揭示了企业所面临的细分市场的各种机会，但企业到底能否把握住这些市场机会，则有赖于对目标市场的选择。企业针对其目标市场，通过适当的营销组合，以满足该目标市场消费者的特定需求，进而达到企业期望的目标。目标市场选择主要包括两项工作，一是评价细分市场，二是选择目标市场。

（一）评价细分市场

企业进行市场细分的根本目的在于通过满足目标市场的需求去获取利润，因此对目标市场的评价要围绕这一中心而展开。一般要考虑如下三个因素，即细分市场的规模与发展前景、细分市场的结构吸引力、企业的目标与资源。

1. 细分市场的规模与发展前景

只有具备一定规模的细分市场，才能保证企业进入后获得预期利润。在市场营销学中，市场＝人口数量＋购买能力＋购买欲望。所以，考核细分市场的规模是否与企业能力相匹配，可主要从人口数量、购买能力与购买欲望三个方面进行。

2. 细分市场的结构吸引力

这里所讲的结构吸引力，主要指的是细分市场的构成能否使企业有足够的获利空间。一种常见的观点是，当一个细分市场中存在众多的竞争对手而企业又缺乏足够的竞争优势时，这个细分市场就可被视为缺乏吸引力。

3. 企业的目标与资源

企业在对不同的细分市场进行评价时，应该考虑备选细分市场是否与企业的发展目标和长远利益相吻合。比如，“爱马仕”是高档皮包的代名词，如果发展低档产品，也可能会受市场欢迎并获取相应利润，但这样做需要以牺牲其已经树立的品牌形象为代价，因此对于这种情况，企业应该从整体的角度综合权衡利弊，进而做出客观评价。

（二）选择目标市场

在市场细分的基础上，根据企业具体的营销管理能力，选择一个或几个细分市场作为目标市场从事经营，这种选择过程就叫作“市场目标化”，即选择目标市场。选择目标市场时通常有五种模式：

1. 单一市场集中化

这是最简单的一种模式，即企业只选择一个细分市场并只通过单一产品去满足该市场中某一类顾客的特定需求。这种模式的优点在于企业可以更清楚地了解细分市场的需求，从而在细分市场上树立良好信誉并巩固市场地位。同时，企业通过生产、销售和促销的专业化分工，也能实现其规模效益。但是，过分集中易出现较高的风险。

2. 选择性专业化

这是指企业有选择性地进入几个不同细分市场的模式。这一模式的优点在于能够分散企业的风险，即便其中一个细分市场丧失了吸引力，企业在其他细分市场上还可以赢利。不足之处是由于所选择的细分市场分散性比较强，相互之间的关联性不够，企业难以共享自身的某些资源优势，甚至有可能造成资源过于分散，加剧经营风险。

3. 产品专业化

这是指企业同时向几个细分市场销售同类产品的模式。例如同一型号的电脑可以向机关、学校、家庭等不同的细分市场出售。这一模式的优点在于企业很容易在特定产品领域树立企业良好的品牌信誉和市场地位。缺点是顾客需求出现偏转或出现其他品牌的替代品时，企业将面临巨大的效益危机。

4. 市场专业化

这是指企业向同一个细分市场销售多种产品的模式。如向居家老人提供所需的各种保健器材。这一模式的优点在于，通过专门为某个顾客群体服务，可以在特定顾客群体中树立良好的品牌和企业形象，并可向这类顾客群推销新产品，成为有效的新产品销售渠道。

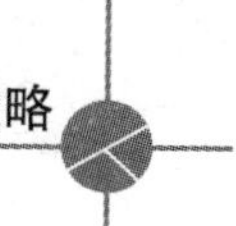

缺点是一旦选定的细分市场出现波动，企业经营也要随之波动。

5. 全面进入

这是指企业力求为所有顾客群体提供其需要的各种产品的模式。这种模式对企业的实力与管理能力等方面的要求相当高，所以通常只适用于大企业。如海尔集团不断开发新产品来扩充市场，以期满足所有顾客的不同消费需求。

专栏8-1

父亲带着三个儿子到草原上猎杀野兔。在到达目的地、一切准备得当、开始行动之前，父亲向三个儿子提出了一个问题："你看到了什么呢?"老大回答道："我看到了我们手里的猎枪、在草原上奔跑的野兔，还有一望无际的草原。"父亲摇摇头说："不对。"老二的回答是："我看到了爸爸、大哥、弟弟、猎枪、野兔，还有茫茫无际的草原。"父亲又摇摇头说："不对。"而老三的回答只有一句话："我只看到了野兔。"这时父亲才说："你答对了。"

有了明确的目标，才会为行动指出正确的方向，才会在实现目标的道路上少走弯路。

(三) 目标市场营销战略选择

1. 目标市场营销战略的类型

企业选择目标市场之后，就需要决定以何种战略进入该目标市场。一般来说，可供企业选择的目标市场营销战略主要有下列三种。

(1) 无差异性营销战略。

这是指企业忽略细分市场之间的差别不予考虑，而是针对市场的整体共性，力求通过单一产品去获取尽可能多的市场份额的战略。比如可口可乐公司早期推出的瓶装饮料，只具有单一规格和单一口味，并用它来满足所有顾客的需要。

无差异性营销战略的最大优点是成本低、经济性好。因为品种少可大批量生产、储存，发挥规模经济的优势，大大降低了生产成本；而且采用单一的营销组合，特别是无差异的集中广告宣传，节省了促销费用。

无差异性营销战略的缺点是只适用于少数有共同需要、差异不大的商品。因为消费者的现实需求是多样性、千差万别的；同时，该种战略容易导致竞争激烈和市场饱和；还有就是易于受到其他企业发动的各种竞争活动的伤害。

(2) 差异性营销战略。

这是指企业同时在几个细分市场上经营业务，并分别为每一细分市场制定不同营销组合以满足其需求的战略。

差异性营销战略是目前普遍采用的战略，它能够满足顾客多样性的需求，大大降低了经营风险，通常会比无差异性营销战略能获得更高的销售额，提高了企业的竞争能力。

差异性营销战略的不足之处在于，由于目标市场多，产品经营品种多，因而产品改造成本、生产成本、管理成本、库存成本以及促销等成本也高。而且，经营管理难度较大，要求企业有较强的实力和素质较高的经营管理人员。

（3）集中性营销战略。

也称密集性营销战略，它是企业选择一个或少数几个细分市场或一个细分市场的一部分作为目标市场，集中力量设计生产一种或一类产品，采用一种营销组合，为一个细分市场服务，实行专业化生产营销的战略。

集中性营销战略的优点是：企业集中力量于一个细分市场，对消费者需求的了解比较深入，便于制定正确的营销组合，提供最佳产品和服务，增强企业竞争力；同时，采用集中性营销也有助于实行专业化生产和销售，节省费用，降低成本，增加盈利；也能够更好地满足这部分特定消费者的需求，企业易于取得优越的市场地位。

集中性营销战略的不足是企业选定的目标市场范围较小，如果目标市场的需求情况突然发生变化，企业的风险较大。

三种营销战略的区别如图 8-2 所示。

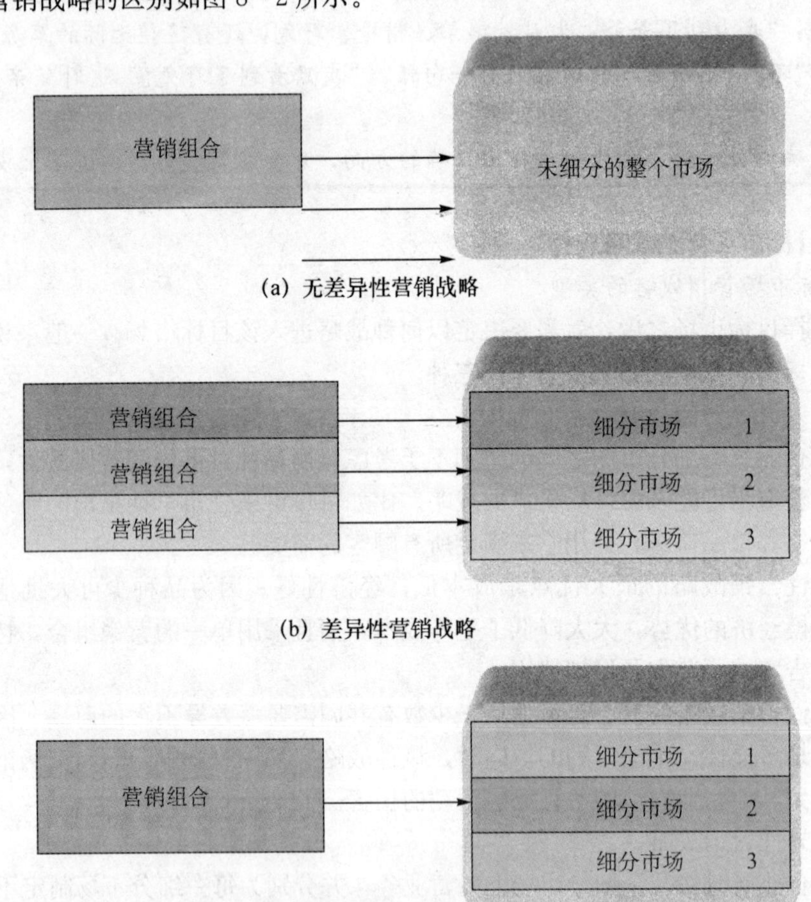

图 8-2　三种营销战略的区别

2. 影响目标市场营销战略选择的因素

上述各种目标市场选择战略各有利弊，企业究竟选择哪种，应着重考虑如下五个因素：

(1) 企业资源。对于实力雄厚，管理能力强，拥有充足人力、物力、财力及信息资源的大型企业，可根据其经营产品的不同特性采取无差异营销战略和差异性营销战略进入市场，也可根据需要采用集中性营销战略。而对那些企业实力不强、资源不足、能力有限的中小型企业，无力把整个市场作为目标市场，采取集中性营销战略通常是最佳选择。

(2) 产品的同质性。同质产品主要表现在一些未经加工的初级产品上，如水力、电力、石油等，虽然产品在品质上或多或少存在差异，但用户一般不加以区分或难以区分。因此，同质性产品竞争主要表现在价格和提供的服务条件上。该类产品比较适合采用无差异性营销战略。而那些满足消费者需求差异较大的产品（如服装、照相机、食品、汽车、家用电器等异质性需求产品），可根据企业资源力量，采用差异性营销战略或集中性营销战略。

(3) 市场的同质性。是指各子市场间需求与偏好的相似程度。当市场同质性高，购买者爱好相似，在一个时期的购买数量相近，对市场营销刺激的反应也相同时，企业可采用无差异性营销战略；反之，企业则应选择差异性营销战略或集中性营销战略。

(4) 产品所处的寿命周期阶段。企业应随产品寿命周期的发展而变更目标市场选择战略，尤其要注意导入期及衰退期两个极端时期。当新产品处于导入期时，重点在于发展顾客对产品的基本需求，一般很难同时推出几个产品，宜采取无差异营销战略，以探测市场需求与潜在顾客。当产品进入衰退期，企业若要维持或进一步增加销售量，宜采用差异性营销战略，开拓新市场；或采取集中性营销战略，强调品牌的差异性，建立产品的特殊地位，延长产品寿命周期，避免或减少企业的损失。

(5) 视竞争者战略而定。当竞争对手进行市场细分，实施差异性营销战略或集中性营销战略时，企业应立即进行更为有效的市场细分，寻找新的良机与突破口，采取差异性营销战略或集中性营销战略。相反，当竞争对手都实行无差异性营销战略时，企业推行差异性营销战略或集中性营销战略必将大获其利。另外，如果竞争对手数目较少、实力较弱时，企业也可采用无差异性营销战略或集中性营销战略。

四、市场定位战略

企业确定目标市场之后，还要进行市场定位。市场定位是目标市场营销中的关键环节，也是制定营销战略的重要依据。

(一) 市场定位的概念

市场定位（Market Position）是指在目标市场上针对竞争对手产品在该市场的地位和顾客对该产品的态度，有目的地树立本企业产品的形象，确立其在目标市场上的位置。理解这一概念，应注意以下要点：

1. 市场定位的对象

市场定位是消费者对企业、产品与服务的主观认识，因此，市场定位应该从消费者方面而不是从企业方面来定义，其目的在于引导潜在消费者认同企业提供产品的独特性与价值性。

2. 市场定位与产品差异化的关系

市场定位是企业通过为自己的产品创立鲜明的个性，塑造出独特的市场形象来实现的。一项产品是多个因素的综合反映，包括性能、构造、成分、包装、形状、质量等，市场定位就是要强化或放大某些产品因素，从而形成与众不同的独特形象。产品差异化乃是实现市场定位的手段，但并不是市场定位的全部内容。市场定位不仅强调产品差异，而且要通过产品差异建立独特的市场形象，赢得消费者的认同。

3. 市场定位是一个相对概念

市场定位的主旨在于使企业的产品区别于竞争对手，因此企业在进行市场定位的过程中，不仅要分析目标消费者的消费心理，还要将自身产品与竞争对手的产品进行比较，从而明确自身的特点。

4. 市场定位的本质

市场定位的本质是向消费者传递一个清晰的形象，从而给消费者提供一个购买企业产品的明确理由。同时，由于不同消费者在购买及使用同类产品与服务时，常常会侧重产品的不同方面，一个特殊产品在一个消费者心目中的定位可能与其在另一个消费者心目中的定位并不一样，所以，了解企业及其产品在所有相关细分市场中的消费者心目中的定位十分重要。

（二）市场定位战略的类型

市场定位作为一种竞争战略，显示了一种产品或一家企业同类似的产品或企业之间的竞争关系。定位战略不同，竞争态势也不同。根据本企业产品的竞争能力状况，有以下四种市场定位战略可供选择：

1. 避强定位战略

避强定位战略指企业要避开强大对手的锋芒，选择那些不被强大对手注意的目标市场，投放本企业的产品，宣传和树立本企业产品的形象，站稳脚跟，扩大影响。当企业对竞争者的市场位置、消费者的实际需求和自己经营的商品属性进行评价分析后，如果发现企业所面临的目标市场存在一定的市场缝隙和空间，而且自身所经营的商品又难以正面抗衡，这时企业应该把自己的位置定在目标市场的空当位置。

采用避强定位战略，必须具备以下条件：

（1）本企业有满足这个市场所需要的货源；

（2）该市场有足够数量的潜在购买者；

（3）企业具有进入该市场的特殊条件和技能；

（4）企业经营必须赢利。

2. 迎头定位战略

迎头定位战略也称为直接对抗定位战略或针锋相对定位战略，指企业采取与细分市场上最强大的竞争对手同样的定位。也就是企业把产品或服务定位在与竞争者相似或相同的位置上，同竞争者争夺同一细分市场。一般来说，当企业能够提供比竞争对手更令顾客满意的产品或服务、比竞争对手更具有竞争实力时，可以实行这种定位战略。如百事可乐与可口可乐的竞争，肯德基与麦当劳的竞争，就是迎头定位战略的例子。由于竞争对手实力很强，且在消费者心目中处于强势地位，因此，实施迎头定位战略有一定的市场风险，这不仅需要企业拥有足够的资源和能力，而且需要企业在知己知彼的基础上，清醒估计自己的实力，实施差异化竞争。

实施迎头定位战略主要有两种情况：

(1) 本企业实力可以同强大竞争对手较量，敢于在同一目标市场上竞争；

(2) 目标市场的需求量很大，即使实力雄厚的对手也无法满足其需要，因此，无暇顾及其他对手。

3. 创新定位战略

创新定位战略也称为另辟蹊径式定位战略，这种定位战略是指企业意识到很难与同行业竞争对手相抗衡从而获得绝对优势定位，也没有填补市场空白的机会或能力时，可根据自己的条件，通过营销创新，在目标市场上树立起一种明显区别于各竞争对手的新产品或新服务。突出宣传自己与众不同的特色，在某些有价值的产品属性上取得领先地位。如日本的索尼公司的随身听等产品，正是填补了市场上电子产品的空缺，并进行了不断的创新，使得索尼公司发展成世界级别的跨国公司。

采用创新定位战略，公司应明确创新定位所需的产品在技术上、经济上是否可行，有无足够的市场容量，能否为公司带来合理而持续的盈利。

4. 重新定位战略

重新定位战略是指企业通过努力发现最初选择的定位战略不科学、不合理、营销效果不明显，继续实施下去很难成功获得强势市场定位时，及时采取的更换品牌、更换包装、改变广告诉求战略等一系列重新定位方法的总称。企业重新定位的目的在于使企业获得新的、更大的市场活力。

当企业的目标市场发生下列变化时，就需要考虑重新调整定位的方向：

(1) 当竞争者的销售额上升，使企业的市场占有率下降，企业出现困境时；

(2) 企业经营的商品意外地扩大了销售范围，在新的市场上可以获得更大的市场占有率和较高的商品销售额时；

(3) 新的消费趋势和消费者群的形成，使本企业销售的商品失去吸引力时；

(4) 本企业的经营战略和策略做出重大调整时等。

总之，当企业和市场情况发生变化时，都需要对目标市场定位的方向进行调整，使企业的市场定位战略符合发挥企业优势的原则，从而取得良好的营销利润。

第三节 营销组合战略

一、营销组合战略的概念

所谓营销组合战略，就是指对营销各要素进行优化组合以利于开发市场的长远谋划与方略。

根据传统市场营销学理论的观点，营销组合的要素包括商品、价格、渠道与促销四个，称为4P营销组合。四要素如何组合基本取决于各要素子系统的组合。以每个要素系统为重点进行组合，则形成了四种营销组合战略。

二、营销组合战略的类型

(一) 产品开道战略

产品开道战略，就是以产品要素为主，其他要素相配合的营销组合战略。在一般情况下，关键的因素是产品、产品子系统各要素的优化组合，特别是品种和质量的优化组合。

在一般情况下，企业应从产品本身下功夫，以高品质、多品种或新产品作为强大的后盾，辅之以其他手段，就能够打开市场，站稳脚跟，赢得顾客，求得发展。

(二) 价格引路战略

价格引路战略，就是以价格要素为主，其他要素相配合的营销组合战略。在产品质量过硬、品种适销对路、与对手不相上下的条件下，如何运用价格手段打通市场、扩大销路，就成为十分重要的战略问题。尤其是在与众多对手相比，彼此的产品质量都好、品种也多、差别较小的情况下，谁在价格手段上运用得好，技高一筹，谁就在市场竞争中处于主动地位。

价格引路，一般采取低价或降价对策，即优质低价、薄利多销的战略。实行低价或降价，使顾客得到实惠，才能吸引他们购买本企业产品。降价，降到什么水平，或低到什么程度，既要考虑到对顾客的吸引力，也要考虑到不使企业因降价而损失太大。总的原则是因降价而增加的销售收入、带来的销售利润应大于降价所造成的损失。降价可视竞争激烈的情况而定，降一个等级或降两个等级，即优质中价或优质低价。价格引路的另一个思路就是提价，实行优质优价的战略。提价的前提必须是本企业的产品质量比对手高一个等级，或产品品种比对手新颖，因而质优价高，否则就叫乱涨价，不会被顾客所接受。实行优质优价、新品优价的营销战略，其市场范围有限，一般适用于高收入的居民层，或生产技术需要升级换代的用户。

(三) 渠道开通战略

渠道开通战略，就是以营销渠道为主，其他要素为辅的营销组合战略。一些企业，特别是那些后起之秀的企业，产品优质、品种新颖、价格合理，就是营销渠道不畅。这是因为完全依靠企业自销，又受人力、物力和财力的限制。因此，必须研究打通渠道的对策。

实施渠道开通战略的思路是多方面的。

一是实施打通主渠道的战略。主渠道包括庞大的流通网络、销售网点、营销队伍。打通主渠道战略就是通过大些的商业、物流、外贸等流通企业及其所属网络，打开国内外市场。

二是实施打通辅渠道的战略，即通过众多的流通环节，如各类销售网点，进入各地市场。

三是实施打通进入发达地区市场的渠道战略。例如，一些企业瞄准上海市场，千方百计打通进入上海市场的渠道。因为只要有能力进入上海市场，站稳脚跟，就等于打通了全国市场的渠道。这是因为上海对全国的辐射能力很强，全国各地到上海购买商品的数量很

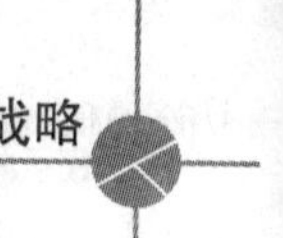

大，通过上海进入内地市场的商品数量很可观。

四是实施打通进入发展中国家或地区市场的渠道战略。发展中国家或地区，市场有待开发，竞争不太激烈，谁捷足先登，谁就处于主动地位。当然，以渠道要素为主，也要辅之以其他要素的紧密配合，同时要保证产品质量过硬，并配合相应的广告促销。如果没有这些要素的配合，渠道不易打通，即使打通了也站不稳脚跟。

（四）促销开路战略

促销开路战略，是指以促销要素为主，其他要素相配合的营销组合战略。促销要素运用得好，加上其他要素的配合，同样是关系企业产品销售的重大战略之一，必须十分重视。

促销手段很多，因而实施这一战略的思路也很多：

一是实施广告促销战略，利用广告的功能为企业产品开道。

二是实施人员推销战略，企业组建营销队伍，派出专业推销人员到市场上、到用户那里推销。

三是实施公关促销战略，通过建立企业与社会各方面良好的公共关系，为企业营造良好的市场营销环境，为企业生存发展创造良好的外部条件。

四是实施营业推广战略，努力参加各种展销会、博览会、交易会，展示本企业产品，使公众了解本企业及其产品并达到促销目的。

三、营销组合战略的选择

企业营销组合战略有很多方案，应进行择优决策。选择理想的战略方案，一般应考虑以下因素：

（一）目标市场的特点

实施何种营销战略，主要由目标市场的需求特点与竞争态势所决定。（1）应把握目标市场顾客数量、收入水平，分布密度、年龄结构等特点，以确定目标市场的需求潜力即市场规模。（2）掌握目标市场的需求层次和消费者行为特点，这决定了产品要素的组合和促销要素的组合。（3）分析目标市场竞争态势，如果需求量大，竞争对手少，供不应求，那么主要针对顾客需求特点进行营销组合；如果竞争激烈，那么就必须既考虑顾客需求，又针对竞争对手。市场营销组合必须具有特色，组合出自己的优势，才能在竞争中取胜。

（二）企业营销战略的任务

企业营销战略任务不同，其营销组合方案的选择也不同。营销战略的任务在于扩大市场覆盖面并提高在每个目标市场上的市场占有率，那么，营销组合重点应放在不同顾客群的共同需求上，努力扩大企业产品的选择性和适应性。选择一种适用市场范围较大的营销组合方案。如果企业营销战略的任务和目标是集中在某一细分市场上，争取在该市场上的领先地位，就必须采取有特色的某种市场营销组合方案。如果企业营销战略的任务在于增加销售额，争取在很多不同的细分市场上有自己的市场份额，那么，就必须提出很多各具特色的、差异性的市场营销组合方案，去适应每个细分市场的要求。

(三) 企业营销环境

企业营销环境是影响营销组合的重要因素之一。例如，宏观经济发展会给企业带来很多营销机会；需求增长，人们的收入水平提高，购买力增强，需求就会出现多样化、个性化、高档化的趋势。这就要求企业密切关注营销环境的状况，针对不同的细分市场的差异性需求，提出较多的营销组合方案，以适应市场需求的变化。随着经济增长、就业人口增加、生活节奏加快，人们珍惜时间的观念加强，对节约时间的商品需求增长，方便食品、节约时间的家电产品越来越受欢迎，这就给很多企业带来新的市场机会，市场营销组合必须适应营销环境变化的特点，把握住新的市场机遇。

(四) 企业资源状况

企业的资源包括物力资源，如原材料、能源的供应和储备，机器设备的技术水平、配套能力；软件技术资源，如技术储备、产品储备、专利技术；人力资源，如员工文化结构、专业结构，员工形象，企业文化；管理资源，如管理水平、管理经验；财力资源等。营销组合必须依据企业资源状况，形成扬长避短的方案。例如，组合方案考虑低价或降价，以薄利去争取顾客，薄利才能多销。能否多销，必须考虑企业生产能力资源，如果“多销”所确定的年销售量超过了企业年生产能力所能提供的产量，就必然引起增加生产能力的投资问题，是否值得投资，能否增加生产能力，就需要研究，如果未来一定时期没有那么大的需求量，就没有必要投资，以免浪费企业的财力资源。

(五) 营销预算

任何一种营销组合方案都涉及营销预算，即需要花钱。如针对某一目标市场的需求特点，需要开发某一新产品，因此，应有新品开发费用预算。随着消费层次的提高，需要调整产品结构，增加高品质、高档次产品的生产，提高产品质量，需要增加质量成本费用；打通新的渠道，进行广告促销等，都应有营销费用预算。采用什么广告媒体，要考虑企业的财务实力。总之，每一个营销组合方案都应测算所需要的费用，应选择既能打开市场，所需费用又尽可能节省的营销组合方案，或者选择所需预算费虽然高，但打开市场后，利润颇丰、收益可观的营销组合方案。

第四节　企业品牌战略

一、企业品牌战略概述

(一) 品牌及品牌价值

品牌，品牌是对出售的产品规定的商业名称，即商品的牌子、商品的名字，又称“牌子”，它包含品牌名称、品牌标志、注册商标等。品牌的基本功能在于把不同企业之间同类产品区别开来，不至于使竞争者之间的产品发生混淆，从而有利于顾客识别和购买。

企业品牌能够形成品牌价值。品牌价值可以从两个方面理解：一是指品牌在某一个时

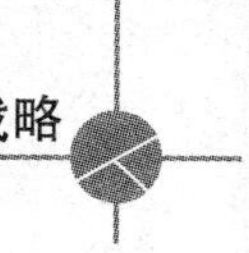

点、用类似有形资产评估方法计算出来的金额，一般是市场价格；二是指品牌在需求者心目中的综合形象［包括其属性、品质、档次（品位）、文化、个性等］，代表着该品牌可以为需求者带来的价值。品牌价值既可以是功能性利益，也可以是情感性和自我表现型利益。

所有企业苦心经营和维护自身的品牌，就是为求得一个公众认可的品质知名度，以获得品牌价值。

专栏8-2

英国品牌评估机构 Brand Finance 发布“2017 全球最有价值的软饮料品牌 25 强”排行榜：可口可乐品牌价值为 318.85 亿美元，名列第一位；名列第二位的百事可乐价值为 182.79 亿美元；红牛品牌价值为 67.38 亿美元，名列第三位。

（二）品牌战略的概念

品牌战略（Brand Strategy）是指企业将品牌作为核心竞争力，在从产品经营向品牌经营转变过程中所做出的长远性的谋划与方略；或者讲是企业在向品牌经营转化过程中，以品牌为核心，通过品牌经营，营造并强化品牌优势，最终实现由不知名到知名，由低知名度到高知名度，获得顾客的高满意度，成为名牌的谋划与方略。这里的品牌经营则是指以品牌为经营对象进行的品牌设计、品牌创造、品牌推广、品牌发展、品牌保护、品牌更新等一系列开拓和扩大市场的运营活动。

品牌战略就是把品牌作为企业获得核心竞争力的主要手段，以获取差别利润与价值的企业经营战略，所以，品牌战略是企业实现快速发展的必要条件。品牌战略的最终目的就是在消费者中制造“品牌控”，其最高目标就是缔造传奇品牌、成就百年企业。

（三）品牌战略与名牌战略的关系

所谓名牌是指经市场检验，众多相关顾客所公认的，具有高市场覆盖面、高市场占有率、高知名度、高美誉度、高效益的产品品牌或服务品牌。企业品牌一旦成为名牌，就会产生很好的名牌效应，即名牌的积累效应、乘数效应、扩散效应和辐射效应，这为进一步提升品牌的级别和竞争地位、提高企业品牌的竞争力、提升企业在顾客和社会公众心目中的美好形象有着重大意义。

名牌战略就是指企业以创建和运用商标和商号，为使产品或服务在相关市场上获得相关顾客的公认，达到高市场覆盖面、高市场知名度、高市场占有率、高美誉度、高经济效益，实现企业持续发展而做出的长远性的谋划与方略。

名牌战略与品牌战略是相互依存的关系，两者之间既有联系又有区别。品牌不等于名牌，但创出名牌必须建立在品牌经营的基础上；缺乏品牌经营，就谈不上创出名牌，名牌是品牌经营的结果。因此，要实施名牌战略必须首先实施品牌经营战略，这一战略的目标就是要创出名牌。实施名牌经营战略是实施品牌经营战略的继续和发展；共同的目标是使企业出了名的品牌在更大的市场范围内出名，成为影响更大、等级更高的名牌。

二、企业品牌战略的内容

企业品牌战略涉及以下一系列内容，包括品牌化决策、品牌使用者选择、品牌名称决策、品牌发展模式选择、品牌重新定位决策的内容。具体如图 8-3 所示：

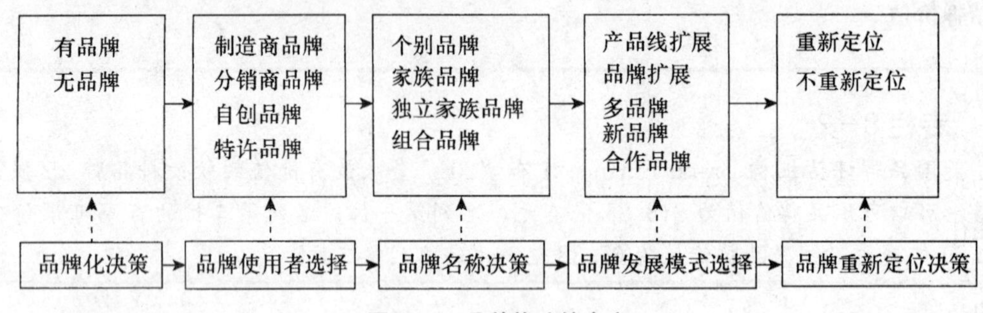

图 8-3　品牌战略的内容

(一) 品牌化决策

品牌化决策是指企业决定是否给产品起名字、设计标志的活动，这是品牌运营的首要环节。尽管如今品牌的商业作用已日渐突出，品牌化迅猛发展，没有品牌的企业日渐稀少，甚至像肉制品、蔬菜、水果、大米等过去从不使用品牌的商品，现在也常常会被配以精致的包装和相应的品牌出售，这样做自然是为了获得品牌化的好处，但也并非所有企业都会选择建立自己的品牌。是否建立品牌主要应从企业的实际情况和品牌对营销活动的具体影响来确定。

一般来讲，品牌化具有以下好处：

(1) 从企业本身来讲，有利于保护产品的某些独特特征，以免被竞争者模仿；为吸引忠诚顾客提供了机会；有助于市场细分；有利于树立产品和企业形象。

(2) 从分销商角度讲，分销商把品牌作为方便产品经营、识别供应商、把握产品质量标准和增强消费者偏好的手段。

(3) 从消费者角度讲，便于消费者通过品牌来识别和判断同类产品的质量差别，以便进行更高效率的选购。

品牌化的优势并非是绝对的，因为企业在树立品牌的过程中往往需要投入相应的成本。因此，很多同质程度很高的产品一般无须建立品牌，如煤炭、木材等。

(二) 品牌使用者的选择

如果企业决定为其经营的产品建立品牌，就涉及如何抉择品牌归属的问题，即品牌归谁所有、由谁管理和负责。

企业的产品在品牌归属上可供选择的方案，是选择制造商品牌还是经销商品牌，是自创品牌还是加盟品牌。在品牌创立之前需要解决好这个问题。不同选择，预示着企业不同的道路与命运，例如，海尔热水器使用自己的品牌，即制造商的品牌；美国两大百货零售业西尔斯及杰西潘尼都是向制造商直接订货，然后冠以自己企业的自有品牌，即分销商品牌；麦当劳将其品牌名称（McDonald's）租给其他公司使用，赚取品牌出租费

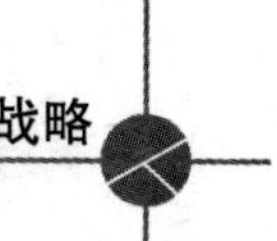

用，即特许品牌。总之，不同类别的品牌，在不同行业、企业发展处的不同阶段有其特定的适应性。

一般情况下，品牌是制造商的产品标记，制造商决定产品的设计、质量、特色等。享有盛誉的制造商还将其商标租借给其他中小制造商，收取一定的特许使用费。然而近些年来分销商的品牌日益增多。

分销商使用自己的品牌可以带来种种好处：

（1）可以保证和控制货源。分销商可以寻找到能提供质量稳定的产品的供应商并对其加以控制（分销商可以用更换供应商来威胁制造商）。

（2）可以控制进货价格，进而以较低的售价提高产品竞争力，获得较高的利润。在重利的吸引下，分销商纷纷建立自己的品牌与制造商品牌展开竞争，由于更接近市场，分销商往往在竞争中占据有利地位。

（3）分销商常常具有零售店的货架空间等天然优势，可以把货架上的优越位置留给自己的品牌。

企业究竟是使用制造商品牌还是分销商品牌，要全面权衡利弊，综合分析得失，其中最关键的问题要看制造商和分销商在产品分销链上的地位。一般来说，在制造商具有良好的市场声誉，拥有较大的市场份额的条件下，宜采用制造商品牌。相反，则适合采用分销商品牌。特别是新进入市场的中小企业，没有能力用自己的品牌将产品推向市场，而分销商在这一市场领域中却拥有良好的品牌信誉和完善的销售体系，在这种情况下利用分销商的品牌往往是利大于弊。

（三）品牌名称决策

企业一旦认为树立品牌对自身产品有必要且确定了品牌归属，下一步就要决定品牌的具体名称，包括企业既可以对其各类产品分别使用不同品牌，也可以对其全部产品统一命名，采用单一品牌。具体来讲，品牌名称决策主要有以下四种策略可供选择：

1. 个别品牌策略

个别品牌策略是指企业对各种不同的产品分别使用不同品牌的策略选择。其优点是企业的整体声誉不会由于个别产品的失败而受到牵连，也不会波及企业的其他产品；便于消费者识别不同质量、档次的商品；同时也有利于企业的新产品向多个目标市场渗透。缺点是各类不同的品牌需要投入更多的宣传、促销等费用，分散了企业的促销资源。

2. 家族品牌策略

也称为统一品牌策略，即企业所有的产品（包括不同种类的产品）都使用同一个品牌。经营同类产品的企业常常会选择这一策略。如松下公司对生产的洗衣机、空调、冰箱等产品都统一使用“松下”的品牌名称。

家族品牌的优点是：企业可以运用多种媒体来宣传同一个品牌，降低新产品的宣传费用；可以在企业的品牌已赢得良好市场信誉的情况下实现顺利推出新产品的愿望；有助于显示企业实力，塑造企业形象。

家族品牌也有一定的风险：某种产品的问题（如质量事故）所产生的影响可能会影响企业的整体形象并殃及企业的其他产品；对所有产品使用共同的家族品牌也存在易相互混淆、难以区分产品档次等问题，给消费者购物带来不便。

3. 独立家族品牌策略

独立家族品牌也称分类品牌，即企业在对所有产品分类的基础上，对各类产品赋予不同的品牌名称和品牌标志。这实际上是对前两种做法的折中。对于经营产品的范围跨度较大或品类繁杂的企业来说，这种品牌方式是不错的选择。如日本丰田汽车在进入美国的高档轿车市场时，没有继续使用"TOYOTA"，而是另立一个完全崭新的独立品牌"凌志"，这样做的目的是避免"TOYOTA"可能给"凌志"带来低档次印象，而使其成为可以与"宝马""奔驰"相媲美的高档轿车品牌。

4. 组合品牌策略

组合品牌是企业对其各种不同的产品分别使用不同的品牌的同时，还在各种产品的品牌前面冠以企业名称。如欧莱雅集团公司的"欧莱雅-美宝莲""欧莱雅-兰蔻"等品牌就是这种品牌方式的一个代表。采用组合品牌的出发点是企图兼具个别品牌和统一品牌两种品牌策略的优点，既可以使新产品享受企业的声誉，节省广告费用，又可以使各品牌保持自己的特点和相对独立性。

(四) 品牌发展模式选择

企业品牌的发展有下列几种模式可供选择：

1. 产品线扩展

产品线扩展是指企业现有的产品线使用同一品牌，当增加该产品线的产品时，仍沿用原有的品牌。新产品往往都是对现有产品在式样、颜色、形式、包装、规格等方面的局部改进。

产品线扩展的原因是多方面的，如：可以充分利用过剩的生产能力；满足新的消费者的需要；率先成为产品线全满的公司以填补市场的空隙，与竞争者推出的新产品竞争。通过产品线扩展，企业可以使新产品更易于被消费者接受，同时也使现有产品线更加完善。

2. 品牌延伸

品牌延伸是指企业利用已具有市场影响力的成功品牌来推出改良产品或新产品。例如，海尔集团在成功地推出了海尔冰箱之后，利用这个品牌成功地推出了洗衣机、电视机、空调等新产品，使这些新产品很快进入市场。本田成功推出了摩托车之后，又成功推出助动车、滑雪车、割草机等。

品牌延伸战略的优点是：可以进一步扩大原品牌的影响和企业声誉。但是，品牌延伸战略也存在风险。第一，如果将著名品牌扩展使用到与其质量、形象、特征不相吻合的产品领域，则可能有损原品牌的声誉。第二，若原有产品与品牌扩展的产品之间在资源、技术等方面没有相关性或互补性，那么推出的新产品可能会难以被消费者接受。第三，若将高质量产品品牌扩展到的某些价值不大、制造容易的产品上，会使消费者产生反感。如美国的耐克、邦迪等都在品牌延伸中经历过失败的教训。

3. 多品牌

多品牌是指企业为一种产品同时设计两种或两种以上互相竞争的品牌的做法，是由宝洁（P&G）公司首创。宝洁公司的"飘柔""海飞丝""潘婷""沙宣"几个品牌就是多品牌的实例。多品牌能使企业占领更多的分销商货架，进而压缩或挤占竞争者产品的货架面

积，为获取较高的市场占有率奠定了坚实的基础，同时可以为不同的买主提供不同性能或满足不同的诉求，提高市场占有率。

采用多品牌的主要风险就是品牌数量过多，使企业的促销费用升高并且存在自身竞争的风险。所以，在采用多品牌时，要注意各品牌市场份额的大小及变化趋势，在适当的时候撤销冗余的品牌，以免造成自身品牌间的过度竞争。

4. 新品牌

新品牌是指为新产品设计新的品牌。当企业在新产品类别中推出一种产品时，它可能发现原有品牌名称并不适合，或有更好的可供选择的名称，这时企业就可以考虑重新设计品牌。

5. 合作品牌

合作品牌，也称为双重品牌，即两个或更多的品牌通过一种产品联合起来，其目的是通过合作接触新的受众。合作品牌有四种形式：一是中间产品合作品牌，如微软的操作系统与各大电脑厂商的合作；二是企业内部不同品牌的合作；三是合资合作品牌，如上海大众、一汽大众等品牌；四是多持有人合作品牌，如托利金德是苹果公司、IBM公司和摩托罗拉公司技术联盟下的品牌。

（五）品牌重新定位决策

品牌重新定位也称再定位，是指全部或部分调整或者改良品牌原有市场定位的方法。消费者的需求是动态变化的，而且任何品牌设计都是与特定市场环境相对应的，为保持品牌活力，企业需要在营销实践中及时做好品牌重新定位。

企业在品牌重新定位时，要综合考虑两方面的因素：

（1）重新定位的成本，即将企业的品牌从一个市场定位点转移到另一个市场定位点所要支付的成本费用，包括改变产品品质的费用、包装费用和广告费用等。重新定位的距离越远，它的再定位成本就越高。

（2）重新定位的收入，即企业品牌定在新的位置上所能增加的收入。

三、企业品牌战略的典型类型

不同企业产品不同，面对的市场不同，品牌理解不同，文化不同，思维方式不同，领导层的个人风格不同等，使得企业所采用的品牌战略也不尽相同。可以说，有多少个企业就有多少种品牌战略。概括地讲，品牌战略有四种典型类型（见图8-4）：

（1）以需求为中心，例如宝洁就是其中典型代表。

（2）以产品为中心，例如苹果电脑就是其中典型代表。

（3）以品类为中心，例如加多宝红罐凉茶就具有这种特点。

（4）以市场为中心，例如娃哈哈就具有这种特点。

无论什么企业，无论其是大型的国企还是有着百年传统的外资企业，无论是名不见经传的小企业还是明星企业，从品牌经营的决策模式来说，任何企业的品牌战略不是属于这四种的其中一种就是属于这四种在不同程度上的组合。

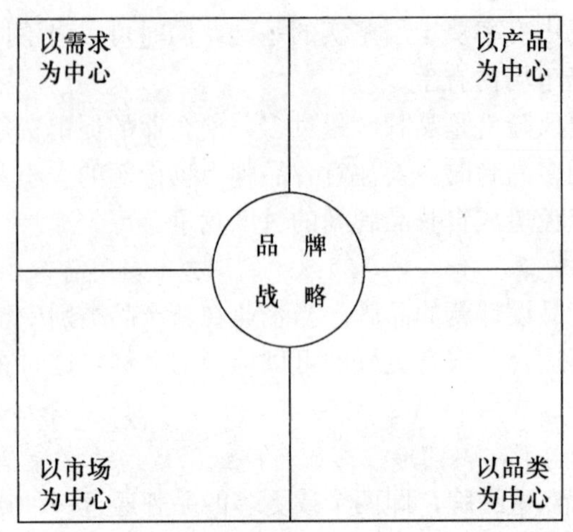

图 8-4　品牌战略类型

四、企业品牌战略的管理方法

企业品牌战略的管理可以依据企业发展的不同阶段采用不同方法。

（一）企业创业期

创业期建立品牌的一个基本要求是企业自身实力较强，有发展前途，竞争产品之间的差异性非常小，产品的可替代性很高。理性的利益驱动不足以改变顾客的购买行为。企业若选择建立自己的品牌，在创业之初就要树立极强的品牌意识，对品牌进行全面的规划，在企业的经营、管理、销售、服务、维护等多方面都以创立品牌为目标，不仅仅是依赖传统的战术性的方法，如标志设计和传播、媒体广告、促销等，更要侧重于品牌的长远发展，确定品牌的核心价值。

（二）企业成长期

当企业进入成长期时，提高品牌的认知度、强化顾客对品牌核心价值和品牌个性的理解是企业营销努力的重点。品牌认知度不等同于品牌知名度。品牌知名度只是反映了顾客对品牌的知晓程度，但并不代表顾客对品牌的理解。顾客通过看、听，并通过对产品感觉和思维来认识品牌。建立品牌认知，不仅仅是让顾客熟悉其品牌名称、品牌术语、标记、符号或设计，更进一步的是要使顾客理解品牌的特性。

（三）企业成熟期

品牌忠诚度是顾客对品牌感情的量度，反映出一个顾客转向另一个品牌的可能程度，是企业重要的竞争优势。它为品牌产品提供了稳定的不易转移的顾客，从而保证了该品牌的基本市场占有率。因此，培育品牌忠诚度对企业来说至关重要。“最好的广告就是满意的顾客”，品牌忠诚是品牌价值中的最重要部分，品牌价值最终体现在品牌忠诚上，这是企业实施品牌战略的根本目标。然而，消费者的品牌忠诚绝不是无条件的，它根源于企业对该品牌严格的技术要求，为此，企业必须在品质保证上做出卓有成效的努力。

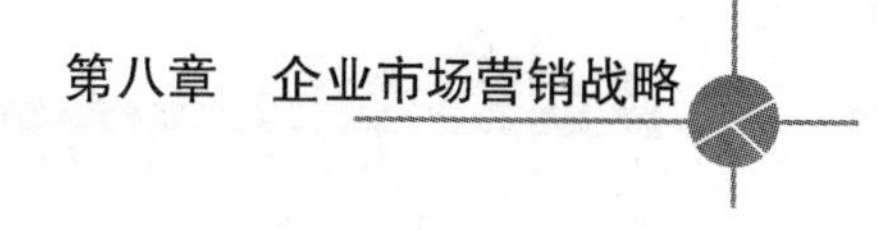

第五节　市场营销新谋略

在高新技术、网络信息技术迅速发展的今天，企业的营销环境发生了天翻地覆的变化，由此，市场营销的谋略不得不考虑营销的动态发展与新谋略的研究和选择。

一、直复营销

直复营销是指企业为了在任何地方产生可度量的反应或达成交易，使用一种或多种广告媒体扩大市场所做出的谋划与方略。这种谋略是营销渠道的一种创新。直复，即直接回复、双向交流之意。它通过免费的电话、邮购、回复卡等，实现企业营销人员与顾客直接的双向信息交流，顾客可以直接向营销人员反馈信息，直接反映订购需求、要求和建议；企业通过营销人员从顾客那里直接了解和掌握需求信息，及时做出营销决策，提高营销效率，迅速销售商品和为顾客提供个性化服务，满足顾客需要。直复营销可在任何时间、任何地点与顾客进行双向信息交流，因而创新和扩大了营销渠道，有利于企业开辟新的市场。

二、顾客满意营销

顾客满意营销是指企业为了以顾客为中心，以达到顾客满意为目标而开展市场营销活动所做出的长远性的谋划与方略。这一谋略也叫顾客满意（CS）战略。使顾客满意是企业开展营销活动的重点目标，顾客满意是顾客在购买生产经营者提供的有形产品和无形服务后，感到需求得到满足的一种状态。实施这一战略使顾客获得了满意的价值，即顾客获得的商家提供的总价值，减去顾客购买付出的总成本后的让渡价值，结果是物有所值，从而提升了顾客满意度。这种满意度具体体现在三个层次上，即物质满意层、精神满意层和社会满意层。顾客满意度高也提升了顾客对企业的忠诚度，从而有利于扩大企业的市场。实施顾客满意战略，不仅使顾客获得了增值价值，而且也要求使企业自身获得满意的利润，实现理想的经济效益。

三、关系营销

关系营销是指企业把顾客看作有多重利益关系、多层需要，存在潜在价值的对象，为了不断去发现和满足顾客新的需求，帮助顾客实现和扩大价值，与顾客建立一种长期的良好关系的基础，培育长远市场，所做出的谋划与方略。实施这一谋略必须通过各种信息媒体，尤其是信息网络，与顾客（或消费者）进行信息沟通，双向交流、增进了解，这是关系营销的本质特征。在交流中了解和掌握顾客目前和未来潜在的需要，有针对性地进行技术和产品的开发、生产和营销，满足顾客日益增长的不断变化的新需求，与顾客诚实互信、互惠互利，实现双赢的格局，并把顾客变成企业长期的朋友和合作伙伴，巩固企业现有市场，培育企业长期的市场。

四、文化营销

文化营销是指企业以提高顾客满意度为追求，以员工共识的价值观为基础，以确立品牌文化、寻求顾客所接受的价值信念为立业之本，所做出的长远性的谋划与方略。实施这一谋略，首先要求在生产经营实践中有意识地发现、培育和创造企业全体员工共识的核心价值观，把企业优秀的价值观凝结在品牌之中，并通过为顾客提供的产品和服务传递给顾客；企业通过产品设计，在造型、色彩、包装、装潢等方面，尽可能地使实用品艺术化、工艺品实用化，使产品美观大方，既提升产品的文化内涵，又使顾客使用方便。在使用产品和享受服务的过程中提升顾客的文化品位，潜移默化地感受品牌文化的熏陶。同时企业通过对顾客需求的调研，把顾客需求中积极向上的价值取向、文化追求吸收和体现在企业的技术开发、产品设计之中，并发扬光大，使顾客在购买产品后再次获得产品文化、品牌文化的享受，既能满足顾客审美的心理需求，也能实现企业的文化营销。

五、绿色营销

绿色营销是指企业在生产经营过程中要确立环境保护意识，从产品的设计、生产、营销、废弃物的处理方式，到产品消费过程中，都要突出强调环保理念和可持续发展。实施绿色营销要求：(1) 企业所有员工包括营销人员，确立绿色生产观念和绿色营销观念，这两个观念本质上也就是确立企业的社会责任观念和可持续发展观念；(2) 积极开发、生产和营销有利于保护生态环境的绿色技术和绿色产品，即提供的产品有利于人们身体健康，减少或消除对环境带来的污染；(3) 收集有关环保法律法规和环保政策信息，以及掌握顾客绿色需求的信息，合理地进行绿色产品的设计，推行绿色包装、绿色标志，努力满足顾客对绿色技术和绿色产品的需求，实现企业、顾客和社会三者之间利益的统一与和谐；(4) 实施产品、价格、渠道和促销的绿色组合，以营造企业的绿色优势，以绿色和环保在竞争中取胜。

六、整合营销

整合营销是指企业在兼顾企业、顾客和社会三方共同利益这一目标的驱动下，为更好地协调企业内外系统的关系和活动，在总结成功经验、综合现代市场成功经营理念的基础上，努力把各种营销技巧、营销手段相互结合，优势互补，挖掘潜在的市场，创造新的市场，所做出的长远性的谋划与方略。

“整合”即“综合、结合为一体”的意思。(1) 要求整合营销理念，改变旧的营销理念，确立新的营销理念。即确立兼顾企业、顾客、社会三方的利益，整合为以共同利益为中心，协调好企业内外各系统的关系和活动。(2) 以顾客为导向，整合各种营销技巧、营

销手段，使其作用力统一方向，形成合力，共同为实现企业的营销目标服务。(3) 整合企业各部门的力量，使之协同作战，以满足顾客的需求，为顾客创造实实在在的价值和利益。(4) 进行动态的相互联结的三个定位，即产品定位、市场定位和形象定位，使三个定位巧妙结合、相互衔接，以适应动态变化的市场环境，主动满足顾客动态变化的需求，强调主动迎接市场的挑战，努力地发现潜在的市场，创造新的市场。(5) 整合营销强调研究产品的整体概念，即产品包括五个层次：核心利益、基础产品、期望产品、附加产品、潜在产品。要求在这五个层次上进行整体开发，给顾客带来更多的实惠和附加价值；在产品服务上进行整体开发，给顾客带来更大的方便。通过整合培养顾客对品牌的忠诚度，用服务组合留住顾客。

七、网络营销

网络营销是指企业以因特网为核心，利用电子计算机处理信息，进行市场环境分析、营销情报检索、物流流程管理、辅助营销决策，开展电子商务活动，实现营销目标所做出的长远性的谋划与方略。以因特网为核心支持的网络市场营销将成为现代市场营销的主流。通过网络营销，使顾客在家中购物，客户在网上订货，网上交易，实现了企业与顾客的直接联系。开展“一对一”的营销，能够做到真正的“服务到家”，满足顾客个性化的需求。实施网络营销，通过企业网站网络广告，迅速传递本企业的产品和服务信息，向世界展示自己的特色产品，吸引众多顾客光顾自己的网页，让顾客进入网站，留住顾客，让顾客充分享受快捷便利的购物乐趣。实施网络营销谋略要注意以下几方面：(1) 要加快企业信息化建设，较快地建立起自己的网站；(2) 分析网上顾客，通过网络市场细分，确立网上的目标顾客，建立起顾客网络；(3) 通过产品、价格渠道等要素的组合，形成具有自身特色的网络营销组合策略，吸引顾客，留住顾客，扩大网络市场；(4) 开展定制化营销，利用网络开展服务，提高顾客满意度，巩固和发展网络市场，尤其是通过营销网络开展国际化经营。

复习思考题

1. 什么是市场营销战略？市场营销战略的实质是什么？
2. 什么是市场细分？市场细分的作用有哪些？
3. 市场细分的理论基础有哪些？
4. 市场细分的方法有哪些？
5. 什么是选择目标市场？目标市场的选择模式有哪些？
6. 目标市场营销战略有哪些？
7. 什么是市场定位？市场定位战略有哪些类型？
8. 市场营销组合战略有哪些类型？
9. 如何理解品牌的概念及品牌价值？
10. 品牌战略与名牌战略的关系是什么？

11. 品牌战略的内容包括什么?
12. 品牌战略管理的方法是什么?
13. 如何理解市场营销新谋略的各项内容?

案例分析

小米科技公司的营销

小米科技(全称北京小米科技有限责任公司)是一家专注于等新一代智能手机软件开发与热点移动互联网业务运营的公司。2010 年底推出手机实名社区米聊,在推出半年内注册用户突破 300 万。此外,小米公司还推出基于 CM 定制的手机操作系统 MIUI、Android 四核手机小米手机等。米聊、MIUI、小米手机是小米科技的三大核心产品。小米手机是小米公司研发的一款高性能发烧级智能手机。小米手机坚持"为发烧而生"的设计理念,将全球最顶尖的移动终端技术与元器件运用到每款新品,小米手机超高的性价比也使其每款产品成为当年最值得期待的智能手机。

小米手机目前主要在中国销售,有多家运营商给予支持。小米作为一款智能手机,其多款小工具也是针对不同人群使用习惯而开发的。商务人士看重其手机的功能,比如文档处理、邮件收发等功能;学生群体和年轻的上班族,青睐手机的录音、照相、摄像、游戏、上网等功能,推崇时尚,追求手机的娱乐性;而 IT 相关行业工作者或手机发烧友,对手机有极大探索热情,喜欢开发自己手机的潜力,包括为开源的手机系统写软件,小米积极为其提供平台。

小米公司一直将时尚一族的年轻人作为主要的目标顾客。把自己产品定位于"为发烧而生"的智能通信产品。其创建历史与"发烧友"有关,早期非常关注手机的"低价高配",吸引粉丝参与技术研发。但是这部分群体体量过小,无法满足小米扩张发展的需求。为了公司的长足发展,小米不断发挥着坚持创新的特性,吸引着对小米有品牌忠诚的消费群体,在产品的核心部分与竞争者雷同的情况下塑造不同的产品形象以获取差别优势。独特的 MIUI 系统,不一样的安卓体验,给消费者贴心的体验;在品牌塑造上,强调让消费者参与到营销活动中,他们开设有自己的网站,在网站上进行销售,甚至在微博、微信等社交平台上与消费者互动,使其参与到小米手机营销活动中;小米手机拥有其他智能手机的基本性能,但是也有其他智能手机所不具备的高端性能,并且它的创新性是无与伦比,其在操作性上与其他品牌的手机相比占有领先地位。

资料来源:依据 https://wenku.baidu.com 的资料整理。

问题:

结合"小米手机"的市场定位,分析"小米科技"公司的"STP 战略"。

第九章　企业产品战略

本章导读

企业产品战略是与企业市场战略相配套的重大战略，也是为实现企业总体经营战略的一个重要职能战略，是构成企业战略体系中的一个重要组成部分。当企业的目标市场确定之后，就需要解决开发和生产什么产品去满足目标市场的需求。产品战略是企业对其所生产与经营的产品进行的全局性谋划。它与市场战略密切相关，也是企业经营战略的重要基础。

产品战略涉及的内容较广泛，包括依据产品寿命周期选择的不同产品战略，对企业生产或经营的全部产品线、产品项目的组合方式做出谋划的产品优化战略，指引产品开发方向的产品开发战略，推动企业技术进步的产品质量战略等。产品战略决策正确与否，对企业的生存和发展起着决定性的作用。

学习目标

通过对本章的学习，熟悉有关产品与产品战略的基本概念及作用，掌握不同寿命周期阶段的产品战略、产品优化战略、产品开发战略、产品质量战略的基本内容，了解产品战略决策的影响因素。

关键概念

产品（Product）
产品战略（Product Strategy）
产品寿命周期（Product Life Cycle）
产品优化战略（Product Optimization Strategy）
产品开发战略（Product Development Strategy）
产品质量战略（Product Quality Strategy）

全世界没一个质量差、光靠价格便宜的产品能够长久地存活下来。

——徐世明

第一节　产品战略概述

一、产品的概念与产品的整体概念

（一）产品的概念

传统产品的概念，主要是从生产的角度去理解，即把产品看成是一种有形实体，它是生产者生产的具有某种特定物质形状和用途的物体。这种观点仅仅把产品理解为具有特定品种、款式和一定品质的实体。

现代产品的概念，不仅要从生产的角度，而且还要从营销的角度去理解。在现代市场营销中，产品是指能够提供给市场以满足需要和欲望的任何东西。具体地说，就是提供给市场以满足消费者或用户某一需求和欲望的任何有形物品和无形服务。

（二）产品的整体概念

现代产品是一个整体的概念，营销学界曾用三个层次来表述产品整体概念，即核心产品、形式产品和延伸产品。近年来，菲利普·科特勒（Philip Kotler）等北美学者认为，用五个层次来表述产品的整体概念（如图 9－1 所示）则更加准确。

1. 核心产品

核心产品是指向顾客提供的产品的基本效用或利益。核心利益是产品最基本的层次，也就是消费者真正要购买的利益和服务。如冰箱的核心利益体现在它能给消费者保持食物

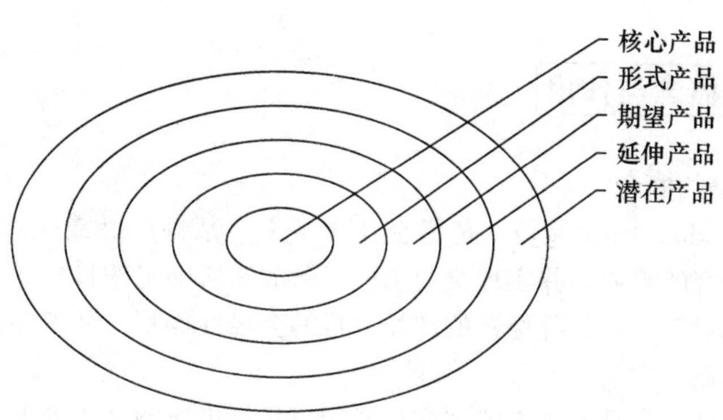

图 9-1 产品的整体概念

的新鲜。所以，企业的营销人员向顾客销售的任何产品，都必须具有反映顾客核心需求的基本效用或利益。

2. 形式产品

形式产品是指核心产品借以实现的形式，或目标市场对某一需求的特定满足形式。即品质、式样、特色（特征）、品牌及包装。市场营销人员应努力寻求更加完善的外在形式以满足顾客的需要。

3. 期望产品

期望产品是消费者购买产品时期望得到的与产品密切相关的一整套属性和条件。如购买冰箱时期望其能在省电的情况下，保持食物的新鲜，使用安全可靠等。

4. 延伸产品

延伸产品是指顾客购买形式产品和期望产品时，附带获得的各种附加服务和利益的总和。主要包括提供信贷、免费送货、安装、调试、维修、产品保证、零配件供应、技术人员培训等。

5. 潜在产品

潜在产品是指现有产品包括所有附加产品在内的，可能发展成未来最终产品的潜在状态的产品，预示着该产品最终可能的所有增加和改变。

产品的五个层次，清晰地体现了以消费者为中心的现代营销观念，因而成为企业制定具体产品战略的重要依据。以上五个层次所包括的内容都是产品的要素。所谓产品要素，即构成产品的元素及其素质，概括起来分为两个方面.

（1）有形要素：包括产品数量、产品品种、产品品质、花色、款式、造型、包装等。有形要素的素质直接决定着产品能否给顾客带来利益和满足需要，及其利益大小和满足程度。产品素质高，则给顾客带来的利益就会大，满足其需要的程度也会高。

（2）无形要素：包括产品的安装、调试、培训、咨询、维修、购买信贷、免费送货、产品价格、成本、交货期、保证条件、信誉等。无形要素既影响给顾客带来的直接利益的大小（价格），也影响给顾客所带来附加利益的大小。

由产品的构成要素可以看出，产品战略决策关系着企业一系列的决策。产品战略决策的水平与效果，影响着企业一系列决策的水平和效果。

二、产品战略的概念与作用

(一) 产品战略的概念

产品战略 (Product Strategy)，是指企业为了生产某种产品或生产某些不同的产品，去满足目标市场顾客的需要，并实现企业总体经营战略所确定的目标而做出的长远性的谋划与方略。即企业对其所生产与经营的产品进行的全局性谋划。从产品战略的概念中，我们可以看出它包括以下含义：

(1) 企业生产什么产品或生产哪些产品必须以目标市场顾客的需求为依据。

(2) 企业生产多种产品，应确定一个合理的产品结构。

(3) 产品战略要为实现企业总体经营战略的目标服务，服从于总体战略的要求。

(二) 产品战略的作用

产品战略是企业职能战略体系中处于核心地位的战略，在一般情况下，也是实现企业总体经营战略的战略重点之一。产品战略决策正确与否，对企业的生存和发展起着决定性的作用。

(1) 正确的产品战略有助于提高企业经营战略决策水平。由于产品战略决策在企业职能战略决策中处于核心地位，产品战略决策正确，就为其他各项经营战略决策提供了有利条件，并有利于摸索和掌握整个企业战略决策的规律性，比较顺利地解决各项战略决策课题，逐步形成和完善以产品战略决策为中心的一整套企业经营战略和策略的决策体系。

(2) 正确的产品战略有利于增强企业的生命力。企业的生命力就是企业在复杂多变的环境中谋取生存和发展的内在能力，企业的生命力集中表现在产品的生命力上。通过正确的产品战略决策，使企业不断开发和生产出富有生命力的产品，这些产品越能满足市场和顾客的需要，企业就越有生命力。

(3) 正确的产品战略有利于提高企业和社会的经济效益。产品是构成经济效益的实质性内容，产品战略决策正确，就能保证企业产品适销对路，促进产品畅销，增加企业销售收入，提高企业盈利水平。产品符合顾客需要，也有利于提高顾客使用产品的效益，从而促进整个社会经济效益的提高。

三、产品战略的选择方法

制定产品战略的核心问题就是在评价企业产品的获利能力的基础上，达到企业产品组合优化。常用的两种方法是：

(一) 产品寿命周期法

产品寿命周期是指一种产品从试制成功、投放市场开始，到最后被新产品代替，从而退出市场为止所经历的全部时间。产品寿命周期由引入期、成长期、成熟期和衰退期四个阶段组成。由于产品在不同的时期其种类、质量、成熟性、市场需求量、认可度、价格等均有差异，由此，在不同的阶段就会有不同的产品战略。具体参见本章第二节的内容。

（二）产品组合优化法

常用的产品组合优化法是由美国通用电气公司和波士顿战略咨询集团合作研究提出的“产品项目平衡管理技术”，又称为 PPM 技术。它是按照每种产品的市场吸引力和企业实力的大小情况，对产品进行不同象限的区分，由此有针对性地采用不同的战略规划。具体参见本章第三节的内容。

第二节 产品寿命周期与产品战略

一、产品寿命周期的含义和实质

产品寿命周期（Product Life Cycle），是指产品从投入开发到投入生产、投放市场开始，经过成长、发展、成熟到衰退，被另一种新产品所淘汰为止的整个过程。

产品寿命周期是产品在市场上运行的一个客观规律，它实质上是反映了产品的经济寿命，或叫产品的市场寿命。它一方面反映了市场上对某种产品的需求状况，即市场对该产品存在需求，就促使生产厂家从事该产品的开发、生产和营销，投放市场，随着市场需求的增长而成长和发展，随着需求的饱和而成熟，随着需求下降而逐步衰退；另一方面反映了生产厂家的产品在市场上的销售状况，即随着市场需求的增长而畅销，随着需求饱和而平销，也随着需求下降而滞销，造成亏损，企业逐步减产直至停产，从而结束其寿命周期。

二、产品寿命周期阶段的划分

产品寿命周期有广义和狭义之分。

（一）广义的产品寿命周期

广义的产品寿命周期指产品从开发、生产、销售直至产品退出市场为止的过程。它包括七个阶段，即产品设想期、产品设计期、产品试制期、产品投入期、产品成长期、产品成熟期、产品衰退期。前三个阶段概括起来为产品的开发周期，这个阶段的任务是尽快拿出市场所需的产品，开发得越快越好，即开发周期越短越好，以快制胜；后四个阶段为产品的市场运行周期，主要任务是使产品畅销的时间越长越好，为企业盈利多做贡献。

（二）狭义的产品寿命周期

狭义的产品寿命周期主要是指后四个阶段，即投入期、成长期、成熟期和衰退期（如图 9－2 所示）。这四个阶段的划分主要以年销售增长率为依据。投入期的销售增长率一般较缓慢，因为是新产品，顾客尚未了解；进入成长期，即顾客对新产品有了认识和了解后，购买积极性有所提高，需求增长，企业产品畅销，一般销售增长率超过 10%；到了成熟期，需求逐步饱和，产品销售增长缓慢，一般增长率为 1%～10%；进入衰退期，销售增长率变为负数，产品滞销，标志着该产品将逐步退出市场。

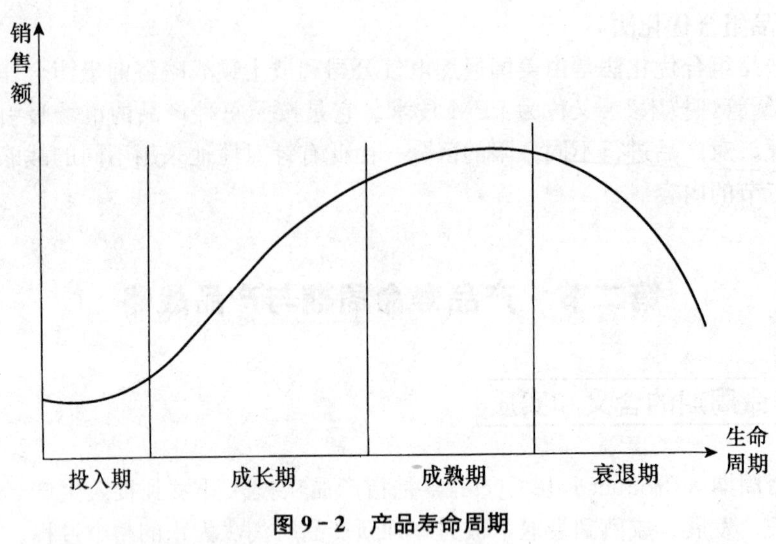

图 9－2　产品寿命周期

三、不同寿命周期阶段的产品战略

产品有其寿命周期，这个原理是企业制定产品战略的重要理论依据之一。产品所处的寿命周期阶段不同，采用的战略也不同。

(一) 投入期的产品战略

投入期的产品是刚投放市场的新产品，总的来说，是实施“以新取胜”的战略。但根据企业新产品的状况不同，还有以下可供选择的战略方案：

1. “以新领先”的战略

如果企业开发的新产品水平很高，或达到国际先进水平，或达到国内先进水平，都可以凭借这一优势，在国际或国内抢占制高点，领导产品新潮流，以新取胜。

2. “新品完善”战略

新产品刚投入生产，投放市场，顾客在使用过程中总会发现新品有这样或那样的缺陷，因而提出种种意见。企业应根据顾客的反应，认真研究，采取措施加以改进和完善，使之更符合顾客的需要，达到顾客满意的程度。

3. 新品形象战略

新产品要突出其“新”，从产品的造型、色彩、包装设计上给人以新颖的感觉，同时通过广告宣传，传递新品的独特功能的信息，吸引顾客，促使购买，用后满意，从而树立起产品在顾客心目中良好的形象。

(二) 成长期的产品战略

产品通过投入期进入成长期，但仍属于新产品，总的来说，仍应坚持“以新取胜”的战略。根据成长期新品的特点，又有以下具体战略方案可供选择：

1. 新品生产扩大化战略

通过投入期阶段的广告宣传，顾客购买使用后反应良好，新品的需求在扩大，相应要求新品的生产扩大规模，追加投资，增添专用的高效的生产设备，提高生产能力，以扩大产品的生产量，适应日益增长的市场需求。

2. 新品名牌战略

即在提高新产品质量的基础上，提高新产品的市场覆盖率，扩大新产品的知名度和美誉度，使之逐步由地区名牌产品发展成全国名牌产品，再进一步争取成为国际名牌产品。在产品成长期进行创名牌的活动，是十分关键的阶段，把握好了，就有利于促进企业健康成长，使之充满活力。

（三）成熟期的产品战略

进入成熟期的产品，一般已是生产和销售多年的老产品，并且成为企业的主导产品，销售增长速度已趋缓。根据这一特点，有以下具体战略方案可供选择：

1. 改进或改革产品战略

老产品相对于已经出现的新产品而言，在某些方面已经落后。因此，需要吸收新产品的长处或按照顾客新的需求进行改进、改善或改革，改善产品的性能，增加新的功能，提高质量，扩大用途，从而开辟新的市场，以延长老产品的寿命周期，为企业提供更多的利润。

2. 优质低价战略

产品进入成熟期，生产厂家也多，竞争激烈。竞争的焦点已转向产品质量和价格。谁家产品质优价廉，就能以优取胜或以廉取胜。因此，企业应在提高质量和降低成本上下功夫。成熟期的产品是企业的主导产品，一般也是大批量生产，为企业实施质优价廉的产品战略创造了良好的条件。

3. 产品差异化战略

针对成熟期阶段竞争对手多、竞争激烈的特点，努力改变企业产品单一化的状况，努力开发新产品或改进老产品，发展品种，使企业的产品有其特色，并与对手的产品相区别，能够满足老顾客的新需求，能以新的产品、新的品种和优异的服务，争取新的顾客，从而赢得产品和市场的优势。

（四）衰退期的产品战略

进入衰退期的产品，已经是落后产品，销售呈现为多年连续下降趋势。针对这一特点，适宜选择的具体战略方案有：

1. 集中战略

即通过选择最有希望的流通渠道，集中投入资源，把所生产的产品集中投放到最有希望的某个或某几个目标市场上，并从其他没有希望取胜的市场上撤退，撤出所投入的资源，努力在重点市场上站稳脚跟。

2. 收缩战略

在预测到产品在今后一定时期内销售量将呈下降趋势，以至于无人购买后，则应果断采取削减各项费用、不再追加投入等措施，使已经投入的资源，尽可能取得效益，并迅速收回投资，减少损失。

3. 减产、淘汰战略

当产品多年销量呈下降趋势，顾客的需求也逐步下降并转向功能更好的新产品时，企业则应采取逐步减产、最后停产的措施，对其落后产品果断淘汰，彻底退出该产品的市场，避免给企业带来更大的亏损。

第三节　产品优化战略

一、产品组合优化战略的含义

产品组合优化战略就是依据产品组合的方法，对企业生产经营的全部产品及其组合进行全面分析评估，以此做出产品优化的规划与谋略。这其中的产品组合是指一个企业生产或经营的全部产品线、产品项目的组合方式，它包括四个变数：广度、长度、深度和密度。

产品组合的广度，指一个企业所拥有的产品线的数量。较多的产品线，说明产品组合的广度较宽。

产品组合的长度，指企业所拥有的产品品种的平均数，即全部品种数除以全部产品线数所得的商。

产品组合的深度，指每个品种的花色、规格有多少。

产品组合的密度，指各产品线的产品在最终使用、生产条件、分销等方面的相关程度。

产品组合的四个因素和促进销售、增加利润都有密切的关系。一般来说，拓宽、增加产品线有利于发挥企业的潜力、开拓新的市场；延长或加深产品线可以适合更多的特殊需要；加强产品线之间的密度，可以增强企业的市场地位，发挥和提高企业在有关专业上的能力。由此可见，产品组合优化战略在企业的产品战略中有着重要的作用。

二、产品组合优化的方法与战略

常用的产品组合优化方法是由美国通用电气公司和波士顿战略咨询集团合作研究提出的“产品项目平衡管理技术”，又称为 PPM 技术。该方法的应用步骤如下：

一是确定产品的市场吸引力（包括资金利润率、销售利润率、市场容量等）和企业实力（包括市场占有率、生产能力、技术能力、销售能力等）各个具体因素的评分标准。

二是按照各项因素的评分标准对每一个产品进行评分，分别计算每种产品的市场吸引力和企业实力的总分。

三是依据产品的市场吸引力总分和企业实力总分的高低，划分为大、中、小三等。

四是按照每种产品的市场吸引力和企业实力的大、中、小情况，分别填入产品系列分布象限图。如图 9 - 3 所示，纵轴表示市场吸引力高低，横轴表示产品的企业实力大小。两方面的因素有九种组合方式，形成九个象限。

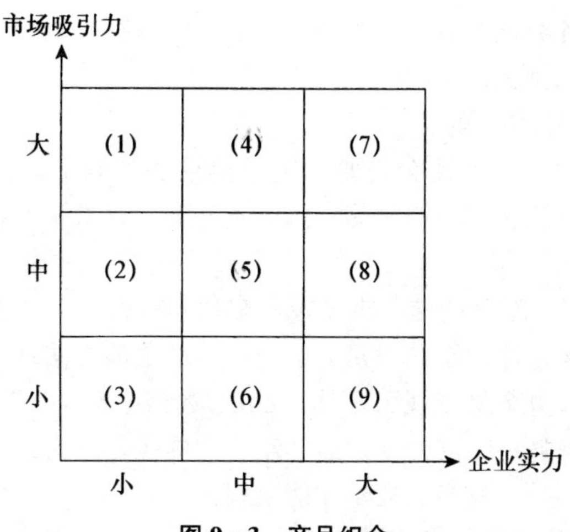

图 9-3　产品组合

五是依据产品所在的象限位置，采取不同的战略：

第（1）象限的产品：市场吸引力大，但企业实力小，属于有问题产品。应采取选择性投资，提高企业实力，积极发展，提高市场占有率的战略选择。

第（2）象限产品：市场吸引力中等，而企业实力小，属于风险产品。应采取维持现状，努力获利的战略。

第（3）象限产品：市场吸引力和企业实力都很小，属于滞销产品。应采取收回投资后停产，予以淘汰的战略。

第（4）象限产品：市场吸引力大，企业实力中等，属于亚名牌产品。应采取增加投资，提高实力，大力发展的战略。

第（5）象限：市场吸引力和企业实力均为中等，属于维持产品。应采取维持现状的经营战略。

第（6）象限产品：市场吸引力小，企业实力中等，属于滞销产品。应采取撤退和淘汰的战略。

第（7）象限产品：市场吸引力和企业实力都很大，属于名牌产品。应采取积极投资，发挥优势，大力发展，提高市场占有率的战略。

第（8）象限产品：市场吸引力中等，企业实力大，属于高盈利产品。应根据市场预测，对有前途的产品予以改进和提高；对需求稳定的产品，采取维持现状、尽力获利的战略。

第（9）象限产品：市场吸引力小，而企业实力大，属于微利、无后劲的产品。应采取逐步减产和淘汰的战略。

三、产品结构优化战略

（一）产品结构的概念

产品结构是指社会产品各个组成部分所占的比重和相互关系的总和。它可以反映社会生产的性质和发展水平、资源的利用状况，以及满足社会需要的程度。从宏观上讲，指一个国家或一个地区的各类型产品在国民经济中的构成情况；从微观上讲，指一个企业生产的产品中各类产品的比例关系。

（二）产品结构优化的内涵

产品结构优化是指在满足社会需要和国家要求的基础上，在各种相关因素（技术装备、生产能力、企业资源、市场销售等）约束条件下，寻求企业各种不同产品之间的最佳组合。

产品结构优化的整个过程也是企业产品战略决策的过程。它是企业遵循一定的优化原则，考虑多方面的有利条件和制约因素，运用科学的决策方法和手段，对多种产品组合的方案进行论证、比较，直至最终找出不同产品的最佳组合。企业产品的组合随市场需求、资源条件和经营环境等各种因素的变化而变动。它的优化只有通过不断开发新产品、改进或淘汰老产品，适时调整企业产品战略才能实现。

（三）产品结构优化战略的类型

企业对在一定条件下形成的产品结构，应该随着市场需求的变化，适时地进行必要的调整，重新进行优化。调整和优化的内容不同，从而形成以下不同的优化战略。

1. 产品方向结构的优化战略

企业的产品为不同的对象、不同的领域服务，各不同服务方向的产品所占的比重不同，就形成具有不同特点的产品方向结构。如企业为重工业服务的产品比重大，则叫重型产品结构；若为轻工纺织业服务的产品比重大，则叫轻型产品结构。企业外销产品比重大，则叫外向型产品结构；内销产品比重大，则叫内向型产品结构。企业的产品方向结构优化战略如何选择，取决于企业的目标市场战略。如果企业既为重工业服务，也为轻纺工业服务，但以重工业为主要目标市场，则应向以重型产品为主导产品的方向优化，实施重型产品结构优化战略；反之，企业以轻纺工业为主要目标市场，则应向以轻型产品为主导产品的方向优化，实施轻型产品结构优化战略。如果企业产品以国外市场为主，则应向以外销产品为主导的方向优化，实行外向型产品结构的优化战略；如果企业以国内市场为主，则应向以内销产品为主导的方向优化，实行内向型产品结构的优化战略。

2. 产品用途结构的优化战略

企业所生产的产品有多种用途，不同用途的产品所占比重不同，就形成不同特点的产品用途结构。例如，企业的产品形成生产用和生活用相结合、军用和民用相结合、专用和通用相结合的产品结构。在产品用途结构上如何优化，应根据产品和市场需求的特点及其发展趋势来做出选择。有的企业的产品以生产用为主，选择生产资料产品结构的优化战略；有的企业则以生活用为主，选择消费资料产品结构的优化战略；有的企业形成军民兼用的产品结构，选择以民品为主的民品结构优化战略；有的企业选择以通用为主的通用型产品结构优化战略；有的企业则选择以专用为主的专用型产品结构战略。随着市场环境的发展变化，主导产品的地位也会转化，企业产品用途结构的战略也应调整，重新优化选择。

3. 产品技术结构的优化战略

企业生产高、中、低不同技术水平的产品，各种不同技术的产品所占比重不同，就形成具有不同特点的产品技术结构。技术水平高的产品所占比重大，叫先进产品结构或技术密集型产品结构；技术水平低的产品所占比重大，叫初级技术产品结构或叫劳动密集型产品结构；介于两者之间的，叫中级技术产品结构或适用先进技术型产品结构。企业如何优化产品的技术结构，应根据自己的资金状况、技术基础、人员素质和用户需要做出正确的选择。一般来说，企业应由实施初级技术的产品结构战略，转变为选择实用先进技术型产品结构优化战略，或选择先进型产品为主的产品技术结构优化战略。但另有一些企业在今后一定时期内仍然坚持选择以劳动密集型为主的产品技术结构战略，以适应国内外市场对低层次技术产品的需要。

4. 产品档次结构的优化战略

企业生产多种质量水平、多种价格水平的产品，从而形成不同档次的产品结构。优质优价的产品比重大，叫高档产品结构；中质中价的产品比重大，叫中档产品结构；低质低价的产品比重大，叫低档产品结构。一般说来，企业都是高、中、低档产品结构相结合，优化战略决策在于以哪一档次的产品为主，这要根据顾客的需求层次和购买力水平来确定。有的企业以满足高收入的居民层或以投资规模大的用户的需要为主，选择高档产品结构战略；有些企业以满足收入中等的居民层或投资规模中等的用户的需求为主，选择中档产品结构战略；有些企业以满足低收入的居民层的需求为主，选择低档产品结构战略。随着用户和消费者购买力水平的提高、需求结构的变化，总的趋势是应提高中档、高档产品的比重，选择以高档或中档产品为主的产品结构优化战略。但应看到，相当一部分用户和消费者的购买力水平还不高，因此，不少企业还应考虑选择以低档为主，或以中低档为主的产品结构优化战略。

5. 产品材质结构的优化战略

企业生产的产品使用了多种资源、多种材质，从而形成不同资源特点的产品材质结构。纺织厂纯棉产品比重大，叫棉纺织品结构；毛纺织品比重大，叫毛纺织品结构；化纤纺织品比重大，叫化纤纺织品结构；以建筑材料厂、家具厂利用金属材料为主，则形成金属材料产品结构；以木材加工为主，叫木材产品结构；以塑料材料为主，叫塑料产品结构。每个企业究竟以何种材质为主，应根据我国和本地的资源条件，或进口某些原材料的可能条件，以及考虑用户和消费者的需求，做出正确的选择，形成具有某种资源优势的产品材质结构优化战略。例如，有些纺织厂所在地区棉花资源丰富，消费者对棉纺织品的需求也大，因此应选择以棉花为主要原料的棉纺织品结构的优化战略。根据高级宾馆、办公大楼对铝合金门窗的大量需求，一些建材厂应选择以合金材料为主的金属材料产品结构优化战略。

6. 产品序列结构的优化战略

一些大型企业既生产初级产品、中间产品，也生产最终产品，各个阶段的产品所占比重不同，就形成不同阶段特点的产品序列结构。在三个阶段的产品中，初级产品比重大，叫初级型产品结构；中间产品比重大，叫中间型产品结构；最终产品比重大，叫最终型产品结构。一般说来，最终产品附加价值大，因此，应选择以最终产品为主的产品结构优化战略。例如大型纺织印染联合企业，既生产棉纱和坯布等初级产品，生产印染布等中间产品，又生产服装等最终产品。而服装产品的附加价值比棉纱、坯布、印染布要高得多。凡有条件的大型纺织公司应选择以服装这种最终产品为主的产品系列结构优化战略。

第四节　产品开发战略

一、产品开发战略的概念

产品开发战略（Product Development Strategy），是指考虑在现有市场上通过改良现有产品或开发新产品来扩大销售量的战略。例如，原来只生产家用电器产品，现在增加手机产品的生产。产品开发战略是建立在市场观念和社会观念的基础上，企业向现有市场提供新产品，以满足顾客需要，增加销售的一种战略。其核心内容是激发顾客的新的需求，以高质量的新品种引导消费潮流。

产品开发战略是企业对市场机遇与挑战、内部资源能力的优势和劣势所进行的全面的、前瞻性的思考和认识，也是做出的深思熟虑的选择和决定。产品开发战略能避免企业临时地、随意地、盲目地开发和进入一些没有市场价值的产品，而忽视了那些真正能够提升市场竞争力的产品机会。产品开发战略是企业产品开发的军事路线图，指引产品开发的方向。

二、产品开发战略的层次

产品开发战略包括产品战略愿景、产品平台、产品线、产品开发项目四个层次。

（一）产品战略愿景

产品战略愿景是企业关于产品定位和市场目标的理念和愿景，它为下一层次产品平台的性质、演化和竞争地位提供指导。产品战略愿景是“瓜种”，它从本质上决定了长什么样的藤，结什么样的瓜。

（二）产品平台

产品平台是企业核心技术的集合，是使企业所有产品线和产品根植于此的公共平台。产品平台开发包括产品平台概念评估、产品平台规划和产品平台设计。产品平台是“瓜的主藤”，它为“支藤”和“瓜”提供养分。

（三）产品线

产品线是基于产品平台的同类产品集合。产品线规划是一个分时段的，基于市场、竞争要求和资源状况的有条件的产品开发计划，它决定具体产品的开发方向和升级替代策略。产品线是“瓜的支藤”，它将结出“瓜”。

（四）产品开发项目

产品开发项目是基于产品线规划的单项新产品的开发，产品线规划的具体实施是最终的“瓜”。

三、产品开发战略的类型选择

企业开发什么样的产品，这是一个重大的战略选择。产品开发的角度不同，从而形成不同的产品开发战略类型。

（一）按产品开发的新颖程度进行分类

1. 全新型新产品开发战略

新产品是指在性能、结构、材质和技术特征等某一方面或某几方面，比老产品有显著改进和提高，或独创的、具有实用价值和推广价值，带来明显经济效益的产品。新产品一般具有新颖性、先进性、经济性和实用性等特点。全新型新产品是指新颖程度最高的一类新产品，它是运用科学技术的新发明而开发和生产出来的，具有新原理、新技术、新材质等特征的产品。如激光技术产品、超导技术产品、数字化产品等，它们同老产品相比，已发生根本性的质的变化。选择和实施全新型新产品开发战略，需要企业投入大量资金，拥有雄厚的技术基础，开发实力强，同时花费时间长。

2. 换代型新产品开发战略

这是指在原有产品的基础上，部分采用新技术而开发和制造出来的，具有新用途、满足新需要的产品战略。例如，在收音机的基础上采用录音技术，开发收录两用机；在黑白电视机的基础上采用彩色显像技术，开发彩色电视机。收录机相对于收音机，彩色电视机相对于黑白电视机，都是换代新产品。换代新产品使原有产品发生了部分质的变化。选择和实施换代型新产品开发战略，只需投入较少的资金，费时不长，就能改造原有产品，使之成为换代新产品，具有新的功能，满足顾客新的需要。

3. 改进型新产品开发战略

这是指在原有产品的基础上，改进性能，提高质量，增加型号而开发出新品种的战略。所开发的新品种与原有品种相比，只发生了量的变化，即渐进的变化，同样能满足顾客新的需求。这是代价最小、收效最快的一种产品开发战略。

以上三种产品开发战略中，第一类开发战略，一般企业实施较难，只有大型企业或特大型企业在实行“产、学、研”联合开发工程的条件下，才能见效；第二、第三类开发战略，大多数企业选择和实施较为容易，且能迅速见效。大多数企业应着重考虑选择第二种和第三种新产品开发战略。

专栏 9-1

1904 年在美国圣路易斯举办的“世博会”评选出了本届世博会的真正明星，它不是任何一家参展商提供的产品，而是世博会门口小商贩售出的食品，这是怎么回事呢？

原来，一位叫哈姆威的小贩在会场外出售甜脆薄饼。他旁边的一位是卖冰激凌的小贩。夏日炎炎，冰激凌卖得很快，不一会儿盛冰激凌的小碟就不够用了。热心的哈姆威于是把自己的脆薄饼卷成锥形，给旁边的小贩当作盛冰激凌的小碟用。没想到，冰激凌和脆薄饼结合在一起，受到了出乎意料的欢迎，人们争相购买，会后也被市民评选为“真正的世博明星产品”，它就是今天我们熟知的蛋卷冰激凌。

(二) 按产品开发新的范围和水平进行分类

1. 地区级新品开发战略

这里所指的“地区级”，是指省（直辖市、自治区）一级。也就是新品开发达到省、直辖市、自治区一级水平的战略。凡我国其他省（直辖市、自治区）已经开发和生产的，本省（直辖市、自治区）还没有这种，某企业率先开发和生产出来，经有关部门鉴定和确认的产品，则属于本省（直辖市、自治区）一级的新产品。任何企业首先应该开发和生产出达到本省（直辖市、自治区）一级水平的新产品，然后以此为基点，再向更高一级水平的开发目标努力。

2. 国家级新品开发战略

这是指新品开发达到国家一级水平的战略。国家级新产品，是指在全国范围内新出现的产品。凡国外已率先开发和生产，国内尚没有这类，国内某企业率先开发和生产出来，经国家有关主管部门鉴定和确认的产品，则属于国家级新产品。我国企业应在掌握国外新品开发动向和获得新品信息的基础上，从自己的实际出发，努力开发和生产出达到国外同类水平的新品，以填补国内空白，满足国内市场对这类新产品的需求。

3. 国际区域级新品开发战略

这是指新品开发达到国际区域一级水平的战略。国际区域级是指亚洲、北美洲、欧洲、非洲、南美洲等区域。国际区域级新产品是指：(1) 在国际区域市场上尚未出现、本国某企业率先开发和生产出来的先进产品。(2) 国外某区域虽然已经出现某种新产品，国内企业在掌握国外新品特点的基础上，开发出性能更好、水平更高的同类产品，也属于国际区域级领先产品。一个国家，达到国际区域级的新品越多，该国的经济实力就越强，在国际上的经济地位就越高。

4. 世界级新品开发战略

这是指世界上别的国家都未开发和生产的某种产品，我国某企业率先开发和生产出来，投放市场，使之处于世界领先地位的战略。例如海尔创新推出的“双动力”式洗衣机，就属于我国开发出来的世界级新产品，它属于洗衣机第四代的世界最新产品，它集前三代产品的波轮式、搅拌式、滚筒式三种洗衣机的优点于一身，而且克服了以上三种洗衣机的缺点。它采用了特殊的结构——盆形大波轮和特设的内桶搅拌叶，拥有特殊的功能——波轮和内桶双力驱动，双向旋转产生的强劲翻腾水流，使衣物洗得干净、磨损低、不缠绕，15 分钟就可以轻松洗好大件衣物，省水、省电各一半，给消费者带来实实在在的好处。海尔这种全新的洗衣机创造了一种全新的行业标准，完全拥有中国自主知识产权，这就是海尔集团公司实施的世界级新产品开发战略。

以上四种新品开发战略，可以由低向高逐级选择和实施，即先选择第一级地区级新品开发战略，实施成功后再选择第二级即国家级新品开发战略；这一战略实施成功后，再选择第三级即国际区域级新品开发战略；在实施第三级的国际区域级新品开发战略取得成功后，再选择实施最高也即世界级新产品开发战略。条件较好的企业，也可跳跃式开发，如：企业还没有地区级新产品，可直接开发国家级新产品；有些企业拥有地区级新产品，但还没有国家级新产品，只要条件允许，也可选择开发国际区域级或世界级新产品的战略。

（三）按产品开发方向进行分类

1. 产品功能化战略

产品功能化战略具体有两个方案，即单功能战略与多功能战略。有的用户或消费者，或者因为使用的要求简单，或者因为购买力水平低，只需单功能产品；有些用户或消费者则相反，需要多功能产品。总的趋势是对多功能产品的需求增长。例如，对电视机的功能，要求全频道、立体声、高清晰度，甚至要求能同时收看两个频道的节目。企业应根据顾客的需求及其发展趋势，或在两种战略中择其一，或同时开发单功能产品和多功能产品，即两种战略都选择。

2. 产品规格化战略

产品规格化战略有四种方案，即产品大型化战略、产品中型化战略、产品小型化战略、产品微型化战略。不同用户和消费者对同一类产品的需求是不同的，由于使用要求的不同，有的需要大型规格的，有的需要中型规格的，有的需要小型或微型规格的。不同规格的产品对生产设备的要求差异甚大。大型产品需要大型加工设备和大量投资；中型、小型或微型产品的生产，需要中小型设备和少量投资就可以了。企业应根据顾客的需求和自身的投资条件，从四种战略方案中做出选择。实力雄厚的企业可选择产品大、中型化的开发战略；资金欠缺、实力较弱的企业适宜选择产品小型化或微型化的战略。当然，资金雄厚的企业，根据顾客对小型或微型产品需求量大的趋势，也可选择产品小型化或微型化的开发战略。

3. 产品精密度战略

产品精密度战略有两种方案，即产品精密化战略和产品简洁化、小巧化战略。这一战略与产品功能化战略有密切关系。产品要多功能，相应地产品内部结构就要求复杂和精密；反之，产品要求单功能，产品内部结构就要求简单和轻巧。顾客的两种需求都客观存在，企业应根据自己的实际做出开发战略的选择。应该看到，相当多的产品，尤其是家用电器产品或生产用的维修器具，要求简洁化、小巧化、便携化，因此，一些企业应着重选择简洁化、小巧化的产品开发战略。

4. 产品节能化战略

随着生产的发展，能源的消耗量剧增，而能源的生产发展跟不上需求的增长，有些能源资源因大量开发和消耗，储藏量锐减，甚至濒临枯竭。 方面要求开发新的能源，而储量丰富、经济实用的新能源的开发，需要有新技术的突破，如太阳能、氢能、生物能的开发利用，需要很长时间的探索、科研和开发；另一方面对现有的能源要求节约使用，国家实行开发和节约并重的方针。现有的能源如电能、煤炭和石油供应紧张，这就要求节约地使用能源。企业应开发节电、节煤和节油的机器设备和家用电器产品，以满足用户和消费者使用节能产品的要求。

5. 产品特色化战略

这是指企业利用本国或本地特有资源或丰富资源，或利用本企业独创的新技术，或者专门为某一领域的特殊需要而开发和生产特色产品的战略。产品特色化战略至少有三个方案，即特色资源产品战略、特色技术产品战略和满足特需产品战略。这类战略贵在以奇制胜、独有资源、独有技术，使企业开发的产品奇货可居；特需产品，独家生产，使企业在市场上独占鳌头，使企业在市场上处于强有力的竞争地位。本企业的产品有特色，就能同其他同类产品厂家的产品区别开来，并配合独特的营销方式打开市场，形成自己独有的市场。企业应从顾客的需求特点，尤其是注重研究用户和消费者的特殊需要，并从自己的实际出发，从上述三个特色化产品开发战略方案中做出正确的选择。

（四）按产品开发主体主动性进行分类

1. 领先型开发战略

采取这种战略的企业努力追求产品技术水平和最终用途的新颖性，保持技术上的持续优势和市场竞争中的领先地位。它要求企业有很强的研究与开发能力和雄厚的资源。

2. 追随型开发战略

采取这种战略的企业并不抢先研究新产品，而是当市场上出现较好的新产品时，进行仿制并加以改进，迅速占领市场。这种战略要求企业具有较强的跟踪竞争对手情况与动态的技术信息机构与人员，具有很强的消化、吸收与创新能力。采用这种战略的企业容易受到专利的威胁。

四、产品开发战略的影响因素

实施产品开发战略，需要综合考虑市场需求和企业内部条件来确定开发方向，具体要考虑以下因素：

（一）技术可行性

检验技术可行性要求企业有足够的生产能力以及产品或服务能实现设计的功能。比如，某公司开发新产品的原型，将这种新产品安在一个正常的灯泡上可使灯泡的使用寿命延长10倍，市场前景非常可观，而且该公司可以利用自己闲置的机器生产这种产品，但存在的问题是需要找到一种能抗高温的黏合剂。该公司自己没有这方面的技术能力开发这种抗高温的黏合剂，若与国际上较先进的厂商合作开发，产品开发战略费用将远远超出利润，因此从整体上来分析，这是不成功的。

（二）成本投入能力

规模越大，资金投入越大，成本回收就越慢。如果没有一定的资金准备和回笼投资的思想准备，产品开发，特别是新产品开发就要慎重而行。

（三）经营网络能力

企业自经营以来若只熟悉低档市场，拥有一批低档产品的代理商，那么，产品开发时产品定位最好是在低档范围内，否则，不仅会造成原有资源的浪费，另外开发新的商业网络需要的雄厚资本，也会增加企业负担，更重要的是，重新开发商业网络未必能达到预期的目的。

（四）市场的可行性

检验商业可行性的结果将证实开发的新产品或服务是否会有市场，顾客是否愿意购买企业的新产品或新服务，对新产品或新服务有多大的需求，企业是否可以从新产品或服务中赢利。

第五节　产品质量战略

一、产品质量与产品质量战略概述

（一）产品质量的概念及特性

1. 产品质量的概念

产品质量是指产品的使用价值，即产品适合一定用途，满足用户和消费者在生产上、工作上或生活上一定需要所具有的性质。产品质量是决定产品生命力的关键因素，因而也成为决定企业生命力的关键因素。产品质量是提高企业竞争能力的重要支柱，是企业长盛不衰的可靠保证。

2. 产品质量特性

产品质量特性，是指由产品使用目的所提出的各项要求，满足一定需要所具有的性质。根据顾客对质量特性要求的重点不同来分类，主要有以下五个方面的特性：

（1）产品性能：通常指产品在功能上满足顾客要求的能力，包括使用性能和外观性能。

（2）产品寿命：是指产品能够正常使用的年限，包括使用寿命和储存寿命两种。使用寿命指产品在规定的使用条件下完成规定功能的工作总时间。一般地，不同的产品对使用寿命有不同的要求。储存寿命指在规定储存条件下，产品从开始储存到失效的规定的时间。

（3）产品可靠性：是指产品在规定的条件下、在规定的时间内、完成规定的功能的能力大小或可能性。

（4）安全性：安全性指产品在制造、流通和使用过程中保证人身与环境免遭危害的程度。

（5）经济性：经济性指产品寿命周期的总费用，包括生产、销售过程的费用和使用过程的费用。经济性是保证企业在竞争中得以生存的关键特性之一，是用户日益关心的一个质量指标。

专栏9-2

第二次世界大战中期，美国生产的降落伞的安全性能不够，虽然在厂商的努力下，合格率已经提升到99.9%，但还差一点点。军方要求产品的合格率必须达到100%。可是厂商不以为然，他们强调，任何产品都不可能达到绝对100%的合格，除非出现奇迹。

但是，降落伞99.9%的合格率，就意味着每一千个跳伞的人中有一个人会送命。后来，军方改变了检查质量的方法，决定从厂商前一周交货的降落伞中随机挑出一个，让厂商负责人亲自背着这个伞，从飞机上跳下。

这个方法实施后，奇迹出现了，不合格率立刻变成了0！

（二）产品质量战略的概念及作用

1. 产品质量战略的概念

产品质量战略（Product Quality Strategy）是指企业为设计和生产顾客所需要的质量特性，达到顾客所要求的质量水平，满足其需要所做出的长远性谋划与方略。

产品质量战略是企业战略体系中处于关键地位的职能战略，是企业总体战略的战略重点之一，对企业的生存和发展起着决定性的作用。产品质量战略在各种职能战略体系中处于关键地位，它影响和带动着企业一系列的战略。产品质量战略不仅是涉及企业全局和长远生存和发展的重大战略，也是关系国家整体发展的重大战略。

2. 产品质量战略的作用

（1）产品质量战略是企业产品结构优化战略的一个重要内容。生产多种不同质量档次的产品，就形成企业的产品档次结构，或叫产品品质结构。各种不同品质的产品应各占多大比重，这就提出了企业产品档次结构的优化战略，即高档化质量战略、中档化质量战略、低档化质量战略。

（2）产品质量战略是推动企业技术进步战略的一个重要方面。产品质量的提升必须建立在设计技术、工艺技术、设备技术、检测技术、计量技术等不断提高的基础上，产品质量标准或质量目标的提高，必然推动企业技术进步，推动企业对技术发展战略做出选择。

（3）产品质量战略推动着企业智力开发战略。优质产品必须依靠先进的技术，而先进的技术需要优秀的人才去开发和运用。所以，智力化的职工队伍是优质产品的可靠保证。

（4）产品质量战略带动着企业生产战略。企业的产品是在生产过程中生产出来的，根据不同产品质量战略的要求，企业要相应地对生产战略做出不同的选择。

（5）产品质量战略有利于推动企业营销战略。企业产品质量战略对企业产品能否顺利进入国内外市场影响极大，在保证质量的前提下，还需要正确的营销战略相配套。

二、产品质量战略类型选择

（一）产品质量特性组合战略

1. 内在质量为主、外在质量为辅的质量战略

内在质量是指产品的机械、物理、化学成分等内在质量特性。主要是生产资料产品，特别是机电产品、电子仪表产品这些作为劳动手段和劳动对象的产品，内在质量关系着产品的性能、寿命、可靠性、安全性和经济性，故更重视对其内在质量特性的要求。这类产品多采用这一战略。

2. 外在质量为主、内在质量为辅的质量战略

外部质量特性，是指产品的外观、形式、形状、色彩等外观质量特性。像纺织品、工艺品对外观质量特性要求就高。生产这类产品的企业宜采用外部质量为主、内在质量为辅的质量战略。

3. 内外质量并重的质量战略

对于相当一部分投资类和消费类产品，用户或消费者既要求产品的内在质量特性好，也要求产品的外部质量特性好。如电视机、冰箱、手表、室内家具等商品，既要求产品的

内在质量好，也要求造型美观、设计大方、色彩宜人。生产这类产品的企业宜制定并实施“款式领先、优质保证”的质量战略。

（二）产品性能战略

产品性能战略是指产品满足顾客使用目的所具备的技术特性，即产品在不同目的、不同条件下使用时，其技术特性的适合程度。如冰箱的性能是冷藏食品、药品。产品特性是产品质量首要的基本特性，是人们选择产品第一位的要求。三种主要的产品性能战略是：

1. 高性能战略

专门生产或主要生产技术性能高的产品的战略。医疗器械、精密仪器等适用于该战略。

2. 适中性能战略

开发和生产性能属于中等的产品的战略。维修用机器等适用于该战略。

3. 合格性能战略

开发和生产符合质量标准所规定的起码应达到的性能要求的战略。方便筷子、饭盒等一次性用品适用于该战略。

（三）产品质量标准战略

产品质量标准，是衡量产品质量是否合格的尺度，是直接或间接地对产品质量特性进行计量。它包括三个方面的内容：一是技术方面，产品本身性能、外观质量的要求；二是质量检验方法和检验规则；三是保证产品质量的辅助要求，如包装、运输、保管及标志等方面的规定。按产品符合质量标准不同来分类，有以下质量标准战略可供选择：

1. 国家质量标准战略

国家质量标准是由中华人民共和国国务院所属的国家市场监督管理总局所制定的产品质量标准。按照国家规定的产品质量标准来进行设计、开发和组织生产，使之达到国家规定要求的谋划与方略，有利于企业开辟和占领国内市场。

2. 国际质量标准战略

国际标准是指国际标准化组织（ISO）、国际电工委员会（IEC）和国际电信联盟（ITU）制定的标准，以及国际标准化组织确认并公布的其他国际组织制定的标准。国际标准在世界范围内统一使用。

国际质量标准战略，就是企业按照国际标准化组织和国际电工委员会所制定的标准，来进行产品设计、组织生产和市场营销，使产品达到国际水平的一种战略。采用国际标准，有利于促进国际贸易往来和国际技术交流，有利于我国产品比较顺利地进入国际市场。ISO9000族标准是由国际标准化组织（ISO）所属的质量管理和质量保证技术委员会ISO/TC176工作委员会制定并颁布的关于质量管理体系的族标准的统称。ISO9000族标准主要由5个相关的标准组成。这些标准为企业选择和使用质量保证标准模式提供了指南。

3. 国外先进质量标准战略

国外先进质量标准是指国际上有权威的区域性标准、世界主要经济发达国家通行的团体标准，以及其他国际上先进的标准，如欧洲标准化委员会、欧洲电工标准化委员会、欧洲广播联盟等发布的标准。按照上述先进标准来进行设计、组织生产、开展营销，使产品达到世界先进水平的战略，就是国外先进标准战略。一般要求具备很高的技术水平和高水平的人员素质，需要拥有先进的技术装备条件。

4. 目标市场所在国质量标准战略

是指出口企业按照企业所确定的目标市场所在国的国家标准来组织生产，使产品达到该国对质量的特殊要求的战略。

5. 竞争质量标准战略

是指出口企业按照高于国外同类产品生产厂家的产品质量标准组织生产和销售的战略。

6. 用户满意质量标准战略

是指出口企业按照用户在合同中所提出的质量标准进行设计和生产产品的战略。

(四) 市场动态质量战略

市场动态质量战略，是指根据市场营销的发展变化，所实行的动态性的质量战略。

1. 符合性质量战略

企业设计和生产的产品质量，符合国家技术标准，或符合国际标准，或符合国外先进标准的战略。适用于技术相对稳定的企业，在一定时期内质量标准要求变化较小的生产资料产品。关键是企业要及时收集和掌握所生产产品的有关技术文件，使之有标准可循。

2. 竞争性质量战略

即企业按照高于国外同类产品生产厂家的产品质量标准组织生产和销售的战略。它是市场营销中竞争激烈、质量水平成为竞争焦点的企业可采取的一种质量竞争战略。关键是了解竞争对手，掌握竞争对手的质量标准和质量优势所在。

3. 适用性质量战略

即企业根据顾客需求变化的特点，按照顾客所要求的质量标准进行设计和生产的战略。目标是企业根据市场不同的购买水平，生产不同品质的产品，以适应市场不同层次的需求。关键是要正确进行市场细分，掌握不同细分市场的购买力水平。

(五) 质量目标战略

质量目标战略是企业在规划期内使质量水平达到一定目标所进行的谋划与方略。从两个不同角度分类：

1. 质量等级战略

(1) 优秀级质量战略：在规划期内，使产品质量的各项指标都达到A级水平——当代国际水平的战略。

(2) 良好级质量战略：在规划期内，使产品质量的各项指标都达到B级和B级以上水平的战略——国家级水平。

(3) 一般级质量战略：在规划期内，使产品质量的各项指标都达到C级和C级以上水平的战略——地区级质量水平。

(4) 可用级质量战略：在规划期内，使产品质量的各项指标都达到D级和D级以上水平的战略——合格品水平。

2. 质量年代水平战略

质量年代水平战略是将产品技术水平、质量水平按年代进行比较。例如：当代级质量水平战略，即质量水平达到21世纪初期水平的战略；20世纪90年代末期质量水平战略；20世纪80年代末期质量水平战略。

三、产品质量战略的影响因素

产品质量战略的影响因素可从以下八个方面来分析：

（一）产品性能

产品性能是指产品在一定条件下，实现预定目的或者规定用途的能力。任何产品都具有其特定的使用目的或者用途。产品性能包括性质和功能。不同的产品性能所包含的内容是不同的。如汽车的安全性能、舒适度，冰箱的制冷和节能，这些都是可以用具体数值衡量的，但这些数值却对整体排名很难定义。因为每个消费者对于性能的看重点不一样。一般来说产品的性能是主观的，而且具有强制性。

（二）产品特征

产品特征是产品自身构造所形成的特色，一般指产品的外形、质量、功能、商标和包装等，它能反映产品对顾客的吸引力。产品特征也是一个产品的附加值。产品特征是影响消费者认知、情感和行为的主要刺激物。这些特征是消费者凭借自身具有的价值观、信仰和过去的经验来评价的。

（三）产品可靠性

产品可靠性是指在一定时间内、一定条件下无故障地执行指定功能的能力或可能性。可通过可靠度、失效率、平均无故障间隔、耐久性、可维修性、设计可靠性等来评价产品的可靠性。可靠性高的产品，可以长时间正常工作。实行科学的管理对提高和保证产品的可靠性关系极大。可靠性管理是质量管理的一项重要内容。

（四）产品一致性

产品的一致性是衡量设计和生产的重要指标，即产品是否达到一个统一的标准。一致性非常高的产品才是高质量的产品。

（五）产品耐用性

产品的耐用性可衡量出产品的使用寿命。它同时具有经济和技术层面。从技术上讲，耐用性可以定义为使用一个产品至劣化之前经过了多少时间。如灯泡灯丝烧坏，必须更换灯泡，维修是不可能的；汽车的零部件坏了，可以维修。从经济上来说必须权衡预期成本，决定是日后维修还是买一个新的，还要考虑时间成本等。

（六）产品可修复性

产品的可修复性即指产品经有一定技能的人员利用可获得的资源、在规定的时间内按规定的程度和维修保养级别进行维修后，保持或恢复到规定状态的能力。这里提到了两个方面，一是维修是否及时，二是是否容易联系客服。这两方面的差距会影响顾客下次的选择。

（七）产品的外观

产品外观是指产品在外形方面满足消费者需要的能力，主要表现为产品的光洁程度、造型、色泽、包装等。产品看上去如何，感觉上如何，听觉感受以及气味如何等。产品的外观质量决定了客户是否购买，但每个人的审美观点都是不一样的。所以要靠这个标准来定质量决策的时候，一定要有足够的市场调查，不同国家会有不同的文化。一个产品外观绝对不可能满足所有的客户，但是作为质量决策来说，应该使产品外观能满足多数顾客的要求。

（八）产品质量的被感知性

通常消费者并不会了解一个企业产品或者服务的完整的信息。当有选择的时候他们通常会使用比较产品品牌的方式。信誉也是最容易被感知的质量保证。

第六节　产品战略决策的考虑因素

企业无论从哪一种分类中进行产品战略方案的决策，都应全面分析和考虑以下因素。

一、产品未来的发展前途

产品未来发展前途是指产品在未来一定时期，如3～5年、8～10年、10年以上，是否有发展前途。主要根据该类产品或该品种的市场需求量来做出判断。如果该类或该品种近期和远期的需求量都大，会使企业产品有较高的销售增长率，那么产品就有发展前途，值得开发和生产。

二、产品收益性

是否选择某种产品战略，关键因素之一就是看该产品战略能否给企业带来满意的经济效益。而判断产品收益性的指标，主要是销售利润率和资金利润率。经预测，这两个主要经济效益指标比较高，那么对于带来理想经济效益的该产品就应积极开发和生产，相应的产品战略便值得选择。

三、产品竞争性

产品的竞争性是指该类产品的生产厂家有多少，竞争程度的大小。如果选择某种产品，其生产厂家不多，则竞争性弱；反之，竞争性强。企业应尽量选择那些市场需求量大而竞争对手少的产品进行开发和生产。因此，进行产品战略选择时，要了解该类或该种产品的市场竞争情况，要分析研究竞争对手，并从生产能力、技术力量、资金、产品质量、价格、服务等方面判断彼此的实力、优势和劣势。如果本企业与对手的实力旗鼓相当，而市场需求量又大，则可选择与对手相同的产品战略，开发和生产与对手相同或相似的产品；如果对手实力强，技高一筹，应避实就虚，努力开发那些对手不开发或很少生产，而又是市场所需要的产品，应生产出具有本企业特色、能争夺市场优势的产品。

四、资源条件

资源条件强调的是开发和生产某种产品时，离不开资源这个重要的保证条件，由此要分析产品所需要的原料、材料、能源、动力、协作供应，以及资金来源等是否能满足本企业开发和生产某种产品的需要。企业应尽量选择那些能充分利用本地区优势资源，开发和生产具有地区资源优势的产品；如果企业能从其他地区或者国外取得各种充足的资源，也可以考虑开发利用这些资源的产品。

五、技术条件

产品战略的选择，离不开企业的物质技术基础。企业开发和生产什么水平的产品，应充分考虑企业的机器设备、工具、生产设施、测试手段、厂房面积，以及技术人员和技术工人等情况。如果企业高级精密、技术尖端的设备较多，技术专家和高等级的技术工人占的比重大，管理人员水平高，则宜选择技术密集型产品战略或高新技术战略，开发和生产技术密集型产品或高新技术产品；反之，则应选择劳动密集型产品战略，继续开发和生产国内外市场所需的劳动密集型产品。

六、商品化程度

商品化程度是指企业开发的各种新产品，能否形成一定的生产能力，组织批量生产，带来一定的规模效益。企业应优先开发那些具备雄厚的物质技术条件和资源供应有保障、能批量生产并有销路的产品。

七、销售可能性

销售的可能性是指企业开发和生产的新产品，有无销售渠道，企业有无自销能力和服务能力。企业应选择那些有销售渠道和有自销能力的产品，加以开发和生产，保证产品能比较顺利地进入目标市场，并逐步地占领和扩大该目标市场。

八、国家法律法规与政策要求

企业对于准备开发和生产的产品，要认真研究其是否符合国家长远发展规划、国民经济发展的方针、产业政策，以及各种法律、法规的要求。假若本地区能源紧张，或者用户和消费者所在地区能源紧张，供应十分困难，就不要去开发和生产那些高能耗的产品，而应选择节能化的产品开发战略；对于技术已经落后、国家及有关部门已经明确下令淘汰的产品，企业更不能去开发和生产，应选择和实施先进技术产品或比较先进的技术产品的开发战略。对于国家和用户急需的短缺产品、国家鼓励和支持开发的新产品，企业更应责无旁贷、义不容辞地努力开发，早日投产，实施国家级或国际级新品开发战略。

复习思考题

1. 什么是产品整体概念?
2. 什么是产品战略?
3. 产品寿命周期的含义是什么?不同产品寿命周期可供选择的产品战略有哪些?
4. 什么是产品优化战略?产品组合优化的方法与战略是什么?
5. 什么是产品结构?产品结构优化的内涵是什么?产品结构优化战略有哪些类型?
6. 什么是产品开发战略?其包括哪些层次?
7. 产品开发战略的类型有哪些?
8. 影响产品开发战略的因素是什么?
9. 产品质量的概念与特性是什么?
10. 产品质量战略的概念及作用各是什么?
11. 产品质量战略的类型选择有哪些?
12. 产品战略决策应考虑的因素有哪些?

案例分析

吉列公司的产品开发

在20世纪60年代早期，在制造和销售剃须刀这个业务范围内，吉列（Gillette）公司垄断了市场。1962年它占领美国刀片市场的70%，零售额达到1.75亿美元。

高级蓝色刀片是吉列刀片的核心和最高级的产品，也是创利最大的产品，最受消费者青睐。一些比较有经济头脑的消费者乐于使用“薄刀片”或“蓝色刀片”，这两种刀片在市场上销售的历史比其他刀片要长得多。高级蓝色刀片是在5年的试验和研究的基础上，1960年正式引入市场的。这种刀片表面覆盖有一层硅，防止因头发屑黏附刀片而妨碍剃须。高级蓝色刀片剃须极为方便，使它立即获得了成功。高级蓝色刀片的价格要比老式的蓝色刀片高出40%，尽管它有硅层覆盖并经过一些很有必要的热处理，但它的生产成本同其他刀片比较起来并不是想象的那么高，因此高级蓝色刀片马上就成了公司利润的主要来源。1962年，这种刀片创造的利润大约有1 500万美元，比公司纯利润总额的1/3还多。

1961年夏天，吉列的竞争对手威尔金森（Wilkinson）开始在美国出售一种新开发的刀片。然而这样一种还没有打开销路的刀片，其售价又是吉列刀片价格的2倍，要打进市场是相当困难的。最后威尔金森说服了一些推销商与销售人员以寄售方式把这些刀片存放在园林商店中销售。为了推销刀片，有时就向顾客免费赠送，结果形成了威尔金森刀片供不应求的现象，威尔金森公司的这种刀片一时风靡起来。

因此，威尔金森把这种优良的剃须产品——不锈钢剃须刀引入市场，虽然利润不多，但是到1962年下半年，它已占有了刀片市场的15%。

尽管威尔金森生产了有巨大需求量的新产品，但仍不能对吉列公司形成威胁。然而市场份额的减少，使得吉列公司开始对生产自己的不锈钢刀片产生了担心和犹豫。

吉列投资400万美元用于新产品的广告和推销活动，其中的80%费用来自吉列的其他刀片，显然主要是来自高级蓝色刀片，吉列昔日对这种产品的推销花费也最多。由于是靠市场开发市场，广告活动包括采取集中电视现场（当场）广告的方式。直到20世纪70年代，吉列才把生产重心转移到不锈钢刀片上来，这时吉列已经失去了40%的市场占有率。

问题：

结合产品开发战略的知识对吉列公司的产品开发做出分析。

第十章　企业技术创新战略

本章导读

企业的生存和发展需要依靠技术的发展，技术能推动企业生产力的发展，而生产力的领先就会成为一种竞争力，能始终保持这样的一种领先就意味着始终能在商品经济时代发展壮大、屹立不倒。要保持这样的技术优势，势必需要制定技术创新战略。企业在技术上的革新是其发展的先决保证。在获得核心能力的基础上，通过技术投入来促进产品的更新换代，以适应市场需求，这是企业追求的核心目标。

企业技术创新战略在企业经营战略中有着重要的地位，为企业技术活动指明了方向。技术创新战略的目标不仅涉及把握市场机会、提高市场占有率、保有市场份额，还包括改善工艺、降低生产成本、提高生产效率。为此，企业在进行技术创新决策时，要综合考虑内外各方面的因素，选择适合自己的技术创新战略类型，切实有效地付诸实施。

学习目标

通过对本章的学习，了解企业技术创新与技术创新战略的基本概念、特点，理解技术创新战略的地位、作用、目标与任务，掌握不同种类技术创新战略的特点或应用条件，并对技术创新战略的思想进行灵活分析与运用。

关键概念

企业技术创新（Enterprise Technological Innovation）
领先型战略（Leading Strategy）
自主创新战略（Independent Innovation Strategy）
合作创新战略（Cooperative Innovation Strategy）

只有先声夺人，出奇制胜，不断创造新的体制、新的产品、新的市场和压倒竞争对手的新形势，企业才能立于不败之地。

——黄汉清

不创新，就死亡。

——［美］李·艾柯卡

第一节　企业技术创新战略概述

一、企业技术创新简介

（一）企业技术创新的含义

"技术创新"一词最早在熊彼特（Schumpeter）的《经济发展理论》中提出，迄今为止，有关技术创新的含义由于研究的角度不同，形成了不同的观点与表述。从技术创新的结果看，认为技术创新是一种科技新设想（包括概念、发现、发明和其他成果）转变而成的新的或改进的可销售的新产品或新工艺。从技术创新的影响因素看，认为技术创新是把一种从未有过的关于生产要素和生产条件的"新组合"引入生产体系。从技术创新程序看，认为：（1）技术创新是新设想、新发明产生的过程，研究与开发是其最主要的环节；（2）技术创新是一个转化过程；（3）技术创新是一个技术与市场相结合的过程；（4）无论是新的技术发明的产生过程，还是转化过程和市场进入过程，技术创新都不应该被看作一个孤立的过程，而应是上述诸种过程逐次推进的互动作用链环。因此，技术创新的过程概念包括了从新设想的提出到新产品的销售的所有过程，包括了研究与开发、工程设计、生产制造、资金融通和市场销售等诸多环节。

概括上述观点，可以定义技术创新的含义，即技术创新主要是指企业在生产技术上的研究探索，改进已有的技术或在此基础上探索新的技术领域，研究知识、工艺、技术的更新换代，并将之应用于实际生产、服务、市场中，通过探索实践研究生产方式实现产品的质量的提升。

（二）企业技术创新的分类

科学技术的发展和进步是经济快速增长的主导力量，而技术创新更是科学技术发展的关键和核心。技术创新按照不同的标准，有不同的类型。

（1）依据创新主体的不同，技术创新可分为服务创新、产品创新、管理创新、工艺创新。

服务创新是指对推出的新技术进行针对特定服务的过程，这是技术进步和市场需求所决定的。

产品创新主要是指或在原材料或在原理上改进出比旧产品性能更好、外观更美的新产品。

管理创新是指为新技术而产生的新的组织管理方式或管理模式，涉及组织机构、人事调度、管理方式等方面的内容。

工艺创新是指引进或是采用新的工作手艺，使用创新工艺技术，让产品的生产线更加优化的过程。

（2）依据创新程度的不同，技术创新可以分为全新型技术创新和技术改进型创新。

全新型技术创新是指完全应用新兴技术研究创造出的新产品。

技术改进型创新是指在原有基础上改进原材料或是对产品的外观、性能、工艺等方面做进一步改进的创新过程，有利于产品更接近客户需求。

（3）依据创新路径的不同，技术创新可分为自主独立创新、模仿创新、引进创新、合作创新、集成创新等。

自主独立创新是指创新主体（单位或个人）在积累了一定的技术和人才资源后，自主研发并组织生产的活动。

模仿创新是指创新主体（单位或个人）通过购买其他持有人的技术，在现有技术的基础上加以改造，形成有自己品牌特色的产品，从而进行创新的过程。

引进创新是指创新主体（单位或个人）从其他创新主体引进新的技术、设备或是其他创新产品，在引进的基础上进行的自主创新，这种形式前期需要大量经费的投入，但是创新周期较短，风险低。

合作创新是指多个创新主体（单位或个人）或是科研院所、高等学府一起进行的创新合作活动，这种类型的创新往往可以很好地发挥各个单位的优势，比较常见的就是上述几种创新主体对象之间互相合作进行的创新。

集成创新是指把各个创新要素集结在一起，然后进行分析筛选，选出一批最优的优势互补的要素组合进行集成创新的过程。

（4）综合划分，技术创新分为渐进式创新、根本性创新、技术系统变革和技术-经济范式的变革。

渐进式创新是指在已有的技术基础上逐步改善产品的创新。

根本性创新是指彻底抛弃固有模式，在原理、功能、技术等方面做出根本突破的创

新，能够开拓新市场，有能力在一段时期内引发产业变革。

技术系统变革指相互联系影响的技术群，同样会对公司相关部门产生影响，进而在系统上产生新兴产品来替代原有的产品，这种类型的变革意义深远。

技术-经济范式变革指在原有的技术创新基础上，又有系统的更新换代，影响作用很大，差不多会对每一个生成部门产生影响并有可能影响人们的认知。

专栏 10－1

从前，在电灯还没有发明出来的时候，欧洲煤矿因为使用明火经常发生瓦斯事故。为了防止灾难频繁发生，国家高薪聘请科学家研究不会引燃瓦斯的工作。

迪比是被请来从事该项研究的科学家之一。一天，他在实验室肚子饿了，就用酒精灯烤馅饼吃。烤好馅饼，把铁丝网放在火上准备做实验，他注意到火虽然燃烧着，但火焰却伸不出铁丝网。

迪比心想："一定是铁丝网把火的热量散开了。"他做了一个铁丝网灯罩，然后将酒精灯罩在铁丝灯罩，小心翼翼放入低浓度煤气中。结果过了很久酒精灯虽然一直燃烧着，却没有引燃煤气。经过多次实验，他最终发明了煤矿使用的安全灯。

启示：创新往往就是在"实验、观察；再实验、再观察"的循环中完成的，所谓"精诚所至，金石为开"。

二、企业技术创新战略的概念及特点

（一）企业技术创新战略的概念

企业技术创新战略是指企业进行技术创新经济活动的谋划，主要解决企业技术创新的基本原则、根本目标和主要规划等企业技术创新经济活动中一些带有全局性、长远性和方向性的问题。企业技术创新战略是企业经营战略的有机组成部分，在整个体系中有着举足轻重的地位，它是企业技术进步的体制保障，就像是人体的骨髓一样，为整个机体的运作提供必要的血液供给和更新。

技术创新战略的目的不是技术本身，而是通过技术提高企业的资源-能力价值，使企业在市场竞争中持续保持优势，技术创新战略的效果最后要体现在企业的产品和服务中，即提高企业的盈利水平，因此，它不仅仅是技术引进和技术开发的过程，还包括广泛的资源、能力和市场机遇中的技术方面问题。否则，技术创新就是战术性的，而不是战略性的。

（二）企业技术创新战略的特点

1. 全局性

企业技术创新战略是企业技术发展全局性的安排。企业在发展战略中选择和实施主导型技术，不仅直接影响技术、生产等部门，而且对其他部门及企业整体规划和发展都会产生重要影响，对企业竞争力、发展前途都会起决定性的作用。

2. 协调性

企业技术创新战略配合企业整体的发展战略，同时各部门应当根据企业的技术创新战略制定自己的规划，例如包括生产部门的生产资料、技术、设备等的更新，技术研发部门的有效激励，营销部门的通力合作。

3. 可持续性

企业技术创新战略会在很长的时期内对企业的技术创新起到推进的作用，影响着企业未来的发展方向和竞争力以及由此带来的经济效益。

三、企业技术创新战略的地位及作用

20 世纪 70 年代，在全球性技术革命浪潮和高技术企业崛起的推动下，战略管理研究学者们认识到了技术是确定企业经营业务和竞争战略的重要因素，明确地把技术与企业战略联系起来，认为技术是决定竞争规则的最重要的因素之一，技术既是企业重要资源，又是企业的一种基本能力。如同企业有财务战略、人力资源战略、生产战略、营销战略等经营战略一样，企业也需要有技术创新战略。技术是影响企业总体战略和经营战略的重要因子，对待技术本身就需要有一种战略态度，要采取一种技术创新战略。

在 21 世纪的全球化背景下，技术创新日新月异，企业技术创新战略的核心是技术创新，由此，技术创新战略就成为企业总体战略的核心。企业总体战略为企业技术创新战略指明了目标和方向，而技术创新战略为企业总体战略的实现创造支持条件。所有企业的总体战略都不能忽视技术创新战略。其他的经营战略，也必须与技术创新战略保持必要的协调关系。

企业技术创新战略在保持和提高企业核心竞争力方面发挥着重要作用。

（一）为企业技术活动指明方向和目标

企业技术创新战略为企业积累和开发何种技术资源指出了目标和手段，规定了企业如何获得技术能力和如何开发技术产品，明确了企业技术活动的方向和内容。而且，这种方向和目标在一定时期保持稳定，专注于唯一的技术目标。

（二）为日常技术决策提供原则性支持

任何一个企业，每天都要做出许多技术方面的决策，技术创新战略的作用就是使企业的各种技术决策减少冲突，保持前后一致性，统一在企业目标范围内。战略在协调各种技术决策过程中，还能起到沟通各技术部门和各个技术人员的作用，使这些部门和人员在行动上也保持内在的一致性。

（三）为企业的市场定位提供基础

每个企业都要选择一个市场范围和客户群体，技术创新战略通过它对企业技术资源和技术能力的了解和引导，支持企业核心产品和核心服务的市场营销，为企业市场定位和产品营销提供基础和依据。

（四）为企业战略转移提供依据和支持

技术变革速度的加快使企业经营活动需要经常地转换战略。一种替代性新技术出现了，以旧技术为基础的企业必须做出战略调整。技术创新战略通过其对技术环境的跟踪预测，为企业总体战略调整和转移提供信息、依据和支持。

四、企业技术创新战略的目标与任务

（一）企业技术创新战略的目标

企业在规划技术创新战略时，要根据对外部和内部环境的分析，弄清问题，发现机会，恰当地确定自己的创新目标，选择正确的创新方向和途径，并确定切实可行的创新计划。一般来说，技术创新战略的目标包括两个方面：

一是确定企业希望的市场态势，即创新产品在市场上体现竞争优势的方式。这包括四种可能的形态：

（1）开拓型态势，即通过产品创新创造新的市场机会；

（2）发展型态势，通过产品创新扩大市场占有率；

（3）用创新产品替代即将退出的产品，保持市场份额；

（4）放弃部分已有市场份额，通过产品创新巩固其余市场。

二是其他目标。如改善产品工艺、提高生产率、降低生产成本、提高产品差异、使产品结构更合理化、产品更多样化、取得满意的投资回报率、维持和改善企业形象等。

（二）企业技术创新战略的任务

企业技术创新战略的任务范围比较广泛，包括企业技术和技术创新活动的所有内容，归纳起来分为以下几方面。

1. 审查和评价企业的技术资源和技术能力

企业技术资源和技术能力并不是完全清晰可见的，其中的无形部分更不易分辨出来，但又发挥着异常重要的作用。企业技术创新战略的首要步骤，就是找出企业拥有的有形的和无形的技术资源，发现企业技术能力所在和所擅长的技术领域，并且评价这些技术资源和技术能力的价值，为技术创新战略的制定和选择提供基础。

2. 解读企业外部的技术环境

即不仅仅要从企业资源与能力基础出发来制定技术创新战略，还需要对企业外部的技术环境做出分析，包括企业所处行业的产业技术状况、技术发展状况、竞争对手的技术水平和技术创新战略等。对于大企业或高技术公司来说，了解科研机构和一些科学家的最新成果，也是必需的战略基础工作。

3. 选择和制定企业技术创新战略方案

企业的独特的技术资源和技术能力是制定技术创新战略的基础，企业外部的技术环境是制定技术创新战略的参照，在企业总体战略方针的指导下，选择企业资源与能力支持的、适应外部技术环境的技术创新战略方案。

4. 有效地实施技术创新战略和调整技术创新战略

技术创新的实施是技术创新战略的关键环节。一个技术创新战略只有在实施过程中才能得到检验，它的正确性和有效性及其相反的可能性，只有通过战略实施才能发现。如果在战略实施过程中发现了战略制定时的隐含错误，就要及时地加以修补和调整。如果战略错误极大，就要改变战略或终止战略执行。因此，技术创新战略也必须保持灵活性和可调整性，尤其技术变革的时机和速度很难预测，技术创新战略保持灵活开放是合理的做法。

五、企业技术创新战略的构成要素

企业技术创新战略的组成要素分为四部分：技术创新战略基础、技术创新战略目标、技术创新战略方案、技术创新战略行动。这四个要素的联结方式形成技术创新战略的结构。

（1）技术创新战略基础：是指企业的现有技术资源和技术能力，它们是技术创新战略的基础条件，整个技术创新战略都受到这些基础条件的制约。

（2）技术创新战略目标：是指企业具体地要提高何种核心竞争力和竞争优势，具体地在哪些领域里提高哪些技术水平，是技术领先还是技术跟进，要在多长时间内达到上述目标。

（3）技术创新战略方案：是对实现技术创新战略目标的具体做法的详细描述。战略方案中要指出实现战略目标的手段、方式方法、实施程序和阶段性考察标准，还要包含应付意外的技术环境变化的原则和对策。战略方案的内容包括：技术资源和技术能力的获取方式，是从外部购买还是从内部开发技术资源；技术资源与技术能力的组合利用方式；技术能力的挖掘与提高的学习方式；新技术商业化的组织方式；技术防御与技术进步方式；等等。技术创新战略方案必须是可实施的，否则要重新制定战略方案。

（4）技术创新战略行动：是指技术创新战略方案的具体实施活动，在没有遭遇重大困难或突发阻碍事件时，要严格按照技术创新战略方案的内容要求执行。在战略行动中获得的经验，会提高企业的技术能力，为战略目标和战略方案的调整和完善起到推动作用。

第二节　企业技术创新战略的类型

一、企业技术创新战略的类型划分

企业技术创新战略主要是从宏观上解决三类问题：一是技术创新面向市场竞争采取何种态势，是进攻型，还是防卫型；二是研究开发何种技术；三是采用何种方式进行技术的研究和开发。由此，技术创新战略决定着企业创新的具体行为，对技术创新战略的分类是正确选择创新战略的首要条件。

不同的企业所主导的“技术”是不同的，其分类也会不同。英国学者弗里曼将创新战略按创新时机和创新程度的不同分为进攻型战略、防御型战略、模仿型战略、传统型战略和投机型战略。而尼德尔则根据企业的经营战略将创新战略分为市场领先战略、追随领先者战略、应用工程战略和模仿战略。目前对技术创新战略较普遍多见的划分是：

（1）依据按技术来源分类，可划分为自主创新战略、合作创新战略与引进消化吸收再

创新战略；

（2）依据技术竞争态势分类，可划分为领先型战略、追随型战略和模仿型战略。

需要特别说明的是，在分析一个企业时，很难说出这个企业采取的是哪一种或者几种技术创新战略，因为在市场竞争过程中，往往今天还在用的战略因时势的变化就必须改变或调整。就像当国家提出要发展新能源之时，若企业还是在研究煤炭等传统动力上的技术创新活动的话，短期内也许在个别地区还有生存空间，但长期看这样的技术创新前景就不明显了。

二、技术来源类的技术创新战略

（一）自主创新战略

自主创新战略（Independent Innovation Strategy）是指以自主创新为基本目标的创新战略，是企业通过自身的努力和探索产生技术突破，并在此基础上依靠自身的能力推动创新的后续环节，完成技术的商品化，达到预期目标的创新活动。

自主创新基本上都是率先创新，其特点可以概括为以下四点：

（1）技术突破的内生性。自主创新所需的核心技术是企业内部的技术突破，是企业依靠自身力量，通过独立的研究开发活动而获得的。这样不仅有助于企业形成较强的技术壁垒，而且很可能会带来一系列的技术创新，形成创新的集群现象，推动新兴产业的发展。

（2）技术与市场的率先性。自主创新的优势主要是技术与市场方面都具有领先的优势，率先性是自主创新的目标。这种率先性不仅有利于企业积累生产技术和管理方面的经验，获得产品成本和质量控制等方面的竞争优势，取得超额利润，而且在产品标准和技术规范的制定方面也具备了成为行业统一认定标准的可能，这在很大程度上会增强企业的知名度和市场竞争力。

（3）知识和能力支持的内生性。创新与知识和能力之间具有相辅相成的关系。知识和能力支持是创新成功的内在基础和必要条件，技术创新的主体工作及主要过程都是通过企业自身知识与能力支持实现的；自主创新过程本身也为企业提供了独特的知识与能力积累的良好环境。

（4）高投入和高风险性。企业为保证竞争优势地位，必须能够持续进行创新的研究与开发活动，将创新贯穿企业整个的生产经营活动，这就要求企业必须有较高的资金和强大的人力投入。同时，新技术领域的探索具有较高的复杂性和不确定性，资金投入具有很强的外溢效果和较强的迟滞性，所以，进行自主创新的企业必须承受巨大的风险。

专栏 10-2

翼龙和大疆作为军用和民用无人机代表，用中国技术的自主创新在世界市场打响了中国品牌。

2017年2月27日，中国航空工业自主研制的新型长航时侦察打击一体型多用途无人机系统——“翼龙”Ⅱ成功首飞。“翼龙”Ⅱ首飞成功代表我国大型察打一体型无人机已达到全球一流水平，也标志着中国具备向海外市场交付新一代察打一体无人机航空外贸产品的能力，在全球航空装备外贸中的竞争力升级。同一天，民用无人机业内巨头大疆创新科技有限公司在2017年世界移动大会上推出经纬M200系列行业应用飞行平台，这是大疆在全球市场布局中迈出的重要一步。

翼龙和大疆的无人机发展历程表明，中国在某些关键领域已经与世界先进水平比肩而立乃至同台竞技，也在探索如何引领未来。

（二）合作创新战略

合作创新战略（Cooperative Innovation Strategy）是指企业与企业或企业与科研单位、高等院校之间发挥各自的优势，联合进行研究开发，生产销售，以尽快开发、实施技术创新的一种创新行为的谋划与安排。合作创新战略通常以合作伙伴的共同利益为基础，以资源共享或优势互补为前提，有明确的合作目标、合作条件和合作规则。合作各方在技术创新的全过程或某些环节共同投入、共同参与、共享成果和共担风险，可发挥各方优势加快开发速度。与自主创新相比，合作创新要求企业只需某一方面具有特长的专业研究开发人员或技术、设备，合作创新可使投资费用明显下降，同时技术成果的商品化速度加快。

合作创新能够产生共生经济。所谓共生经济是指独立的经济组织之间以同类资源共享或异类资源互补为目的，形成合作组织间直接或间接的资源配置效果。合作创新可以改善资源结构、分散和降低风险、缩短创新周期、扩大创新空间、减少无效投资、降低交易成本，从而带来效率和效益的提高。所以，合作创新战略具备以下特点：

（1）合作主体间资源共享，优势互补。由于世界范围内技术竞争的不断加剧，使技术创新活动中面对的技术问题越来越复杂。因此，以企业间合作的方式进行重大的技术创新，通过外部技术资源的内部化，实现资源共享和优势互补，成为新形势下企业技术创新的必然趋势。

（2）创新时间缩短，企业竞争地位增强。合作创新战略的实施可以缩短收集信息的时间，提高信息质量，降低信息费用；可以使创新组合趋于优化，从而缩短创新过程所需的时间；可以通过合作各方技术经验和教训的交流，减少创新过程中的因判断失误造成的时间损失和资源浪费；成功的合作创新可以为参与合作的企业赢得市场，提高企业在市场竞争中的地位。

（3）降低创新成本，分散创新风险。合作创新过程中创新成本的分摊和风险的分担与合作创新的规模和内容有关，一般来说创新项目越大，内容越复杂，成本越高，风险越大，合作创新分散风险的作用也就越显著。

（三）引进消化吸收再创新战略

引进消化吸收再创新是最常见、最基本的创新形式。引进就是引进别人比较好的技术；消化吸收就是把别人的技术学会、理解透彻；再创新就是在消化吸收别人先进技术的基础上再加以改进。引进消化吸收再创新战略就是企业在技术创新过程中对学习、借鉴、引进他人先进技术的再创新做出的规划。其核心就是利用各种引进的技术资源，在消化吸

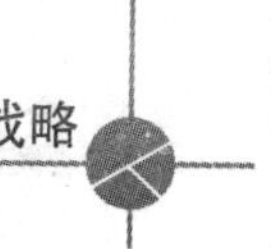

收基础上完成重大创新。引进消化吸收再创新与自主创新的相同点是利用已经存在的单项技术为基础，不同点在于自主创新的结果是一个全新产品，而引进消化吸收再创新的结果是产品价值链某个或者某些重要环节的重大创新。

引进消化吸收再创新战略就是企业结合自身条件对创新形式做出的谋划与安排，是发展中国家或中小型企业技术创新普遍采取的方式。我国改革开放以来，通过直接引进国外先进技术，增加了技术积累，为增强自主创新能力奠定了基础，成为提高自主创新能力的重要途径。

引进消化吸收再创新战略的特点是：

（1）可以节约大师的资金与时间。从发达国家或技术先进企业引进技术，是“借助巨人的肩膀前进”，对引进企业而言，采用这种技术创新战略，通过大规模学习，引进先进技术，可以大幅度降低创新成本，加快创新速度，在短时间内增加资本回报。

（2）注重消化吸收。引进技术无法保证关键核心技术的知识权，企业若只重视引进技术，不注意进行消化吸收再创新，就容易导致自主创新能力不足、市场竞争力不强。引进技术的有效性在很大程度上取决于引进方的学习能力和努力程度。学习能力越强，吸收外部技术的能力就越强，从而也就能够更好地获得自主创新能力。因此，必须在引进技术的基础上，通过消化吸收完成再创新，形成通过引进技术促进企业自主创新能力提高的机制，以便实现跨越式发展。

专栏 10 - 3

3M公司一向鼓励员工积极提供创意。有一次，一位员工发明了一种胶，不过，这种胶虽然形态上与液体胶相比有了较大的变化，但黏度不够，同事们都认为他的发明没有多大的用途。公司领导收到他的创意后，进行了进一步研究和思考——虽然这种胶不够黏，但仍存在多种运用空间，比如标记纸、注释贴、留言条等，它们只需要暂时黏在物品上，随时都可以揭下来。最终，3M公司采纳了他的发明创意，将其称为“不干胶”，没想到后来这种不干胶成了3M公司的拳头产品。

三、技术竞争态势类的技术创新战略

（一）领先型技术创新战略

领先型技术创新战略是以生产技术为中心的战略，以强大的技术实力为基础，并保持后续的研发能力，始终处于行业技术的领先地位。例如以Intel、IBM、高通等为典型的领先战略创新型公司，其共同点是在基础科研方面投入较大，在业绩取得辉煌的时候也能保持持续的科研资金投入。IBM和贝尔实验室每年都花费几十亿美元的科研经费，用于技术创新，因此一直保持创新领先的优势。

作为国内领先型技术创新战略的典型，汉王科技公司在国内手写输入领域是当之无愧的王者。最初成立时注册资金为30万元，五年之后年收入过亿。汉王科技公司创造了多个在输入法领域的第一：最早推出联机手写汉字识别系统，推出具有手写汉字识别功能的 PDA 产品，第一个在手写汉字识别研究中去除对书写笔顺的限制，等等。汉王科技公司通过持续创新创造产品优势，通过产品优势持续供给研发，形成了产品市场化与研发的良性循环。

领先型技术创新战略的特点是：

(1) 研发的独立性。这些企业往往有自己比较成熟的研发团队，有自己的实验室，并拥有大量该领域基础科研的专利，对于后续的研发不需要依赖于外部的技术和科研力量。它能自己独立自主地实施从技术向产品的一个完整的转化过程。

(2) 不可预见性。科研在风光的外衣之下是一副沉重担子。这些产品在投入科研的时候都是没有百分百的可预见性的，高风险、高回报，投入的资金往往占到企业营收的相当一部分，而科研是一个和时间赛跑的过程，一些企业往往等不到研发出新产品就已经被市场淘汰。但是一旦能在一个恰当的时间持续推出科研成果，就能垄断这个领域的市场，从而拥有更多的资金扩大优势。

实施领先型技术创新战略的企业需要具备的条件是：

(1) 企业必须具备良好的管理体制和人员配备。这是一家企业具有发展潜力的基础。

(2) 具有较强的科研和开发的能力。即具有成熟的研发团队和较好的人才储备以及适应时代的人才引进、培养和选拔机制。

(3) 具有强大的资金实力。技术创新需要投入大量的资源，特别是资金的支持，不具备资金实力，领先创新是纸上谈兵。

(4) 具备专利保护和分享能力。一个好的企业能通过将专利的应用与研发人员的积极性联系起来，同时保护好专利也是公司保证科研成果的必要途径。

(二) 追随型技术创新战略

追随型技术创新战略是指企业不以抢先研究和开发新技术、新产品为技术战略中心，而是采取追随方式，对市场上已出现的新技术、新产品进行迅速模仿和改进，并迅速占领市场，以跟上技术发展的步伐，减少技术领先企业对其造成的威胁。所以，追随型技术创新战略是企业以降低风险为基础来提高技术实力和产品的创新战略。换句话说，就是在领先型企业首先发布产品之后，追随型企业通过自己的研发团队对其产品和技术进行开发和升级，这样的一种方式大大降低了追随型企业研发的风险，同时能紧跟技术发展的步伐，具备相当的市场竞争力。

追随型技术创新战略的特点是：

(1) 目标的追随性和赶超性。追随型技术创新战略的初始目标具有明显的追随性，在一段时间内，就技术的整体水平而言往往处于从属的位置。在这期间企业将瞄准国际国内的先进技术或新技术，通过技术吸收、消化、创新，使本企业跟上世界技术发展的潮流和趋势。但企业实施技术追随战略，其终极目标是逐步缩小本企业的技术水平同国内甚至国际同行业的差距，最终达到赶上和超过国内外同行的先进技术水平的目标。可以说，企业实施技术追随战略的目标是明确的、积极的、有为的。

(2) 过程的适应性和跳跃性。由于实施追随型技术战略的企业和率先行动者在技术上

存在差距，因此，企业在实施战略过程中就是一个不断缩短距离、不断适应的过程。如企业需要逐步适应率先行动者的技术标准、技术要求、制度壁垒、相关工艺技能等。过程的跳跃性同目标的赶超性是一致的。所谓跳跃，指的是从一种低水平的技术体系向技术上有重要突破和根本变化的高水平的技术体系跨越。这就需要企业的技术改革要连续发展，最终达到技术结构总体的最迅速和最大幅度的进步。

(3) 方法的主动性和创新性。实施追随型技术创新战略，企业应该是主动的、自觉的。企业将通过采取一系列有效的、主动的、积极的方式方法，如加快技术改造的步伐、加强生产与科研结合、建立相关的保障机制等来实现技术追随的目标要求。企业在吸收、消化新技术的基础上，要着眼于创新，创造出更符合本企业技术发展要求的或是在国内外具有领先地位的技术。

专栏 10-4

《孙子兵法》曰：不战而屈人之兵，善之善者也。技术创新“跟着走”便是不战而屈人之兵的上策。近年来，我国一些企业在技术创新中也开始使用这一策略。日本索尼公司曾向外界公布了一个秘密，带给我们很多启示。过去，索尼在研发上投入很大，但往往只开花不结果，花了九牛二虎之力将新产品推出后，别的公司却每每已经掌握了相关技术，索尼公司成了冤大头，为他人做嫁衣。为此，索尼公司改变了策略，紧跟市场，待别人推出新产品后，索尼马上研究其不足，通过进一步的技术创新，开发并迅速推出其第二代产品，在性能、价格、设计等方面都优于对方的第一代，结果取得了“青出于蓝而胜于蓝”的技术创新和市场竞争效果。显然，这种“跟着走”的技术创新策略是相当巧妙的。它所具有的“螳螂捕蝉，黄雀在后”的市场竞争之利也不言而喻。

台湾企业有一种叫“老二哲学”的说法，就是在经营管理上不做第一，也不做第三，而只是紧紧跟在第一的后面做老二，瞄准机会再向第一冲刺。选择做老二或许是暂时不愿做“出头鸟”，或许是想搭顺风车，节省体力，但最终是没有一家会甘居第二的，做老二只是个过渡。创业者在创业之初要学会做老二，肯于做老二。

宁波方太厨公司有个口号是：“不争第一，永当老二”。这是方太老总茅理翔深刻而独到的见解，充满了智慧。这种经营战略理念让方太厨具自 1996 年以来从全国抽油烟机的 200 多家生产厂家的最后一名跃至第二，同时市场增长率连续几年保持较高速度。

追随型技术创新战略的优势是：

(1) 风险优势。与率先创新企业相比，选择追随型技术创新的企业在技术创新能否成功、技术转化为产品是否具有市场、市场是否稳定、技术突变等方面面临的危险要小得多。

(2) 成本优势。选择追随型技术创新战略，企业在产品技术研发方面会少走弯路，这样就为企业节省了许多的研究费用。追随型企业需要做的更多的是改进产品。

(3) 消费者优势。追随型企业可以通过比较市场上的产品，了解消费者的需求，以更快的速度与更合理的方向对产品进行改进，相比而言，这样做会比领先型企业更能把住消费者的脉搏。

(4) 生产优势。追随型企业可以通过引进的技术，结合本企业的生产能力，迅速生产。一旦率先行动者的技术老化，追随者可以通过技术市场来引进新的技术，从而确定生产规模。

追随型技术创新战略的不足是：

(1) 晚于领先型企业进入市场。由于"落后"一步，其产品进入市场会面临较大的进入障碍，能够占有的市场容量也很有限。

(2) 领先型企业已经占据了技术的高地。追随型企业必须"跨过高地，另觅高山"，快速进行技术方案的改进并拥有自己的注册专利是产品占有市场的重要前提。

(3) 受专利保护的制约。受专利保护的技术在相当长时期内不允许随便仿制。这在一定程度上会造成消费者对后来者产生一定的排斥。所以，追随型企业只有在找到合适的市场切入点时才可以进攻，否则可能会带来反效果。

实施追随型技术创新战略的企业需具备以下几方面的条件：

(1) 具有很强的技术和市场情报力量。技术创新"跟着走"虽然是条捷径，但也并非是一蹴而就的易事，要求"跟着走"的信息一定要灵，企业能够迅速了解其他企业的研究动向和最新成果，否则，就会跟不上。我国的国产手机也曾采取在发达国家同行后"跟着走"的技术创新战略，由于在跟踪的过程中犯了大公司病，反应迟缓，动作不快，结果产品出厂时已届市场饱和点，致使事倍功半，留下了长久的遗憾。这一教训十分深刻，企业在实施"跟着走"策略时应该认真吸取。

(2) 具有较强的吸收、消化和创新技术的能力。能够在分析他人技术成果的基础上，因时、因地制宜地进行改进和创新，强大的研发团队是必不可少的。同时，企业要有快速应对营销的实力，即具有素质优良的营销团队、扎实的生产团队和成熟的销售渠道，能在产品研发完成后的最短时间内将产品呈现在消费者的眼前。

(三) 模仿型技术创新战略

模仿型技术创新战略是指企业不以研发新技术、新产品为技术创新战略中心，而是通过学习率先创新者的创新思路和创新行为，吸取率先者成功的经验和失败教训，引进购买或破译率先者的核心技术和技术秘密，并在此基础上进一步开发。

模仿型企业的创新能力相比前三者而言要薄弱一些，其创造产品的途径还是在用领先者的一套技术。模仿创新战略的特点是：

(1) 模仿的追随性。企业最大限度地吸取率先者成功的经验与失败的教训，吸收、继承与发展率先创新者的成果。当然，这种战略不是简单模仿的战略，而是巧妙地利用追随和延迟所带来的优势，化被动为主动、变不利为有利的一种战略。

(2) 研究开发的针对性。模仿创新的研究开发不仅仅是对率先者技术的模仿，更是对率先者技术的完善或进一步开发。该战略的研究开发活动主要偏重于破译无法获得的关键技术、技术秘密以及对产品的功能与生产工艺的发展和改进。

(3) 资源投入的中间聚积性。集中力量在创新链的重要环节投入较多的人力物力，也就是在产品设计、工艺制造、装备等方面投入大量的人力物力，使得创新链上的资源分布

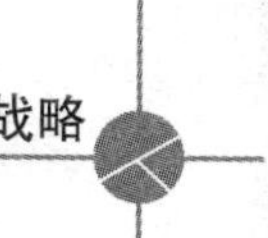

聚积于中部。

(4) 被动性。这主要是指竞争的被动性，包括技术积累、营销渠道和实施效果等方面的被动，这是由模仿创新者只做先进技术的跟进者决定的。

实施模仿型技术创新战略的企业需要具备的条件是：

(1) 非常敏锐的技术信息的嗅觉。通过对市场产品变化情况的了解，能及时掌握技术更新的程度，进而及时调整步伐，引入先进的技术，弥补技术上的劣势。

(2) 足够的其他优势。模仿型企业可能是原材料的掌握者，拥有相对便宜的成本，具有成本优势，或者政策优势。例如，蒙牛乳业公司，通过提出的建造“奶都”的想法，获得了政府的支持，将其推上了与伊利同等的地位。另外，当产品的技术已经很成熟的时候，模仿者可以通过对自己生产工艺的改进和创新打造出自己的优势，从而超越前者在该产品上建造的技术优势。

实施模仿型技术创新战略存在的问题是，企业技术创新的后续能力不足。当技术领先型企业有了技术上的突破时，就会在瞬间拉开与模仿者之间的差距，模仿者要经过相当长的一段时间的摸索才能弥补。而这样的一个时间差可能给领先型企业在市场扎根提供了机会。所以，从长期来看，如果不发展自己的技术力量就会始终受制于人。

四、企业技术创新战略的基本模式

(一) 市场导向战略模式

市场导向战略模式的特点是企业的技术创新活动要以市场为导向，围绕市场机会进行技术创新。企业把技术创新的努力方向建立在选择好的行业基础上，在企业战略选择上采用的是“市场机会带动”的增长方式。采用这一战略模式的企业的具体表现为：

(1) 对新产品、新行业非常敏感，并且反应强烈。

(2) 注重应用开发，注重模仿。在竞争对手开发出新产品以后，会马上模仿，不放过可能的市场机会。

(3) 注重引进，不注重企业核心能力的培养。

(二) 资源导向战略模式

资源导向战略模式的特点是企业为了追求获得高于平均水平的投资收益率而进行技术创新，技术创新在很大程度上取决于企业的内部特点，具有实力或者竞争优势比发现机会更加重要。这是因为是否能够把握机会，最终还是取决于企业是否能进行相应技术创新，是否具有技术优势。因此采用这种战略思维模式的企业不是把制定战略的重点放在外部环境分析和行业选择上，而是放在取得或者培养竞争对手所难于甚至不可能模仿的技术创新资源和创新能力上。

需要强调的是，并不是所有的企业都可采用资源导向的技术创新战略模式，这是因为采用这种战略的企业要有一定的技术创新资源和能力，特别是要有核心能力，只有这样才能在已有的竞争优势基础上通过技术创新不断获取新的竞争优势。

第三节 企业技术创新战略决策

一、技术创新战略决策应考虑的因素

企业有多种技术创新战略方案可供选择，在进行战略决策时，一般应综合考虑和分析以下因素：

（一）国内外科学技术发展的总趋势

当前国际形势总的特点是：和平与发展是当今世界的主流，各国特别是大国都在加紧调整自己的经济和科技战略，增强以经济和科技实力为基础的综合国力。经济和科技实力的较量已逐步成为国际竞争的焦点；增强经济实力的关键在于增强科技的实力，促进本国科技的发展已成为许多国家尤其是大国的重大国策；世界科学技术迅猛发展，以发展高科技为特点的新的科学技术革命正出现高潮；增加科技投入，以加快科技发展速度，抢占高科技的制高点，从而抢占未来国际竞争的制高点，已成为世界各国尤其是大国发展的大趋势。

（二）国家的科技发展战略和技术政策

技术创新直接或间接受到国家技术创新政策的影响，技术创新政策是维系和促进技术创新的保障因素。一方面，在很多情况下，技术创新社会效益大大高于企业收益，企业付出的技术创新成本在很多情况下很难得到充分的补偿，导致缺乏参与此类活动的动力，这就需要政府通过直接参与或变革相应的制度加以解决。另一方面，在特定情况下，为了占领未来国家间竞争的制高点，政府需要对新兴产业和具有战略地位的产业加以刺激和培植，而这些新兴产业或战略性产业大多数是技术密集型的。

在当前科学技术迅速发展的大趋势下，我们国家特别重视科学技术的发展，以高度的紧迫感制定了各种发展政策。我国企业特别是大型企业在制定和选择技术创新战略时，必须以国家的科技战略及其一系列产业政策为依据，在国家整体科技战略的贯彻中发挥主力军的作用。

（三）竞争对手的技术状况和技术创新战略

企业要在未来的市场竞争中取胜，必须知彼知己。首先要“知彼”，要掌握对手的技术状况：对手目前的技术处于什么水平，目前正在开发什么技术，技术上有何特征与优势，实行的是哪一种技术创新战略，其技术创新战略目标是什么。企业只有在掌握了各个竞争对手的技术状况和技术创新战略之后，才能准确确立自己的技术创新战略及目标。

例如我国一些企业在国内众多竞争对手面前，技术处于领先地位，有自己的技术优势，但与国际上的一些著名跨国公司的技术实力相比，又有很大的差距，无优势可言。对我国的大型企业来说，必须实施“赶超型”的技术创新战略，明确追赶目标，分步骤地追赶，在今后一定时期内努力达到国际先进水平。

（四）企业技术队伍和职工技术素质

选择技术创新战略还必须充分考虑本企业的技术队伍及其素质状况。选择自主开发型

技术创新战略，必须立足于自己的科研机构和实力雄厚的科技队伍；即使选择引进型或改造型技术进步战略，也应有自己较强的技术队伍承担起吸收消化或技术改造的任务；技术队伍及其素质较弱的企业，在选择某种技术创新战略时，要相应地安排员工培训，尽快地提高其技术素质，以适应实施技术创新战略的要求。例如在引进技术中，必须从自身技术队伍和员工素质出发，考虑企业有无能力消化吸收。如果企业盲目引进，脱离了自己的实际，缺乏必要的专门人才，或与员工素质不相匹配，就会使引进的技术不能发挥应有的作用。

二、企业技术创新战略的实施

企业实施技术创新战略，一般应抓好以下环节的工作：

（一）发挥现有技术的优势，创造新的优势

当企业选择好某一技术创新战略并付诸实施时，应注意发挥企业现有技术已经存在或可能存在的优势。例如有些企业拥有技术装备的优势，另一些企业拥有专利技术优势、技术信息优势；一些企业拥有技术人才优势；一些企业拥有自然资源优势；一些企业拥有传统技术优势；另一些企业拥有高新技术优势；一些企业拥有设计技术优势；一些企业拥有加工技术优势等。这些技术优势的发挥都有助于企业技术创新战略的顺利实施。同时企业还应注意创造新的技术优势，把过去企业的技术劣势设法转化为优势；把那些只是潜在的优势转化为现实的优势；把名义上的优势转化为实际的优势；把相对的优势转化为绝对优势；把企业技术优势转化为商品优势和经营优势，使企业真正立于不败之地。

（二）培育人才优势，发挥人才优势

企业之间的产品竞争，实质上是技术的竞争和人才的竞争，企业拥有人才，就比较容易开发新技术和新产品。因此，企业一方面应从社会上源源不断地招聘所需的各类技术人才。同时，也要善于从企业内部发现人才。对各类人才用其所长，避其所短；通过各种途径培养和提高人才的素质，形成本企业的人才优势；努力调动人才的积极性，把人才的优势转化为技术优势和商品优势，使企业在技术竞争中取胜。

（三）搜集最新技术信息，力争技术开发的主动权

实施技术创新战略是一个比较长期的过程，在这段时间中将会出现一系列的新技术，会对企业之间的竞争格局产生重大影响，谁及时掌握了新技术信息，谁就在技术开发中处于主动地位，因此，要重视这项工作。应比较全面地了解与本企业密切相关的新产品、新材料、新工艺、新设备、新能源等方面的技术信息，掌握这些方面的新动向、新趋势，为企业技术开发决策提供可靠的依据。凡企业能够创造条件进行开发的，就需及时跟上，走在竞争对手前面，把握好开发新技术的主动权。

（四）建立技术储备，抢占高新技术制高点

建立技术储备是实施技术创新战略的一个重要内容，是从时间序列上保证企业技术系统具有持续竞争力的重要条件。

所谓技术储备，就是指企业通过技术开发所取得的作为成果形态的、可接替现有技术而处于储备状态的后续技术。企业有计划地开发技术，首先应该建立起几代并存、持续不断的群体技术，即设想一代、设计一代、试验一代和可投入生产一代的技术。其次，每代技术之间要有一个层次性，即后一代的技术和产品同前一代相比具有不同程度的创新性，以保证企业技术系统的运行进入一个新的层次，使企业具有持续的竞争能力。最后，企业技术开发最理想的目标就是力争在同行业中处于最前沿，努力抢占高新技术的最高点，领导本行业技术的新潮流，满足用户和消费者发展、变化的新需要，并使企业技术创新战略的实施带来可观的经济效益，为国家和社会创造更多的新财富。

复习思考题

1. 什么是技术创新？技术创新的分类是什么？
2. 什么是企业技术创新战略？简述企业技术创新战略的特点。
3. 简述技术创新战略的地位与作用。
4. 简述技术创新战略的目标与任务。
5. 技术创新战略的构成要素有哪些？
6. 按技术来源划分的技术创新战略类型有哪些？它们各自的特点是什么？
7. 按技术竞争态势划分的技术创新战略是什么？它们各自的特点是什么？
8. 简述技术创新战略的模式。
9. 企业技术创新战略的决策应考虑哪些因素？
10. 企业技术创新战略的实施应抓好哪些工作？

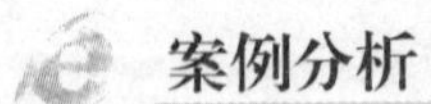

案例分析

案例一　小米手机技术创新

小米公司由雷军创办，共计7名创始人，分别为创始人、董事长兼CEO雷军，联合创始人总裁林斌，联合创始人及副总裁黎万强、周光平、黄江吉、刘德、洪锋。

2010年底推出手机实名社区“米聊”，在推出半年内注册用户突破300万。此外，小米公司还推出了手机操作系统MIUI。2011年8月16日，小米公司通过媒体沟通会正式发布小米手机。米聊、MIUI、小米手机是小米科技的三大核心产品。

小米人都喜欢创新、快速的互联网文化，不会有冗长无聊的会议和流程，喜欢平等、轻松的伙伴式工作氛围，享受与技术、产品、设计等各领域顶尖人才共同创业成长的快意，一个很平凡的名字“小米”却绝不平庸，因为小米人是由来自IT巨头公司微软、谷歌、金山的能人们所组成。

小米手机是小米公司专为发烧友级手机控打造的一款高品质智能手机。手机ID设计全部由小米内部来自摩托罗拉的硬件团队完成，手机生产由富士康和英华达代工。手机操作系统采用小米自主研发的MIUI操作系统。主要针对人群为手机发烧友，采用线上销售模式。

相机像手机的眼睛，在手机的照相功能设计上，小米手机在后镜头大光圈、像素、感

光元件、延迟快门、广角镜头、1080P的视频、防抖等方面均有自己的特色创新。除了硬件之外，软件上也下了很大功夫。MIUI经历了两年多的研发周期，全球累计有700万用户，有上百项的技术创新和产品的创新。

小米手机使用了高通手机处理器，全球主频最快，不仅是中国首款双核1.5G智能手机，也是世界上首款双核1.5GHz的智能手机。小米手机配备的图形处理器搭配手机内存可以完美运行大型3D游戏以及播放1080P高清视频，配置了目前世界上主频最快的高通手机处理器，等等。所有这些让小米手机运行双倍提速，运行如行云流水般流畅。

小米手机使用了比传统锂电池更安全的锂聚合物电池，具有能量密度高、超薄化、高安全性等多种明显优势。其电池内部不含液态电解液，使用胶态的固体，无电池漏液问题。

小米手机采用巧妙的天线设计和超大的天线系统，通话、Wi-Fi以及GPS信号效果显著，让你怎么握都有信号，随时随地打电话。

在这个电子产品竞争激烈的时代，小米手机在短时间内赢得了消费者的青睐，得益于小米从外观到核心的技术创新。小米手机紧跟时代需求，总之，技术创新让小米走向人们的生活。

资料来源：依据中华文本库的资料改编。

问题：

企业技术创新战略的类型有哪些？你认为小米公司的技术创新战略是哪一种类型？为什么？其特点是什么？

案例二 格力公司的创新战略

董明珠目前已经成为我国空调业内的领军人物，而最早让她的名字更加响亮的，是日本对空调技术的封锁。

众所周知，空调的核心部件在于压缩机，而压缩机的核心技术几乎全部掌握在外资企业，尤其是日系企业手中。在20世纪90年代，国内空调企业的技术基本上都来源于对外资企业的模仿和借鉴，那时候中国空调业没有自己的核心技术。这让国内众多的空调企业处处受制于人。

为了打破外资企业这种技术封锁，董明珠开始大力倡导自主创新，并且从没有放弃过对自主创新的坚持。

在她的带领下，格力电器组建了一支3 500多人的科研队伍，成立了3个基础性研究院，设立了15个研究所，建成300多个实验室，经科技部批准，拥有中国制冷行业唯一的国家工程技术研究中心——“国家节能环保制冷设备工程技术研究中心”。她曾多次公开表示：“在技术研发上从来不设门槛，需要多少就投入多少”，让格力电器成为了中国空调业技术投入费用最高的企业，仅2010年格力电器在技术研发上的投入就超过30亿元。

对自主创新的重视和巨大投入，让格力电器在科技创新上屡获硕果。2010年7月，格力电器自主研发的高效离心式冷水机组、超高效定速压缩机、G10低频控制技术在北京人民大会堂全球首发。经国家权威部门鉴定，三项技术均达到“国际领先”水平，分别代表了中央空调、定频、变频领域的最高技术水平。仅最近三年，格力电器拥有技术专利

2 000 多项，平均每周有 12 项新技术问世，是中国空调行业中拥有专利技术最多的企业，也是中国空调行业唯一掌握核心技术、不受制于国外技术的家电企业。

董明珠和格力电器用行动证明了中国企业不仅仅可以扮演好一个“制造者”的角色，而且在自主创新特别是核心技术的创新方面，同样可以有所作为，同样能成为世界的强者，同样能赢得世界的尊敬。

问题：

什么是技术的自主创新战略？有何特点？结合格力公司自主创新的案例，分析企业进行技术创新战略决策需要考虑的因素是什么。

第十一章　企业人力资源战略

本章导读

人力资源是企业最重要的经营资源，是一切财富中最为宝贵的财富。正确地制定和选择人力资源战略，努力开发人力资源，特别是充分发挥各类人才资源的积极作用，是企业走向兴旺发达的关键。

人口资源、人力资源、人才资源是三个不同的概念，人口和人才资源的本质是人，而人力资源的本质则是脑力和体力。就人口资源和人才资源来说，它们关注的重点不同，人口资源更多是一种数量概念，而人才资源更多是一种质量概念。提高人力资源的素质，使其成为各种有用的人才，是企业人力资源战略的中心任务。

人力资源战略的内容涉及的多个方面，包括开发人才、使用人才、优化人才结构的战略。在人力资源战略实施过程中，通过发现人才、使用人才、激励人才，最终实现增强企业的人力资本的总供给，扩展人力资本，吸引更多的优秀人才，形成持续的竞争优势。

学习目标

通过对本章的学习，了解企业人力资源的内涵、特点及作用，熟知人力资源战略的基本类型，掌握人力资源战略实施的基本内容，掌握一定的人才激励艺术。

关键概念

人才资源（Human Resource）

人力资源战略（Human Resources Strategy）

人力资源开发（Human Resource Development）

人才结构优化（Optimization of Talent Structure）

人才激励（People Inspire）

如果你把我们的资金、厂房及品牌留下，把我们的人带走，我们的公司会垮掉。相反，如果你拿走我们的资金、厂房和品牌，而留下我们的人，10 年内我们将重建一切。

——［美］理查德·杜普利

第一节　人力资源概述

一、人力资源的内涵、特点及构成

（一）人力资源的内涵

人力资源（Human Resource，HR），又称劳动力资源或劳动力，一般是指能够推动整个经济和社会发展、具有劳动能力的人口总和。

人力资源有三个层次的含义：

一是指一个国家或地区内，具有劳动能力人口的总和；

二是指在一个组织中发挥生产力作用的全体人员；

三是指一个人具有的劳动能力。

对人力资源概念的界定，各国不尽一致，主要是因为各国的社会经济条件不同，对劳动年龄的规定不尽相同。如规定起点工作年龄是 16 岁或 18 岁，退休年龄是 55 岁或 60 岁甚至是 65 岁或 70 岁等。一般国家把劳动年龄的下限规定为 15 岁，上限规定为 64 岁。由此，凡 16～60 岁中具有劳动能力的人，就构成社会的人力资源。一定数量的人力资源是社会生产必要的先决条件。一般说来，充足的人力资源有利于生产

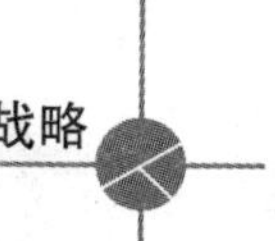

的发展，但其数量要与物质资料的生产相适应，若超过物质资料的生产，不仅消耗了大量新增的产品，且多余的人力也无法就业，对社会经济的发展反而产生不利影响。在现代科学技术飞跃发展的情况下，经济发展主要靠经济活动人口素质的提高，随着生产中广泛应用现代科学技术，人力资源的质量在经济发展中将起着愈来愈重要的作用。

就企业而言，其人力资源主要是指那些具有一定生产经验、劳动技能和科学知识，在企业的现代化生产系统中发挥着一定劳动功能的人。

（二）人力资源的特点

人力资源作为社会生产的最基本的要素、最具特色的资源，有以下特点：

(1) 生物性。与其他任何资源不同，人力资源属于人类自身所有，存在于人体之中是一种“活”的资源，与人的生理特征、基因遗传等密切相关，具有生物性，存在着生存的需要，要解决衣、食、住、行。

(2) 能动性。指人力资源是体力与智力的结合，具有主观能动性，具有不断开发的潜力。这是人区别于自然界的其他生物的显著特点。人具有思想和情感，在长期的同自然界的斗争中能够利用工具改造自然，能够创造新的工具征服自然。人具有主观能动性，在长期有目的的劳动中从动物分离出来，能发挥其主观能动性，有意识地改造自然，改造客观世界，同时能够能动地改造人类自身。

(3) 时效性。人是有生命周期的。作为有生命力的肌体，能够从事劳动的有效时间主要限定在人的生命周期的中间一段，这段时间是人的劳动年龄阶段，精力最旺盛、发明创造的最佳年龄时段主要集中在25～40岁。因此，应高度重视在人的劳动年龄阶段充分发挥其主观能动性和创造性，使之对社会做出最宝贵的贡献。人在有效劳动的时段，如果不受重用是人力资源的最大浪费。

(4) 智力性。人在长期的生产劳动中，在改造世界的斗争中变得聪明起来，创造发明了很多生产工具、劳动手段，制造出了机器和机器体系，从而使人体器官得以等效延长，使人类自然的功能迅速扩大。人类在征服自然、改造世界中变得聪明起来，智力也不断得到增长、继承、积累、延续和增强。

(5) 再生性。人力资源是可再生资源，即随着人类的繁衍，一代一代地再生出来。很多矿藏，特别是金属矿和很多非金属矿，开采得很多，其贮藏量逐年减少，不可再生。而人类作为再生资源不断繁衍下去，能够保证社会方方面面对人力资源的需要。

(6) 社会性。人的本质就在于人的社会性，即任何人不可能孤立存在，不能独善其身，必须群体性地开展生产劳动和其他经济活动。在人类社会的生产经济活动中，人类始终是进行群体性的劳动。因此，从本质上讲，人力资源是一种社会资源，应归社会所有，人力资源应在社会范围内加以优化配置。

(7) 个体差异性。人力资源的个体差异性表现为性别、年龄、文化程度、专业、技能、价值观、兴趣、性格、智力、资历等的不同。这种差异性为人力资源的不同运用方向、优劣区分、针对性的开发奠定了基础，也为不同开发对策的提出提供了依据。研究差异性，找出规律性，是人力资源开发工作的重要任务。

(三) 人力资源的构成

人力资源的构成从基本方面看包括体力和智力，从现实的应用形态来看，则包括体质、智力、知识和技能四个方面。

根据对企业人力资源内涵的理解，从发挥不同劳动功能来看，企业人力由两部分劳动者组成：

一是体力劳动者，即直接操作生产工具从事物质资料生产的人。

二是脑力劳动者，即指那些没有直接操作生产工具，但在生产经营过程中担负着决策、计划、组织、指挥、协调职能的生产经营管理者；对新产品进行设计、研制、对生产工艺进行革新的工程技术人员；在生产经营过程中对生产和市场信息进行收集、储存、传递以及对电脑程序进行编制和控制的人员；对劳动者的劳动技能进行培训的教育者。他们的智力劳动也推动着生产经营过程的不断进行。

二、人力资源在企业中的地位和作用

(一) 人力资源的地位

人是企业生产要素系统中的一个重要组成部分，是最重要、最活跃的一种要素；因而处于主体地位和支配地位。生产力诸要素中，无论物质要素和技术要素何等重要，都是由人在生产实践和科学实验中发明创造的；同时，一切物质要素和技术要素也只有在人的劳动支配下，才能构成生产力的要素，才能发挥其有效的作用，才能转化为现实的生产力，不断地创造出各种物质产品和服务，以满足人们日益增长的需要。

(二) 人力资源的作用

人力资源对生产力的发展起着决定性的作用，国家之间、企业之间最根本的竞争是对人才的竞争，一切管理活力最根本的是对人的管理。

人的劳动即活劳动，是企业生产经营中最活跃的因素，物质生产靠劳动者推动，科学技术水平的提高依靠智力劳动者和体力劳动者在长期的生产实践和科学实验中不断地探索和积累经验，并一代又一代地加以继承和发展。科学技术巨大作用的发挥离不开劳动者的创造，高度机械化自动化的生产设备的运转离不开劳动者的控制、管理和支配。体力劳动者和智力劳动者的积极性、主动性和创造性是企业活力的源泉；他们的劳动技能、智力水平、管理水平的高低，直接制约着生产力中各物质要素和技术要素效能的发挥，直接决定着劳动生产率的高低。企业经营战略的实现也依赖于企业人力资源的数量和质量。总之，人力资源对企业生产经营活动是不可缺少的要素，它对其他要素起着主导和决定性的作用。

专栏 11-1

汉初，刘邦曾经与群臣讨论过他之所以成功、项羽之所以失败的原因、所得的结论就是，刘邦知人善任，诸如萧何、韩信等人都能充分施展他们的才华，而项羽只有一个范

增，且没有给他发挥的机会。

启示：类似的历史事实有许许多多，它们表明凡能够重视人力资源的，虽弱而强，能够得到可持续发展，最终可以取得成功；凡不能够重视人力资源的，虽强而弱，可能会盛极一时，但终究必败。

三、企业人才及其所需类型

（一）人才及其特征

人才，是指在人力资源中，那些通过各种社会实践的锻炼，具有一定的专门知识、较高的技术业务能力，能够以自己创造性的劳动，在认识和改造自然、改造社会中，对人类进步做出一定贡献的人。人才是人力资源中能力和素质较高的劳动者。

人口资源、人力资源、人才资源三者之间是有着本质的区别的，人口和人才资源的本质是人，而人力资源的本质则是脑力和体力，从本质上来讲它们之间并没有什么可比性。就人口资源和人才资源来说，它们关注的重点不同，人口资源更多是一种数量概念，而人才资源更多是一种质量概念。但是这三者在数量上却存在一种包含关系。在数量上，人口资源是最多的，它是人力资源形成的数量基础，人口资源中具备一定脑力和体力的那部分才是人力资源；而人才资源又是人力资源的一部分，是人力资源中质量较高的那部分也是数量最少的。在比例上，人才资源是最小的，当这部分人在人力资源中占的比例越大时，说明人力资源的整体素质越好。人口、人力和人才的关系如图 11－1 所示。

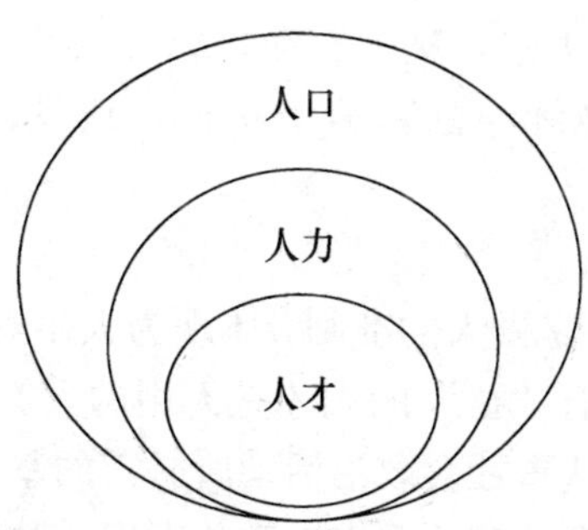

图 11－1　人口、人力与人才关系图

企业人才，是指在企业人力资源中，那些具有一定的专门知识，较高的技术业务能力，能够以自己创造性的劳动，对企业的发展和社会的进步做出较大贡献的人。

作为人才，具有以下基本特征：

（1）能够创造性地进行劳动。这是人才最本质的特征，不论劳动者处于什么岗位，主要从事体力劳动还是主要从事脑力劳动，也不论他们的工作多么平凡，只要能创造性地劳动，敢于革新，善于革新，破除陈规陋习，用新的思路、新的方法做出了不同凡响的业绩，他们就都是人才。

（2）具有较高的知识水平和智能水平。无论劳动者是从工作实践中获得知识，还是从书本上获得知识，只要善于将书本知识和实践知识相结合，并运用这些知识分析和解决工作中的实际问题，他们就是人才。智能就是指运用所掌握的知识分析问题和解决问题的能力。智能水平高，即解决实际问题的本领强，这是人才又一重要特征。

(3) 在自己的工作实践中，对本单位的发展和社会的进步做出了一定的贡献。衡量是否是一个人才，必须以是否对本单位的发展和社会的进步做出了贡献为最终的标志。人才有两种：一是显才，二是潜才。显才，才气横溢，锋芒毕露，所做的贡献容易被周围群众或广大公众所看到，也容易被领导所赏识；潜才，埋头苦干，无私奉献，不抛头露面，因而不易被领导发现，但还是能为周围群众所赞赏。不论是显露的贡献，还是默默的奉献，都是人才应具有的显著的特征。

(二) 人才的基本素质

素质是指一个人与生俱来的以及通过后天培养、塑造、锻炼而获得的身体上和人格上的性质特点。所以，人才素质就是指人们在先天生理的基础上，经过后天学习和社会实践形成的、基本稳定的生理特点和思想行为以及潜在能力的总称，是人的身体状态、思想意识和文化技能三个方面的系统整合，三方面相互关联，不能分割，不能独立。

提高各类人员的素质是企业人力资源管理的主要任务，这些素质包括身体素质、思想政治素质、能力素质、心理素质和知识素质五个方面。

1. 体——身体素质

身体素质是个人最基本的素质。没有健全的体魄和良好的身体素质，就失去了事业成功的最起码的条件。身体素质包括以下几个方面：体质、体力、体能、体型和精力。良好身体素质的体现是：年富力强，精力充沛，思维敏捷，干劲十足；能胜任繁重的生产或工作任务，敢打硬仗，连续作战，勇于拼搏；遇到困难，知难而上，百折不挠；等等。

2. 德——思想政治素质

“德”是人才素质的灵魂，是做人的准则，体现为人生观、世界观、价值观等的准则，它体现的是人的内心素质。没有“德”的人才是无用的人。“德”在一定的社会中表现为一个人的思想政治素质，这是从事社会政治活动所必需的基本条件和基本品质，它是个人政治思想、政治方向、政治立场、政治观点、政治态度、政治信仰的综合表现。坚持社会主义方向，促进社会进步，具有强烈的事业心、责任感和创新精神，具有良好的思想作风和工作作风是我国企业员工良好思想政治素质的体现。

3. 智——知识素质

知识素质是人才素质的基本内容，指个人做好本职工作所必须具备的基础知识与专业知识。基础知识是一个人知识结构的基础，是对社会文化、科学知识应有的掌握程度及运用这些理论、知识和方法解决工作中实际问题的能力。

专业知识是人知识结构的核心，也是区别于其他专业领域人才知识结构的主要标志。具备一定的专业知识主要是指一个人要熟悉本部门、本单位的技术知识和专业知识，受过专门的教育训练，掌握所从事工作的基本原理和基本方法。

4. 才——能力素质

能力从广义上来说，是人们认识、改造客观世界和主观世界的本领。从狭义上来说，是指胜任某种工作的主观条件，它表现为顺利完成某项活动且直接影响活动效率所必备的智能特征。能力强、有才干的人指具有较高的智慧、能力素质，善于运用所学知识分析所处岗位工作遇到的各种问题，并具备创造性解决这些问题的能力，能够出色地完成所担负的工作任务。

5. 养——心理素质

所谓人的心理素质是指人在感知、想象、思维、观念、情感、意志、兴趣等多方面心理品质上的修养。它是一个内容非常广泛的概念，涉及人的性格、兴趣、动机、意志、情感等多方面的内容。心理素质是人才素质的一个重要组成部分，从某种意义上说，它制约和影响着人的素质。良好的心理素质即指心理健康或具备健康的心理。

（三）企业所需的人才类型

现代企业作为一个生产经营组织，需要多学科、多门类、多规格、多层次的人才，他们应该形成一个合理的人才结构。企业所需的主要人才类型有以下四种：

（1）科学技术型人才，主要指那些从事科学研究、技术开发和产品开发的人才，在生产过程中从事工艺技术开发和产品制造的人才，从事技术信息收集、整理和计算机操作与控制的人才等。

（2）经营管理型人才，主要包括从事战略决策和组织指挥的高层管理人才，从事战术决策的各种职能管理人才和基层作业管理人才。

（3）政工、企业文化工作型人才，主要包括从事职工政治思想工作、企业文化建设工作和群众组织工作的各类人才，即从事党委、共青团工作，对共产党员和共青团员以及广大职工进行思想教育的人才；从事企业凝聚力工作，从事工会和妇女组织的群众工作、思想教育的人才。

（4）行政管理型人才，主要是指从事日常行政工作、公共关系工作、组织人事工作、职工招聘、培训工作等的人才。

专栏 11－2

去过寺庙的人都知道：一进庙门，首先是弥勒佛，笑脸迎客；其后则是黑口黑脸的韦陀。但相传在很久以前，他们并不在同一个庙里，而是分别掌管不同的庙。弥勒佛热情快乐，所以来的人非常多，但他什么都不在乎，丢三落四，不能好好地管理财务，所以依然入不敷出。而韦陀虽然管账是一把好手，但成天阴着个脸，太过严肃，搞得人越来越少，最后香火断绝。佛祖在查看香火的时候发现了这个问题，就将他们俩放在同一个庙里：由弥勒佛负责公关，笑迎八方客，于是香火大旺；而韦陀铁面无私，则让他负责财务，严格把关。在两人的分工合作中，庙里一派欣欣向荣的景象。

启示：管理者懂得用人所长，优势互补，是对人力资源最有效的管理。

第二节 企业人力资源战略及其类型

一、人力资源战略的概念和目标

(一) 人力资源战略的概念

所谓企业人力资源战略（Human Resources Strategy），是指根据企业总体战略的要求，为适应企业生存和发展的需要，对企业人力资源进行管理，提高职工队伍的整体素质，从中发现和培养出一大批优秀人才而进行的长远性的谋划与方略。具体来说是企业为实现战略目标而在雇佣关系、甄选、录用、培训、绩效、薪酬、激励、职业生涯管理等方面所做的决策的总称。

企业通过科学地分析预测未来环境变化中人力资源的供给与需求状况，制定必要的人力资源获取、利用、保持和开发策略，确保企业在需要的时间和需要的岗位上，满足对人力资源在数量上和质量上的需求，使企业和个人不断获得发展与利益，这是企业发展战略的重要组成部分。因此，企业人力资源战略在企业战略体系中处于核心地位，是企业总体战略的重点之一，其战略意义体现在：

1. 人力资源战略是企业战略的核心

在企业竞争中，人才是企业的核心资源，人力资源战略处于企业战略的核心地位。企业的发展取决于企业战略决策的制定，企业的战略决策基于企业的发展目标和行动方案的制定，而最终起决定作用的还是企业对高素质人才的拥有量。有效地利用与企业发展战略相适应的管理和专业技术人才，最大限度地发掘他们的才能，可以推动企业战略的实施，促进企业的飞跃发展。

2. 人力资源战略可提高企业的绩效

员工的工作绩效是企业效益的基本保障，企业绩效的实现是通过向顾客提供有效的企业的产品和服务体现出来的。而人力资源战略的重要目标之一就是实施对提高企业绩效有益的活动，并通过这些活动来发挥其对企业成功所做出的贡献。在当今经济发展从资源型经济向知识型经济过渡的情况下，企业人力资源管理必须实行战略性的转化，从重视以活动为宗旨的管理转向考虑人力成本和需求。从企业战略上讲，人力资源管理作为一个战略杠杆能有效地影响公司的经营绩效。人力资源战略与企业经营战略结合，能有效推进企业的调整和优化，促进企业战略的成功实施。

3. 有利于企业形成持续的竞争优势

随着企业间竞争的日益白热化和国际经济的全球一体化，很难有哪个企业可以拥有长久不变的竞争优势。往往是企业创造出某种竞争优势后，经过不长的时间被竞争对手所模仿，从而失去优势。而优秀的人力资源所形成的竞争优势很难被其他企业所模仿。所以，正确的人力资源战略对企业保持持续的竞争优势具有重要意义。人力资源战略的目标就是不断增强企业的人力资本的总供给，扩展人力资本，吸引更多的优秀人才，形成持续的竞争优势。

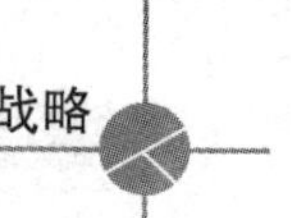

4. 对企业管理工作具有指导作用

人力资源战略可以帮助企业根据市场环境变化与人力资源管理自身的发展，建立适合本企业特点的人力资源管理方法。如根据市场变化确定人力资源的长远供需计划；根据员工期望，建立与企业实际相适应的激励制度；用更科学、先进、合理的方法降低人力成本；根据科学技术的发展趋势，有针对性地对员工进行培训与开发，提高员工的适应能力，以适应未来科学技术发展的要求；等等。一个适合企业自身发展的人力资源战略可以提升企业人力资源管理水平，提高人力资源质量，从而使人才效益最大化。

人力资源战略是实现企业战略目标，获得企业最大绩效的关键。人力资源战略在企业实施过程中必须服从企业战略，企业在企业战略形成的实际中也必须积极考虑人力资源因素，二者只有达到相互一致、相互匹配，才能促进企业全面、协调、可持续发展。

（二）人力资源战略的目标

人力资源战略是为实现企业总体战略目标服务的，因此，必须以企业总体战略的要求，来确定人力资源战略的目标。这些目标包括：

（1）根据企业中长期发展的要求，预测企业中长期人力资源需求和供给，保证对人力资源数量与质量的需要。

（2）合理规划和控制各专业人力资源发展规模，优化人力资源结构，形成合理的人才结构，满足企业各层次、各专业对人才的需要。

（3）提高每个劳动者的素质，使之与其岗位工作的要求相适应；提高职工队伍的整体素质，发挥人力资源的整体效能。

（4）努力把人力转化为人才，促进每个劳动者都能成才，发挥他们的积极性、进取性和创造性，为企业发展和社会进步做出应有的贡献。

（5）规划核心人才职业生涯发展，打造企业核心人才竞争优势。

（6）提出人力资源管理政策和制度的改进建议，提升整体管理水平。

二、人力资源战略的特点

（一）战略性

企业拥有的人力资源是企业获得竞争优势的源泉。战略性人力资源是指在企业的人力资源系统中，具有某些或某种特别知识、能力和技能，或者拥有某些核心知识或关键知识，处于企业经营管理系统的重要或关键岗位上的那些人力资源。相对于一般性人力资源而言，这些战略性的人力资源具有某种程度的专用性和不可替代性。

（二）系统性

企业为了获得可持续竞争优势而部署的人力资源管理政策、实践以及方法、手段等，构成一种战略系统。

（三）契合性

包括“纵向契合”与“横向契合”。“纵向契合”即人力资源管理必须与企业的发展战略契合；“横向契合”即整个人力资源管理系统各组成部分或要素相互之间的契合。

（四）目标导向

战略人力资源管理通过组织建构，将人力资源管理置于组织经营系统，促进组织绩效最大化。

三、企业人力资源战略的类型

人力资源战略指导着企业的人力资源管理活动，它使人力资源管理的活动之间能够有效地互相配合。因此，不同的人力资源战略必然会影响到人力资源的管理活动。

（一）舒勒对人力资源战略的分类

美国人力资源管理学者舒勒（Schuler）和沃克（Walker）将人力资源战略分成三种类型：

1. 累积型（Accumulation）的战略

累积型的战略指以长远观点看待人力资源管理，注重人才的培训，通过甄选来获取合适的人才；以终身雇佣为原则，公平对待员工，员工晋升速度慢；薪酬是以职务及年资为标准，高层管理者与新员工工资差距不大。

2. 效用型（Utilization）的战略

效用型的战略指用短期观点来看待人力资源管理，较少提供培训。企业职位一有空缺随时进行填补，非终身雇佣制，员工晋升速度快，采用以个人为基础的薪酬。

3. 协助型（Facilition）的战略

协助型的战略是介于积累型和效用型战略之间的，强调个人不仅需要具备技术性的能力，同时在同事间要有良好的人际关系。在培训方面，员工个人负有学习的责任，公司只是提供协助。

企业在不同的情况下会选择不同的人力资源战略类型。当企业将人力资源视为一项资产时，就会提供较多的培训，更倾向于累积型战略；而当企业将人力资源视为企业的成本时，则会提供较少的培训以节约成本，更多采用效用型战略。

（二）依据企业人力资源战略的内容分类

企业的人力资源战略，涉及人力资源管理的各个方面，如甄选、录用、培训、绩效、薪酬、激励、职业生涯管理等。概括起来主要体现在三个方面：人力资源开发战略、人才结构优化战略、人才使用战略。每一类战略中又有多种战略方案可供选择。

1. 人力资源开发战略

人力资源开发（Human Resource Development，HRD）是指企业提供给员工一个教育或学习的计划来帮助员工提高技能，并改变他们的态度和行为，这个过程使个人和企业都得到提升。

人力资源开发战略，就是指有效地发掘企业和社会上的人力资源，积极地提高员工的智慧和能力，所进行的长远性的谋划与方略。可供选择的人力资源开发战略方案有：

（1）引进人才战略。一般主要是指从国内外企业或科研机构、高等院校、设计院所，引进企业所需的各种专家和高级技师，帮助企业掌握从国外引进的硬件技术和软件技术。这个战略实质上是一种同硬件和软件技术引进相配套的智力引进战略，通过外部专家的帮

助指导，使企业技术人员和技术工人熟悉和掌握所引进的技术，使企业管理人员能够管理好所引进技术的生产过程，充分发挥引进技术的效益。

专栏 11-3

引才纳贤是国家强盛的根本，而人才，尤其是高才，并不那么容易引得到、纳得着。秦昭王雄心勃勃，欲一统天下，在引才纳贤方面显示了非凡的气度。范雎原为一隐士，熟知兵法，颇有远略。有一次秦昭王见到他便屏退左右，跪而请教，但范雎支支吾吾，欲言又止。于是，秦昭王又两次跪地请教，且态度更加恭敬，可范雎仍不语。秦昭王又跪，说："先生不肯赐教寡人吗?"这第四跪打动了范雎，使他道出自己不愿进言的重重顾虑。秦昭王听后，第五次下跪，言辞更加恳切，态度更加恭敬。这一次范雎也觉得时机成熟，便答应辅佐秦昭王，帮他统一六国。

后来，范雎鞠躬尽瘁地辅佐秦昭王成就霸业，而秦昭王五跪得范雎的典故，千百年来被人们所称誉，秦昭王成为引才纳贤的楷模。

(2) 借用人才战略。这是指企业缺乏某方面或某些方面的人才，而通过各种正当的途径和有效形式，从其他企业或科研单位、大专院校、设计院所暂借所需人才的战略。这是中小型企业，尤其是严重缺乏人才的乡镇企业普遍采用的人才战略。"借才发财"，关键是走正当途径，利用有效形式。例如小型企业与大型企业搞专业化协作生产，取得大型企业扩散出来的零件或部件的协作生产权，因而就容易获得大型企业派出专家在技术和管理上进行的具体指导；通过与科研院所、高等院校进行科技开发的合作，签订联合开发协议，或者购买其技术成果，都能从拥有科技开发优势和掌握科技成果优势的单位"借"到专家进行指导，促进本企业人才的成长。此外可以从退休的老专家、老教授、老工程师中，退休的高级技师、技工中，"借"到极为宝贵的人才，充分发挥他们的余热，攻克企业的技术难题，在他们的热心帮助下，掌握新技术，开发出适销对路的新产品。

(3) 招聘人才战略。这是指企业根据生产经营活动发展的需要，对所缺人才通过在社会上公开招聘，择优录用所需人才的战略。这一战略的特点：一是公开性，对所需人才的专业、条件、人数、年龄等，都公之于世；二是广泛性，在社会范围内，不论在什么单位工作的个人，只要符合招聘条件，都可以前来应聘；三是竞争性，即需要通过笔试、口试或答辩等多种形式，择优录用。任何企业都可以实施这一战略，从社会上招聘企业所需人才。实施这一战略的关键在于企业在某一方面或某些方面对社会上的人才有较强的吸引力，或是待遇优厚，或能施展才智、实现抱负。没有一定的吸引力，是很难招聘到企业急需的理想人才的。

(4) 自主培养人才战略。这是企业根据中长期发展规划对各方面人才的需要，有针对性地采用多种形式，自主地进行培养的战略。例如企业自办职工大学或业余大学，培养一批具有大专和本科学历的人才；通过自己办学，解决所需要的技术员一级的人才；通过自办技校，解决所需的技术工人后备队伍。自主培养人才的战略的特点在于：一是具有针对性，缺哪方面的人才，就有的放矢地选拔一批职工进行培养和提高，以解决企业事业发展对人才的需要；二是具有实用性，缺什么学什么，并结合企业实际进行学习，理论联系实际，解决企业产品开发和生产过程中的技术难题，学了就能用，见效快；三是人才队伍的稳定性，自主培养的人才，土生土长，容易与企业同呼吸、共命运，风雨同舟，和衷共济。实施自主培养人才战略关键在于企业要形成完善的职工培训中心和组建水平较高的师资队伍，以及对所培养的人才进行有效使用和正确的激励。

(5) 定向培养人才战略。在企业缺乏教学条件、未建培训中心的情况下，或企业有培训中心，但对某些高学历、高学位人才缺乏培养条件，可与有关院校签订定向培养合同，把具有大学本科学历的专业人员送到高校攻读硕士学位，把具有硕士学位的专业人员送去攻读博士学位，把具有高中、中专学历的人员送到高校攻读大专或本科学士学位；把具有初中毕业水平的工人送到技校或中专进行学习。总之，将有培养前途的人员送到有关学校进行学历或学位教育，解决企业当前和长远发展所需的有关专门人才。实施这一战略的特点主要在于：能够解决好人才的知识更新和进一步的提高；有利于发挥和利用专业院校的教学优势，促进企业人才的成长。实施这一战略的关键在于企业领导者应有远见，敢于进行智力投资，放手让人才出去见世面、长见识，使他们学有所得，如虎添翼，回到企业后发挥更大的作用，做出更多的贡献。

(6) 鼓励自学成才战略。企业总有相当一部分人，由于各种原因未能上大学，较早地进入社会，走进企业。但他们不灰心、不丧志，根据工作需要，奋发图强，走自学成才之路。企业领导者要善于发现并充分调动他们勤奋学习的积极性，引导他们按照企业发展的需要，选择所学专业，并创造条件支持他们完成学业。职工自学成长之路十分宽广，如参加高等教育自学考试，参加有关高校成人教育学院的函授学习，进夜大学、业余大学学习。他们通过严格的有关考试，获得了国家承认的高等教育学历，企业应根据他们所学专业，恰当地调整他们的工作，充分发挥他们的专长，促进他们健康地成长。鼓励自学成才战略的主要特点在于企业花钱少，却能促进很多职工自觉地刻苦学习，走成才之路；企业也从中获得不少宝贵的人才。实施这一战略的关键在于领导要积极支持，并妥善解决好工学矛盾，安排好工作时间，使他们在不影响工作的情况下，专心致志地学习，完成学业；对成绩突出者给予奖励，以激励更多的青年职工走自学成才、岗位成才之路。

2. 企业人才结构优化战略

企业需要很多人才，但每个方面的人才应有一个恰当的比例，各个方面的人才应形成一个合理的结构。因此，客观上存在着人才结构的优化决策问题。可供选择的企业人才结构优化战略方案有：

(1) 企业人才层次结构优化战略。这主要是指企业管理层次所需的各级管理人才应形成合理结构的战略。管理层次，也称组织层次，是指从企业最高到最低管理层所划分的组织等级，形成一个管理层次结构。每级管理层次都需要配备相适应的管理人才，如高层需配备战略决策人才，中层应配备专业管理人才，基层应配备作业管理人才。高层人才需精干，中层人才需要量较多，基层人才需要量很多。应根据工作需要，形成合理的金字塔形

人才层次结构，以便保证高层战略的顺利实施。

专栏 11－4

美国管理学者罗伯特·卡茨认为，管理者要具备三种技能：(1) 技术技能，是指使用某一专业领域内的程序、技术、知识和方法完成组织任务的能力；(2) 人际技能，是指与处理人际关系有关的技能，即理解、激励他人并与他人共事的能力；(3) 概念技能，是指纵观全局、洞察企业与环境要素间相互影响和作用的能力。

处于不同层次的管理者，三项技能的侧重点不同，一般来说，高层管理更强调概念技能，中层管理人际技能较重要，而基层管理技术技能更突出。不同层次管理者技能区别如下图所示。

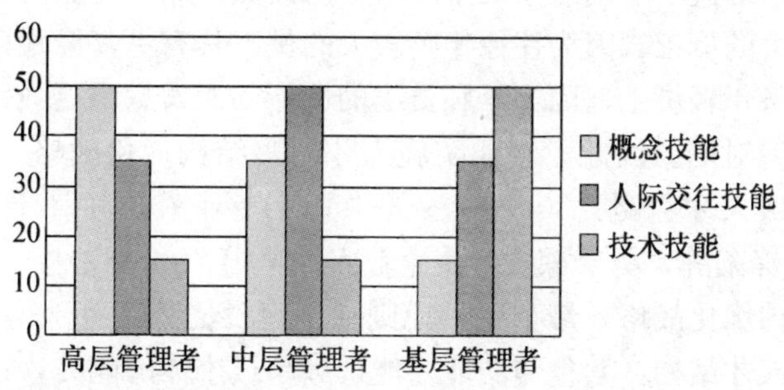

(2) 企业人才学科结构优化战略。企业的生产经营过程，需要挑选不同学科、不同专业特长的人才，其中包括研究开发、原材料采购、生产、销售和售后服务以及管理工作等人才，人才学科结构优化战略就是要根据学科和专业特长的不同，将多种学科的人才结合在一起，形成合理的人才学科结构，构建一支互补性、创新性很强的员工队伍，以保证生产技术活动和生产经营管理活动对各种学科人才的正常需要。

(3) 企业人才职能结构优化战略。人才职能结构的优化，主要是指企业应该具体分析内部的不同岗位和职能，然后对应配备不同的专业人才，将之合理安排到企业所需要的岗位中，使之相互匹配，形成合理的结构。与此同时，根据企业经营战略目标的要求，本着精干、统一、效能、节约的原则，合理地确定各职能管理人才的比例，充分地发挥各种职能人才的作用，提高管理的整体效能。

(4) 企业人才智能结构优化战略。智能是指运用知识分析问题和解决问题的能力，一个人的智能表现在多方面，即思维能力、想象能力、创造能力、决策能力、组织能力、指挥能力、协调能力、信息处理能力、交际能力等。这些能力在某一个人身上不可能都强，只是在某一方面或某几个方面强，而某些方面较弱。作为企业领导班子的各个成员并不要求他们在各个智能上都强，但要求进入领导班子的成员各有较强的突出的智能，即有的决策能力突出，有的创新能力突出，有的组织、指挥能力突出，有的协调能力、交际能力突出，各有强项，才能够优势互补，使整个领导班子的智能结构合理，整体功能大于个体智能简单相加之和。实施人才智能结构优化战略，就能保证企业领导班子真正担当战略角色的重任，领导企业走向成功。

(5) 企业人才能级结构优化战略。能级结构是指人才的专业职称结构，即具有高级职称的人才、中级职称的人才和初级职称的人才各占的比例。企业人才能级结构优化战略就是指各个等级的职称人才比例合理化，向金字塔形结构优化。企业每个领域或专业都有一个或一个以上具有高级职称的技术或业务带头人（如高级工程师、高级经济师、高级会计师等），然后配备3～5个具有中级职称的专业人才（工程师、经济师、会计师），再配备较多的初级职称专业人才（技术员、经济员、会计员）。这种能级结构不仅使高级专业人才能集中精力在专业技术上向深度和高度发展，而且有利于培养人才，使企业的发展后继有人。

(6) 企业人才年龄结构优化战略。在企业人才结构优化的过程中，离不开对员工年龄的调整和搭配，这是因为员工的年龄与其能力之间存在着一定联系。因此，要从企业不同部门的需要和现状，来进一步确定员工平均年龄的高低。例如，在需要更多从业经验的部门中，配备年龄较大的员工，因为往往年龄较大的员工具有更多经验；而在需要更多创新精神的部门中，配备年轻员工，因为年轻员工的创新、探索意识更强一些，更适合这些部门，当然这又不是绝对的。因此，企业实施人才年龄结构优化战略，主要应形成：45岁以上年龄较大的高级人才引路；30～45岁的中青年专业人才为骨干，起中流砥柱作用；20几岁的青年人冲锋陷阵，勇于探索，使企业人才辈出，兴旺发达。

总之，人才结构优化战略，最重要的原则在于建设优势互补、层次合理的员工队伍，只有打造出这样的人才结构，其整体功能才能远远超过个体的能力，这也是企业人力资源管理之路走向成功的重要保证。

3. 使用人才战略

选才用人是管理者的基本职能，也是实现决策目标的根本保证。“只有无能的管理，没有无用的人才”，“垃圾是放错了位置的资源”，管理学的这些名言深刻地揭示了管理者知人善任的重要性。由此，企业如何发挥人才的作用，是一个重大战略问题。

(1) 任人唯贤战略。这是指在人才的选拔和使用上必须坚持德才兼备的战略，既要重才，更要重德。“任人唯贤”与“任人唯亲”是两种不同的用人原则，人才使用中绝不能提拔那些阿谀奉承、唯唯诺诺、平平庸庸的无德无才的人，也不能提拔那些虽有才但无德的人。对于那些工作十分认真、富有创造精神、敢于探索、勇于提出不同意见和方案，但工作方法生硬、得罪了一些人，包括得罪了某些领导的人，要善于帮助他们，使他们得到提高。对于他们坚持真理、大胆创新的实践要积极支持、表扬和鼓励，更要敢于提拔他们，让他们去为企业发展打开新的局面，做出更大的贡献。

(2) 岗位轮换使用战略。岗位轮换又称职务轮换，是指企业有计划地按照大体确定的期限，让员工或管理人员轮流担任若干种不同工作的做法，从而达到考察员工的适应性和开发员工多种能力的目的。岗位轮换为员工所创设的多样化实践平台，对人才潜能的激发、才智的共享和人事结构的活力散发有着不可低估的促进作用。一是不同岗位的工作锻炼，有助于发现不同员工的潜在优势，有助于塑造复合型人才；二是采用一定频率的岗位轮换方式，使相关人员在不同部门间起了一种非正式桥梁纽带的作用，人际交往更频繁，配合更顺畅，有助于企业效率的提高。以阿里巴巴集团为例，2012年春天，集团22位中、高层管理岗位进行了大轮换，成为阿里巴巴史上最猛烈的一次人事变动，也被认为是阿里

巴巴接下来的3年中管理及运营战略升级的第一步，意义重大。实践证明，这次岗位轮换，在为诸多职位注入新鲜血液、全面锻炼管理干部能力的同时，有力地支持了企业战略调整，有效地维护了阿里体系的成长性，使阿里巴巴得以始终朝着良性方向发展。所以，岗位轮换是促进人才健康成长的正确战略。

（3）台阶提升使用战略。这是在正常情况下对骨干人才逐级提拔到领导岗位的使用战略，即在众多的人才中，有一部分杰出的人才或称骨干的人才做出了显著的成绩，根据企业事业发展的需要，应把他们提拔到各级行政指挥系统的领导岗位，或提拔到各级职能管理系统的负责岗位上。但这种提拔在正常情况下，应逐级提拔，即一个台阶接着一个台阶地上，即先上低级领导岗位，做出了成绩，再提拔到中级领导岗位；经过一定时期的锻炼又做出了显著的成绩后，才提拔到高级领导岗位。每一级领导岗位还有一个由副职提拔到正职的台阶。总之，逐级提拔，脚踏实地，逐步锻炼，这有利于干部人才的健康成长，也能保证各级领导岗位的工作质量。

（4）职务、资格双轨使用战略。这是对准备提拔担任某种职务的人才，首先使他们取得任职资格，经过一段时期的考察，根据工作需要，再正式任命其担任某种职务的战略。这一使用战略实质上是建立后备干部队伍的战略，也就是实际工作中所说的第三梯队。凡准备培养和提拔的人才，需要使他们通过培养和工作实践，通过考试和考核等多种形式，取得担任某一职务的资格，如车间工段长的任职资格、车间主任任职资格、分厂厂长任职资格、营销处处长任职资格等。在某一职务空缺后，就可从具有该职务任职资格的人才中挑选。例如，某工段长调离或提拔之后，该工段的工段长职务就出现空缺，就可从具有工段长任职资格的人才中挑选，谁被选中，那他就承担起工段长的职务。

在干部选拔中搞确立任职资格的制度，有利于调动人才的积极性，在未提拔到某一职务的领导工作岗位之前，促进他们努力工作，先使自己具有担任某一职务的资格，并奋发进取，随时接受领导的挑选。职务资格制度为各级领导岗位准备了接班人的队伍，保证企业生产经营事业后继有人。

（5）权力委让使用战略。这是上一级领导把本职范围内的某些工作及其相应的权力，委让给下一级领导，使之承担更重的任务，得到更大的锻炼，发挥更大作用的一种使用战略。一般来说，每一级管理层次都有它本身固有的职责、权力和相应的利益。但为了使每一级管理干部能站在更高一级的管理层次上处理问题，即学会从全局的高度处理好局部与全局的关系，也为了使每一级的干部在未提拔到高一级管理层次担任领导工作之前，熟悉高层的某些工作，并做好这些工作。一旦得到提拔，就能比较快地进入角色，把新的领导岗位的工作承担起来。这一战略的一个重要特点是委让权力给下一级领导，但不下放责任。也就是说，下一级干部工作中如果出现差错，不由他们承担责任，而仍由上一级领导承担全部责任。目的是放手让下级干部大胆探索，勇于开拓，闯出新路；使他们放下思想包袱，解除顾虑，不怕出错，即使工作中出现差错，有领导承担责任。实施这一战略的关键在于权力委让要适当，即交给下级承担的任务要适当，一般以略大于他们的能力，使工作具有一定的挑战性为好。如果交给的任务大大超过他们现有的能力，压力过大，反而挑不起来，工作做不出成绩，容易使人垂头丧气。

（6）破格提拔使用战略。对于企业人才队伍中非常出类拔萃、做出杰出贡献的中青年人才，可实施越级提拔、放到更高层次加以重用的战略。多数人才的成长规律，一般说来是一个渐进的过程，即一个台阶接着一个台阶逐级提升。但对于少数中青年人才，特别是青年人才来说，成长很快，才华横溢，贡献突出。因此，应打破论资排辈的传统做法，敢于破格提拔他们，放在重要岗位锻炼成长，使他们能较快地承担更重大的责任，充分地发挥他们的聪明才智，为企业的长远发展做出更大的贡献。

专栏 11-5

1974 年，美国政府为清理自由女神像翻新时扔下的废料，公开向社会招标。但几个月过去了，没人应标。正在法国度假的一位犹太商人得知消息后，立即从巴黎飞往纽约，在仔细查看了女神像下堆积如山的“垃圾”后，未提任何条件便欣然签约。

随后，犹太商人开始组织工人对“垃圾”进行分类：将废铜熔化，铸成小自由女神像；将废旧木块加工成铜像底座；将废铅、废铝做成纽约广场的钥匙……就连女神身上扫下来的尘土，都加工后包装起来出售给花店。不到三个月的时间，如山的“垃圾”就创造出了 350 万美元的价值。

启示：在一名优秀企业家的眼中，是不应该有“废物”的，因为任何东西都有其潜在的价值，关键看你是否有“点石成金”的慧眼。

第三节　企业人力资源战略的实施

一、人才的发现

企业需要大批合格人才，以适应生产经营事业发展的要求。人才处处有，关键在于如何去发现人才。发现人才需要重视以下环节：

（一）树立爱才之心

当今的市场竞争，表现为企业产品之间的竞争，实际上是技术的竞争，归根结底是人才之间的竞争。很多优秀企业家非常懂得得人才者得天下，拥有人才优势者得市场。因此，尊重知识、尊重人才，是企业兴旺发展的重要保证。企业领导者要树立正确的人才观，求贤若渴，爱才情真。“人之相知，贵在知心”；“人之相尊，贵在尊才”。只有真正确立了尊才爱才之心，才会真心实意去发现人才、重用人才。

（二）提高识才之能

“伯乐”具有赏识“千里马”之本事，可惜“千里马”常有，而“伯乐”不常有。企业管理者应使自己成为善于识别“千里马”的“伯乐”，提高发现人才的本事。不仅善于从社会上的招聘中去发现人才，也要善于从企业内部发现人才。“十步之内，必有芳草。”根据人才所具有的特征，把那些具有真才实学、能创造性地工作的能人发掘出来，委以重任。在从社会上招聘人才之时，不能冷落企业内部的人才，要使他们优势互补，相互促

进，相得益彰。

识才要有慧眼，要善于发现人才。要做到这一点，一是要有眼界，二是要有眼力。眼界，就是管理者不能只盯着身边的、围着自己转的人。要开阔视野，把眼睛放宽，做到：眼睛向内，又要向外；眼睛向上，又要向下；眼睛向“明”，又要向“暗”；眼睛看‘土’，也看‘洋’。眼力，就是具有“剖石为玉、淘沙为金”的能力，善于发现人才，慧眼识金。所以，要不拘一格选人才，打破选人、用人上的条条框框，树立“看主流、看本质、看发展”的观念，全面、正确、客观地看待人才，切实做到人尽其才，才尽其用。

（三）具备护才之胆

“人无完人，金无足赤”。企业所需的各种人才，不可能都是十全十美的。他们具有人才所共有的特征，同时也各自存在着这样或那样的不足，有的人甚至有这样或那样明显的缺点或错误。要不要使用他们，会有不同的看法，尤其是使用有明显缺点和犯过错误的人，会有种种非议。企业领导者要善于一分为二地对待人才，更要敢于起用有明显缺点和错误的有用人才。用其所长，避其所短，并在使用过程中热情帮助，使之克服缺点，改正错误，这是作为一个领导者对人才使用应有的胆识。

（四）掌握选才之法

选拔人才有多种多样的方法，针对人才的来源不同，需采用不同的方法。例如，从社会上公开招聘所需人才，可选择笔试、面试、答辩等方法；在企业内部招聘选拔人才，除笔试、口试、岗位操作表演、岗位工作较长时期的观察外，还可结合业绩考核评估来选择。有人把岗位工作的观察概括为 10 个方面：遇之于难，以观其坚；理之于财，以观其廉；给之于事，以观其能；问之于理，以观其明；身之于众，以观其漾；处之于富，以观其俭；临之所好，以观其洁；交之于人，以观其心；赴之于战，以观其勇；任之于职，以观其责。总之，着重通过实践，观其表现，看其业绩，对被观察对象进行多方面的考察和评价；对符合要求者，则加以提拔，委以重任。

二、人才的使用

用人是知人善任的关键，世界上不怕没有人才，怕的是用才的人不知道使用人才。有人才不用或错用，其后果是不可想象的。在贯彻人才使用战略时，必须遵循一定的原则，掌握一定的艺术。以原则为准则使用干部，才不会用人不当，防止用人失误。

（一）明确用人的原则

根据大量经验，用人过程中需要遵循以下原则：

1. 德才兼备的原则

用人强调有德有才，德才兼备，但现实中两者往往是不完全统一的，要针对具体情况选用人才，不过分求全责备，原则是德看主流、才重一技。

2. 量才任职的原则

做到人尽其才，要因人而异，宜文则文，宜武则武。

3. 授权的原则

敢于授权、善于授权，这是用人的重要原则。只有这样，才能充分调动其聪明才智，发挥其主动性与积极性。

4. 晋升的原则

提升干部既是培养人才之所需，也是激励人才的有效方法。人心向上是人的本能所决定的。作为组织来说，要不断培养提拔接班人，让长江后浪推前浪，后继有人不断线，保持干部队伍强大活力，长盛不衰。

(二) 掌握用人的技巧与艺术

用人不仅是把人选用在合适的岗位上，而且关键在于如何充分发挥下属的作用，为此，有下述技巧供参考：

1. 扬长避短，用其所长

世界上本就没有“完人”，作为领导者要善于认识和把握人才的长处和短处，善于用其所长，且能在短处中见其所长，这是衡量领导水平的重要标尺。

2. 用人不疑，疑人不用

这是用人的定律，理解与信任是对人才最好的激励方式。

3. 五湖四海、宽以待人

要善于启用各种非正式组织中的人物，避免任人唯亲。

4. 提携新人、用当其时

在用人上要破除论资排辈的陈腐观念，要能不断起用新人，这样才能使组织保持活力。

5. 用人的禁忌

(1) 任人唯亲。

(2) 对人才求全责备。

(3) 武大郎“心态”。

(4) 在人才使用上要注意合理搭配，切忌“卧龙凤雏一把抓”。

三、人才的激励

人才的健康成长，离不开领导的热情鼓励和激励。人才的激励方式很多，主要有：

(一) 物质利益激励

企业可以运用的物质利益激励手段包括工资、奖金、分红、员工持股和各种公共福利等。物质利益激励是最基本的激励手段，因为工资、奖金、住房等能满足人们的基本需要，同时也影响其社会地位、社会交往，甚至精神需要的满足感，因而世界各国都十分重视这一激励手段的运用。美国管理学家孔茨（Koontz）指出，大多数主管人员倾向于把金钱看作比其他激励因素更重要的因素。

专栏 11－6

晋商的身股制

古代山西的商号实行过一种身股制。身股制即对商号的大掌柜、二掌柜等经营管理人

员和业务人员给予股份的机制。企业的股份由两部分构成：银股和身股。银股和身股同股同利，但性质不同。银股的股东是真正的东家，身股是东家对员工的一种奖励，这种奖励采取股份的形式，使掌柜和伙计有了股东的感觉。身股负盈不负亏，身股不能继承，离开即取消。

启示：股权激励可以使员工与企业结成命运共同体，起到长期激励的效果。

（二）目标激励

大多数人都有成就需要，希望不断获得成功。成功的标志就是达成预定目标，有目标才能产生动力，因此目标是一个重要的激励因素。

目标激励就是指通过设置具有挑战性的目标以及把目标和员工需要相结合来实现有效激励的一种激励方法。目标不能设置得高不可攀，但也不能轻而易举，目标要具有一定的挑战性，"跳一跳、够得着"；同时企业目标和员工需要相结合，员工参与目标的设置及自主完成目标，从而使员工产生责任感、成就感。

可以产生激励作用的目标包括两类，一类是企业目标，另一类是个人目标，如掌握某种工作技能，降低原材料消耗5%，等等。应当充分利用这两类目标的激励作用。

专栏 11－7

留意过篮球架子吗？篮球架子为什么要做成现在这么高，而不是像两层楼那样高，或者与一个普通人差不多高？不难想象，对着两层楼高的篮球架子，几乎谁也别想把球投进篮筐；跟一个人差不多高的篮球架子，随便谁不费多少力气便能"百发百中"，大家也会觉得没啥意思。正是由于现在这个跳一跳、够得着的高度，才使得篮球成为一个世界性的体育项目，引得无数体育健儿奋争不已，也让许许多多的爱好者乐此不疲。

启示：企业在设立目标时，也应当给员工设置"跳一跳，够得着"的目标，才能最大限度发挥员工的激励性。

（三）任务激励

这是指利用工作任务本身来激励职工。例如一项符合自己专长或兴趣的工作、一个富有挑战性的任务、在工作中取得成就等都能产生激励作用。按照行为科学理论的观点，任务激励属于"内在激励"，其付出的代价小，作用持久。

任务激励的方式包括：

（1）合理分配工作。即尽可能使分配的工作适合职工的兴趣和工作能力。

（2）合理进行"职务设计"。即在职务设计中充分考虑到技能的多样性、任务的完整性、工作的独立性，并阐明每项工作的结果，从中产生高度的内在激励作用。

（3）工作丰富化。指使工作具有更丰富的内容、更大的挑战性和给人更强烈的成就感。工作丰富化的内容包括：工作的多样性、任务的整体性、任务的重要性、工作的自主性和反馈的及时性。

（四）榜样激励

榜样激励是通过树立榜样，满足员工模仿和学习的需要，把员工的行为引导到企业目标所期望的方向。榜样的力量是无穷的，特别是树立企业内的榜样，确实能起到非常好的带动作用。但榜样的树立一定要实事求是，不要拔高、“神化”和“虚化”，以免引起员工的逆反心理。

（五）培训激励

当代社会发展日新月异，知识更新换代的周期越来越短，人们自身发展的需求越来越强烈，因此，对员工进行不断的培训成为一种重要的激励手段。

培训的激励作用是多方面的，它可以满足员工求知的需要。通过培训，可提高员工达成目标的能力，为其承担更大的责任、更富有挑战性的工作及提升到更重要的岗位创造条件。著名的世界化工企业德国的巴斯夫公司把培训职工、提高其工作能力作为激励的五项基本原则之一。公司认为，员工接受培训，既提高了知识，又培养了个性，同时，他们会在今后的工作中寻找更多的认可、更高的级别和更高的挑战，这对公司是十分有利的。

（六）荣誉激励

荣誉激励是一种终极的激励手段，它主要是把工作成绩与晋级、提升、选模范、评先进联系起来，以一定的形式或名义标定下来。其主要的方法是表扬、奖励、经验介绍等。荣誉可以成为不断激励荣誉获得者保持和发扬成绩的力量，还可以对其他人产生感召力，激发比、学、赶、超的动力，从而产生较好的激励效果。

美国 IBM 公司有一个“百分之百俱乐部”，当公司员工完成他的年度任务，他就被批准成为该俱乐部会员，他和他的家人将被邀请参加隆重的集会。结果，公司员工都以获得“百分之百俱乐部”会员资格作为第一目标，以获取那份光荣。

荣誉激励的作用显著，在应用时有以下几点要求：一是要满足员工的自尊需要；二是对员工的贡献要公开表示承认；三是不要吝啬头衔和名号。

（七）企业激励

这是指动用企业责任及权力对职工进行激励。行为科学家认为，大多数人都愿意承担责任。员工希望有自我控制的权力，这也是行为科学的论点。实行企业激励，要求尽可能明确每个工作人员应负的责任，让他们承担更多的责任，并享有相应的权利，为此，企业在建立严格的责任制的同时应当实行各种形式的民主管理，如让职工或其代表参与企业重大决策的审议，监督各级领导干部的工作，广泛开展班组民主管理及合理化建议活动，等等。

（八）制度激励

一方面，企业中的各项规章制度，一般来说都与一定物质利益相联系，因此，对职工的消极行为是个约束，另一方面，规章制度也为职工提供了行为规范与社会评价标准。职工遵守规章制度的情况还与自我肯定、社会舆论等精神需要相联系，因此，其激励作用是综合的。例如，企业用工制度若规定可以辞退表现不好或技能过低的人员，这无疑会对职工的工作造成一定的强制性压力。对职工激励作用较大的规章制度包括：职工守则——职工行为的基本规范，用工制度——与职工的职业保障相联系的制度，用人制度——涉及个人前途、地位的制度，责任制度——与职工的工作评价有关的制度，考勤考绩制度，等等。

专栏 11-8

法国工程师林格曼曾经设计了一个引人深思的拉绳实验：把被试者分成一人组、二人组、三人组和八人组，要求各组要用尽全力拉绳，同时用灵敏度很高的测力器分别测量其拉力，结果，二人组的拉力只是单独拉绳时二人拉力总和的95%，三人组的拉力是单独拉绳时三人拉力总和的85%，而八人组拉力是单独拉绳时八人拉力总和的49%，这个结果对于如何挖掘人的潜力、搞好人力资源管理很有研究价值。

“拉绳实验”中出现1+1小于2的情况，明摆着是有人没有竭尽全力，这说明人有与生俱来的惰性，单枪匹马地独立操作，就竭尽全力，到了一个团体，则把责任悄悄分解到其他人身上。社会心理学研究认为，这是集体工作时存在的普遍特征，并概括为“社会浪费”。

人的潜力极限需要刺激，而最长效、最管用的刺激手段，莫过于建立“人尽其才、人尽其力”的激励机制。责任越具体，人的潜力发挥得越充分，耍滑头的人越少，真用劲的人越有发展空间。这样，既能在人力资源管理上挖掘潜能，又可让“南郭先生”无法滥竽充数，最大限度地减少社会浪费。

（九）环境激励

创造一个良好的工作环境和生活环境，一方面可直接满足员工某些需要，如：企业中各级领导尊重、关心和信任职工，保持工作群体内人际关系的融洽，及时调解其矛盾；提供必要的物质条件，使员工能顺利开展工作；美化和清洁工作环境，消除有害于健康和不安全因素等，从而使员工心情舒畅、精神饱满地工作。另一方面，良好的环境还可形成一定的压力和规范，推动员工努力工作，如开展劳动竞赛，安排后进职工到先进班组工作等。因此，环境激励是十分重要的激励手段。

（十）危机激励

危机也是重要的激励方法之一，其实质是树立全体成员的忧患意识，做到居安思危，不盲目乐观，在发生真正的危机时，能够上下同心，共渡难关。陈惠湘在其《中国企业批判》一书中谈道：“什么是激励呢？激励就是要在人的前面放一个大金砣子，在人的身后放一只老虎。想要钱的要往前猛跑，想活命的也要往前猛跑。”想活命的要往前猛跑，这就是危机激励。

（十一）信息激励

信息是一种重要的资源，它是人才成长的“营养液”，是人们智力培养和提高的有效载体，也是激励员工的有效手段。在信息爆炸和互联网时代，面对大量信息，能否迅速地捕捉、掌握和运用大量的信息决定了人们能否在竞争中持有有效的武器，能否跟上瞬息万变的时代形势。为此，培养员工掌握应用信息的能力，既是提高企业活力的要求，也是激励员工的重要手段。而绩效信息的及时反馈更是员工激励的重要方式。

复习思考题

1. 简述人力资源的内涵、特点与构成。

2. 人力资源的地位与作用是什么？

3. 企业的人才与所需的人才的类型有哪些？

4. 什么是人力资源战略？其特点是什么？

5. 简述各种人力资源战略类型的基本内容。

6. 简述人力资源战略实施的基本内容。

案例分析

案例一　永辉超市的员工激励

2018年伊始，腾讯携手永辉超市对家乐福中国进行潜在投资，这让永辉超市一下就吸引了人们的目光。根据《财富》杂志公布的中国2017年500强企业名单，成立于1998年、来自福建的民营股份制企业永辉超市股份有限公司排在了140位，年营业收入达到了492.31亿元。

1. 永辉超市创新型“合伙人”制度

永辉董事长张轩松曾经总结过，这么多年沉浮于商海之中，自己最大的创业经验就是8个字：勤劳、创新、沟通和总结。说到“创新”，从永辉创建伊始，就决定以生鲜作为突破口，做大这一块，结果也证明永辉成功地将一般超市的痛点转化为优势，形成了具有特色的生鲜经营模式。随着管理经营上的不断探索，张轩松发现，一线员工只有每个月2 000多元的收入，仅仅满足生存需求，每天上班只是“当一天和尚撞一天钟”，员工的满意度和积极性都不高。然而，永辉生鲜经营的灵活性、岗位设置的细致度以及营运环节的精细化管理，使得永辉对一线员工工作的质量非常依赖，这也是为什么永辉要稳定与一线员工的雇佣关系，进一步激发基层员工的积极性和满意度，提高员工的行为绩效。张轩松也明白直接提高员工工资是不现实的：永辉在全国有6万多名员工，每人每月增加仅仅100元的收入，一年就要多支出7 000多万元的人工成本，何况100元对员工的激励是微小且短暂的。要想激励一线员工，形成员工激励契合，必须将企业业绩跟个人建立起一种“直接关系”，于是永辉顺势引入了新式“合伙人”制度。

(1) 一线员工利润分享。

永辉的“合伙人”制度指的是：总部和门店合伙人代表，根据历史数据和销售预测制定一个业绩标准，一旦实际经营业绩超过了设立标准，增量部分的利润按照既定比例在总部和合伙人之间进行分配。经过试行，该制度在调动员工工作积极主动性、提高员工工作满意度、增加员工收入、促进门店业绩提升等方面取得了显著成效。

首先，这是一种分红制度，永辉一线员工合伙人有别于其他公司的合伙人制度，这些合伙人并不享有公司股权、股票，而只有分红权，相当于总部和小团体增量利润的再分配。一般情况下，合伙人是以门店为单位与总部来商谈，永辉总部代表、门店店长、经理以及科长一起开会探讨一个预期的毛利额作为业绩标准。在将来的门店经营过程中，超过这一业绩标准的增量部分利润就会被拿出来按照合伙人的相关制度进行分红，或三七、或四六、或二八。店长拿到这笔分红之后就会根据其门店岗位的贡献度进行二次分配，最终使得分红机制照顾到每一位一线员工。

其次，这又是一种激励机制，永辉“合伙制”有别于常规的绩效考核制度，借助阿米巴经营思维“人人都是经营者”，名为分红，重在激励，充分调动员工积极性。在超市里，瓜果生鲜通常都摆放在一进门的位置，主要是通过其颜色、品相等来吸引消费者进店，引发消费者的“非计划购买欲”，进而提升消费者的客单价。这种营销手段的基础假设是，店内的生鲜水果必须新鲜，卖相足够吸引消费者。如果一线员工的工作态度不够积极，在他们码放水果的时候就会出现不经意丢、砸等现象，抱着“反正卖多少、损失多少都和我没有关系”的心态。受到撞击的果蔬通常卖相不好，无法吸引消费者购买，从而对超市营业额造成影响。对一线员工实行“合伙人”制度，将部分经营业绩直接和员工联系在一起，增加了员工的薪酬，调整了员工的工作态度，带来的是果蔬损耗成本的节约，以及消费者更多的购买。

(2) 专业买手股权激励。

在企业的基层员工中还有一些专业买手，对于永辉的特色生鲜经营来说，尤为重要，永辉对这些专业买手们进行了更大的利益分享——股权激励。买手就是永辉超市在供应链底端的代理人，由于他们熟悉村镇的情况，又十分了解各种生鲜特征，因而他们能够胜任采购这项工作，但同时，这也易于导致买手们被其他企业所觊觎，以更高的薪水挖走，所以，永辉必须保证买手团队的稳定性。向买手们发放股权激励，以此促使他们留在企业内，又让他们干劲十足。

除了和这些企业的内部员工建立稳定雇佣关系外，永辉超市更和当地的农户建立了一种类似“合伙人”制度的合作。在多年的合作后，永辉得到了一批忠实的合作伙伴，这也就成为永辉超市在果蔬方面的核心竞争力。

(3) 永辉员工公平的职业发展之路。

对各层级（店长、经理级干部、课长级干部、技工）的人才进行梯队建设和人才引进，是永辉近几年人力工作的重点之一。标准化的岗位设置，多层次的岗位体系，符合标准并通过培训、考核，即可晋升。永辉员工的职业发展和成长路径还是非常人性化的。在永辉，走专业技术路径的员工，最快用两年时间就可以成长到技师二级，收入达到入职时的2.1倍；走管理路径的员工，最快用两年时间可以成长到三级课长，收入达到入职时的2.1倍。

2. 永辉超市提供的物质激励

永辉超市的“合伙制”从2013年发起，2014年试推行，近两年持续优化，大部分一线员工都在“合伙人”制度中受益，最直接地来看，这项制度实施的第一年人均工资增长幅度达到了14%左右，远高于前几年的增长幅度。对于这种改变，很多永辉员工纷纷表示“我们超市实行的这份制度真好，以前总是每个月拿着那点工资，总是想着换到工资稍高一点的地方打工。现在不想换了，我们可以凭借自己的努力超额完成公司下达的经营目标，获得分红，真的是干劲十足啊”。研究表明，物质激励对满足员工的诉求占很重分量，尤其是对于一线员工来说。企业的经营业绩是靠每个员工充分调动积极性创造出来的，所以当员工意识到营业利润里有自己一份时，就会为了自己的利益格外努力。

3. 永辉超市提供的精神激励

永辉超市一线员工大多都是“80后”一代，经济实力相对较弱，很多来自农村，他们特别渴望在城市扎根，融入城市生活，也更加关注身份等同和社会其他群体的尊重与认同。得到组织认同和社会认同是员工的重要诉求，这也是一种精神激励。因此，永辉超市“合伙人”制度时刻在向员工传达他们的核心价值观：融合共享，成于至善。他们宣扬永辉是共同创业和共同发展的平台，来永辉工作是创业，不仅是就业。这些无疑会让一线员工意识到自己就是合伙人，从事一线工作并非低人一等，从而从内心认同自己，也养成“人人都是经营者”的意识，更加乐意留在组织工作。福州永辉现代农业发展有限公司总经理林忠波也曾提到：“和农户签署合作协议是法律基础，但是法律永远都是底线，经过十几年的探索和沉淀，我们发现和农户间最重要的是‘信任’二字。”人被信任时，就有了责任感。公平感会对员工的心理状态和行为产生极其重要的影响。永辉超市实行的“合伙人”制度，一直践行着绝对“公平公正”的基本原则。总部对门店奖金包和合伙人奖金的分配方式和比例进行了明确具体的规定，员工可以根据自己的业绩非常清晰地预见将来的分红，也有效杜绝了门店负责人截流分红的隐患。永辉会对业绩良好的员工公开授牌，召开员工大会进行表扬，通过内刊进行报道宣传，一切都公开透明。“我虽然从农村出来，学历水平也不高，但我有一双勤劳致富的手，在永辉超市我没觉得比别人差，我可以努力服务大家，也提升自己。只要永辉需要我，我会在永辉好好干的。”永辉一线员工的心声表明，能够公平地实现自我，对于长期受到身份歧视的一线员工显得多么难能可贵，所以他们也会倍加珍惜，感恩和回报组织。永辉超市洞察了员工深层诉求，不按资历和学历，只按能力的晋升制度也是永辉选拔人才的核心。海底捞的董事长张勇也曾经说过：“一个没有服务经历的管理者，再换位思考也是近台看戏，可是看戏，哪怕是资深票友，也不会真正理解以唱戏为生的压力与追求。”永辉这样的晋升制度绝对可以保证管理层知道一线员工的压力和真正诉求。“现在外面的企业晋升都看学历，像我这样高中都没毕业的人，哪一天离开了永辉，真不知道还能实现什么。何况永辉还一直培训我们的技能，鼓励我们学习，我要在永辉通过努力改变自己的命运！”这些都说明，永辉深入契合地满足了一线员工的精神需求，极大地提高了员工的工作满意度，增加了留职意愿。

资料来源：根据 http://www.hrsee.com 的资料改编。

问题：

你如何看待永辉超市的员工激励？依据案例资料，你认为永辉超市人力资源战略的核心问题是什么？

案例二 美国微软公司的人力资本管理

美国微软作为一家总部设在美国的跨国科技公司，其最著名的产品莫过于它的 Microsoft Windows 系列操作系统以及 Microsoft Office 套件等软件。由于其所处的行业竞争激烈，产品更新换代速度极快，因此，公司需要保证源源不断的高层次人才的供给。

1. 微软公司的人力资本分析

微软公司为了更加深刻而准确地理解组织内部劳动力的规模和本质，成立了一支人力资本分析团队（HRBI）。该团队由不同领域的专家组成，包括统计学专家、心理学专家以及财务管理专家等。人力资本分析团队（HRBI）每年对公司的员工进行一次调研，深入

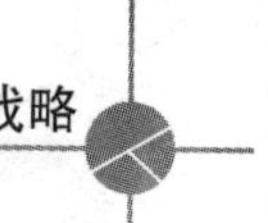

分析微软人才库，进而提出对应的人才发展措施。这种深层次的人才分析也被称为四步分析法，主要包括以下四个步骤：

(1) 数据收集。

为了强有力地支撑研究结果，微软并不支持小于50人的样本量，微软所设定的临界雇员取样量一般大于100人。微软人力资本分析团队为了收集数据，用九年多的时间追踪了90 000名雇员。并且为了让人力资本的研究结果具有意义，微软人力资本分析团队在研究时对雇员进行了分组，这样就可以区分员工被雇佣后行为成就的结果差异。同时，微软公司还建立了精确完整的人力资源数据库，大大提高了数据的质量和数量，为管理人员获取员工信息提供了技术支撑。

(2) 关键定义。

微软人力资本分析团队在初步完成数据收集之后，会依据雇员所归属的样本组对其不同的行为特征进行区分，这一过程就是定义员工特征。比如微软人力资本分析团队将“早期离职成本”定义为两年内对新员工的高投入成本，包括招聘成本、签约奖金、新员工低效率的适应时间、雇佣其他长久型优秀雇员的机会成本等。

(3) 分析研究。

在发现特定问题的基础上，微软人力资本分析团队通过有效的提炼一手观察数据，进而提出相应的研究议题以及预测性分析，再依次结合不同的分析工具进行研究。

(4) 采取措施。

在对大量人力资本数据分析之后，微软人力资本分析团队会提出对应的人才发展措施。比如，微软通过数据检验已雇员工的工作水准和行为表现，进而预测该员工在微软早期离职的可能性。对应评价结果，人力资本分析团队会提出相关的防范措施。微软人力资本分析团队通过对公司90 000名员工的追踪调查，收集了大量数据。在对这些初始数据进行分类和定义之后，将其存入公司的人力资源数据库，从而增加了微软公司的知识存储，并为以后其他部门或员工获取和使用该数据信息提供了基础。同时，微软人力资本分析团队在获取相关数据和知识信息之后，会对其进行深入分析并提出研究议题，体现了依据已有的知识经验去解决有关的问题，实现了对知识的有效应用。其次，微软公司的人力资本分析可以有效减少组织关键知识的流失。微软人力资本分析团队会对已雇员工的工作水准和行为表现进行评估，判断其离职的可能性，并根据预测结果提出针对性的防范措施，比如给予员工公司股票认购权、奖金等物质激励方式，为员工提供完善的职业生涯发展规划。这些防范措施在一定程度上可以减少企业的“早期离职成本”以及因人事变动和流动导致的知识流失，有利于组织更好地留住那些经验丰富的、专业技能很强的员工，进而使某些关键客户的知识、与岗位相关的技能知识以及应急处理特殊情况的能力等核心隐性知识留驻微软公司。

2. 微软人才培训开发计划以及创新激励措施

微软的人才培训开发计划以“职业模式+技能差距+业务需要”为中心，通过人力资本分析团队对员工职业发展需求的调查分析，为员工制定相应的职业生涯规划和学习培训计划。职业模式包括职业阶梯、职业能力与职业经验。员工首先根据自己的实际情况和职业目标选择出适合自己职业阶梯，比如管理路径或者专业路径，然后公司会根据员工不同的职业路径，参考他们所需要积累的职业能力和职业经验来决定培训的具体内容、时间和方式。在明确职业模式之后，微软会根据员工的技能差距与业务需求提供针对性的人才培训计划。微软的人才培训开发计划遵循“70－20－10”的原则：员工通过授课、讲座的方式可以获得10％的基础专业技能；导师的一对一辅导可以帮助员工实现20％的能力提升；其余70％的知识和技能则需要员工通过直接工作经验和在职培训获得。首先，新员工进入微软公司的第一年为基础学习期，微软会对这些新员工提供脱产培训，包括讲座和课堂讲课。这种培训有助于实现员工10％的技能发展。同时，导师制也在微软人才培训开发计划中起着关键的作用。被指导者选择一位资深员工作为自己的导师，双方自愿建立关系、提供指导、结束关系。即使双方不在同一个地方，也可以通过公司电话或视频会议保持密切联系。通过指导体系，导师可以帮助其他员工提高专业素质、达成发展目标，为新员工提供更好的职业发展机会。其次，微软还为员工提供一定的在职培训，鼓励员工在工作中学习和掌握新技术、新方法。员工可以提出自己的假设，并与其他员工组成跨职能部门的工作团队，通过实验进行技术攻关，最终基于实验结果检验假设。

为了激励员工不断创新，微软赋予员工充分的自主权，让员工意识到公司对他们的信任，进而满足其更高层次的心理需求。当员工的责任感和参与感不断增强时，更愿意接受挑战性的工作。并且，微软还提出了激励员工创新的业余项目计划，允许员工抽出一定的工作时间和精力去从事一些有助于公司发展的创新活动。比如，在“微软车库”中，任何微软员工，无论位于哪国、何种岗位、层级高低、正式或实习，均可以在“微软车库”寻求一个“工位”，着手打造自己感兴趣的创新项目。

资料来源：根据http://www.hrsee.com的资料改编。

问题：

1. 微软公司人力资本分析的意义是什么？
2. 微软公司是如何开发人才与激励员工的？
3. 从人力资源战略的高度谈谈微软公司对其他企业的启示有哪些。

第十二章　企业财务战略

本章导读

企业财务战略是对企业资金运筹的总体谋划，它规定着资金运筹的总方向、总方针、总目标等重大财务问题，体现着企业整体战略的要求，是企业财务活动的行动指南。为此，财务战略具有从属性、系统性、指导性和复杂性的特点。

企业财务战略的内容主要包括融资战略、投资战略、资本运营战略。其基本任务是为企业经营活动正确融资与投资，并通过资本运营，最终提高企业的经济效益。

企业财务战略的选择，决定着企业财务资源配置的取向和模式，影响着企业财务活动的行为与效率。融资战略、投资战略、资本运营战略其中又包括具体不同的类型、方式的选择，企业需要在综合考虑各种影响因素的基础上，依据一定的原则做出正确选择。

学习目标

通过对本章的学习，掌握企业财务战略的基本概念、特点、作用与任务，区分不同类型的财务战略，熟悉各种财务战略的基本内容。

关键概念

企业财务战略（Corporate Financial Strategy）
企业融资战略（Corporate Financing Strategy）
企业投资战略（Investment Strategy of Enterprise）
内源型融资战略（Endogenous Financing Strategy）
外源型融资战略（Outward Funding Strategy）
资本运营战略（Capital Operation Strategy）
有形资本（Tangible Capital）
无形资本（Intangible Capital）

有利润的企业说不定会破产，但持有现金的企业永远也不会破产。

——佚名

第一节　企业财务战略概述

一、企业财务战略的含义、实质及特点

（一）企业财务战略的含义与实质

企业财务战略（Corporate Financial Strategy），是指企业对维持和扩大生产经营活动所需资金进行筹集、分配、使用，为实现企业总体战略目标所做出的长远性的谋划与方略。

企业财务战略的决策，实质上是企业资本经营战略的决策，两者的内涵是一致的，都是围绕企业生产经营过程中所需要资金（或叫资本）的筹集、分配（即投资）、使用（投资后所形成的资产的运营）等方面进行营谋筹划。所谓资本经营是指资本的所有者或经营者以资本的一种或多种形态为运营对象，使之与其他生产要素相互结合，优化配置，将其投入某一产业或多个产业，进行有效的经营，以实现理想的盈利和价值增值的活动。

资本经营的一般过程如图 12－1 所示。

图 12－1　资本经营的一般过程示意图

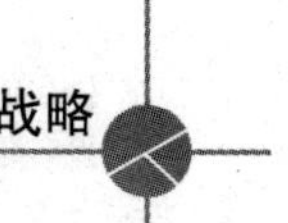

从资本筹集开始，然后进行资本投资，从事资本生产，将其生产的结果（商品或劳务）投放市场，进行交换，实现商品价值，从中获得利润，接着进行利润分配，留下的利润转化为资本积累。这个循环就是一个资本经营过程。然后再进入下一个资本循环，即资本再筹集、资本再投资、资本再生产。这就是企业资本经营活动的规律，也就是企业财务活动的规律。

（二）企业财务战略的特点

企业财务战略是企业总体战略在财务管理方面的应用与延伸，不仅体现了企业总体战略的全局、长期和导向性等“战略”共性，而且勾画出了企业财务战略的个性特征，即从属性、系统性、指导性、复杂性。

（1）从属性。即企业财务战略要体现企业整体战略的要求，为其筹集到适度的资金并有效合理投放，只有这样，企业整体战略方可实现。若不接受企业战略的指导或只是简单地迎合战略要求都将导致战略失败，而最终使企业受损。

（2）系统性。企业财务战略作为企业总体战略的一个子系统必然与企业其他战略之间也存在着长期的、全面的资源与信息交换。为此，要始终保持财务战略与企业其他战略之间的动态的联系，并试图使财务战略也能支持其他子战略。

（3）指导性。企业财务战略是对企业资金运筹的总体谋划，它规定了资金运筹的总方向、总方针、总目标等重大财务问题，成为财务活动的行动指南。

（4）复杂性。企业财务战略的制定与实施较企业整体战略下的其他子战略而言，复杂程度更大。最主要的原因在于“资金固定化”特性，即资金一经投入使用后，其使用方向与规模在较短时期内很难予以调整。因此，财务战略对资金配置稍有不慎，就将直接导致企业资金周转不灵或陷入财务危机甚至导致企业破产。此外，企业筹资与投资都直接借助于金融市场，而金融市场复杂至极，变幻无常，这也增加了企业财务战略制定与实施的复杂性。

二、企业财务战略的内容与任务

从上述资本运营活动的过程可以看出，企业财务战略的内容主要包括三个方面：融资战略、投资战略、资本运营战略。

企业财务战略的目标是确保企业资金均衡有效流动，最终实现总体战略。为此，其任务主要有：

第一，正确地选择筹资渠道，保证生产经营活动对资金的需求。

第二，正确选择资本（资金）投向，合理安排使用。

第三，正确运营资本（资产），重组资本（资产），优化资本（资产）结构，提高经济效益。

三、企业财务战略的作用

企业财务战略是贯彻落实企业发展战略、明确企业财务管理、指导企业各项财务活动的依据，其作用表现为：

（一）对各项经营决策起着综合平衡的作用

企业各项经营战略决策都涉及资金需求和盈利问题，都要汇总于财务部门，关系到财务战略决策。而各项经营决策以及所涉及的因素，相互之间往往又是矛盾的、不平衡的，只有通过财务决策，把它们综合起来，进行总体平衡，才能形成一个统一的、相互严密衔接的、完整的经营决策体系。

（二）对各种经营战略方案起着评价和选择的作用

各种经营战略方案是否正确和合理，应从多方面加以衡量和评价，而其中最重要的是看占用的投资和实现的盈利是多少。企业财务决策过程，就是根据每个经营战略方案占用投资和实现其盈利的情况，来评价战略方案的优劣，并选择资金占用少、能带来更多盈利和社会效益的方案。

（三）对经营资源的分配起着指导作用

资源是一切生产经营活动的保证。资源分配是否正确，不仅要从实物形态上考察，而且还应从价值形态上考察，看资金的分配使用是否合理。这一工作正是通过财务决策对资源分配的指导来完成的。通过对资金使用方向进行正确的指导，来实现对资源的合理分配。

第二节　企业融资战略

一、企业融资战略的概念

企业融资战略（Corporate Financing Strategy）是根据企业的整体发展规划进行的资金安排或筹划，是企业为了有效地支持投资所采取的融资战略组合。其核心问题是要解决如何取得企业经营发展过程中所需要的资金。由此，需要对企业的融资目标、原则、结构、渠道与方式等重大问题进行系统安排。

融资目标是企业在一定的战略期间内所要完成的融资总任务，是融资工作的行动指南，它包括融资数量、质量的要求，即既要筹集企业维持正常生产经营活动及发展所需资金，又要保证稳定的资金来源，增强融资灵活性，努力降低资金成本与融资风险，不断增强融资竞争力。

融资原则是企业融资应遵循的基本要求，包括低成本原则、稳定性原则、可得性原则、提高竞争力原则等。

企业还应根据战略需求不断拓宽融资渠道，对融资进行合理搭配，采用不同的融资方式进行最佳组合，以构筑既体现战略要求又适应外部环境变化的融资战略。

融资战略是企业财务战略的重要组成部分。融资战略选择不仅直接影响企业的获利能力，还影响企业的偿债能力和财务风险。正确的融资战略，可以降低企业的融资成本，实现企业的财务目标，提高企业的经济效益。

二、企业融资战略的类型

企业融资战略依据不同的划分标准可有不同的分类，具体包括：

（一）按融资方式不同划分

1. 资本积聚战略

指企业将自身的留成利润转化为资本，用于扩大再生产的战略，因此，也叫企业自我积累的融资渠道战略。

资本积聚战略的特点是：

（1）不需要付出融资的成本，即不存在支付借款利息，因而风险最小。

（2）筹措到足够投资的资本数额所需时间的长短取决于企业留利水平，若企业留利不丰厚，甚至无留利，那么转化为资本的数额就小，甚至为零。由此，单纯依靠企业的积累来进行融资和投资，可能会由于较长的融资时间而丧失市场机会。

2. 负债经营战略

指企业向商业银行等金融企业或向信托投资公司等非金融性企业借款，或通过有关银行向社会发行企业债券，以筹集所需资金用于生产经营活动的一种战略。

负债经营战略的主要特点是：

（1）筹集资金的速度快，能在较短时间内集中大量的资金，以满足企业扩大生产经营规模的需要。

（2）能够迅速抓住市场机会，赢得企业的发展。

（3）需支付较高的贷款利息或债券利息，因而有较大的财务风险。

负债经营战略也叫借贷经营战略，是可供产品有可观的市场前景的企业所选择的战略。

3. 合资或合作经营战略

合资或合作经营战略既是企业的一种经营战略，也是可供选择的融资战略，即通过合资经营、合作经营，可以从合资伙伴、合作伙伴那里取得扩大生产所需资本，或取得相当于资本的设备、技术、专利等，解决了企业独资时由于资本不足，不能扩大生产经营规模的困难。

合资或合作经营战略融资方式的一个重要特点就是不用支付融资成本。由于合资双方或合作双方共同投资，共同经营，因而共同承担经营风险。

由于合资或合作对双方都有利，应积极选择合资经营或合作经营的融资方式战略。

4. 股份经营战略

股份经营战略既是一种经营方式战略，也是一种融资方式战略，即通过有限责任公司的股份经营，能够筹集数量较多的法人股份资本和企业内部职工股的部分资本；通过股份有限公司，不仅能取得较多的法人股份资本、企业内部职工股的部分资本，而且股票上市后能从社会上集中大量的个人股份资本。

股份经营战略这种融资方式战略的特点是：

(1) 资本集中的速度很快。

(2) 资本集中的数额巨大。因而能够迅速扩大生产经营规模，抓住难得的市场机遇，求得企业的迅猛发展。

股份经营的融资战略也叫资本集中战略，是可供企业选择的比较理想的融资方式战略。

5. “三来一补”战略

“三来一补”战略是指“来料加工、来样加工、来件组装、补偿贸易”战略。这既是一种经营方式战略，也是一种融资方式战略。

“来料加工”，即客商自备原材料，企业按照客商要求的产品进行加工，收取加工费。这种方式可以克服本企业流动资金不足的困难，利用客商流动资金，充分利用生产能力，保证企业能正常生产。

“来样加工”，客商提供产品样品，企业按客商要求进行加工生产；客商提供资金，加工企业备料进行加工，也是利用客商流动资金的一种方式。

“来件组装”，由客商提供已装好的部件和部分散的零件，由企业加工装配；或客商提供全分解的零件、部件，由企业先组装部件，再组装为成品，这种方式也是利用客商流动资金的一种方式。

“补偿贸易”，在来料加工、来样来件组装中，企业缺少某些关键设备，为保证加工和组装产品的质量，客商以贷款方式向加工企业提供机器设备、技术、专利、物资等，待加工项目完成后，由加工企业生产的产品或双方商定的其他产品偿还贷款。由于加工企业偿还贷款和付息，是采取以实物补偿的办法，因此称为“补偿贸易”。这种方式实质上是通过贷款利用客商固定资金的一种融资方式。

“三来一补”这种融资方式战略，既可在国内企业之间运用，也可在与外商企业进行贸易往来中运用。这是企业在发展的起步阶段或资金严重不足、处境困难时，常采用的一种融资战略。在我国沿海开放地区，中小型企业在引进外资时，“三来一补”是用得较多的一种融资战略，现已推广到我国中西部很多中小型企业，它们也在积极利用这种融资方式战略。

(二) 按融资渠道不同划分

1. 内源型融资渠道战略

内源型融资渠道战略是指依靠企业内部融资解决生产经营活动所需资金的渠道战略，主要是指利用企业内部的留成利润（主要表现为盈余公积金和未分配利润）、应付税款（尚未到期的应交税款）、折旧准备基金、企业内部集资、盘活企业内部存量资产。

2. 外源型融资渠道战略

外源型融资渠道战略是指企业依靠外部渠道筹集资金的战略。这一战略还可具体分为两种不同的融资战略方案：

(1) 间接融资战略，是指通过商业银行、专业银行、信托公司等金融机构或非金融机构借款来满足对资金需求的战略方案。

(2) 直接融资战略，是指不经过任何金融中介机构，由资金短缺的单位直接与资金富余的单位协商进行借贷，或通过有价证券及合资等方式进行资金融通的渠道战略，如企业债券、股票、合资经营、企业内部融资等。

（三）按照融资各方当事人所拥有的权益划分

1. 股权融资战略

股权融资战略是指企业通过转让一定比例的股份以吸引新的股东加入，以此获得资金的战略安排。通过股权融资所获的资金，企业无须还本付息，因此，不存在定期偿付的财务压力。投资人作为新股东加入公司，可以与老股东同样分享企业的价值增长。常见的股权融资方式包括吸收直接投资、发行股票、私募股权基金等。

2. 债权融资战略

债权融资是企业通过“向人借钱”获得资金。债权融资就是对这种“借贷”关系的战略安排。债权融资所获资金是有一定成本的，企业必须支付利息，债务到期时还须偿还本金。因此，债权融资获得的是资金的使用权而不是所有权。企业常见的债权融资方式包括银行贷款、政府贷款、企业债券等。

专栏 12-1

“小微企业融资也可以做大文章。”广州睿玛科防水电器股份有限公司，简称“睿玛科”，成立于2009年，是一家典型的还在烧钱中艰难前进的创新型小微企业。公开的财务数据显示，2014年度营业收入508万元。

2014年之前，在广州至少有一万家企业的规模比睿玛科大。然而，就是这么一家小微企业，只因为遇上了广州大生创业投资管理有限公司（大生创投），从此走上腾飞的不凡之路。

在大生创投的精心策划下，睿玛科首轮融资3 650万元，占总股本的14.28%，第二轮融资1亿1 688万元，占总股本的5.77%。两轮共计融资1亿5 338万元，为睿玛科的发展注入了极强的活力，也创造了股权市场创新型小微企业股。

三、融资战略决策遵循的原则

融资战略决策，就是对资金筹措的渠道、方式、筹集数量，以及所拟订的各种战略方案所进行的评价和选择。在这个过程中需要遵循以下原则：

（一）以内源型融资渠道战略为主

即尽可能挖掘企业潜力，实行内源型融资渠道战略。在企业自有资金比较充足、自我积累能力较强的情况下，自主地解决发展资金的需求。内源融资具有无偿性，不用支付融资成本，融资手续简便，纳税优惠，自主灵活，没有财务风险。

（二）努力开通外源型融资渠道战略

在企业自有资金不足、内部融资不能满足对发展资金的需求时，则要努力开通外源型融资渠道战略。在外源型融资渠道的两种具体形式中，尽可能选择直接融资渠道。目前企业仍以间接融资为主，向各类商业银行和非金融机构贷款，融资成本高，且融资困难不少。随着我国资本市场的发展，企业应尽可能通过证券市场直接融资，特别是通过债券市场融资，这是资本市场发展的必然趋势。此外，还可以通过企业联合经营、“三来一补”等形式直接融资，解决企业成长与资金不足的矛盾。

（三）促进优化企业资本结构

企业融资来源的选择要有利于优化企业资本结构。即各种资本来源的比重要恰当，特别是长期负债与权益资本之间的比例关系要合理。判断是否合理，标准有三条：一是各种融资的综合资本成本最低；二是所有者收益最大；三是适度的财务风险。在企业经营形势很好、产品需求前景可观的条件下，应适当提高长期负债资本的比重，即提高外源型融资的比重，虽然财务风险大，但收益也大。

（四）营造良好的投资环境

良好的投资环境是争取资金来源的前提条件，由此，要着力营造这种环境：

（1）要有诚信。企业能按时履约，诚信度高，融资成功的把握就大。

（2）正确决策。企业经营管理水平高，能够正确决策，善用资金，这是争取投资者、贷款者信任的重要条件。

（3）投资项目经济效益高。企业选择的投资项目经济效益高，投资后能得到丰厚的回报，资金收回迅速，就能吸引投资。

（4）政策支持。投资项目符合国家产业政策要求，能够获得国家政策支持，会有利于企业融资成功。

第三节　企业投资战略

一、企业投资战略的概念与特点

（一）企业投资战略的概念

企业投资战略（Investment Strategy of Enterprise）是指企业根据总体经营战略要求，为维持和扩大生产经营规模，对有关投资活动所做的全局性谋划。它是将有限的企业投资资金，根据企业战略目标评价、比较，选择投资方案或项目，获取最佳的投资效果所做的选择。企业投资战略是企业总体战略中较高层次的综合性子战略，是经营战略的实用化和货币表现，并对其他战略产生影响作用。企业投资战略必须在企业总体战略之下展开，为企业总体战略服务。

企业投资战略主要解决战略期间内投资的目标、原则、规模、方式等重大问题。它把资金投放与企业整体战略紧密结合，并要求企业的资金投放要很好地理解和执行企业战略。

（二）企业投资战略的特点

1. 导向性

企业经营战略包含两个方面：一是决定应该从事哪些业务，二是决定企业如何发展业务。企业如何发展业务，这就涉及一个如何进行资源配置的问题，而企业内部资源的配置正是通过投资战略的实施来有效拉动的，因此，投资战略具有导向作用。

企业投资战略在企业经营战略的指导下，把企业资源合理分配到各个职能部门，协调企业内部各职能部门之间的关系，使企业经营活动有条不紊地进行，因此，它在企业战略中占有十分重要的地位，是企业其他职能战略的基础。同时，投资战略与企业内部其他职能战略互相配合，保证企业总体战略的实现。

2. 超前性

企业经营战略一经确定，首先需要通过投资战略在各个职能部门之间合理调配企业资源。因此，相比其他职能战略，企业投资战略具有一定超前性。

3. 风险性

由于企业内外部环境的不确定性，企业在实施投资战略过程中充满风险。为了保证投资战略的有效实施，就需要通过各种投资组合来分散风险。

二、企业投资战略的目标与原则

（一）企业投资战略的目标

企业在制定投资战略时，要明确投资的目标。一般来说，企业投资目标包括三个方面：

（1）收益性目标，这是企业生存的根本保证；

（2）发展性目标，即实现可持续发展是企业投资战略的直接目标；

（3）公益性目标，即强调企业在获取经济效益的同时，还需要以关心人的生存发展和社会福祉为目标，这将是未来经济社会转型中企业资本配置中的一个重要因素。

（二）企业投资战略的原则

企业投资过程中需要遵循的原则主要有：

（1）集中性原则，即把有限资金集中投放，这是资金投放的首要原则；

（2）准确性原则，即投资要适时适量；

（3）权变性原则，即投资要灵活，要随着环境的变化对投资战略做相应的调整，做到主动适应变化，而不可刻板投资；

（4）协同性原则，即按合理的比例将资金配置于不同的生产要素上，以获得整体上的收益。

三、企业投资方式的选择

企业常见的投资方式有银行存款、股权投资、P2P投资、股权私募基金投资等。

（一）银行存款

银行存款是指企业存放在银行的货币资金。银行存款相对于其他投资来说比较稳定安全，资金的收入由国家信用提供保障，银行和存单的真假很容易识别，不需要太多专业知识。

（二）股权投资

股权投资是指企业或个人购买其他准备上市或未上市企业的股票或以货币资金、无形资产和其他实物资产直接投资于其他单位，最终目的是获得较大的经济利益，这种经济利益可以通过分得利润或股利获取，也可以通过其他方式取得。

股权投资的最终股权能否高价卖出无法确认，最终能否得到分红和数额也是由董事会独家控制，收益不确定。但由于投资前需要对准备购买股权的公司进行详细的尽职调查，对公司未来上市或被并购的可能性也要进行专业的研究，因而需要有很强的专业知识支持才能进行股权投资。

专栏 12-2

采用股权投资的企业在我国非常普遍，比较典型、人们比较熟悉的有百度、携程、阿里巴巴、掌上灵通、前程无忧、易趣、卓越网、太平洋人寿、联想、金蝶软件、永乐电器等。

以阿里巴巴为例，2007 年 11 月 6 日，阿里巴巴集团的 B2B 子公司正式在港交所挂牌。总市值超过 200 亿美元。最引人注目的是其独特的内部财富分配格局，阿里巴巴 4 900 名员工持有 B2B 子公司 4.435 亿股。

阿里巴巴上市前注册资本为 1 000 万元人民币，2014 年 9 月 19 日（美国时间）阿里巴巴在美国纽约证券交易所上市，确定发行价为每股 68 美元，首日大幅上涨 38.07%收于 93.89 美元。2018 年 4 月股价为 176 美元，市值达到 4 500 亿美元，收益率达几百倍以上。阿里巴巴上市不仅造就了马云进入华人超级富豪行列，还造就了几十位亿万富翁、上千位千万富翁、上万名百万富翁，这是一场真正的天下财富盛宴。

（三）P2P 投资

P2P 投资是互联网投资，又称点对点网络借贷，是指以公司为中介机构，把借贷双方对接起来实现各自的借贷需求。借款方可以采用无抵押贷款或是有抵押贷款，而中介一般是以收取双方或单方的手续费为营利目的，或者以赚取一定息差为营利目的。

P2P 投资是电子凭证，而电子借款凭证作为法律上的借款依据具有显著缺陷，单纯使用个人信用无法保障还款必要，产生违约借款无法追回，收益也较低。由于无法得知借款平台和借款方的真实信息，对借款方的资金使用也没有控制力，整体模式中资金均缺乏法律保障，专业知识和技术在此模式中没有太大作用。

（四）投资股权私募基金

私募股权基金，一般是指从事非上市公司股权投资的基金，私募股权基金的募集对象范围相对公募基金要窄，但是其募集对象都是资金实力雄厚、资本构成质量较高的机构或个人，这使得其募集的资金在质量和数量上不一定亚于公募基金。

投资私募股权投资最终是否按照预期产生分红、投资清盘后分账收益，其可能性由项目、操作团队和投资模式多种因素确认，收益不确定。私募基金的收益完全取决于操作团队的专业知识、技术、经验和资源水平的高低。

四、企业投资战略类型的选择

（一）按投资方向划分投资战略类型

根据投资方向分类，有以下三种投资战略方案可供选择：

1. 外延型投资战略

外延型投资战略又称数量型或速度型投资战略，其主要特征是把投资用来扩建或新建厂房，增添设备，目标是扩大企业生产规模，迅速地增加产品产量，满足市场对某些产品日益增长的需求。这一战略主要适用于某些行业或某些企业近期和远期需求量都很大的产品，对于目前市场上虽然暂时短缺，但生产厂家已经很多、生产能力已经很大的产品，不能轻易选择外延型投资战略。

2. 内涵型投资战略

内涵型投资战略又称质量型或效益型投资战略。其主要特点是将投资主要用于改造和更新产品，发展新产品，增加产品品种，提高产品质量，使产品升级换代，技术上提高水平；相应地改造和革新设备，提高技术性能和生产效率；增加智力投资，进行人才开发，走内涵扩大再生产的道路。这是当今我国大多数企业应该加以选择的投资战略。例如，我国的主导产业钢铁工业及其所属企业，其全国总产量已跃居世界第一位，我国已经是一个钢铁大国，但品种欠缺，特别是急需的一些高档次品种满足不了国内需要。我们的钢材质量与发达国家先进企业的产品质量差距很大。我们要变“钢铁大国”为“钢铁强国”，必须走集约化的内涵型发展道路，提高产品质量，增加产品品种，把现有钢铁生产技术提高到一个新的水平。又如我们的汽车工业，全国的汽车制造厂已经达190家，重复建设，投资分散，没有达到理想的经济规模。因此，汽车工业要发展成我国新的支柱产业，必须实施内涵型投资战略，实行企业改组、技术改造、适度集中，把少数几个骨干汽车厂搞上去，实现工厂规模扩大化、企业组织集团化、公司产品多样化，增强我国汽车工业在国内外市场上的竞争力。

3. 兼顾型投资战略

兼顾型投资战略是指数量和质量同时兼顾的投资战略，即吸收上述两种战略各自的优点，通过投资，既能扩大生产规模，满足市场对某种产品日益增长的数量上的需求，又能改变企业现有生产技术面貌，改革产品，改革工艺，改造设备，提高产品质量，发展产品品种，满足市场日益变化的多样化需求。例如，农业上有句俗语，叫“多打粮食、打好粮食”，即要实现“既多又好”，通常就是要扩大种植面积或者改进种植技术，以提高作物的产量和品质。将这句话移用至企业经营管理范畴，则是对企业经营成果的一种形象比喻：“多打粮食”是指企业生产规模的扩大和营业收入的增加，是外延投资发展的结果，“打好粮食”是指企业产品品质的改善和经营效益的提高，是内涵投资发展的结果。

企业实施兼顾型投资战略的关键在于两点：一是要真正把握好数量与质量的结合。例如，要扩大生产规模，不能纯粹搞新建，不能简单重复原有的生产技术，而是新增设备应比原有设备的技术新、效率高，其产品的质量和技术含量要提高，品种要发展。二是不能片面理解为一半投资用来增加产量，另一半投资用来提高质量，而是要求通过整体投资，既解决生产能力的扩大，又较好地促进产品质量的提高和品种的开发，使企业走上良性发展的道路。例如，企业新买一台具有世界先进水平的机器设备，为此投入了资金、场地，产品数量因为新机器的投入使用也增加了，同时，新机器的使用使得产品的废品率降低了，原材料节省了，单位时间生产的产品增加了，人工成本也节约了。

(二) 按投资项目划分投资战略类型

根据投资项目来划分，有五种投资战略方案可供选择：

1. 产品投资战略

产品投资战略指把投资的重点放在产品发展上的一种投资战略，主要解决改造老产品、开发新产品、提高产品质量，使之升级换代的问题。当产品成为影响企业经济效益的提高、成为决定企业生存和发展的主要矛盾或薄弱环节时，应果断地选择产品投资战略，把重点放在产品的改革、创新，产品质量的提高上。

2. 工艺投资战略

工艺投资战略是把投资重点放在制造工艺的开发上的一种战略，主要解决对落后制造工艺的改革和新工艺的开发问题。当企业落后的生产工艺成为制约企业产品升级换代的主要障碍时，企业需要通过重点投资加以解决。以工艺为突破口，提高产品质量和生产效率，节约物资消耗和降低产品成本，谋求理想的经济效益。

3. 设备投资战略

设备投资战略是把投资重点放在生产设备的改造和技术更新上的一种战略，主要解决落后设备的改造和新设备的开发问题。当产品开发和工艺开发已完成，产品和工艺都是比较先进的，而设备处于落后状态，或者设备的生产能力不足，或者设备的生产能力结构不合理时，设备就成为矛盾的主要方面，成为影响生产的一个关键因素。因此，需要通过在设备上重点进行投资加以解决。

4. 节能降耗投资战略

节能降耗投资战略是把投资重点放在能源和原材料的开发上的一种战略。一些企业能耗很高，浪费严重，同国家政策和能源供应严重不足形成矛盾，不解决节能问题，企业就不能求得发展，对这些企业而言，对能源的节约和开发就成为投资的重点。

5. 生产环境改造投资战略

生产环境改造投资战略是把投资重点放在改造生产环境、治理“三废”、保护生态平衡方面的一种战略。治理“三废”，保护环境，是我国未来经济社会发展的一个重要指标，也必然是相关企业投资应选择的重点。

五、企业投资战略决策应考虑的因素

企业高层领导在进行投资战略决策时，究竟应选择哪一种投资战略方案，应在综合考虑下列因素后做出选择。

(一) 国家发展战略和产业政策要求

早在 20 世纪 80 年代后期，我们国家就提出了实行经济增长方式的转变，由粗放型增长方式向集约化增长方式转变，即实行注重效益、提高质量、优化结构、转变机制的集约化增长战略。因此，企业的投资战略要服从宏观经济发展战略的要求，服从国家优化产业结构的政策要求，企业的投资战略选择要有利于国家产业结构的调整和优化。通过投资实行企业经营领域的优化和产品结构的优化，推动国家产业结构的优化。总之，我国绝大多数企业应转向实行集约化即内涵型的投资战略。

（二）企业所属行业的特点

企业所属行业或即将进入的行业的技术结构、技术水平和竞争结构差异及平均利润率水平影响着企业投资战略的选择。

（三）市场需求趋势及企业的市场开发能力

市场需求趋势及企业的市场开发能力也是影响投资战略选择的重要因素。企业进行投资，需要捕捉市场机会，考虑当前和长远的市场前景。如果某些产品当前及未来需求量大，企业可以考虑选择外延型投资战略，扩大生产规模，以适应市场对产品数量的巨大需求。相反，则需要通过内涵型投资战略，走品种和质量效益型的发展道路。

（四）企业外部的资源环境和竞争态势

企业正常的生产经营活动离不开资源的保障，如果企业所需要的各种原材料、辅助材料、燃料、动力能够充分供应，那么企业的生产就能比较稳定地增长，企业只需准备适量的流动资金按时按量采购，以保证生产经营的需要。如果外部资源供应紧张，企业的物耗、能耗又比较高，物资供应不足，争夺资源将成为主要矛盾，企业就必须考虑选择节能降耗和资源开发的投资战略；同时企业还必须分析竞争环境，研究竞争态势，了解同类产品生产厂家之间竞争的焦点。如果竞争的焦点主要在规模上，即产量和成本上，那么可选择数量型投资战略；如果竞争的焦点主要在品种、质量与技术上，那么企业应果断地选择质量型投资战略；如果竞争的关键在人才的竞争上，那么企业应实施智力投资战略。

（五）企业自身的积累和投资能力

选择何种投资战略，必须考虑企业的积累，即投资能力，或者考虑企业的筹资能力，在规定的时间内能筹集到多少资金。在选择投资战略时必须坚持量力而行的原则。如果资金雄厚，筹资也比较容易，若市场对某种产品需求量很大，可考虑选择外延型投资战略；反之，企业自我积累不多，筹资又很困难，可选择少花钱、见效快的技术改造投资战略，即内涵型投资战略。

（六）企业成长阶段

企业自身成长发展的阶段不同，所选择的投资战略也不同。在上升发展时期，企业处于生产规模发展阶段，一般选择数量型投资战略，即外延型投资战略，以完成生产经营任务。当企业形成一定规模，如进入集团化成长阶段，就需要由生产规模发展转为经营规模扩大化，重点是执行商品经营任务，一般选择质量型、内涵型投资战略。当企业进入多元化经营时，资产经营、资本经营成为发展的特点，由此，资本投资战略、无形资产投资战略、股票投资战略、债券投资战略等成为必然选择。

（七）企业当前和今后一定时期的主要矛盾

投资要有利于解决企业与市场需求之间的矛盾。企业应根据企业与市场需求之间的矛盾在不同阶段的表现，抓住主要矛盾或矛盾的主要方面来选择投资战略。如果产品落后成为主要矛盾或主要薄弱环节，那么应选择产品投资战略；如果主要矛盾是设备数量不足或设备落后，那么应选择设备投资战略。

第四节　资本运营战略

一、资本运营战略概述

（一）资本运营的内涵

资本运营又称资本运作、资本经营、资本营运，其实践性很强，不同的学者、专家从不同的角度对资本运营的运行机理进行了探索和揭示。我们认为，资本运营是对企业所拥有的一切有形与无形的存量资产，通过流动、裂变、兼并、战略联盟、资产重组、资产剥离、参股、控股、转让等各种途径进行优化配置，有效运营，以最大限度地实现增值的经营活动。简言之就是利用资本市场，通过买卖企业和资产而赚钱的经营活动。

资本运营既不同于生产经营又与之密切相关。资本是以价值形态表现的企业组织生产经营的要素，涉及有形和无形资产；资本运营的过程一般会伴随生产经营的过程；资本运营的结果和效率、效益的体现也要以生产经营为基础。资本运营与生产经营的主要区别是：经营对象上，前者是具体商品（产品）和服务，后者是价值形态的企业资本；考量指标上，前者是数量和质量，后者是资本创造价值的能力；前者一般产生即期效益，后者则是未来获利；前者配置资源的方式一般是调整组织与流程，后者则会涉及组织结构、产权结构、外部企业等更多内容。

（二）资本运营战略的概念

资本运营战略（Capital Operation Strategy）是指资本所有者或经营者为了将投入生产经营活动中的资本与其他生产要素相结合，优化配置，进行有效运营，以实现理想的盈利和价值增值而进行的长远性的谋划与方略。

资本运营战略的核心是解决企业成长发展道路选择的问题，即主要是依靠企业自己的技术、资金力量，并结合外部资源，在企业内部进行发展，还是通过联合、并购、参股、租赁等多种经营形式实现企业的外部性成长。由此，资本运营战略是开放型战略，它不仅考虑内部资源，还将外部资源纳入企业经营范围，即将视野扩展到企业外部，通过兼并、收购、租赁等途径，实现资源的扩张，使被兼并、收购、租赁的企业的资源与自己企业的资源形成互补和协同效应，从而带来企业整体价值的巨大增长。

二、资本运营战略的类型

（一）资本重组战略的类型

企业资本经过投资、运营之后，随着市场的变化和生产经营活动调整的要求，相应地要进行资本的重组。根据资本重组的内容不同，有以下三种战略可供选择：

1. 企业重组战略

企业重组战略包括两个方面：一是企业自身裂变重组。随着企业自身的发展壮大，发生裂变、分立而进行重组。如由原来建立时是单厂制企业，以后逐步发展为总厂制企业，

各车间发展为多个分厂，再进一步发展为集团化公司，各分厂转变为分公司或子公司等。企业这种自身裂变重组相应地需要进行资本经营。二是企业之间的组合，主要是优势企业通过收购、兼并、合并或联合等形式进行重组，转变成为实力更强的集团公司，在更大规模或更大范围内进行资本经营。

2. 资产重组战略

资产重组从不同的角度解释有不同的含义。从会计学的角度看，资产重组是指企业与其他主体在资产、负债或所有者权益诸项目之间的调整，从而达到资源有效配置的交易行为。

资产重组战略亦称资本结构优化战略，其基本含义就是随着企业发展需要而对各种形态资产之间的数量比例关系进行调整和优化。如：当企业发展到一定阶段，会出现固定资产与流动资产的比例失调，这是由于企业多次进行技术改造，增加了固定资产的比例，生产能力得到提高，但自有流动资金增加较少，用于购买原材料等的流动资金会严重不足，使生产能力不能充分利用。因此，必须对固定资产与流动资产的结构进行调整和重组，把自有流动资产所占比重提高到合理的水平。再如，在流动资产中，有些企业也会出现储备资金、在制品资金占比过大，成品资金比例过小，反映了库存物资和在制品可能积压过多的问题；或是有些企业的成品资金占比过大，反映了商品积压可能过多的问题。这两种现象都从不同角度反映出企业流通资本周转较慢，不同形态的资本相互之间的比例失调，需要通过改善管理，加强销售，加速资金的周转，使各种流动资金之间保持协调。

3. 产权重组战略

产权重组，顾名思义是指对企业产权的重新组合，其目的是要确定合理的资本结构，合理利用不同性质的资本来源，促使企业价值和所有者价值最大化。

产权重组战略即改变产权关系，调整产权结构的战略。当企业经营规模不断扩大或经营业务发生变化，而资本却严重不足时，可通过改变企业单一产权主体的状况，吸纳众多的投资者，形成多元化的产权结构，以解决制约企业发展的资本不足问题。例如，企业调整经营中心，把精力转向高新技术产业，对于原先从事的传统产业，可以撤出，将其产权拍卖、转让；或对一些具有发展潜力的产业和产品，企业通过参股或控股获得从事这些产业、产品企业的产权。

实施产权重组战略，有助于盘活企业的存量资产，引导处于长线的、闲置的和无效益的资产流向急需的产业或产品上。具体来讲，可以使企业迅速扩大现有产品的生产经营规模，也可以使企业逐步缩小和撤出某些经营领域，还可以使企业较快进入有发展前景的新的经营领域。

(二) 企业资本形态战略的类型

资本形态可以从不同的角度和不同层次进行划分，从而形成不同的资本形态战略。例如，按三次产业来划分，则有第一产业资本经营战略、第二产业资本经营战略、第三产业资本经营战略。这里我们主要从资本的物质形态与非物质形态的角度将资本形态划分为两种类型。

1. 有形资本经营战略

有形资本是指企业中一切可用具体形象描述、度量并转换的资本，它从形态和功能上分为货币资本和实物资本。企业有形资本可以具体表现为：机器设备、厂房设施、原材料、房地产等。

在企业实践中，由于经营管理不善，企业的有形资本不能发挥其资本增值的功能，企业资本所有者或资本经营者可利用其物质形态的资本从事资本经营的活动，这样的经营战略就是有形资本经营战略。例如，企业可以把有形资本一个个单独作为商品投放生产要素市场，卖出后可以转化为货币资本；也可以整体作为产权，当作商品在产权市场卖出后转化为货币资本；还可以部分地或整体地当作投资，与别的资本所有者或资本经营者进行合资经营或合作经营，或者折成股份，进行股份制经营。通过以上有形资本的经营，盘活企业的存量资产，将“死钱”变成“活钱”，即“活化的资本”。

2. 无形资本经营战略

无形资本就是指资本要素中表现为专利、技术、诀窍、商标、品牌、企业文化、管理能力等知识产权形态的非物质化的生产要素。这些要素是企业不断投入货币资本，经过长期的积累所形成的、具有巨大价值的、属于知识产权形态的资本。

利用无形资产作为生产要素投入或作为投资进行经营，并对企业所拥有的各种无形资本进行运筹和策划，叫无形资本经营战略。无形资本经营战略还可具体分为专利战略、商标战略或品牌战略、企业文化战略、管理战略、技术战略等。无形资本经营战略运用得当，可以创造出比实施有形资本经营战略高得多的价值。

无形资本经营战略是企业重要的经营战略，这是因为在现代信息社会和知识经济条件下，产业不断向技术密集和智力密集型转化，以无形资产形态存在的知识资本，如专利技术、专业知识、经验技能、产品设计、管理方法、规章制度等，在生产生活中的作用越来越突出，它已取代有形资产的支配地位，成为经济和社会发展的决定性因素，影响甚至支配着有形资产的消长与流向。大量的事实证明，有形资产与无形资产的比例，“标志着企业的竞争力与先进性。无形资产所占比重越大，表明企业越先进、越有竞争力。一般高新技术企业，无形资产比重都超过有形资产”。有关专家也强调：要保证不断增多的存量资本在应用中具有不断上升的资本生产率，就必须具备较好的技术知识和较强的技能，“发展软件”（技能、技术知识和组织知识）能确保“发展硬件”（资本、劳力）变得更有效率。

专栏 12-3

世界著名的可口可乐公司的品牌是通过其秘密配方和出众营销能力的组合形成的，它是创新活动和组织设计共同作用的结果。众所周知，沃尔玛的主要资产不是计算机软件和硬件，而是围绕信息系统所形成的无形的商业流程，其拥有的关于消费者、供应商和商业知识等数据的价值是用于存贮上述信息的磁盘成本的好多倍。同样，亚马逊的网站和计算机硬件基础也只是其资产的很小一部分，而由此形成的商业模式和支持该模式的商业过程才是公司最主要的财富。有关专家估计了《财富》100 家（美国最大的 100 家）公司有形资产投资和 IT（信息技术）投资与市场价值的相关性。结果表明，1 美元有形资产投资在市场上的估价平均接近 1 美元，而 1 美元 IT 投资对应的市场价值接近 10 美元。这充分说明了无形资产在企业价值创造方面的作用。

三、资本运营战略决策应考虑的因素

资本运营战略是实施资本运营战略管理的基础和首要环节，也是企业从事资本运营活动的先决条件。企业高层领导者在进行资本运营战略决策时，究竟选择哪一种资本运营战略方案，应在综合分析以下因素后做出选择：

（一）国家发展战略和产业政策要求

随着我国城市化和工业化进程的加快，第一、第二产业的比重在逐渐降低，第三产业的比重将不断提高，从以劳动密集型产业为主转向以资金、技术密集型产业为主，特别是计算机网络、通信、生物等行业近几年的发展必将带动技术密集型产业的大发展。同时，我国几年来大力倡导的汽车工业、基础设施相关行业、电子业等也会大有可为。在这样的环境背景下，企业的资本经营战略要服从国家经济发展战略的要求，服从国家优化产业结构的政策，通过资本的合理流动，优化企业的经营领域结构，向国家鼓励和支持的产业和产品方面发展。

（二）市场需求趋势

企业通过了解市场供需状况及变化特点，可以为企业通过兼并、收购等资本运营方式进入新行业或产品提供参考。如当产品有发展潜力、市场前景看好时，企业管理者就需要考虑通过增加投资来扩大生产经营规模。如何增加投资，可选择完全依靠自身积累的资本积聚战略，也可选择负债经营战略，还可选择兼并、合并的资本经营战略。

（三）要考虑企业的资源条件

资源型企业必须及早考虑资源一旦枯竭时企业的生存问题。如一些已经开采几十年、上百年的老矿，资源已临近枯竭，必须研究向替代产业转移，把资本投向新的产业、新的经营领域。例如，煤矿企业就提出了“以煤为主，多种经营”的战略，在坚持煤炭这个主业的同时，把部分资本转向其他经营领域；有些企业提出了“煤与非煤产业并重”的战略。这就是说多种经营发展到一定程度将与煤业平起平坐；再经过一段时间，可能是非煤产业将喧宾夺主，投资的重点应向非煤产业转移。石油开采企业也同样存在这个重大决策问题，随着石油资源的枯竭，也将向非油产业转移，把资本转向有发展前途的高新技术产业。一些资源加工型企业也必须考虑资源条件，随着加工资源的减少，必须不失时机地将资本投向新的有发展前景的经营领域。

（四）企业成长阶段

企业成长阶段不同，实施的资本经营战略也不同。例如工业企业，处在上升时期，随着市场需求的增长，企业可通过资本的联合、兼并、合并、收购等战略，扩大经营规模。相反，如果企业从事的主业市场需求已经饱和，企业要继续成长，就需要实施“一业为主，多种经营”的战略，将资本逐步投向多个经营领域。

（五）资本市场发育状况

随着我国市场经济的发展，不仅消费品市场发展起来，而且生产资料市场、技术市场、劳动力市场、人才市场、信息市场、资本市场等也相继建立、发育和发展起来。企业作为经营主体、市场主体，就会将作为资本的各种生产要素投放市场，进行各种交易，即将多余的、企业暂时用不着的各种资本要素投放市场，换回企业开展经营活动所需的各种资本要素，进行优化配置，使之保值和增值。例如，产权交易市场比较发达，企业就可以将部分经营不善、市场又在萎缩的那部分经营领域通过产权拍卖完成资产转移。同样，企业需要进入的一些经营领域，可以通过兼并或收购完成。为此，发育完善的资本市场是企业资本运营战略选择与实施的重要条件。

四、资本运营风险的管理

资本运营风险是指由于外部环境的复杂性和变动性以及资本运营主体对环境的认知能力的有限性，而产生的资本运营失败或使资本运营活动达不到预期的目标的可能性及其损失。企业资本运营风险主要有两类：一是资本的经营风险，即企业在资本运营过程中，若资本运营决策者对市场分析不透彻，对自身经营能力把握不准，或者目标选择不恰当，那么就有可能导致经营方向失误，这是经营风险的主要原因；企业在经营过程中没能及时、准确地掌握市场需求的变化，导致经营行为与市场脱节，那么企业的资本运营也必然面临风险。二是资本的财务风险，涉及融资安排风险、债务结构风险、资金使用风险。小到支付困难，大到企业破产，都与财务风险有关。许多企业希望通过债务资本运营中的杠杆来完成兼并收购，尤其在信息不对称、市场发生巨变以及经营决策出现重大失误的情况下，其财务风险很大。

为防止资本运营过程中的风险，企业要做好以下几方面的工作：

(一) 培养资本运营的综合性人才

资本运营是对企业全部资产进行综合有效运营的一种经营活动，它要求从业人员具备证券、投资、金融、法律等方面的知识和具备一定的管理能力和熟练操作金融工具的技能，为此，企业要建立科学筛选和录用人才的标准，采纳和学习知名企业的优惠政策，吸纳人才。

(二) 建立生产经营与资本运营良性互动机制

建立完善的管理机制，明确企业发展的战略目标和资本运营的目的，立足于生产经营，使资本运营和生产经营良性互动，避免资本盲目扩张导致的不可控的风险扩张。

(三) 建立健全的财务制度

通过财务信息的反馈实时了解企业的运营情况、财务的承受能力、盈利亏损的状况，以便选择有效的资本运营方案和金融工具，充分评估资本运营需要的财务资源和可能带来的财务结果，做好应对整合需要的准备工作。

(四) 不断进行创新，形成技术优势

企业只有具备技术优势，通过创新很好地满足消费者的需求，才能站稳自己的市场，拓展资本运营的空间。

(五) 强化风险防范意识

进行资本经营，就存在风险，往往利益越大，风险越大，企业管理者不能只看重利益而忽视可能存在的风险，必须具备防范风险的意识，做好资本运营风险评估，如运用终值评价法和风险评价法，来对投资或筹资方案进行评价。在此基础上，做好防范风险的备选方案，最大限度地把可能的风险降到最小。

复习思考题

1. 什么是企业财务战略？其有何特点？
2. 企业财务战略的基本内容与任务是什么？作用有哪些？
3. 什么是融资战略？有哪些类型？不同类型的基本内容是什么？
4. 企业在决策融资战略时应遵循的原则是什么？
5. 简述企业投资战略的概念、特点与目标、原则。
6. 企业的投资战略有哪些类型？不同类型的基本内容是什么？
7. 企业在决策投资战略时应考虑的是什么？
8. 什么是资本运营战略？资本运营战略有哪些类型？其基本内容是什么？
9. 资本运营战略决策应考虑的因素是什么？

案例分析

案例一 成功的资产置换

四川川投能源股份有限公司（简称川投能源）是川投集团控股的唯一上市公司，前身是四川峨眉铁合金（集团）股份有限公司（四川峨铁），于1988年成立，流通股股票于1993年在上海证券交易所挂牌上市，证券代码600674。川投能源成立时主营业务为铁合金生产销售，属于冶金行业。20世纪90年代，冶金行业逐步陷入困境，被称为“夕阳工业”，大小铁合金企业的重复建设使国内铁合金产能严重过剩，铁合金企业举步维艰。公司的生产、销售和利润逐年滑坡，资金极为紧张，周转不畅，公司濒临亏损的局面。

面对这种严峻形势，川投集团果断决策，于2005年5月实施重大资产置换，上市公司以全部铁合金资产和全部债权债务置换川投集团持有的四川嘉阳电力有限责任公司98%股权，实现主营业务由铁合金向能源电力的转变。事实证明，这次资本运营是具有重大战略意义的资产重组，川投集团以电代铁，成功转型，将上市公司的主业调整到了川投集团最具优势的能源产业，为上市公司的健康可持续发展指明了方向。

问题：

上述案例中资产置换属于财务战略的哪种类型？其基本内容是什么？

案例二 康力电梯的改制重组

康力电梯是国内集电梯、扶梯的研发、制造、销售、安装、维修、保养于一体的民营企业，是中国国内最主要的电梯供应商之一，并于2010年3月在创业板上市。康力产品涵盖多种电梯类别，包括客用电梯、住宅电梯、高速客梯、医用电梯、观光电梯、无机房电梯、载货电梯、液压电梯、汽车梯、苗条型自动扶梯、公共交通型自动扶梯、室外型自动扶梯、大高度自动扶梯、倾斜自动人行道、水平自动人行道等产品。

2007 年 5—10 月，康力电梯根据生产经营和发展的需要梳理主业，增加与主业配套的控股子公司持股比例，对前景一般或与主业无关的资产和业务进行整合或出让。

康力电梯改制重组情况如下：

(1) 股权收购。苏州新达是发行人康力电梯的上游零配件生产厂家，为此，通过股权收购将苏州新达纳入上市主体；收购奔一机电，奔一机电专业从事扶梯梯级产品的开发、生产、销售，其主要为康力公司的整机产品生产配套梯级零部件，是康力电梯的上游厂家。

(2) 业务合并，注销安装公司与销售公司。两公司均为上市主体配套服务公司，2007 年 5 月，两公司通过股东会决议注销公司，同时将业务和人员并入发行主体，安装公司并入工程部门，销售公司并入营销部门。

(3) 剥离非主营业务，转让房地产公司、物业公司、嘉和别墅电梯公司以及郑州康力、深圳康力。

通过上述重组，康力公司专注于电梯的设计、制造、销售、安装、维保业务，子公司苏州新达、奔一机电专注于零部件的制造，既充分发挥各自的专业化优势，又有利于整机和零部件业务在研发设计、制造、销售方面的相互协作，充分发挥协同效应。

资料来源：根据 http://blog.sina.com.cn 的资料改编。

问题：

康力电梯为什么要进行改制重组？其措施有哪些？属于哪种财务战略？

案例三 A 企业的融资战略

A 企业是一家依靠工程施工起家的民营企业，目前经营范围涉及建筑施工、房地产开发、餐饮娱乐等行业，有 12 家全资子公司，为当地政府重点扶持的大型民营企业。A 企业为实现“实施跨行业、多渠道、国际化发展战略，坚持走项目尖端化、发展多元化、资本国际化道路”的企业战略发展目标，开展了广泛的融资业务。

A 企业的融资战略是期望通过实施收购、兼并、重组，运作上市来募集企业发展和经营所需的资金。该企业对于企业上市地点的预期选择涵盖了全球的主要证券交易所（上海证券交易所、深圳证券交易所、香港证券交易所、新加坡证券交易所、纽约证券交易所、芝加哥证券交易所、英国伦敦证券交易所、法国的证券交易所等）。

资料来源：根据 https://baike.so.com 的资料改编。

问题：

用所学知识对该企业的融资战略做出简评。

第十三章　企业文化战略

本章导读

企业处于变化频繁、竞争激烈的环境，并承受着巨大的市场竞争压力。企业领导者不仅要从技术、产品、营销、资本等方面制定正确的经营战略，以迎接挑战，而且还要从企业内部形成强大的凝聚力，即通过培养和塑造企业文化，来影响企业员工的工作态度和工作方式，把每个人的行为导向企业目标的实现轨道。

企业文化战略就是指根据企业总体战略的要求，对企业在某一中长期阶段内应该构筑一种什么样的文化形象进行的谋划与方略。这种文化形象不仅仅包括通过表层的物质设施反映出的物质文化形象，更包括行为与制度文化形象、精神文化形象，它们共同构成了一个企业对外形成的总体形象，这种总体形象对企业的发展起着重要作用。为此，企业文化战略在企业战略体系中有着重要的地位。

企业文化战略有着不同的类型，企业需要根据自身情况选择适合的战略类型，并制定出科学的实施方案，使企业文化战略能真正贯彻落实。

学习目标

通过对本章的学习，能概述企业文化的概念、结构、特征及基本内容；掌握企业文化战略的概念、实质、类型，了解企业文化战略的制定与实施要点。

关键概念

企业文化（Corporate Culture）
价值观（Values）
企业精神（Entrepreneurship）
行为规范（Behavioral Norms）
企业形象（Corporate Image）
企业文化战略（enterprise Cultural Strategy）

从一开始就确定我们企业文化的基调对我们以后的快速发展是非常有益的。一个真正想做到智能最大化的企业就不能让多种文化并存。

——［美］杰克·韦尔奇

播下一种观念，收获一种行动；播下一种行动，收获一种习惯；播下一种习惯，收获一种性格；播下一种性格，收获一种命运。

——［美］威廉·詹姆斯

第一节　企业文化概述

一、企业文化的产生与发展

企业文化（Corporate Culture）于1980年在美国《商业周刊》首次出现。简单地讲，企业文化是孕育于日本，产生于美国。20世纪60—70年代，日本企业在世界市场上的称雄令世界震惊，促使美国管理界对管理丛林阶段的管理思想进行了反思和多角度的比较研究，在20世纪80年代初短短的几年里连续出版发行了一系列的著作。这些著作在反思西方的文化传统及管理风格的同时，还有一个共同点：肯定企业文化在企业生存、发展中的关键作用，指出企业文化建设是日本经济腾飞的主要原因之一。即受东方文化思想影响的日本企业管理，着眼于人的管理，着眼于人的情感和理智的协调，着眼于人与人之间的微妙关系。它并不完全以理性为标准，以普遍的要求来安置每一个人，而是尽力照顾到人的情感因素，因此，它是人性化的管理，产生了巨大的凝聚效应，为企业管理和企业发展展

现了一个新的天地，就此在管理学界形成了一股“企业文化热”，掀起了企业文化建设的热潮。

从企业文化的产生背景可以看出，企业文化是现代化大生产和现代市场经济发展的产物。

一是科学技术进步，企业职工构成发生变化，智力型职工比重增大。单纯依靠工时测定、外部监督等手段管理职工已不灵了，需要培育企业文化来调动职工的积极性。

二是企业管理中软要素的作用增大。随着管理实践的丰富、管理理论的发展，人们认识到人是企业的核心要素，重视人的作用、强调以人为本、调动员工的积极性为企业成功的关键，由此，出现了企业文化热。

三是随着竞争的加剧，经营风险增大。企业经营者认识到，只有团结企业全体职工，同心同德，风雨同舟，和衷共济，形成企业内部职工的凝聚力，形成共同的价值观，才能共担经营风险。这在客观上也促进了企业文化的产生。

四是随着国际化经营的发展，跨国经营、跨国公司迅速发展起来，文化的差异要求这些公司内部要形成共同的价值观，这也促进了企业文化的快速发展。

二、企业文化的概念、结构、特征

（一）企业文化的概念

企业文化有广义和狭义之分。广义的企业文化是指企业在生产经营活动中创造的物质文化和精神文化的总和。企业的物质文化是指企业的机器设备、厂房、产品等，其主体是物；企业的精神文化，就是指在生产经营活动中逐步形成和确立的思想成果和价值观念等。

狭义的企业文化主要是指精神文化，即指支配企业及其职工在从事商品生产经营活动时，共同持有的理想、信念、价值观念、行为准则和道德规范的总和。企业文化在很大程度上决定了员工的看法和对周围世界的反映。

企业文化反映着一个企业的精神风貌，决定着企业内在凝聚力的大小。在现代管理中，越来越多的企业开始认识到文化的重要，一个企业的动力及凝聚力都来自企业文化，技术只是一个平台。没有一套较成功的文化，企业的生命力就是有限的。为此，我们要从战略高度重视对企业文化的研究，制定科学合理的企业文化战略。

（二）企业文化结构

企业文化结构就是企业文化的构成、形式、层次、内容、类型等的比例关系和位置关系。它表明各个要素如何链接，形成企业文化的整体模式。一般来讲，企业文化主要由物质层文化、制度与行为层文化、精神层文化三个层次构成，如图 13-1 所示。

1. 物质层文化

又称表层文化或视觉文化，是指表露在企业外部的，可见于形、闻于声的文化形象，多通过企业的建筑物、产品、服务、工作环境、文化设施等表现出来。例如，企业形象反映厂区厂貌文明环境情况，产品造型、外观、包装等反映产品形象设计情况，文明礼貌反映企业家形象和职工形象等。表层文化是最直观和最容易感知的部分，给人第一印象，它

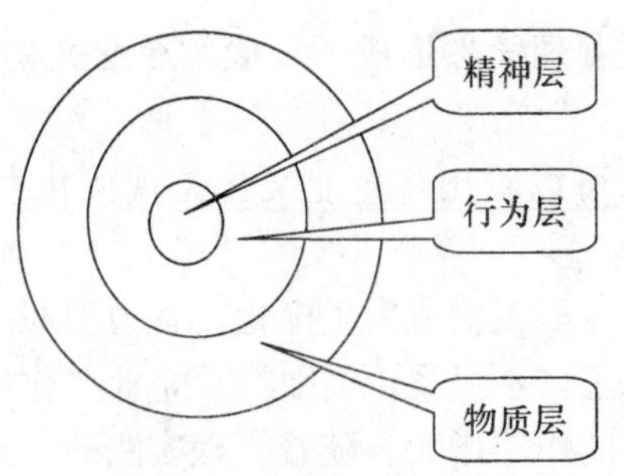

图 13-1 企业文化的层次

是企业理念文化的载体，是企业思想、经营哲学、工作作风和审美观念的具体体现。

2. 制度与行为层文化

也称为企业幔层文化。这是指介于深层和表层之间的中层文化，主要表现在企业群体行为和企业制度上，如企业的组织形式、规章制度、生产方式、道德规范等。中层文化影响和制约着表层文化，是指对企业员工和企业行为产生规范性和约束性的部分，它规定企业成员在共同的活动中应遵循的规章制度及行为准则。

3. 精神层文化

也可以称为理念层文化，是指组织的领导和员工共同信守的基本信念、价值观和道德观等，它是企业文化的核心和灵魂。理念层属于企业深层文化，是支撑企业健康成长的关键，是企业生命赖以存在的灵魂，它决定和制约企业文化的其他层次。

（三）企业文化的特征

企业文化具有以下几个主要特征：

（1）客观性。企业文化的产生和存在是不以人的意志为转移的。只要是一个企业，必然会形成企业文化，不管人们是否意识到，企业文化总是存在的，并发挥着积极的或消极的作用。成功的企业有优秀的企业文化，失败的企业有不良的企业文化。

（2）独特性。企业文化是一个企业独特的精神和风格的具体反映，是企业基本特征的体现，有着鲜明的个性。从外部看，每个企业所处的国家、民族、地域、时代、行业等外部环境不同，从内部看，每个企业管理的特点、管理者的个人作风和员工的群体素质各不相同，因而没有完全相同的企业文化，企业都会形成各自独特的企业文化。

（3）相对稳定性。企业文化是在企业的长期发展过程中逐步形成的，是长期积淀的结果，一旦形成，就会成为企业发展的灵魂，不会因为企业结构的调整、领导人的更换、产品的更新而发生根本性的变化，它会长期在企业中发挥作用。当然，稳定性是相对的，随着企业内外经济条件和社会文化的发展变化，企业文化也应不断得到调整、完善和升华。

（4）继承融合性。一方面，每一个企业都是在特定的文化背景之下形成的，这个国家和民族的文化传统和价值体系必然在企业文化中打下深深的烙印。如中国的企业文化深受中国儒家文化的影响。另一方面，企业文化也会吸收其他民族、其他组织的优秀文化，不断充实和完善。

（5）发展性。没有一劳永逸的企业文化。企业文化会随着社会的发展、环境的变迁以及企业的变革逐步演进和发展。例如，要依据企业经营管理实践的发展，不断以新的观念

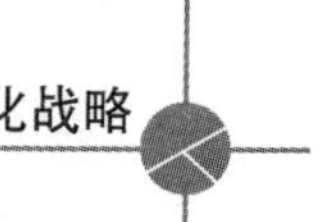

替代那些过时的旧观念，并向企业全体职工反复宣传和灌输新的观念、新的知识、新的技术、新的管理，为企业文化注入新的内容，增强企业新活力。

专栏 13-1

曾有一位从事过业余合唱的公司中层经理，对企业文化的理解颇有见地。她说："团队精神是什么？原来我也不懂，后来我懂了。合唱里面有高音部，也有低音部。低音部通常都是和声，高音部才是主旋律。团队精神就是企业中的和声，经营是主旋律。和声不能没有，否则音乐不够圆润，但和声也不能抢主旋律的风头，否则就跑调了。"

三、企业文化的基本内容

企业文化是具有企业特色的精神财富和物质形态。它包括文化观念、价值观念、企业精神、道德规范、行为准则、历史传统、企业制度、文化环境、企业产品等。其中价值观是企业文化的核心。

（一）共同价值观

共同价值观是指企业成员分享着同一价值观。价值观是企业全体成员对企业的生产经营、产品服务、公众形象、社会声望等的总的观点和看法，是企业长期形成的价值观念体系。共同价值观表现为一种共同的较稳定的心理定式或文化积淀，是任何企业文化的基础和核心。共同价值观是企业经营管理者和全体成员的最高追求，是衡量事物优劣的标准，对于企业的发展具有指导意义。例如，有的公司的价值观是"顾客永远是对的"，有的公司的价值观是"质量第一"，或者"员工是我们宝贵的财富"。

（二）企业使命

所谓企业使命是指企业在社会经济发展中所应担当的角色和责任，是指企业的根本性质和存在的理由，说明企业的经营领域、经营思想，为企业目标的确立与战略的制定提供依据。企业使命要说明企业在全社会经济领域中所经营的活动范围和层次，具体地表述企业在社会经济活动中的身份或角色。它包括的内容有企业的经营哲学、企业的宗旨和企业的形象。

（三）企业精神

企业精神是指企业基于自身特定的性质、任务、宗旨、时代要求和发展方向，并经过精心培养而形成的企业成员群体的精神风貌。企业精神要通过企业全体职工有意识的实践活动体现出来。因此，它又是企业职工观念意识和进取心理的外化。

企业精神是企业文化的核心，在整个企业文化中起着支配的作用。企业精神以价值观念为基础，以价值目标为动力，对企业经营哲学、管理制度、道德风尚、团体意识和企业形象起着决定性的作用。可以说，企业精神是企业的灵魂。

企业精神通常用一些既富于哲理又简洁明快的语言予以表达，便于职工铭记在心，时刻用于激励自己，也便于对外宣传，容易在人们脑海里形成印象，从而在社会上形成个性鲜明的企业形象。如：王府井百货大楼的“一团火”精神，就是用大楼人的“光和热”去照亮、温暖每一颗心，其实质就是奉献服务；西单商场的“求实、奋进”精神，体现了以求实为核心的价值观念和真诚守信、开拓奋进的经营作风。

（四）企业道德

企业道德是指调整该企业与其他企业之间、企业与顾客之间、企业内部职工之间关系的行为规范的总和。它是从伦理关系的角度，以善与恶、公与私、荣与辱、诚实与虚伪等道德范畴为标准来评价和规范企业。

企业道德与法律规范和制度规范不同，不具有那样的强制性和约束力，但具有积极的示范效应和强烈的感染力，被人们认可和接受后具有自我约束的力量。因此，它具有更广泛的适应性，是约束企业和职工行为的重要手段。中国老字号同仁堂药店之所以三百多年长盛不衰，在于它把中华民族优秀的传统美德融于企业的生产经营过程之中，形成了具有行业特色的职业道德，即“济世养身、精益求精、童叟无欺、一视同仁”。

（五）团体意识

团体即企业，团体意识是指企业成员的集体观念。团体意识是企业内部凝聚力形成的重要心理因素。企业团体意识的形成使企业的每个职工把自己的工作和行为都看成实现企业目标的一个组成部分，使他们对自己作为企业的成员而感到自豪，对企业的成就产生荣誉感，从而把企业看成自己利益的共同体和归属。因此，他们就会为实现企业的目标而努力奋斗，自觉地克服与企业目标不一致的行为。

（六）企业制度

企业制度是在生产经营实践活动中形成的，对人的行为带有强制性，并能保障一定权利的各种规定。从企业文化的层次结构看，企业制度属中间层次，它是精神文化的表现形式，是物质文化实现的保证。企业制度作为职工行为规范的模式，使个人的活动得以合理进行，内外人际关系得以协调，员工的共同利益受到保护，从而使企业有序地运作起来，为实现企业目标而努力。

（七）行为规范

行为规范是企业群体所确立的行为标准，能通过公众舆论调整员工的行为。它们可以由企业正式规定，也可以是非正式形成。企业为了做到别具特色，需要规范自己的行为，以此影响企业的决策与行动。

 专栏 13－2

笼子里关着一群猴子，还挂着一串香蕉。猴子们对于挂着的香蕉垂涎三尺，但是当每只猴子要去采摘时，都有人敲打猴子，于是猴子们一一作罢，只是围在一起看着香蕉。这时，一只新猴子进来了，它不知道去摘香蕉会有人打它，而事实上也的确没有人打它，但是这只猴子仍然没有吃到香蕉，因为在它刚想伸手摘香蕉的时候，其他的猴子竟会去打它。

启示：在一定的企业或群体中，规矩一旦形成，就会成为其成员的行为准则。

（八）企业形象

企业形象是企业通过外部特征和经营实力表现出来的，被消费者和公众所认同的企业总体印象。由外部特征表现出来的企业的形象称表层形象，如招牌、门面、徽标、广告、商标、服饰、营业环境等，这些都给人以直观的感觉，容易形成印象；通过经营实力表现出来的形象称深层形象，它是企业内部要素的集中体现，如人员素质、生产经营能力、管理水平、资本实力、产品质量等。表层形象是以深层形象为基础，没有深层形象这个基础，表层形象就是虚假的，也不能长久地保持。

专栏 13-3

英国航空公司

1986 年，英国航空公司由日本东京飞往伦敦的波音 747 型 008 号定期航班，因故需要改作另一次商业飞行。经过机场人员的耐心劝解后，已经登机的 190 名乘客离开了 008 号航班，上了另一架临时班机飞走了。可是有位名叫大竹秀子的日本小姐却执意不肯离开飞机。无奈之下，机场只得与英航总部取得联系，询求解决办法。英航总部立即召开了高级顾问会议紧急磋商，并果断做出决定：为维护公司信誉，专门为她一人提供一次空中旅行，并通过这一意外事件来提高公司的知名度和美誉度。定员 350 人的波音 747 宽体客机只载着大竹秀子一名乘客从机场起飞。机上 15 位空中小姐、6 位机组人员为她提供了热情周到的服务，她被请进了头等客舱享受了两餐极其丰富的美味佳肴，看了两场电影，还美美地睡了一大觉……大竹秀子享受了一次胜过英国女王的超豪华旅行。经过 13 小时的飞行，当 008 号班机在伦敦机场降落时，早已闻讯赶来的上百名英国各电视台和各报社的记者蜂拥而上，将兴奋得难以自抑的大竹秀子团团围住。这次飞行使英航直接损失了 15 万美元，但这种视顾客为上帝的行为为英航赢得了极高的信誉，吸引了更多信任它的顾客。

启示：在突发事件面前，英航公司并没有改变其为顾客周到服务的理念，而是机智地将这一事件与展示企业形象结合起来，收到极好的效果。可见，形象性的活动一方面体现了企业的文化，另一方面也传播了企业文化，提升了企业的形象。

四、企业文化与企业经营战略

（一）企业文化在企业经营战略中的作用

企业文化是现代管理的一种新型管理方式，属于经营管理诸要素中的软要素，在企业生产经营活动的各种要素中起支配作用，处于核心地位，它规定了在某一中长期阶段内企业应该构筑一种什么样的文化形象，而这种文化形象在企业经营战略中起着重要作用。

（1）导向作用。作为观念形态的企业文化一经形成和确立，就会产生一定的导向作用。企业文化作为一种软约束，通过共同的价值观和行为规范，决定着企业行为的方向，引导全体成员朝着组织的目标前进，是企业管理的灵魂。

（2）凝聚作用。企业文化通过培育组织成员的认同感和归属感，使他们之间相互信任和相互配合，凝聚成一股无形的力量和巨大的向心力，自觉自愿地把自己的力量和智慧汇聚到组织目标的实现上。所以，在企业发展过程中，企业文化是一种理想的黏合剂，是企业发展的动力源泉。

（3）规范作用。企业文化来源于职工群众的生产经营活动和管理实践，反过来又规范员工的行为，成为员工自觉遵守的准则，因而最有说服力、号召力和约束力，是管理制度的一种升华。它把名目繁多的制度，压缩、提炼成富有哲理性并具有极大感召力的企业行为准则和厂纪厂风，在文化"润物细无声"的作用下，员工的行为逐渐调整为企业所希望的，而不适应者则退出。

专栏 13-4

任正非认为资源是会枯竭的，唯有文化才能生生不息。他说："人类所占有的物质资源是有限的，总有一天石油、煤炭、森林、铁矿会开采光，而唯有知识会越来越多。以色列这个国家是我们学习的榜样。离散了两个世纪的犹太民族，在重返家园后，在资源严重贫乏、严重缺水的荒漠上，创造了令人难以相信的奇迹。他们的资源就是聪明的脑袋，他们是靠精神和文化的力量，创造了世界奇迹。"

（二）企业文化与企业经营战略的联系

企业文化与企业经营战略看似两个泾渭分明的概念，其间却有着十分密切的联系。美国哈佛商学院曾经就企业文化和企业战略方面的问题调查过多名企业界人士，有人认为属于企业文化范畴，也有人认为属于企业经营战略范畴，哈佛商学院由此分析得出，两者之间并没有明确的界限，存在一个交叉，这个交叉既属于企业文化，又属于企业经营战略（如图 13-2 所示）。这个交叉就是企业的经营理论，它同时也是企业文化和企业经营战略的起点。

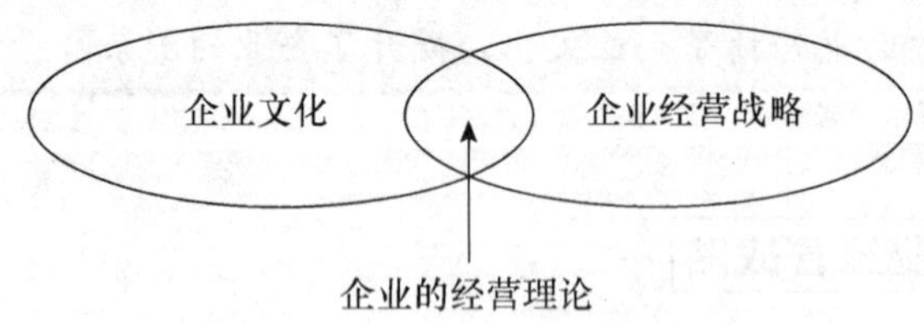

图 13-2　企业文化与企业经营战略的关系

企业经营理论实质上就是企业的经营哲学，它回答了企业为什么而存在、企业凭什么而存在等企业经营管理中最深层次的问题。企业经营战略实际上就是企业经营理论的理性的反映，而企业文化作为企业对成长环境、能力、经验的归纳与整合，可以说是企业经营理论的人性的反映。企业文化通过企业经营理论，决定着企业经营战略的制定和经营模式的选择，而企业经营战略的实施过程又会促进和影响企业文化的发展和创新，两者之间是相互约束、相互影响和相互促进的关系。

（1）企业文化是企业经营战略的基石。一个优秀的企业文化是决定企业经营战略获得成功的重要条件之一，同时，企业文化也能突出企业优秀文化的特色，以此形成企业成员之间共同的价值观念。而一个企业文化的提升和塑造，也是以“企业文化是企业经营战略发展为基础的”。

（2）企业文化是企业经营战略实施的重要手段。企业经营战略获得成功的必要条件之一就是要有企业文化的建设。通过企业文化形成企业全体员工共同的价值观念和道德标准，并激励员工的工作激情，使员工为实现企业共同目标而努力奋斗，为企业成功奠定基础。

（3）企业文化与企业经营战略必须相互适应和协调，这也是战略成功实施的关键。企业文化应该随着企业经营战略制定的变化而变化。企业在战略的制定过程中，要特别重视企业在发展过程中逐渐形成的、有鲜明特色的道德观和价值观的企业文化，与此同时，企业文化的发展也要服务于企业发展的长远目标的实现，只有这样，企业全体成员才会为了企业经营战略目标的前进而积极有效地配合，持续不懈地努力、奋斗，从而真正有效地贯彻和发展企业经营战略。

专栏 13－5

阿里巴巴执行副总裁曾鸣在一篇文章中表示，价值观是公司文化的基石，价值观相同的人才能成为一个好的团队。而战略是一个组织应该具有的素质，并非只局限于总裁，而且战略的核心是远见，价值观相近的人才有共同的信念去做有远见的事。简言之，公司文化就是聚集一批志同道合的人，战略就是引导这批人做一件有使命感的事情，二者相互依赖，共同影响一个企业的发展。

第二节　企业文化战略及其类型

一、企业文化战略的概念、实质与地位

（一）企业文化战略的概念及实质

企业文化战略（Enterprise Cultural Strategy），是指根据企业总体战略的要求，对企业在生产经营活动中逐步形成并取得职工共识的价值观念、理想信念、经营哲学、道德风范、行为准则、管理制度、物质设施等进行完善与提高，以指导企业发展的长远性的谋划与方略。

企业文化从本质上讲是企业经营管理文化，它在企业生产经营管理活动的各种要素中起支配作用，处于核心地位，决定着企业全局与长久的发展。企业的经营管理从性能上看，可以分为“软”与“硬”两个系统。若从管理战略上看，可以划分为“软战略”与“硬战略”两个系统。企业文化战略属于“软战略”的范畴，它的制定与实施从属于企业

整体的发展战略。

（二）企业文化战略的地位

20世纪80年代，美国企业在研究企业文化过程中把企业文化战略作为企业整体发展战略的重要组成部分来认识和实施，使其企业扭转败局，从而得到快速发展。由此可见，企业文化战略在整个企业经营战略体系中有着重要的地位。

1. 企业文化战略是企业经营战略的基础

企业的发展战略是以某一阶段的效益为衡量标准的。企业的发展目标一旦确定，就需要去实施，实施过程中可能遇到各种困难和问题，如技术问题、管理问题等，要解决这些问题，仅靠物质激励调动员工积极性去解决问题是不够的，还需要一种动力、一种精神、一种文化，这就是企业文化战略所要解决与确定的内容。一种优良的文化一旦确立，它就会逐渐成为企业的优良传统，成为企业实现长期发展战略的保证。

2. 企业文化战略是建立良好企业文化的前提

任何企业都会随着企业的发展产生企业文化，但这种企业文化仅仅是企业自发产生的一种文化现象，还不是现代管理学意义上的企业文化，它只是管理过程中的一种副产品。而现代管理学意义上的企业文化是一种管理理论，是在原有企业文化的基础上建立起来的，这就需要企业有意识地建立自己的企业文化，明确目标，统筹规划，进行战略思考。

二、企业文化战略的类型

（一）企业物质文化战略

企业物质文化战略是指企业为了塑造独特的形象而对以物质形态为表现形式的一系列要素做出的谋划与安排。它主要包括以下几方面的内容：

1. 企业产品形象战略

企业产品形象战略，是指通过产品的设计、制造和营销，使其质优和适用，提高其在市场上的知名度和美誉度，在顾客心目中确立其品牌形象的长远性的谋划与方略。

产品形象是产品的内在素质和外观素质的综合反映；产品内外素质的高低体现着蕴藏在产品中的文化力的大小。产品形象好，即产品内外素质中所体现的文化品位高。顾客购买产品，不仅是为了获得产品的使用价值，即获得产品的功能、效用，也是为了体验蕴藏在产品中的文化，获得美好的文化享受。顾客是通过购买产品认识企业的，产品形象好，企业形象则光彩。因此，要确立企业在顾客心目中的高大而美好的形象，关键是要确立产品在市场上的品牌形象，实施企业产品形象战略。

2. 企业职工形象战略

企业职工形象战略，是指企业以人为本，形成一流的员工队伍，为市场创造适销对路的产品，提供最佳的服务，以展现员工良好的职业道德、较高的文化素养、崇高的精神风貌所进行的长远性的谋划与方略。

职工形象是企业员工内在素质和外在表现的综合反映。它包括员工的文化素养、职业

道德、专业水准、敬业精神、举止言谈、服务态度和装束仪表等方面。员工形象是企业形象的重要组成部分，是企业形象人格化的具体体现，也是企业文化中的幔层文化和深层文化在员工形象上的体现。企业员工在生产经营活动与管理工作中的言行举止，实质上都在把企业的形象传递给社会公众。所以，良好的员工形象是优秀企业形象和企业文化的基础，企业员工形象战略是企业文化战略的重要方面。

3. 企业家形象战略

企业家形象战略，是指企业对为企业生存发展、国家经济繁荣、社会文明进步做出杰出贡献的企业家，通过有关方面的表彰和宣传，扩大其在社会公众中的知名度和美誉度，并相应地提高企业在社会上的声誉所进行的长远性的谋划与方略。

企业家形象是企业家内在素质和外在表现的综合反映，是企业文化中的幔层文化和深层文化在企业家形象上的具体体现。企业家形象与企业产品形象、企业员工形象以及企业整体形象密切相关。优秀企业家是著名企业和名牌产品的创业者、开拓者，是一流职工队伍的领导者。企业产品扬名、员工出名、企业著名，领导企业的优秀经营者也随之闻名，企业家形象同企业产品形象、员工形象、企业整体形象等会一同确立起来。企业努力利用政府和社会有关方面表彰优秀企业家的机会，进一步宣传企业家的先进事迹，扩大其知名度和美誉度，目的是进一步提高企业在社会上的声誉，为企业长远的发展创造更有利的外部环境。

（二）企业行为与制度文化战略

企业行为与制度文化战略是对企业所有的行为规范、各种企业管理制度等方面产生的文化现象做出的谋划与方略，涉及企业与企业之间、企业与顾客之间、企业与政府之间、企业与社会之间的行为，企业领导体制、企业组织机构和管理制度等各个方面。企业行为与制度文化战略主要包括：

1. 职工榜样战略

职工榜样战略是指企业对为企业发展、国家繁荣、社会进步做出重要贡献的优秀员工，进行表彰和宣传，以带动更多员工比先进、学先进、赶先进、超先进，形成企业优秀职工群体所进行的长远性的谋划与方略。

榜样的力量是无穷的，榜样的形象是光彩照人的。职工榜样也是企业文化的重要组成部分，是企业文化中的幔层文化和深层文化在优秀员工身上的具体体现。树立员工榜样反映了企业的价值取向，表明企业鼓励什么、倡导什么，什么最可贵；通过表彰和宣传优秀员工的先进事迹，能形成一种榜样的力量，引导广大员工向先进员工看齐。企业的价值观是一种意识形态，看不见、摸不着，但用正确的价值观所培育成长起来的员工榜样，却是看得见、学得到的。优秀员工是创造优秀企业的骨干力量，通过骨干力量的榜样作用，可以带领全体员工迎接竞争的挑战。

2. 文明生产战略

文明生产战略，是指企业按照社会化大生产的客观规律的要求，培养文明的员工，创造文明的生产环境，实施文明的管理，科学地进行文明的、安全的、清洁的生产的长远性的谋划与方略。

文明生产是企业的职业道德、行为规范、生产方式、规章制度等在职工生产行为和管理行为上的具体体现。科学文明的生产，反映了企业具备很强的文化力，从而有利于增强企业产品在市场上的竞争力。而缺乏文明生产，将会严重损害产品形象和企业形象，影响企业的发展。因此，要把文明生产提到战略的高度加以认识，把实施文明生产战略作为企业文化战略的重要内容。

（三）企业精神文化战略

1. 企业员工共同信念战略

企业员工共同信念战略，是指企业为培育企业全体员工共同的理想信念，形成企业独特的经营哲学和强大的精神支柱所进行的长远性的谋划与方略。企业共同信念是对企业所承担的历史使命的共同认识和总的态度。完成这个历史使命不仅是企业家的任务，而且是企业全体员工共同的任务，员工要乐于同企业家一起认真履行完成企业使命的神圣职责，并把为国家经济发展和社会文明进步作为企业强大的精神支柱。

员工共同信念战略，是企业文化战略中最核心的一个战略，是在企业运行过程中自始至终都应坚持的起主导作用的战略。企业在自己的成长过程中总会遇到各种矛盾，在处理这些矛盾的过程中，要逐步形成自身独具特色的经营哲学，引导企业走向成功。

2. 企业凝聚力战略

企业凝聚力战略，是指企业在面临强大的竞争压力或处于逆境经营时，为使企业集团内各成员企业，或集团公司内各分公司、子公司，企业内部的高层、中层和基层，以及全体员工，上下左右，团结一致，奋发图强，艰苦创业，迎接挑战，走出逆境所做出的谋划与方略。

企业凝聚力也叫内聚力或叫向心力，即以企业领导层为核心所形成的团结战斗的能力。能否形成企业凝聚力，取决于企业领导层能否把正确的价值观转为全体员工共识的价值观。只有形成正确的共识的价值观，并变成全体员工的正确行为，企业才会具有强大的凝聚力，并在竞争中取胜。企业凝聚力战略是企业文化战略中不可缺少的战略方案。

（四）企业总体形象战略

企业总体形象战略，是指企业以确立企业家形象为核心，以塑造员工榜样、员工形象为基础，以突出产品形象为关键，寻求企业发展所进行的全局性、长远性的谋划与方略。

企业形象是企业内在素质和外在表现的综合作用和反映。内在素质包括管理素质、技术素质、企业家和员工的素质，以及这三者综合起来的企业整体素质。内在素质是企业形象的根本。外在表现是指社会公众看到或听到或感觉到的企业的建筑物外观、环境建设、内部装饰、员工的服饰着装、产品外观、包装、广告宣传、营销活动、社会活动、媒介形象等要素的表现。外在表现是内在素质在社会公众中的自然反映和综合结果。只有不断地提高企业的内在素质，特别是提高企业的整体素质，才会自然地产生良好的外在表现，逐步在社会公众心目中形成美好的企业形象。

企业总体形象战略是企业文化中物质层文化、行为制度层文化和精神层文化在企业形象设计上的综合体现。它是企业最高决策层根据企业长远发展的要求，在对企业内外环境进行深入调查的基础上，为企业所确立的总体价值标准、行为标准、素质标准、市场定位

和个性特征。企业总体形象战略是企业一切工作的灯塔，是企业生产经营活动的指南和行为的规范。企业总体形象战略是企业文化战略类型中最根本的一个战略，是企业生产经营活动贯彻始终的一个指导战略。

三、企业文化战略类型的选择

针对上述不同的企业文化战略类型，究竟选择或突出哪一个企业文化战略方案，需要考虑和分析以下主要因素后，做出判断和决策。

第一，生产力发展水平和企业技术进步状况。整个社会生产力水平在逐步发展，企业技术进步在加快，企业生产的机械化、自动化水平在提高，意味着企业职工智力劳动的比重加大，职工在生产中的作用越来越重要。因此，调动员工的积极性、确立员工形象战略就成为企业文化战略的重要选择。

第二，企业职工行为规范和职业道德状况。当企业职工生产行为不规范，或职业道德水平不高、文明生产的习惯尚未形成，则需重视企业文化中的制度文化和职业道德的教育，实施文明生产战略；随着行为规范的严格执行和职业道德水平的提高，相应地突出企业文化中深层文化的作用，选择共同信念战略。

第三，企业生产经营水平和市场竞争中的地位。企业生产经营水平高，在市场竞争中处于优势地位，应实施企业整体形象战略和员工共同信念战略；当企业经营处于困境，在竞争中处于劣势地位，面临巨大的竞争压力，应果断地选择企业凝聚力战略。

第四，企业家和员工队伍的素质状况。企业家思想素质高，专业和智能素质高，带领企业员工进行艰苦创业，团结进取，使企业面貌一新，经济效益不断提高，公众形象逐步高大，领导本人在社会上的影响也在扩大，在这种情况下，应该选择企业家形象战略。企业家领导下的员工队伍整体素质不断提高，产品适销对路，产品品牌效应和市场占有率不断提高，在这种情况下应适时突出员工榜样战略或员工形象战略。

第五，企业总体经营战略及其战略目标的要求。企业文化战略是企业重要的职能战略，是为实施企业总体经营战略服务的。因此，选择何种企业文化战略方案，应考虑企业总体经营战略的要求。例如，当企业实施规模经营的总体战略时，随着产量的增加，容易忽视质量。因此，相匹配的企业文化战略应选择文明生产战略；当企业选择集团化经营战略时，一旦遇到市场的大风大浪，企业集团内的一些成员企业可能会出现离心倾向，在此情况下，应选择企业凝聚力战略，充分发挥集团的整体优势功能，以保证总体战略目标的实现。

第三节　企业文化战略的制定与实施

一、企业文化战略的制定

企业文化战略的制定是企业文化战略的重要环节和关键步骤，也是战略决策的主要内容。为了达到企业文化战略的目标，应当依据对企业内部和外部条件的分析与预测，制定出科学、满意的企业文化战略方案。方案的制定要贯彻可行性准则，既要把握方案的时机是否成熟，又要注意方案在实践中是否行得通，兼顾必要的应变方案。

一般而言，企业文化战略的制定包括以下几个相互衔接的环节：

（一）树立正确的企业文化战略思想

由于企业文化体现了企业的共同价值准则和精神观念，对企业职工有着强烈的内聚力、向心力和持久力，具有无形的导向、凝聚和约束功能，因此，正确、健康、向上的企业文化战略思想对于创建优秀的企业文化具有重要的指导作用。尤其是对于当前我国的企业来说，弘扬时代精神，振奋民族意识，体现职工主人翁思想，坚持集体主义价值标准，将是我国企业文化战略思想的主旋律。

（二）明确企业文化战略的重点

所谓企业文化战略重点是指那些对于实现战略目标具有关键作用而又有发展优势，或者自身发展薄弱而需要着重加强的方面、环节和部分。不同的企业经营战略的侧重点有所不同，如：有的重点在于培养企业精神、企业意识、企业道德，有的重点在于塑造企业形象、规范企业制度，有的重点在于树立厂风厂貌、端正经营风尚、提高企业素质，等等。因此，找准企业文化战略的重点，既有助于企业文化战略的重点突破，又会为企业走上振兴之路找到关键之点。

（三）确定企业文化战略的模式

由于不同企业面临的环境不同，企业的发展阶段不同，员工的文化素质参差不齐，企业文化的战略模式也各有千秋。一般而言，企业文化战略模式包括这样几种：

（1）先导型：全力以赴追求企业文化的先进性和领导性，如抢先型、改革型、风险型的文化战略模式。

（2）探索型：敢于开拓，敢于创新，敢于独树一帜，追求与众不同的文化战略模式。

（3）稳定型：按照企业自己的运行规律步步为营，稳打稳扎的文化战略模式。

（4）追随型：并不抢先实施企业文化战略，而是当出现成功的经验时立即进行模仿或加以改进的文化战略模式。

（5）惰性型：奉行稳妥主义，不冒风险，安于现状的文化战略模式。

（6）多元型：没有一成不变的文化战略模式，坚持实用态度，或综合进行，或任其发展，哪种模式有用就采用哪种文化战略模式。

（四）划分企业文化战略阶段

企业发展具有不平衡性，企业文化战略的实施进程会有快有慢，为此，要实事求是地分析企业所处的战略阶段，以利于企业文化战略的持续进行。一般而言，企业文化战略阶段包括初创阶段、上升阶段、成熟阶段、衰退阶段、变革阶段。

（五）制定企业文化战略方案

为了达到企业文化战略的目标，应当依据对企业内部和外部条件的分析与预测，制定出科学和满意的企业文化战略方案。在方案的制定上，可以根据企业不同时期的不同重点，划分为总体战略方案和各部门、各单位的分战略，或者是全领域战略和局部领域战略。制定方案要贯彻可行性准则，既要把握方案的时机是否成熟，又要注意方案在实践中

能否行得通，同时还要兼顾必要的应变方案。最后，通过一定的评估方案，选出理想方案。

（六）选择卓有成效的企业文化战略

企业文化战略是实现战略指导思想和战略目标而采取的重要措施、手段和技巧。企业应当根据经营战略环境的不同情况，选择别具一格和新颖独特的战略，以达成战略目标和推行战略行动。

专栏 13-6

美国通用电气公司的每位员工都有一张“通用电气价值观”卡，卡中与领导干部相关的有9条——痛恨官僚主义、开明、讲究速度、自信、高瞻远瞩、精力充沛、勇敢地设定目标、视变化为机遇、适应全球化。这些价值观是公司进行培养的主题，也是决定公司职员晋升的最重要的评价标准。在改变企业文化方面，杰克·韦尔奇是从整个企业理念的树立着手的。他能够让员工思考大组织理念，让他们习惯有关自己工作的革命性理念。这些方法合起来足以使理念转变为可以接受的习惯。当习惯养成时，文化也已经改变了。

二、企业文化战略的实施

企业在制定了正确的企业文化战略之后，就要有效地实施战略。一般而言，企业文化战略的实施包括以下几种措施：

（一）建立企业文化战略实施的计划体系

即通过把文化战略方案的长期目标分解为各种短期计划、行动方案和操作程序，使企业内部各级管理人员和员工明确各自的责任、任务，以保证各种实施活动与企业文化战略指导思想和战略重点相互一致。

（二）通过一定的组织机构实施

企业文化战略的实施，要求建立一个高效率的组织机构，通过相互协调、相互信任和合理授权，保证企业文化战略的顺利实施。

（三）提供必要的物质条件、硬件设施和财务支持

这既是塑造企业形象的内在要求，也是企业文化战略实施的物质基础。

（四）努力创造有利于实施企业文化战略的文化氛围和环境

通过一定的教育和灌输方式，大力宣传企业文化战略的具体内容和要求，使之家喻户晓、人人明白，使全体职工深刻理解企业文化战略的实质。

专栏 13-7

企业文化战略在实践过程中存在的误区有五种。

误区一：企业文化政治化。在许多企业的走廊、办公室、各车间的墙上四处可见形形色色、措辞铿锵的标语口号，如“团结”“求实”“拼搏”“奉献”等。这些已经被滥用的词汇无法真实地反映本企业的价值取向、经营哲学、行为方式、管理风格，更无法在全体员工中产生共鸣。

误区二：企业文化口号化。把企业文化等同于空洞的口号，缺乏企业的个性特色，连企业的决策者本身都说不清楚其所代表的具象表现，对员工自然无法起到强烈的凝聚力和向心力的作用。

误区三：企业文化文体化。有的企业把企业文化看成是唱歌、跳舞、打球，于是纷纷建立舞厅、成立音乐队、球队，并规定每月活动的次数，作为企业文化建设的硬性指标来完成，这是对企业文化的浅化。

误区四：企业文化表象化。有人认为，企业文化就是创造优美的企业环境，注重企业外观色彩的统一协调、花草树木的整齐茂盛、衣冠服饰的整洁大方、设备摆放的流线优美。但这种表面的繁荣并不能掩盖企业精神内核的苍白。

误区五：企业文化僵化。有些企业片面强调井然有序的工作纪律，下级对上级的绝对服从，把对员工实行严格的军事化管理等同于企业文化建设，造成组织内部气氛紧张、沉闷，缺乏创造力、活力和凝聚力，这就把企业文化带到了僵化的误区。

复习思考题

1. 什么是企业文化？其基本结构是什么？有何特征？
2. 企业文化是如何产生的？
3. 企业文化的基本内容有哪些？作用是什么？
4. 什么是企业文化战略？其实质是什么？有何地位？
5. 如何理解企业文化与企业经营战略的联系？
6. 企业文化战略有哪些类型？其基本内容是什么？
7. 选择不同类型企业文化战略应考虑的因素有哪些？
8. 企业文化战略的制定包括哪些重要环节？
9. 企业文化战略落实的主要措施有哪些？

案例分析

案例一　古井文化

古井酒厂建于1957年。建厂初期，共有32名职工、12间简陋厂房、一口酿酒锅甑、7条发酵池。1963年“古井贡酒”被评为八大名酒第二名。经过几十年的发展，古井酒厂已成为以名优白酒生产为龙头、致力于多元化经营和国际化发展、集科工贸为一体的大型集团公司。2017年，集团总资产达175亿元，古井贡品牌价值达638.5亿元，稳居安徽酒企第一名，中国白酒上市公司第五名。

古井集团在从一个传统的手工酿酒作坊向多元化经营的企业集团发展的过程中，打造

了先进的企业文化，这为集团的发展奠定了坚实的精神基础。

1.“贡献美酒、乐享生活”的使命

古井人秉承酒神曹操缔造“中华第一贡”的“贡献”文化，以“酿造中国最好的酒、提供最好的产品与服务、让消费者乐享生活”作为企业的使命。从贡酒到贡献，从共享到共赢，是自古以来古井人一以贯之的理想。简单工作、快乐生活，是现代人的追求，是具有普世价值的生活理念。把二者合起来，贡献美酒、乐享生活，是体现古今一体、返璞归真的人生观。

从古井集团产业格局来看，白酒是主业，是企业生存发展之本，所以古井人的使命首先是“贡献美酒”；同时，集团还有酒店、餐饮、房地产、农产品深加工、热电等产业，它们和白酒一样具有一个共同点，就是服务于人们的日常生活，是为了“乐享生活”而存在的。所以从总体上看，贡献美酒、乐享生活能够代表古井集团各产业的共同属性及存在价值，是古井人名副其实的使命。

2.“做中国最受欢迎、最受尊重的白酒企业”的发展愿景

做好企业，做中国最受欢迎、最受尊重的白酒企业，是“中华第一贡”的应有之义，也一直是古井集团持之以恒的追求。企业做大做强，只是做好的一个必要条件，而不是全部。

最受欢迎的白酒企业，是一个消费者利益至上的企业。古井一贯坚持“质量第一，信誉第一”的经营方针，以酿造“中华第一贡”为荣，以为消费者提供完美的饮酒体验及文化体验为目标。

最受尊重的白酒企业，是一个具有良好企业公民行为的企业。诚信经营，依法纳税；善待客户，友好合作；坚持以人为本，营造员工幸福家园；注重环保，热心公益，做地方经济的“长子”、家乡人民的“孝子”和中华文化的“赤子”。

仁义无价，仁者无敌。最受欢迎、最受尊重的白酒企业，必将是未来最强大的白酒企业。

3.“做真人，酿美酒，善其身，济天下”的价值观

“做真人”，是指老老实实做人、踏踏实实做事、实实在在做市场，来不得半点虚假。这是古井人的立身之本。

“酿美酒”，“美酒”指的是包括古井贡酒在内的所有的古井优质产品（服务）。“酿美酒”，就是要生产出最好的让消费者称道的产品，无愧于“中华第一贡”的美誉。这是古井人的从业之道。

“善其身”，是指要管好自己、爱自己，从生活上、工作上、学习上等方方面面守住底线，坚持理想信念，在不断改造客观世界的过程中改造主观世界，完善自我、提高自我。这是古井人的基本操守。

“济天下”，即主动承担社会责任，做优秀企业公民。包括回报股东价值，与客户、员工、各利益相关方共享利益，并积极行善、贡献社会、传递企业正能量。这是古井人的崇高追求。

“做真人、酿美酒、善其身、济天下”，融合了人类对于“真、善、美”的渴望，符合社会主义核心价值观和习近平总书记倡导的“三严三实”精神，是新时期古井人的行为指

南和精神高地。

4.“人正事正、公平公正、风清气正”的企业生态

没有一个良好的内部环境和企业生态，员工的成长、企业的成功都是难以想象的。“人正事正”，是指古井人要像“国槐”一样，顶天立地、爱憎分明、立场坚定，时刻传递正导向、传送正激励、传播正能量。“公平公正”，是指企业要搭建一个鼓励成才、助长成功、激励成就的舞台。不让老实人吃亏，不让小人得利，不让投机者钻营。只要人正事正、公平公正了，古井的天空就不会出现“雾霾”，一定会“蓝天白云”、风清气正。

5.“向生产要质量，向质量要口感，向口感要风格”的生产理念

生产，是企业产品（服务）增值的过程。为了深层次满足顾客需求，牢固树立古井品牌形象，古井人努力坚持“向生产要质量，向质量要口感，向口感要风格”的生产理念。

质量是企业的生命线，“质量升，古井上；质量降，古井下”。所以，向生产要质量，就是坚持“质量为天”，以生产合格产品作为生产过程的基本要求。

在确保质量的基础上，给予顾客满意的口感体验，追求卓尔不群的饮酒风格，“向质量要口感，向口感要风格”。

6.“人人是古井品牌，人人是古井形象，人人是古井榜样”的行为理念

员工行为是对企业理念的最好阐释。“一打纲领，不如一个行动。”在员工行为上，古井集团积极倡导并践行“人人是古井品牌，人人是古井形象，人人是古井榜样”的理念。

无论在市场上，还是在社会活动中，每位古井人都要牢固树立“我就是古井”的意识，像爱护自己的眼睛一样爱护古井品牌，维护古井形象，争做古井榜样。

同时，要带动身边的人，都来积极关注古井、支持古井，参与古井的活动，热爱古井的产品。要主动向外界推介古井，乐于向亲友宣传古井，不断传播古井正形象，传递古井正能量。坚持抵制各种有损公司利益与形象的言行。

最根本的，还是以身作则，把“做真人，酿美酒，善其身，济天下”的价值观和古井贡献文化切实体现在员工个人的一言一行中。这是最好的“广告”，也是最好的古井品牌、古井形象、古井榜样的体现，是企业经营的极致。

资料来源：依据古井集团官网资料改编。

问题：

结合案例资料概括古井集团企业文化的特色；你认为这样的企业文化在古井集团的发展中起到了什么作用？

案例二　别具一格的微软企业文化

1975 年，保罗·艾伦和比尔·盖茨合伙创建微软公司，产品是微软 BASIC，雇员为 3 人，当年收入 16 000 美元。1977 年在日本推出 BASIC。1982 年，在英国建立欧洲分部。1986 年，微软在纳斯达克上市。1986 年上市后，经营利润率持续保持在 30%以上，到 1995 年，年收入已达 59 亿美元，拥有 200 多种产品、17 800 多名雇员。微软控制了 PC

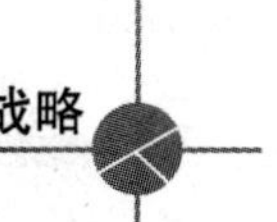

软件市场中最重要的部分——操作系统的85%。这些软件在操作系统上运行，使用户能在计算机上执行特定的任务。没有哪一个与计算机或信息技术有关的行业和用户不受到微软及其产品的影响。

微软公司飞速的发展，引起世人的广泛关注。透过辉煌业绩我们不难发现，其成功不仅在于科技创新和优异的经营管理，更重要的是创设了知识型企业独特的文化个性。

1. 比尔·盖茨缔造了微软文化个性

比尔·盖茨独特的个性和高超技能造就了微软公司的文化品位。这位精明的、精力充沛且富有幻想的公司创始人，极力在公司内部和应聘者中挖掘同自己一样富有创新和合作精神的人才并委以重任，他被员工形容为一个幻想家、不断积蓄力量和疯狂追求成功的人。他的这种个人品行，深深地影响着公司。他雄厚的技术知识存量和高度敏锐的战略眼光以及在他周围聚集的一大批精明的软件开发和经营人才，使公司矗立于这个迅速发展的行业的最前沿。盖茨善于洞察机会，紧紧抓住这些机会，并能使自己个人的精神风范在公司内贯彻到底，从而使整个公司的经营管理和产品开发等活动都带有盖茨色彩。

2. 管理“创造性人才和技术团队”的文化

知识型企业的一个重要特征就是拥有一大批具有创造性的人才。微软文化能把那些强烈反对官僚主义的PC程序员团结在一起，遵循“组建职能交叉专家小组”的策略准则，授权专业部门自己定义他们的工作，招聘并培训新雇员，使工作种类灵活机动，让人们保持独立的思想性。专家小组的成员可在工作中学习，从有经验的人那里学习，没有太多的官僚主义规则和干预，没有过时的正式培训项目，没有“职业化”的管理人员，没有耍“政治手腕”、搞官僚主义的风气。经理人员非常精干且平易近人，从而使大多数雇员认为微软是该行业的最佳工作场所。这种团队文化为员工提供了有趣的不断变化的工作及大量学习和决策机会。

3. 始终如一的创新精神

知识经济时代的核心工作内容就是创新，创新精神应是知识型企业文化的精髓。微软人始终作为开拓者创造或进入一个潜在的大规模市场，然后不断改进有望成为市场标准的好产品。微软公司不断进行渐进的产品革新，并不时有重大突破，在公司内部形成了一种不断的新陈代谢的机制，使公司产品成为或不断成为行业标准。所以，创新成为贯穿微软经营全过程的核心精神。

4. 创建学习型组织

世界已经进入学习型组织的时代，真正创建学习型组织的企业才是最有活力的企业。微软人为此制定了自己的战略，通过自我批评、信息反馈和交流力求进步，向未来进军。微软在充分衡量产品开发过程的各要素之后，极力在进行更有效的管理和避免过度官僚化之间寻求一种新平衡，以更彻底地分析与客户的联系，视客户的支持为自己进步的依据；系统地从过去和当前的研究项目与产品中学习，不断地进行自我批评、自我否定；通过电子邮件建立广泛的联系和信任，盖茨及其他经理人员极力主张人们保持密切联系，加强互动式学习，实现资源共享，通过建立共享制影响公司文化的发展战略，促进公司适应外界变化，保持充分的活力。建立学习型组织，使公司整体结合得更加紧密，能效率更高地向未来进军。

问题：

1. 结合案例分析企业文化的基本内容。
2. 对微软公司的企业文化战略类型做出分析。

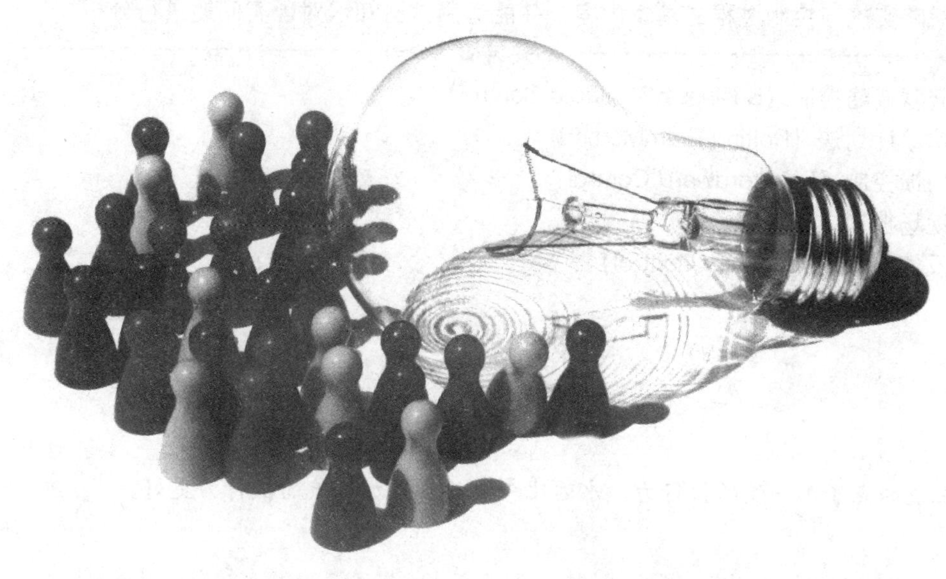

第十四章　企业经营战略的实施与控制

本章导读

企业经营战略的实施过程是将战略决策方案具体化、可操作化，发动全体员工付诸执行的过程。企业经营战略的控制是在经营战略实施过程中加强对各种要素的控制过程。企业经营战略的实施与控制，是企业经营战略管理的最后阶段，也是新一轮企业战略制定与旧的企业战略之间的交换环节。通过对经营战略的实施情况进行系统化的检查、评价和控制，确保企业经营战略真正得到正确的贯彻与落实，是企业经营战略管理过程中的一项极为重要的工作。

学习目标

通过对本章的学习，了解企业经营战略实施与控制的基本含义、原则及方式，掌握经营战略实施与控制过程的基本内容，并能运用这些知识对现实问题进行分析。

关键概念

经营战略控制（Business Strategic Control）
滚动计划法（Rolling Plan Method）
前馈控制（Feedforward Control）
现场控制（Site Control）
反馈控制（Feedback Control）

三流的点子加一流的执行力，永远比一流的点子加三流的执行力更好。

——孙正义

第一节　企业经营战略的实施

一、企业经营战略实施的基本含义

企业经营战略实施是指贯彻执行已选定的经营战略方案的一系列活动，它是把企业的经营战略构想转化为企业广大职工群众经营战略行为的实践过程。

企业经营战略的实施十分重要，这是因为经营战略的制定是为了实施，只有依靠广大员工的切实行动，才能把企业高层领导者确定的使命、目标、方案转变为现实，其正确与否也必须通过实施才能得到评价和验证。从某种意义上讲，战略的实施比战略的制定更难、更复杂也更重要。

二、企业经营战略实施的原则与方式选择

（一）企业经营战略实施的原则

在经营战略实施过程中，需要遵循以下原则：

（1）目标分解、任务合理的原则；

（2）统一领导、组织协调的原则；

（3）突出重点、兼顾全局的原则；

（4）适应变化、机动灵活的原则。

（二）企业经营战略实施方式的选择

企业经营战略有以下五种实施方式可供选择：

1. 指令型方式

指令型方式是依靠企业最高领导者的权威和实行高度集中的指导，通过发布各种指令来推动下级实施经营战略方案的方式。

选择这种实施方式应具备以下条件：

(1) 实行高度集权的体制，领导者具有较高的权威，所制定的经营战略比较容易实施；

(2) 企业处于强有力的竞争地位，资源较宽松，环境稳定；

(3) 企业需要准确的信息，也能集中大量信息，有利于企业做出正确的决策，进行有效的指导；

(4) 需要配备比较客观的规划人员，以协助有关经营单位和职能部门制订切合实际的计划，保证总体经营战略的有效实施。

指令型方式的不足之处是：由于权力高度集中，容易限制下级执行人员的创造精神。

2. 变革型方式

变革型方式是指企业高层领导者通过一系列改革，创造良好的条件来推动下级管理人员进行经营战略实施的一种方式。选择这一方式的最大特点在于企业的高层领导者要善于把握环境的变化，不失时机地进行改革，以保证经营战略的实施。

3. 合作型方式

合作型方式是指企业最高领导者把经营战略制定和经营战略实施的范围扩大到企业中高层管理集体之中，调动中高层管理人员参与战略决策和经营战略实施的积极性，以确保经营战略顺利实施的一种方式。

合作型的形式很多，如组建“智囊团”“经营研究小组”“经营委员会”等，吸收中高层集团全体人员和有关职能部门负责人参加。这种实施方式使企业董事长或总经理能够从企业中高级管理层中获得大量准确的信息、质量较高的创意方案，能够集思广益，使经营战略建立在集体智慧的基础上，有利于提高经营战略成功实施的可能性。合作型方式的不足之处在于仅限于吸收中高层管理人员的创意，但未能做到吸收全体人员的智慧。

4. 文化型方式

文化型方式是企业高层领导者通过创立取得全体员工共识的企业文化，增强企业员工的向心力、凝聚力，从而确保企业经营战略顺利实施的一种方式。这种方式的特点在于把合作型方式的参与成员扩大到企业较低的层次，打破谋划者和执行者之间的鸿沟，努力使企业各级组织和全体员工都支持企业的目标和经营战略，这就使经营战略的实施获得更为广泛的基础。形成企业文化是一个长期过程，因此，靠这种方式实施经营战略，短时期内难以办到，但需要往这个方向努力。

5. 增长型方式

增长型方式是指企业高层领导者通过激励企业各级管理人员的创造性，采取从基层经营单位自下而上、上下结合的方式制定经营战略，依靠广大员工实施完善的经营战略，使企业实力得到增长的一种方式。这种方式的特点在于：

(1) 给下级管理人员以宽松的环境，凡能由各经营事业单位进行经营决策的，应放权或授权它们大胆决策；

(2) 最高领导者要善于发挥集体智慧，进行集体决策。

以上五种经营战略实施方式各有利弊，它们各有自己的适用条件，不是任何一种实施方式都能适用于所有企业。每个企业应从自己的实际出发，根据企业多种经营程度、发展变化的速度，以及企业文化建设情况等，做出经营战略实施方式的正确选择。

三、企业经营战略实施的重点工作

(一) 设计和选择实施经营战略所需要的组织机构

1. 经营战略与组织结构的关系

组织结构指的是对于工作任务如何进行分工、分组和协调合作，其本质是为实现组织战略目标而采取的一种分工协作体系。通过组织结构，企业的目标和战略转化成一定的体系或制度，融进企业的日常生产经营活动中，发挥指导和协调的作用，以保证企业战略的完成。

战略与组织结构的有效结合是企业生存和发展的关键因素。一个成功的企业就在于制定适当的经营战略以达到其目标，同时建立适当的组织结构以贯彻其经营战略。所以，组织结构是保证经营战略实施的必要手段，必须随着组织重大经营战略的调整而调整。

美国著名管理学家艾尔弗雷德·D. 钱德勒（Alfred D. Chandler）提出“结构跟随战略的‘钱德勒命题’”，强调战略重点决定着组织结构，战略重点的转移决定着组织结构的调整，组织结构制约着战略重点的实施。经营战略是通过组织来实施的，符合经营战略要求的、合理的组织结构和人员配备，为企业经营战略的实施提供了组织上的保证。

2. 企业发展阶段与经营战略

企业发展阶段，以年龄和规模两个因素为标准，划分为创业期、起飞期、发展期、稳定期与再创业期五个阶段。企业在不同的发展阶段，其经营危机不同，解决危机的战略重点也就不同。企业发展阶段、经营危机与战略重点三者之间的对应关系如表 14-1 和图 14-1 所示。

表 14-1　企业发展阶段、经营危机与战略重点

发展阶段	经营危机	解决危机的战略关键
创业期——领导危机 秩序危机	领导者不善于分权，不善于建立秩序，导致组织运行混乱、效率低下	建立分工、协作的管理规范；领导风格转型，由前台英雄变为后台导演
起飞期——专制危机 战略危机	领导者集权过多，抑制下级的积极性，造成决策失误；企业盲目冲动，缺乏战略打算	制定企业战略，建立与战略相适应的分权的组织领导体制
发展期——控制危机	企业在多角化经营之路上出现本位主义、离心倾向	调整战略组织，强化财务、人事控制，强化企业文化的凝聚与亲和力
稳定期——官僚主义 危机	企业运行协调，开始故步自封、自满自足；企业的反应能力减弱	更新领导，调整组织，划小单位，扩大基层职权，努力创新
再创业期		

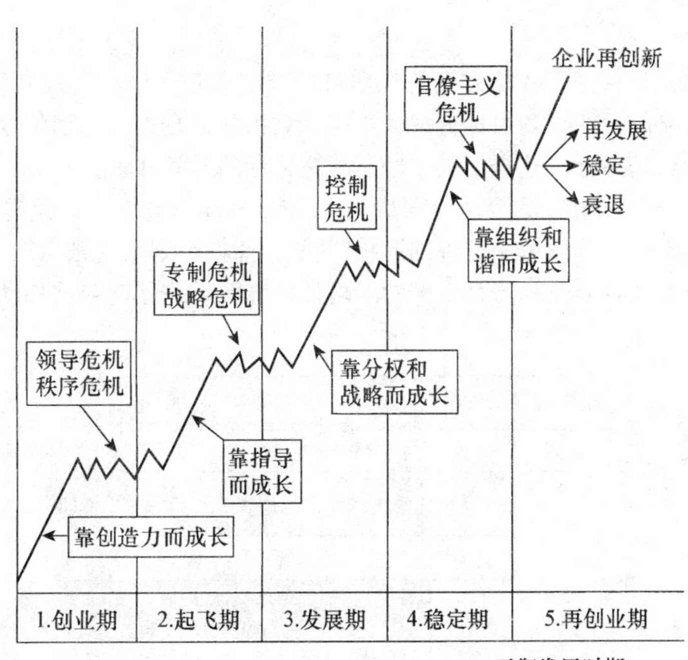

图 14-1　企业的发展阶段

3. 企业战略态势与组织结构

一般情况下，有下列几种情况：

（1）发展型、进攻型战略态势——扩大分权成分，如采用事业部制、子公司制、职能制、子公司与矩阵制的混合制组织结构；

（2）稳定型、维持型战略态势——维持现有组织结构；

（3）撤退型、防御型战略态势——组织中扩大集权成分。

4. 经营领域与组织结构

一般情况下，经营领域与组织结构之间有以下对应关系，如表 14-2 所示。

表 14-2　经营领域同组织结构的对应关系

经营领域	组织结构
单一经营	职能制
副产品型多种经营	附有单独核算单位的职能制
相关型多种经营	事业部制
相联型多种经营	混合结构
非相关型多种经营	母公司制

由表 14-2 可见，随着经营领域复杂程度增强，相关性减弱，组织结构从刚性向柔性很强的模式转换。如果经营领域与组织结构类型错位，企业运行就会遇到困难。

（二）将企业经营战略方案具体化

即需要将经营战略方案从时间和空间两个方面进行分解。

1. 时间分解

时间分解主要是将经营战略方案的长期目标分解为若干个经营战略阶段的规划目标；再将每个经营战略阶段的规划目标分解为年度计划指标；在进入计划年度后，进一步分解为季、月、日的行动指标，这样形成了经营战略目标的时间体系。

时间分解的方法常用的是滚动计划法（Rolling Plan Method），这是一种动态编制计划的方法，其特点是“分段编制，近细远粗”“长、短期计划紧密结合”，按照战略计划的执行情况和环境变化，调整和修订未来的战略计划方案，并逐期向前移动的一种方法。如图 14－2 所示。

图 14－2　滚动计划法

滚动计划法的优点十分明显：

（1）把计划期内各阶段以及下一个时期的预先安排有机地衔接起来，而且定期调整补充，从而从方法上解决了各阶段经营战略计划的衔接和符合实际的问题。

（2）较好地解决了经营战略计划的相对稳定性和实际情况的多变性这一矛盾，使计划更好地发挥其指导生产实际的作用。

（3）采用滚动计划法，使企业的经营活动能够灵活地适应市场需求，从而有利于实现企业经营战略的预期目标。

2. 空间分解

空间分解主要是指将经营战略方案的内容按企业的各个经营领域（或事业部）和职能部门进行分解，直至分解到分厂、车间、班组、个人，形成经营战略目标的空间体系，这是经营战略实施过程中必要的目标责任体系，以保证经营战略方案的真正落实。

如图 14－3 所展示的就是依照企业的组织结构，把经营战略逐级分解的过程。由此，企业经营战略的空间分解就形成了一个有纲、有目、有枝、有叶的空间体系，这其中，基层部门及岗位的工作规划是最详细的。

空间分解可采用的方法是目标管理法，该方法是通过一种专门设计的过程使目标具有可操作性，这种过程一级接一级地将目标分解到组织的各个单位。组织的整体目标被转换为每一级组织的具体目标，即从整体组织目标到经营单位目标，再到部门目标，最后到个人目标。在此结构中，某一层的目标与下一级的目标连接在一起，而且对每一位员工而言，目标管理都提供了具体的个人绩效目标。因此，每个人对他所在单位的成果贡献都非常关键。如果所有人都实现了他们各自的目标，则他们所在单位的目标也将达到，而组织

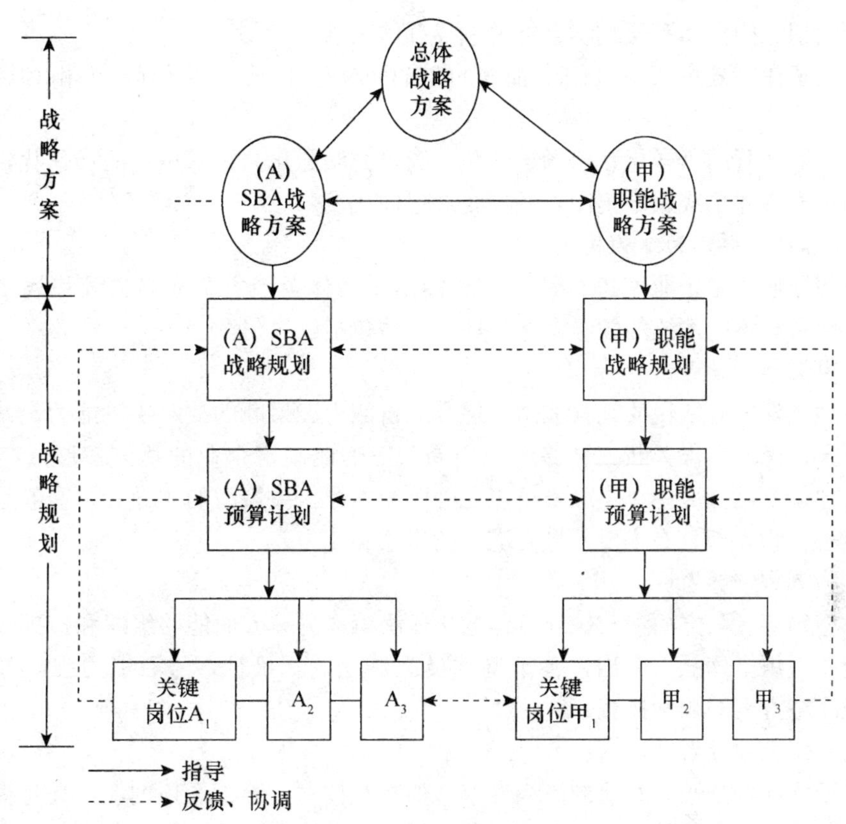

图 14-3　企业经营战略规划

整体目标的完成也将成为现实。

(三) 合理配置企业资源，支持经营战略方案的实现

经营战略方案的实施必须以资源的合理分配作保证。企业的资源主要包括五个方面：财力资源、物力资源、人力资源、组织资源和技术资源。资源分配必须保证重点，照顾一般。应将各种有效资源重点分配到最能支持经营战略获得成功的经营领域和职能部门中去。但在实践中常常受到多种因素的影响，使资源分配不合理，导致企业所选择的经营战略无法顺利实施。为了理顺经营战略与资源分配的关系，企业应采取有力措施，保证资源分配向重点经营领域和重点职能经营战略的需要倾斜，并制订相应的资源配置计划，使资源的配置与经营战略实施紧密衔接。

(四) 组建强有力的战略领导群体

1. 战略管理需要战略领导群体

领导群体指为了完成某种特定任务、目标，由各种类型领导干部按照一定比例结合而成的领导干部群落，也就是人们常常说的领导班子。

为什么企业需要领导群体来实施战略领导？这是因为：

(1) 企业高层的战略管理工作任务繁重，领导工作量很大，需要靠集团、群体的力量分担工作；

(2) 现代化的企业，高层战略管理工作需要多方面的知识、素质和能力，为此，需要组建一个知识、能力和素质结构互补的领导群体来承担。

(3) 为了使有效决策不致因个别人的变动而发生中断，需要有一个相对稳定的领导群体。

(4) 企业经营的多样化、市场扩大化、竞争的激烈化、技术进步的加速化，都需要有多方面的杰出人才组成领导集团，领导企业走向成功。

2. 战略领导群体的结构构成

战略领导群体是企业家进行领导活动的组织实体，担负着战略决策和战略指挥的功能。这是由具有不同才能的领导者组成的，具体包括：

(1) 决策型领导者。

决策型领导者有敏锐的观察能力、综合分析能力、果断的战略决策能力，站得高，看得远，深谋远虑，多谋善断；能够统帅全局，正确地制定企业的总体发展战略和长远规划，具有“运筹帷幄之中，决胜于千里之外”的本领。决策型的领导者，一般是企业领导班子的核心人物，即具有主要领导者应有的素质和能力。

(2) 指挥型领导者。

指挥型领导者一方面参与领导群体的集体决策，另一方面能够组织和指挥战略决策方案的实施；组织指挥能力突出，善于调动员工群众的积极性，号召能力强，善于运用资源，保证战略方案的顺利执行。

(3) 开拓型领导者。

开拓型领导者是某一专业的高级专家，如：在技术上善于开拓创新，具有很强的技术创新能力；或在市场营销上善于开拓市场，提高企业和产品的知名度和美誉度。

(4) 参谋型领导者。

参谋型领导者思维能力强，善于预测未来，遇事有真知灼见，敢于提出不同意见，为主要决策者进行方案的选择出谋划策，以最终选择一个利多弊少的满意决策方案。

(5) 监督型领导者。

监督型领导者主要是监察能力强，秉公办事，铁面无私，敢于提出不同意见，提出纠正的对策建议，以维护各方的合法权益，避免企业在战略实施过程中偏离战略目标的要求。

(6) 保证型领导者。

保证型领导者擅长掌握党和国家的方针、政策，政治思想工作能力和群众工作能力强，在激发员工的工作积极性、保证企业经营战略的贯彻实施、促进企业战略目标的实现过程中发挥着保驾护航的作用。

3. 战略领导群体的组建

战略领导群体的组建需要遵循一系列原则：

(1) 选择主要领导的原则。首先，要选择作为主要决策者的董事长和作为主要战略实施者的总经理；其次，选择好开拓型、参谋型、监督型的领导者，以形成合理的能力结构。

(2) 精干、高效的原则。精干的关键在于少设副职，以保证决策效率。

(3) 合作和谐的原则。战略领导群体的主要领导者之间要能够精诚合作、相互尊重。

在人员选择时尽可能选择富有合作性的人员。

（4）优化组合的原则。领导群体的各个成员进行组合所产生新的合力和整体功能，应大大超过各领导成员能量简单相加的总和，即产生 1+1>2 的效果。因此，作为企业战略领导成员，其素质、能力、年龄结构等各方面要组合得当，优势互补。

战略领导群体的组建有两种途径：

（1）调整现有领导群体的途径。根据企业经营战略的要求，对现有的领导群体进行局部的调整，保证战略领导群体工作的正常运行。

（2）组建新的领导群体的途径。在企业内部不具备合适的战略领导人选时，从企业外部选派和招聘具备相应素质和能力的优秀领导者，形成新的战略领导群体。

第二节　企业经营战略的控制

一、企业经营战略控制的含义与必要性

企业经营战略控制（Business Strategic Control），是指在经营战略实施过程中，将反馈的执行情况与经营战略目标进行比较，从中发现偏差，并及时采取有效措施，努力加以纠正，以确保经营战略目标实现的活动。

进行企业经营战略控制是十分必要的，这是因为：

（1）企业经营战略实施的环境和条件发生重大变化。企业经营战略制定时所预测的环境与经营战略实施时的环境相比有重大变化，使经营战略目标和经营战略规划的实现发生某些困难。因此，需要通过采取强有力的措施，使企业经营战略的实施适应新的环境要求，以保证所确定的经营战略目标和经营战略规划的实现。

（2）企业经营战略规划本身存在某些缺陷。企业在制定经营战略目标和经营战略规划时，不可能对未来一定时期内所有的因素和条件都把握得十分准确，常常存在很多不可控的和不确定的因素，使制定的经营战略目标和经营战略规划不可避免地存在这样或那样的缺陷，并在实施中暴露出来。因此，需要根据实施环境的要求，对经营战略目标和经营战略规划进行局部的或重大的修正，使之切实可靠，发挥其正确的指导作用。

（3）企业整体目标与局部目标、个人目标之间存在着矛盾。企业经营战略目标属于企业整体目标，它必须分解为各部门、各环节的分目标，直至分解为个人的小指标。但分解的目标常常会与各个局部的目标、个人目标不一致，容易发生矛盾，从而造成企业总体目标难以落实。因此，必须加强调控，尽可能使各个局部目标、个人目标与企业总体目标相互协调，在适当兼顾局部目标和个人目标的同时，强调服从企业整体经营战略目标。

（4）解决集权与分权的矛盾必须加强企业的经营战略控制。为了保证制定出正确的企业总体经营战略，最高领导层必须实行集权；为了调动各职能部门负责人和各经营单位负责人参与制定分经营战略，以及努力实施总体经营战略和分经营战略的积极性，又必须适当分权。但某些职能部门负责人和下属经营单位负责人，个人素质和能力不太高，不能正确地行使所掌握的权力，导致经营战略失控，策略无效。因此，要求高层领导者在正确地

实行分权的同时，要加强经营战略实施中的控制，对下级进行有效的监督，使他们能够正确运用手中的权力，保证企业经营战略的实现。

二、企业经营战略控制的对象与层次

（一）企业经营战略控制的对象

企业经营战略控制的对象主要是指对涉及经营战略的人、物、事、时等进行控制，具体包括：

（1）对企业经营战略的全过程控制。所谓全过程，是指企业经营战略的制定和实施过程。对每个阶段涉及的所有工作进行事前、事中、事后的控制。对企业经营战略制定过程的控制，主要是保证从多种方案中选出一个正确的经营战略决策方案；对企业经营战略实施过程的控制，主要是保证经营战略决策方案的有力贯彻和经营战略目标的顺利实现。

（2）对企业经营战略的全体系的控制。所谓全体系，是指企业总体经营战略系统和分经营战略系统。对总体经营战略的控制主要是对企业全局发展方向、规模和速度的把握；对分经营战略的控制是对各经营单位和各职能经营战略的制定和实施进行控制，以确保企业总体经营战略目标的顺利实现。

（3）对全员的控制，即对企业全体人员进行控制。对企业的高层领导者进行控制，以保证选择正确的经营战略方案，并防止经营战略实施中出现组织和指挥的失误；对各职能部门领导者进行控制，以保证总体经营战略和职能经营战略在本部门的顺利贯彻执行；对员工进行控制，目的是调动其积极性，协调好企业总体目标、各局部目标以及员工个人目标的关系，团结一致实现企业总体经营战略目标和各分经营战略目标。

 专栏 14-1

木桶效应

一只木桶想盛满水，必须每块木板都一样平齐且无破损，如果这只桶的木板中有一块不齐或者某块木板下面有破洞，这只桶就无法盛满水。

一只木桶能盛多少水，并不取决于最长的那块木板，而是取决于最短的那块木板，这可称为短板效应。

启示：任何一个组织，都可能面临这样一个问题，即构成组织的各个部分往往是优劣不齐的，而劣势部分往往决定整个组织的水平，因此，尽早发现“短板”并补足它，是各种计划取得效果的关键。

（二）企业经营战略控制的层次

企业经营战略控制包括以下三个层次：

（1）经营战略控制层。这主要是由企业高层领导者为主体组成的控制系统，负责企业的整个经营战略管理过程的工作。他们不仅要确立企业整体的经营战略目标，而且要检查、预测和控制企业经营战略实施的总绩效。其控制的重点放在预测和解决与外部环境有

关的问题上，即要根据外部环境的发展变化，适时地调整企业内部的工作与计划，提高企业对外部环境变化的适应能力，确保企业经营战略目标的顺利实现。

(2) 业务控制层。这是由企业中层经营单位领导者和各职能部门负责人为主体所组成的控制系统，主要负责将高层领导所确定的经营战略目标，在本单位和本专业部门贯彻执行。按照本经营单位或本专业部门工作的性质、内容、范围、要求和现实条件，设立分目标，建立控制标准，并付诸实施，适时地进行检查和评价，通过分目标的实现，确保总目标的完成。

(3) 作业控制层。这是由企业基层领导者为主体所组成的控制系统，主要是负责将中层所设立的分目标，分解和落实到作业层，一般会通过制订作业计划，设立操作者的具体目标的方式来实施。通过定期的监督、检查，对作业层执行情况的信息反馈，进行分析，发现偏差，及时采取纠偏措施，确保作业活动按计划顺利执行。

以上三个层次是相互联系、相互依存的。业务控制层和作业控制层都是为实现高层的经营战略服务的，即根据企业高层提出的全局目标要求，通过调整企业内部的结构、条件，改善其素质，纠正内部的偏差，提高适应外部环境的能力，促进经营战略方案的顺利实施，确保经营战略目标的实现。

 专栏 14－2

三个和尚没水喝

三个和尚没水喝的故事妇孺皆知，和尚多了反而没水喝了，这不能单纯地理解为几个和尚懒惰，而是涉及和尚在运水时的分工与合作问题。在企业经营战略管理过程中也是如此，如果没有合理的分工、有效的合作、严格的控制和奖惩，就容易造成相互推诿的现象，致使执行效率低下。执行力并不只是单指行动力，而是一个系统的问题。要使执行力得到有效落实，不但要制定切合实际的目标，形成创新要求的执行理念，还要做好团队的分工、协作工作。

启示：增强执行力是一个系统工程，要从整个组织设计、制度设计等方面着手。

三、企业经营战略控制的基本要素与原则

（一）企业经营战略控制的基本要素

企业经营战略控制由以下三个基本要素组成：

1. 确定评价标准

对企业经营战略实施的结果必须适时地进行检查，对执行经营战略方案的情况是否符合要求，应做出正确的评价。而进行评价需要有一个客观的标准，企业的经营战略目标及其具体化的各项计划指标、下属的各组织目标、个人目标等，都是评价标准。目标标准有定性的和定量的，两者可结合起来使用，但标准应尽可能定量化，以便衡量和检查，对企业经营战略实施的结果做出客观的和全面的评价。

2. 衡量工作绩效

即把企业经营战略执行的实际结果与评价标准进行对照，找出差距，并分析产生差距的原因。企业经营战略实施是一个很长的过程，一般需经历若干阶段分别执行。因此，需对每个阶段执行的结果进行评价，衡量其工作绩效完成状况，从中找出问题，分析问题的性质和产生的原因，以便在下一阶段的经营战略实施中加以解决。做好绩效评价工作的关键，一是要选择正确的控制系统和方法，二是要选择好适当的时间和地点。

3. 及时纠正偏差

根据评价和分析中发现的问题，在搞清产生问题的原因之后，要有针对性地采取有效措施解决存在的问题，纠正执行中出现的偏差。对可能产生的偏差，也要事先制定预防性措施，以保证下一步的经营战略实施能够较顺利开展，并最终达到经营战略控制的目的。

（二）企业经营战略控制的原则

企业经营战略控制应遵循以下原则：

（1）预测未来原则。企业经营战略的一个重要特点是对企业未来长远发展的谋划，因此，经营战略控制应着眼于未来，预测经营战略方案实施中可能遇到的问题，预先制定若干对策措施，以便能够主动和及时地解决。

（2）重点控制原则。企业选择的经营战略方案中都有一个或几个经营重点，它们对经营战略的实施和经营战略目标的实现起着关键性作用，因此，控制要抓住重点。作为经营战略领导者应着重抓住例外事件，即事先未能预测到而在执行中发现一些例外的、对经营战略实施有重大影响的事件，应进行重点控制，认真处理。

（3）经济合理原则。进行控制需要掌握大量的信息，以便对执行结果做出客观的评价。但对不同系统的控制粗细要求不同，作业控制系统中的质量控制要求严格、细致、准确；对经营战略控制系统的控制就可粗一些，过细就会增加费用，也没有必要。经营战略控制要求做到恰当和及时，费用较省而又获得了企业的经营战略优势，这种经营战略控制就算是合理的。

（4）奖惩结合原则。经营战略的实施和控制中要重视激励机制，对于认真执行和灵活实施经营战略而取得成功的执行者，应根据他们的业绩大小，分别给予不同等级精神的和物质的奖励；对于不认真执行经营战略方案，或执行中出现重大失误者，应给予必要的惩罚，并引以为戒。只有将奖惩正确结合，才能实现有效的控制。

四、企业经营战略控制的基本方式

（一）按照控制发生的环节划分

1. 前馈控制（Feedfordward Control）

前馈控制也叫事先控制，是在经营战略实施前采取预防措施，目的是防止问题的发生。它不是在战略实施中出现问题后的补救，而是运用最新信息，包括上一个控制循环中的经验教训，对可能出现的偏差进行预测，采取措施防止偏差的发生，确保战略目标的实现。

前馈控制的目的是保证高绩效，它在本质上有预防的作用，因此属于一种预防性控

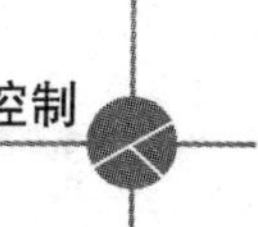

制。前馈控制的工作重点是提前采取各种预防性措施，包括对投入资源的控制、主动修正指令，以防止工作过程中可能出现的偏差，保证预期目标的实现。例如，麦当劳公司食物成分的要求就是前馈控制，在公司的质量管理中起到了举足轻重的作用。企业为保证工作的顺利进行而制定的一系列规章、制度，为生产出高质量的产品而对原材料质量进行的入库检查以及对职工的岗前培训等，都属于前馈控制。

2. 现场控制（Site Control）

现场控制又称同期控制、过程控制，是在企业经营战略实施过程中，于现场及时发现存在的偏差或潜在的偏差，而及时提供改进措施以纠正偏差的一种控制方式。

现场控制一般表现为两种方式：一是主管人员深入现场检查和指导下属的活动，它包括适当的工作方法和工作过程的指导，监督下属工作，发现偏差督促纠正；二是表现为基层工作人员的日常自我工作控制，控制的对象就是自我的操作控制过程。

3. 反馈控制（Feedback Control）

反馈控制是最常见的控制方式，其控制作用产生于行动之后，所以，也称为事后控制或成果控制。反馈控制是在经营战略实施之后，战略管理人员根据已发生的情况分析经营战略的执行结果，将它与控制标准相比较，从中发现已经出现或即将出现的偏差，在分析原因的基础上采取措施纠正偏差，以防止偏差继续发展或在以后的工作中再次发生。如企业根据经营战略目标完成的情况对相关人员实施的奖惩，企业对不合格产品进行淘汰，发现产品销路不畅而减产、转产或加强促销等，都属于反馈控制。

专栏 14-3

魏文王问名医扁鹊说：“你们家兄弟三人，都精于医术，到底哪一位最好呢？”扁鹊答说：“长兄最好，中兄次之，我最差。”文王再问：“那么为什么你最出名呢？”扁鹊答说：“我长兄治病，是治病于病情发作之前。由于一般人不知道他事先能铲除病因，所以他的名气无法传出去，只有我们家的人才知道。我中兄治病，是治病于病情初起之时。一般人以为他只能治轻微的小病，所以他的名气只及于本乡里。而我扁鹊治病，是治病于病情严重之时。一般人都看到我在经脉上穿针管来放血、在皮肤上敷药等，所以以为我的医术高明，名气因此响遍全国。”魏文王说：“你说得好极了。”

启示：

防火胜于救火。从管理控制角度讲，事后控制不如事中控制，事中控制不如事前控制。

（二）依据控制的手段划分

1. 直接控制

主要是指管理者将执行者及其实施活动直接纳入控制过程，并采取措施直接调控的方式。例如：通过行政管理方法和其他经济方法对员工的执行行为进行直接控制；通过奖惩促进员工按规定的工作程序开展生产经营活动；通过实施培训计划、改善工作分配等对员工进行帮助，调动他们的积极性，促使他们的行为符合经营战略实施的要求；通过目标管理，实施成果责任制等，对员工或组织的执行结果进行检查，对活动成果进行直接的控制。

2. 间接控制

主要是指各级管理者采用适当的手段，使不适当的行为没有产生的机会，从而达到间接控制的目的。例如，采用自动化、电子化的一些先进手段就可实现管理人员对执行现场的间接控制，不需要配备人员直接监控。

复习思考题

1. 简述企业经营战略实施的含义。
2. 企业经营战略实施中应遵循的原则是什么？
3. 企业经营战略实施的方式有哪些？
4. 企业经营战略实施的重点工作包括哪些？
5. 简述企业经营战略控制的含义与必要性。
6. 企业经营战略控制的对象与层次有哪些？
7. 企业经营战略控制的基本要素是什么？
8. 企业经营战略控制应遵循的原则是什么？
9. 企业经营战略控制的基本方式有哪些？其基本内容是什么？

案例分析

案例一　甲公司的战略管理

甲企业是一家国有控股的制造业企业集团。近日，集团召开董事会，共同商议公司战略与实施决策。已知公司管理基础与环境较差，目前面临的外部竞争环境也较为激烈，因此，公司需要抓紧明确战略目标，争取获取竟争优势。以下为各位董事的发言：

董事甲：当务之急是尽快落实和明确公司战略目标，需要确定公司到底要成为什么样的公司、公司的事业主要是什么内容。只有战略目标明确清晰，才可能考虑实施和控制问题。

董事乙：从当前企业面临的行业环境来看，公司所处的行业集中度较高，竞争非常激烈。由于所在行业的退出成本较低，竞争程度将进一步加剧，因此，公司应充分利用自身品牌优势，整合各项资源和能力。考虑到公司当前市场的重要性程度，迫切需要增加营销人员，提升营销激励力度，大力构建基于营销层面的核心竞争力。

董事丙：鉴于当前的竞争环境，单纯依靠领导层制定和推动战略已经无法适应当前企业竞争的需要。公司应充分考虑让其他层级管理人员从战略实施一开始就承担相关责任，总经理和其他中高层管理者一起探索战略问题，落实和贯彻实施战略。

董事丁：公司目前实施的战略方法侧重于目标控制而不是过程控制，公司应进一步发挥管理层主动性，通过实施股权激励，将管理层行为与股东价值结合，才能够较好地起到战略落实作用。

独立董事：公司应进一步强化成本领先的公司发展战略，通过降低成本、提升管理效能来落实公司发展战略。

资料来源：中国会计网。

问题：

1. 分析董事甲和董事乙的发言信息是否正确，给出理由。

2. 董事丙倾向于采用哪种战略实施模式？

3. 公司目前的战略控制属于哪种类型？董事丁认为公司应实施股权激励，是否正确？给出理由。

4. 独立董事的发言是否正确？给出理由。

案例二　麦当劳公司的控制

麦当劳金色的拱门允诺：每个餐厅的菜单基本相同，而且“质量超群，服务优良，清洁卫生，货真价实”。它的产品、加工和烹制程序乃至厨房布置，都是标准化的，严格控制的。它撤销了在法国的第一批特许经营权，因为它们尽管盈利可观，但在快速服务和清洁方面未达到相应的标准。

麦当劳的各分店都是由当地人所有和经营管理。鉴于在快餐饮食业中维持产品质量和服务水平是其经营成功的关键，麦当劳公司在采取特许连锁经营这种战略开辟分店和实现地域扩张的同时，特别注意对连锁店的管理控制。如果管理控制不当，使顾客吃到不对味的汉堡包或受到不友善的接待，其后果就不仅是这家分店将失去这批顾客，还会波及其他分店的生意，乃至损害整个公司的信誉。为此，麦当劳公司制定了一套全面、周密的控制方法。

麦当劳公司主要是通过授予特许权的方式来开辟连锁分店。其考虑之一，就是使购买特许经营权的人在成为分店经理人员的同时也成为该分店的所有者，从而使其在直接分享利润的激励中形成对其扩展中的业务的强有力控制。麦当劳公司在出售其特许经营权时非常慎重，总是通过各方面调查了解后挑选那些具有卓越经营管理才能的人作为店主，而且事后如发现其能力不符合则撤回这一授权。

麦当劳公司还通过详细的程序、规则和条例，使分布在世界各地的麦当劳分店的经营者和员工们都进行标准化、规范化的作业。麦当劳公司对制作汉堡包、炸土豆条、招待顾客和清理餐桌等工作都事先进行翔实的动作研究，确定各项工作开展的最好方式，然后再编成书面的规定，用以指导和规范各分店管理人员和一般员工的行为。公司在芝加哥开办了专门的培训中心——汉堡包大学，要求所有的特许经营者在开业之前都接受为期一个月的强化培训。回去之后，还要求他们对所有的工作人员进行培训，确保公司的规章条例得到准确的理解和贯彻执行。

为了确保所有特许经营分店都能按统一的要求开展活动，麦当劳公司总部管理人员还经常走访、巡视世界各地的经营店，进行直接的监督和控制。例如，有一次巡视中，公司总部管理人员发现某家分店自作主张，在店厅里摆放电视机和其他物品以吸引顾客，这种做法因与麦当劳的风格不一致而立即被纠正。除了直接控制外，麦当劳公司还定期对各分店的经营业绩进行考评。为此，各分店要及时提供有关营业额、经营成本和利润等方面的信息，这样总部管理人员就能把握各分店经营的动态和出现的问题，以便商讨和采取改进的对策。

麦当劳公司的另一个控制手段，就是要求所有经营分店都塑造公司独特的组织文化，这就是大家所熟知的“质量超群，服务优良，清洁卫生，货真价实”口号所体现的文化价值观。麦当劳公司共享价值观的建设，不仅在世界各地的分店及其上上下下的员工中进行，而且还将公司的一个主要利益团体——顾客也包括进这支队伍中。麦当劳的顾客虽然要自我服务，但公司特别重视满足顾客的要求，如为他们的孩子们开设游戏场所，提供快乐餐和生日聚会等服务，以形成家庭式的氛围，这样既吸引了孩子们，也增强了成年人对公司的好感。

问题：

1. 麦当劳公司所创设的控制系统具有哪些基本构成要素?
2. 该控制系统是如何促进麦当劳公司全球扩张战略实现的?
3. 麦当劳的控制方法对你有什么启发?

参考文献

1. 刘仲康，司岩. 企业经营战略概论. 武汉：武汉大学出版社，2005.

2. 金占明. 战略管理——超竞争环境下的选择. 北京：清华大学出版社，2010.

3. 冯志强. 创新战略. 北京：中国市场出版社，2009.

4. 孙锐. 战略管理. 北京：机械工业出版社，2008.

5. 张庚森，张仁华. 企业经营战略与市场营销. 北京：机械工业出版社. 2007.

6. 丁栋虹. 企业家能力管理. 北京：清华大学出版社，2007.

7. 王方华、吕巍等. 战略管理（第 2 版）. 北京：机械工业出版社，2011.

8. 龚荒. 企业战略管理：概念、方法与案例. 北京：清华大学出版社、北京交通大学出版社，2008.

9. 上海国家会计学院. 财务战略. 北京：经济科学出版社，2011.

10. 赵曙明. 人力资源战略与规划（第二版）. 北京：中国人民大学出版社，2008.

11. 符定伟，毛晓明，戴波. 跨国公司中国攻略. 北京：机械工业出版社，2002.

12. 毕克贵. 市场营销学. 北京：中国人民大学出版社，2015.

13. 李怀斌，周学仁. 市场营销学. 北京：清华大学出版社，2012.

14. 刘志远. 企业财务战略. 大连：东北财经大学出版社，1997.

15. 吴健安. 市场营销学. 北京：高等教育出版社，2007.

16. 迈克尔·A. 希特，R. 杜安·爱尔兰，罗伯特·E. 霍斯基森. 战略管理：竞争与全球化（原书第 8 版）. 吕魏，等译. 北京：机械工业出版社，2009.

17. 霍尔特，等. 文化战略. 北京：商务印书馆，2013.

18. 戴维·阿克. 管理品牌资产. 北京：机械工业出版社，2012.

19. 戴维·阿克. 品牌领导. 北京：机械工业出版社. 2012.

20. 杰克·特劳特，阿尔·里斯. 定位. 北京：机械工业出版社，2011.

21. 沈凯. 产品质量战略的影响因素分析. 经济视角（上），2013（7）.

22. 王庆利. 企业多元化经营战略研究. 企业改革与管理，2015（9）.

23. 牛文武. 战略管理与企业命运的关系探究. 现代交际，2013（3）.

24. 徐可. 企业多元化经营发展战略浅析. 南昌师范学院学报，2017（6）.

25. 李翼君. 企业财务与经营战略分析研究. 中外企业家，2017（5）.

26. 全球纺织网. 目标市场开拓的五大战略，2016-09-10.

27. 袁小烽. 通讯企业跨国化经营战略研究——以华为技术有限公司为例. 中国商论，2015 (12).

28. 百度文库. 战略与组织结构，2017-12-22.

后　记

经全国高等教育自学考试指导委员会同意，由经济管理类专业委员会负责高等教育自学考试工商企业管理专业教材的审定工作。

《企业经营战略概论》（2018 年版）自学考试教材由北京石油化工学院白瑷峥担任主编，包头财经信息职业学校王琦凡担任副主编。全书由主编白瑷峥统稿。

参加本教材审稿讨论会并提出修改意见的有中国人民大学秦志华教授、杨继东副教授及郭海副教授。

对于编审人员付出的辛勤劳动，在此一并表示感谢。

全国高等教育自学考试指导委员会
经济管理类专业委员会
2018 年 6 月